岩波文庫

38-119-1

人生の帰趣

山崎弁栄著

弁栄聖人画「親縁の図」(個人蔵)
賛「衆生ほとけを憶念したてまつれば，仏もまた衆生を憶念したまふ」(善導大師『観経疏』より)

凡例

一　本書は、『弁栄聖人遺稿要集 人生の帰趣』(ミオヤのひかり社、一九二三年六月刊)を文庫化したものである。底本には、復刻版(財団法人 光明修養会、二〇〇四年二月刊)を用いた。ただし、巻末の「如来光明礼拝儀」以下は収録しなかった。

一　本文での漢字の旧字体を新字体に改めた。旧仮名づかいは、現代仮名づかいに改めた。ただし、日本語古典からの引用文の場合は、旧仮名づかいのままとした。

一　漢字で表記された代名詞、副詞、接続詞などのうち、使用頻度の高いものを一定の枠内で平仮名に改めた。

一　漢字の送り仮名の過不足の統一は、一定の枠内で統一した。同一の語句の平仮名での表記か漢字表記の不統一、宛てられた使用漢字の違いも、統一した場合がある。

一　読みやすさを考慮して、適宜、句読点を入れた。

一　明らかな誤記・誤植である箇所については、適宜訂正した。

一　「注解」を付した。本文の該当箇所に(1)、(2)の注番号を示し、本文の後に「注解」をまとめた。

一　本文中に、今日の人権意識に照らして、配慮すべき不適当な表現が見られるが、原文の歴史性を考慮してそのままとした。

弁栄聖人略伝

大ミオヤの無縁の大悲に催されて此土に輝き出で給いし弁栄《べんねい》聖人は、安政六年二月二十日下総国鷲《わし》の谷《や》の念仏者山崎嘉平氏の長男に生を受け給う。幼名啓之助。家に在りて精力非凡、耕耘の間なお手に聖賢の書を離さず。十二歳の時三尊《さんぞん》を空中に想見して憧憬措《お》かず。遂《つい》に明治十二年二十一歳にして得度《とくど》、檀林東漸寺《とうぜんじ》大康上人に師事し、一行三昧《いちぎょうざんまい》精進年を累《かさ》ねて閲蔵七千余巻。掌に油を灯し香蠟を膚に燃して、決烈の志を供え、毎夜寝を取る事僅《わずか》に二時間余。東京吉祥寺卍山《かずやま》上人の華厳講席に待せる間には、途上称名《しょうみょう》中法界観を成就し、明治十五年筑波山上至心念仏の暁《あかつき》には、果満覚王独了々の王三昧を発得し給う。爾来六度の修行、金剛不退無間増上。師意を継いで五香《ごこう》に一寺建立を誓願し、廃屋に起臥して夜々線香を灯に代えて聖像を画き、遠近を勧進するに、窮民あれば喜捨財米悉《ことごと》く施す。時々絶食。一衣寒暑を貫き、藁を以て褥《しとね》とし、極寒暖を取らず、慈愍《じみん》草虫に及び、持戒堅固、定慧朗かに、精進無比、称名無間、結縁《けちえん》また漸広し。その間、師の訃に接し、即時追恩別行に入り、不臥念仏一百日。普賢行願、近代稀有なれば、先覚、行誡《ぎょうかい》、現有《げんゆう》、南隠《なんいん》、雲照《うんしょう》の諸大徳、随喜措かず。明治二十四年五香本堂落成。二十七年印度仏蹟参拝。翌年帰朝。三業に説法して、念仏を勧化し給う事多年。小経図会印施二十五万余部。米粒名号《こめつぶみょうごう》、結縁その数を知らず。写経、仏画、頒施また夥《おびただ》し。慈悲深広、定慧双絶、神通徹照、徳化益々《ますます》洽《あまね》くして、道俗斉入、異教同益。懇《ねんごろ》に円具念仏の法門を開闡《かいせん》して、光明主義《こうみょうしゅぎ》を首唱し、現身に如来光明の獲得《ぎゃくとく》を勧進し給う。居常諸国を巡化して満韓に及び、極寒極熱一日の休養無し。会堂を創建し、学園を創立し、文書を著施し、雑誌を刊行し、創唱の礼拝儀《らいはいぎ》頒布数十万。技は画、歌、五筆、詩、楽を該《か》ね。学は内外、東西、科学百般に及ぶ。寸陰といえども徒消する事決して無く、古紙といえども必ず有用に供し給う。念々不離仏、寝息自ら名号を呼吸し、法輪恒転、途上卓上にもなお説法断えず。三業四威儀仏作仏行。一切時一切処片鱗の私をも見出すに由なし。感化衆に徹して、都鄙《とひ》慈雨に霑《うるお》う。光明教会全国に蔚起《うつき》し、念仏三昧各地に興行し、受教発心の念仏行者数万、皆値遇《ちぐ》の恩に感泣す。終《つい》に大正九年十二月四日、越後柏崎極楽寺巡錫《じゅんしゃく》中、化《け》を遷し給う。仰《あお》ぎ惟《おもいみ》れば、内証甚深《じんじん》、外用広大、平等の大悲に動く全分度生の無我の力が、奉仏報恩の無作の精進に顕れ給う師父弁栄聖人の御一生は、大智大悲の如来光明の如実の反映に在《まし》ませば、誰か大慈悲の応現を仰がざらん。誰か光明の摂化を信ぜざらん。

目　次

前　編

第一章　人生の帰趣

第二章　大ミオヤ

第三章　光　明

後編

第四章　安　心

第五章　念仏三昧

第六章　光明生活

人生の帰趣

第一章　人生の帰趣

ミオヤ(1)は私どもに日々のかて年々の衣物も天地の間にできるようにして私どもなる子どもに弁当を与え下さるのは五十年六十年間の人間と云う学校にて精神のうちに聖なる徳(2)をやしないて私どもをミオヤのよつぎたるきよきみくににのぼることのできるようにとの目的によりてかてを与え給うのでありましょう　人間界は聖なるこころをやしなう学校でありますぞ

人生の帰趣

人生の帰趣《きしゅ》(3)という講題の下に自己の所見を講説したいと思う。全体人生観に就いてはその所見は必ずしも同一ではないから人生を或《あるい》は深遠に高尚に観るあり。また浅薄に卑劣に思うて居るもあろう。

初《はじめ》に人生帰趣の標準を定めんに(一)には宇宙の大法に則《のっと》りて最終の目的帰処に向って進趣す。(二)には自己の伏能《ふくのう》を有らん限り発展して向上的に生活す。初め宇宙の大法則に則りて終局に到達すとは、吾人は一切の万物と共に宇宙の大法を離れては存在は出来ぬ。また宇宙の大勢力に依らずして帰着することは不可能である。また自己の本能に伏《ふく》蔵《ぞう》する性能を離れて自我を円満に発達すべき物ではなかろう。自己の伏能を遺憾なく発揮して能《あた》う限り努力すべきが人生の本務であると信ず。宇宙の大法と自己の伏能の発達とは矛盾する物ではなく自然に合致するものと信ず。

然《しか》ればこの二方面からこの問題を解決いたすのである。これを要説せんに(一)に、宇宙の大法に則り帰処を定めてこれに向って進趣す。

宇宙の大法に則りて帰処に向って進行すとは古来宇宙には一切万物の存在に対して目的ありと云《い》う説とまた宇宙万物は本《もと》自然律に依《よ》って器械的に行われているので別に目的ありということは認められぬと云う論と有る。

宇宙の深玄なる実に蒼天の無窮なるこれを仰げば弥々《いよいよ》高遠にこれを観ずれば益々玄深にて日月星辰は千万年を通じてその軌を誤《あやま》たずして運行し地には四時行われ万物生ず。その秩序の能く整然たる規則の正しきこと造化の妙用《みょうゆう》得て測るべからずである。然るに世のただ物質のみ偏重せる学者達は宇宙に対する観念は矢張《やはり》ただ物質的に見て居る。曰く宇宙万物は現象の中には精神と物質との二性と成って居るもののその実体は物質の原子が自然の法に依って構造せられたる物である。故《ゆえ》に天体の運転も所詮《しょせん》は器械的に行われているに外ならぬものであると観て居るもある。或《あ》る神学者はこれを弁じて曰く仮令《たとい》天体の日月星辰の運転の如きは器械的と見てもその器械を運転せしむる何らかの器械の発明者また運転手がなくてはならぬ。造化翁の模倣《もこう》を為す人間の器械にしても器械は物自身で出来て自己が運転して居るものではない。初に発明者がありてこれを構造しまた技手が在って運転させて居るではないか。実にこの広大なる宇宙の万物の構造者技師に対してはただ全知全能の神として畏敬信服するの外ないではないかと論じて居る。

仏教では造化翁の神は立てざれどもそれと比例すべき宇宙の本体的存在者に対しては

いかに立てられて居る哉というに、仏教にては学説のみでは宇宙の実在を真如《しんにょ》、法性《ほっしょう》、第一義《だいいちぎ》諦《たい》等の種々の語を以て表号して居り、宗教としては法身《ほっしん》、毘盧舎那《びるしゃな》如来《にょらい》等の名を以て表《あらわ》して居る。

法身というは天地万物に細大となく有らゆる法を統《す》ぶる処の霊体であるから法身と号し、大霊中に無尽の性徳を具有している故に如来蔵性《にょらいぞうしょう》と名づく。一切万物は悉《ことごと》く如来蔵性から自然の法則によりて生成して居る。

大法身《だいほっしん》は万物を産出する父の如くまた万物を養成する方からいえば母のようにも見られる。然れば則《すなわ》ち吾人は吾等一切衆生《いっさいしゅじょう》の本源、宇宙の大霊体なる法身如来《ほっしんにょらい》を号《よ》ぶに大《おお》**ミオヤ**として仰いで居る。一切の衆生は本来は大法身より生産せられたる者なれば終局に於《お》てまた一大法身の本覚《ほんがく》に帰着すべきが真理と見ざるを得ぬ。聖典に一切衆生は本《もと》法身より生じてまた法身に還《かえ》らざるは無しと示されてある。

仏教も学説としては宇宙の大法に随順すると即ち法性の理に随《したが》うと為す。故に違逆する故に生死《しょうじ》に流転して六道に迷没《めいもつ》するのでもし人法性の理に順《したが》う時は法性の本源に証入(4)することが得られる。云い換うれば人は本《もと》神より稟《う》けた神性を有して居るから神の聖意に随順し神の真理に契《かな》うときは神の国に入り神と共に在ることが出来るとの事なのである。更に云い換うれば人は本《もと》真如から出た物で在る。然るに真如に背きて居るから迷《まよい》の凡夫《ぼんぶ》である。もし迷を翻《ひるがえ》して真如と一致する時は即ち仏であると。

仏教の宗致は本来宇宙大法の本源なる真如から迷出したる衆生をして本の真如の都《みやこ》に帰趣せしむるのが目的である。また仏法と云う法、その物が本の真如の清きに還本《げんぽん》せしむる契機である。仏教中に哲学的な聖道門と宗教的な浄土門との二門あれども所詮は宇宙の大真理の終局に到達させるのが目的である。それを成仏ともまた往生とも云うのである。

釈迦尊一生涯《いっしょうがい》の宣伝の所詮は一切の人類をして宇宙の大法に契合すべき随順すべき真理を啓示なされたのである。

仏法と云う真理は実を剋《こく》して論せば宇宙の大法である。大真理である。この真理を離れて宇宙の大法に入り大我を我有《わがもの》として真理に合う生存は出来ぬのである。宇宙の大法は天地万物の設備を以て一切衆生を生成するの理法を以て吾人を生成すると共に、一切衆生を真理の本覚に帰着せしむる大法は本然《ほんねん》として宇宙に存在して永遠に変易《へんにゃく》することはない。

然れどもその大法真理は一切衆生は無明に迷うてこれを覚知することが出来ぬのである。そこで宇宙の大法の権化として人仏《にんぶつ》釈尊がこの世に出世なされたのである。釈尊は一切衆生が永恒の生命常住の平和に帰入する真理を自覚なされたので、またこの自覚の真理を専《もっぱ》ら一切の人類に宣伝なされたのである。釈尊は自《みずか》ら宇宙の大真理を悟《さと》り而《しか》して一切の衆生を覚《さと》らしめたると共に覚行円満とて宇宙の大法に契合すべき行為を実践なされたのである。

一切の衆生を永恒の生命真理の生活に帰入せしむべき処の仏法、大法は釈尊自ら構造したものではない。その大法は実に本然として宇宙に存在するのである。故に釈尊自ら示されてある「有《う》仏《ぶつ》無《む》仏《ぶつ》性《しょう》相《そう》常《じょう》住《じゅう》」[5]とこの意《こころ》は一切の人類を覚らしむる大法は本来宇宙の真理として本然に存在するもので仏が世に出るもその世に出ざるとも真理は常恒に存在するものであると。

然れども釈尊が世に出でこれを開示して導引するにあらざれば衆生はこの真理の光に遇うことが出来ずして永恒に無明の生死に流転する外はない。例《たと》えば地球の運転はガリレオ以前から常然《じょうぜん》として運転していたのであるがただガリレオに依って人類に紹介せられたのである。かくの如く仏法と云う一切衆生を本覚の光明《こうみょう》に還入《げんにゅう》せしむる真理は本然常住であるが釈尊に依って一切人類に教示されたのである。故に教祖釈尊は宇宙大霊の人格現として一切衆生に人生帰趣の真理を教えん為めにこの世に出現なされたのである。『法華経』に「諸仏如来は一大事《いちだいじ》因縁《いんねん》を以ての故に世に出現し給う。謂《いわ》ゆる衆生をして仏知見を開示して正道《しょうどう》に悟入せしめんが為に出現し給う」[6]と。

由之《これによって》観れば宇宙の大法と衆生自己の霊性《れいせい》の(7)開示とは自ら一致するものである。然れば即ち宇宙の大法の帰趣する処は一切衆生を永遠の本覚に帰着せしむるに在りとの結論なり。宇宙には大法を以て万物を規定すると共に大勢力ありて一切万物を劣等の状態より進化し向上せしめたる終局は永恒の大生命完全円満なる真善美の極に到達せしむる大霊力の存在を信ず。

宇宙の大勢力は太陽及《および》地球等の万物の設備を以て一切の生物界を生成し原始生物極小の生物よりして進化せしめて竟《つい》に終局は永恒の大涅槃《だいねはん》に帰趣せしむる勢能なり。

宇宙一大能力が万物に対して一方には自然界の太陽及地球を以て一切の生物を生成しその生物が劣等の状態より漸次に進化し人類に至り人類も原始的人類より文明的人類に進みて或る程度に至れば精神生活も発達し一面には大霊より一切の人類を精神的に一大光明に摂取《せっしゅ》して大涅槃の光明生活に入らしむる霊能あり。これ即ち人生の目的である。

帰趣せしむる勢力は譬《たと》えば大法が自然界方面に太陽の光熱化を以て地上の動物また植物を化育する如くに一方には大霊は心霊界の太陽として智慧と慈悲と霊化《れいか》の三能力を以て衆生の心霊を開発し霊化して光明の生活に入らしむ。如来が本願力を以て一切の人類を光明中に摂取し斯《こ》の光に触《ふる》る者の心を罪悪の状態から聖められて清き人格と為って光明の生活に入らしむ、これ宇宙の一大霊力が人類を摂《おさ》めて永遠の生命にならしむる目的である。宇宙には大法と大勢力とを以て一切衆生を生じまた一切の衆生を法則と霊とを以て衆生を心霊的に真善美の霊国に帰着せしむる目的がある。

（二）　自己の伏能霊性を開発して正当に生活す。

宇宙は大法と大勢力とに依って一切衆生を摂取して光明中に生活し行為させる性能あるとは已《すで》に弁じた。これよりは一切衆生即《すなわ》ち人生の帰趣の主体である各個々自《みずか》らの伏能を可成的に発揮して正当に生活するが即ち目的となす。人生即ち自我は人間には同じ人類の中にも文明と野蛮とでは甚《はなは》だ程度が懸隔して居るけれども人生という意味に於ては同等である。また一層広義の人生とは一切の動物とその根底を一にして居る故に通じて衆生という。

一切衆生の伏能に就いて仏教には一切衆生悉有仏性《いっさいしゅじょうしつうぶっしょう》とてすべて生物界を通じて仏性即ち仏と成り得らるる性能を有《も》って居ると云う義に就いては二義あり。甲は人の性即ち伏能に仏と成り得らるる性能が本来具有して居るのを開発すと云い、乙は人の性は本来罪悪のみで神の性は具有して居らぬただ信仰に依って善化せらるる能は有って居ると云うにある。前に依れば人には本来具有して居る霊性を開発しさえすれば自己が即ち仏であるといい、これは自証主義にて詳しく云わば自身本是仏《もとこれほとけ》にして煩悩なく自然《じねん》、師なくとも自己に悟り得らるる本性は具有して居るからそれを開発すれば一大霊性と自己の霊性とが合一せられ自己を通じて宇宙の無限に接するのである。

乙の人の本性は罪悪計《ばか》りであると云う方は自己をただ現実の方だけを見て伏蔵《ふくぞう》の根底を見ずして消極的の悪《あ》しき方のみを我となす主義である。

基督教にては人の性を肉と心に別けて人の肉性は全く悪のみで神の救《すくい》に預るものでなく心は本は罪悪ではあるけれども神の精霊を感ずれば救わるる性を有って居ると云い、仏教にも両主義がありて一は本来具有して居る仏性を開発する時に自己が即ち仏であると云うのと一は我々凡夫は根本的に罪悪なので決定《けつじょう》して堕獄《だごく》する外なきものであれども如来の本願力に救済せらるる故に如来同体の覚《さとり》に為ることが得らるると云う。初《はじめ》のを自証主義、後のを他力主義とす。

この両主義は各《おのおの》一方ずつを主張するけれどもそれぞれ全く分業的に発達したので実には人の性と能とには両面を各自は具有して居る故に完全なる宗教は両主義を合一したる処にあり。

仏教に人の心性に仏性と煩悩との両面を有って居ると説いて居る。仏性の方は人々具有するもまだ伏能である。喩《たと》えば鶏《にわとり》の卵子《たまご》の様なものにてこれを孵化《ふか》(8)して雛とせざれば鶏と為ることは出来ぬ。卵の中に鶏と成り得らるる性を有って居るので外部から容《い》るるものではない。霊性は本来各自具有して居る。外界から仏性が容れらるるものではないと。また仏性と共に煩悩という罪悪の性も有って居る。この煩悩は大霊の力に依って霊化せらる。即ち煩悩は菩提である。即ち高等なる道徳心と成るのである。喻えば渋柿《しぶがき》の実も能く乾燥して甘干《あまぼし》と成れば渋味が変化して還《かえ》って甘味と成るが如くである。

各自が本来仏と成らるる伏能を具有していると云うに就いては釈尊が正覚を成じなされた時の話がある。それは釈尊が菩提樹下に於て臘月《ろうげつ》八日の暁《あかつき》に無明生死の夢が醒《さ》めて朗然として正覚の光が顕われた。世尊が自ら正覚の眼が醒めてから御自分ながら従前の我を振り顧《かえりみ》れば実に無明の睡《ねむり》の中に生死の夢を貪《むさぼ》って居たのである。而して見れば今自分の覚《さとり》の眼が醒めた処で一切の人類は全く霊が眠って人間生活の夢を見ている彼等に対して何にか力説して覚めた方の事を示したからとて決して信ずることは出来ぬ。それよりは寧ろ覚めた序《つい》でに覚た方の涅槃界に安住するに如《し》かじと謂《おも》いなされた。然れどもなお一歩進んで考うれば然《そう》でない。各自仏性を具有して居るこれを開きて醒しさえすれば自分と異なることはないと。

『華厳経』に仏子一衆生として具するに如来の智慧あらざるものなくただ妄想執着《もうぞうしゅうじゃく》を以て証得《しょうとく》せず。もし妄想を離るれば一切智自然智無礙智《いっさいち　じねんち　むげち》即現前することを得と。(9) また曰く爾時《そのとき》如来普《あまね》く法界一切衆生を観じて而もこの言を作《な》し給《たま》う。奇《き》なる哉奇なる哉《かな》この諸《もろもろ》の衆生云何《いかん》が具するに如来の智慧あり。迷惑して見ず我当《まさ》に教うるに聖道を以てそれをして永く妄想を離れて自ら身中に如来広大の智慧が仏と異なること無きを得せしめんと。

これ自己の伏能を開発すれば仏と異なることなきと云うことなり。

自己の伏能を開発して正当に生活すと云う真義此処《ここ》に在り。この霊性《れいせい》開発して始めて真実の自我である。性を遂げ能を発揮したのである。喩《たと》えば杉の種子は至って微小な物でこれを解剖して見れば蛋白質や何かの極めて簡単な元素に過ぎぬ。然れどもこれを播いて培養宜しきを得れば四、五丈も廻るような太さと天を凌ぐような大木となる。吾人の仏性も杉の種子の如くである。現在の我は何の覚えもないけれどもこの仏性の伏能が円満に発揮した暁には一切の諸仏と同じく無限の光を以て一切の真理を照し永恒の生命として大覚位にのぼり大涅槃常住となることが出来る性能を有って居る。

霊性はもと宇宙大法の本体なる法身より分出せられたる法なれど霊性開発は大法に順うて自我を充実せしめ生を充実し真義を顕示してミオヤの全《まった》きが如く完《まった》きを求め真善微妙の心霊界を顕示するにあり。

宗教的人生

人生の帰趣を講ずるに吾人は宗教の見地から話すのである。故に宗教的主体としての人生である。先きに宇宙の大法に則る行為と自己の霊性を発揮する行為とは自《おの》ずと自然一致するとは已に説明したり。宗教の関係は己《おのれ》のみにて成立するものにあらず。主体と客体の親密に合一する処に成立す。主体は即ち人にて客体は神即ち仏教の如来である。主体と人の信仰と如来の恩寵との関係である。信仰とは己を献《ささ》げて帰命《きみょう》信頼すること、恩寵とは人の信仰に対して慈愛心を以て愛念養成し給う親子的関係(10)の如くである。

通じて神と如来は宇宙大霊体の代表的人格現にして即ち大霊である。人は宇宙の一分子にて小霊である。大霊と小霊と合一する処また小霊が大霊の恩寵に依って開発霊化せられて闇と悩《なやみ》と罪の状態より明と安と善とに復活せらるるにあり。人が小宇宙とすれば如来は大宇宙大我である。大我より小我に対する力用を恩寵といい小我が大我の恩寵を仰ぎて同化せらるるが恩寵である。『華厳経』にその因縁を明《あきらか》に譬《たとえ》を以て示されてある。譬ば日光あり眼ありて能く物を見るが如く仏日の光明は信心の眼ありて能く感合することが得らると。(11) この両者の最親密なる関係の処に宗教心が成り立つのである。人の信仰と如来の恩寵との交渉に依って宗教心は成り立つと云うもこれが説明は主体と客体との両者のうちその一方より為さざるを得ぬ。

宗教的主体としての人生

如来は一切万物《いっさいばんぶつ》を産出する御親《みおや》にしてまた一切衆生の最終の帰趣する処である。如来より生産せられたる万物は尽《ことごと》くその子でありて如来の本国に帰着せざれば竟《つい》に三界《さんがい》六道に迷没流転《めいもつるてん》する許《ばか》りである。一切衆生と共にこの世界の一切国土も如来より発生せられし物にてあれば竟には如来の本源に帰着すべきである。

人生と云うはただ個人性のみではなく人類は尽く同一の本体より出でたるも同一類同一種族のみではない。本《もと》同一の根底より出たるもその人類の祖先は一体より出でて漸々《だんだん》に親より子に枝より条《こえだ》に益々分れ出し広く世界中に弥蔓《びまん》し時間的にも子より孫に相続して数千万年に亘りて原始的人類より現在の人に至るまで相互の連絡は一の大樹の枝葉の如くに繋《つなが》りて切り断つことの出来ぬ関係に血脈(12)が連絡して居る。人類中に文明あり野蛮あり賢者ありまた愚者あり。またその稟けたる資質形相の如きは各々相具《あいそなわ》って居る。五体また五官等の形より肉的生活精神の智力意志また気質等は各々相同じからざるも人間式に構造せられたる上に於ては同一である。人類は四支五官五臓六腑等に至るまで尽く同一型式で有りながら身体の大小の分量またその格好及び相貌《すがたかたち》よりその内的の気質に至るまで世界人類無数億の人間中に一人として内容形質に至るまで悉く特殊的に出来ておりて同一でない。いかに相貌の好醜《よしあし》内性の智愚賢不肖等の差別はあれども人生という資格は同一である。

人生より一層大なる団体が在る。仏教の謂《いわ》ゆる衆生性である。一切生物界を通じて同一の根底に出でて方面と程度とは殊にするも生物界に共通性がある。故に一切衆生悉有仏性とて仏教では同一に見て居る。

人生の根本生命の本源は古来研究されてある。仏教に依って人生の根源をいかに説明して居るかに就いて唐の宗密《しゅうみつ》禅師は能く人生を研究され『原人論《げんにんろん》』(13)を著された。今その大意を述べて見よう。

人生の根元に就いては儒道二教の説によれば人の本は近くは親である。親にはまた親ありて大本《おおもと》は祖先である。その祖先もその本は天地陰陽から。陰陽二気もその大本は宇宙一大元気である。一大元気が自然の道法に依りて天地万物乃至《ないし》人間が出来たのであるから一大元気が万物の本源である。一大元気が自然に漲《みなぎ》りて万物を生じたのであるから終には自然の元気に還るのであると。師はこれ等の説を詰《なじ》って曰く彼等は生物の原因結果の所以も研究せずしてただ自然に生じ自然に還ると云う説は幼稚な説である。

故に人生の根元を生の内面生活の心識の方から原《たず》ねざれば分らぬ。それは仏教である。同じ仏教と云ても浅深が有る。

浅き小乗の説では人生の本源は業即ちカルマである。力である。この力の存在が善き方に向けて働けば人間天上の身を受け悪きに働けば地獄餓鬼の生を受く。善悪の業が原因と為って苦楽の生を感ず。故に人生の本は業であると。然らば個々は業を本として生じたとすれば一切の個々が依止《えし》する世界は誰が造りしや。それは各《おのおの》の共同の業から共同の果として苦楽の世界を感ずるので詮ずる所共同業から造り出した世界である。何《いず》れにしても業が人生の根本というが小乗教の説で尽理ではない。何となれば業が本体なれば業を為す物は誰か。体なき物に力用《りきゆう》が有る筈はない。故により以上の権大乗法相家の説(14)に依れば阿頼耶識《あらやしき》と云う心的存在が万物の本源にて一切の身と心と世界との性を含蔵して居る不可思議な物にて吾人が五官として物を視、声を聴くも智情我を認むる心も外の日月星辰山河大地等と現象と観て居る観る心も向うに観ゆる物も一の阿頼耶識である。人類計りでない一切衆生尽くこの識を本として在存する。これが生の本体である。この識の存する限りは生は常恒に活動して六道生死の身と世界とを受けて居る。もし羅漢果《らかんか》を得れば生の本体が解脱して無為真空に帰元する。この識なるものは個々別々である。故に成仏出来得るのと出来ぬのとあると説くがこれが法相家の義である。この説も終局真理ではない。一乗教によれば一切衆生心の体は仏性とも如来蔵性とも名づけて個々の本体は絶対唯一の心性態《しんしょうたい》(15)である。故に自己の心性を開発すれば各々悉くこれ仏である。自己の衆生は自己の本体自性清浄の本性を開顕せずして自ら迷うて凡夫と為って居る。自己の本源は即ち全一の心霊体である。

仏教では衆生心の方から段々と遡《さかのぼ》りて本源に達すれば一大心性であると見て、儒道二教では生物生命を形気として形気の本源は天地の本源宇宙一大元気と見て居る。

仏教では個々の本源は即ち宇宙全一の本体なので一大心霊である。儒道では個々の生命も形気であってその本源も宇宙一大元気であると。この両教は自己の生命を個々として見ると宇宙全体の本体と見ると大に異なる如くなれども実には絶対の本体を甲は外面よりし乙は内面よりして一体の両面観に過ぎぬ。浅く外面より見ると深く内面より観ずるのは人の精神生命を物質的に見ると心霊体と見るのとは洋の東西を問わず古来相迭《たがい》に自己の受持を主張して真理として他の観る方を否定する。もしなお一隻眼《いっせきがん》を開きて双方を統観したならば務めて争う必要もない。然れども相互に分業的に研究すれば精密に極むるに便ならん。

儒道二教よりは西洋唯物派の論者、本体論物質原子説などは最も精微な物である。更に相互に受持の研究について説明する処を暫《しばら》く紹介せん。

生命の起源（現今生命起源の説）

人類の生命も人類よりは遡りて地球上に生物が発生したる起源に就いては世間の学者種々の臆説を下して居る。また生命を研究する学者が生命の原理を物質的化学的に説明し、原始の生命は炭素の化学作用から発生し、炭素は物質の精妙な物にて変化に富み柔《やわら》かにて弾力あり、酸素窒素水素と共に精の極なる物が化合して原形質が成り立つ。この原形質が生命の本であると。

また或る学説には生命は醱酵素を中心として構成せる一種の芽胞が生命を創造し発達し分化の基礎となりて眼耳《めみみ》等の一切の官能を統制し芽胞は生物を発する種の核即ち生命体である芽を発する胞これが個体を決定するのである。核が触媒的物質が化学的に細胞が分裂に際し核が分れて二個の細胞の特性が卵の身体組織に移り核の細胞中に種々雑多に含有する細胞分裂の位に発達してから四支五官の特性に抽出されて身体の一定の部分となる。卵及び精虫無数の単位が組成要素の発育に際し触媒作用にて発生するので単位特質は根本芽胞内に存して発達したる有機となると云う様な臆説もある。

またヘッケル(16)は生命は自然力と全く異なった生気なる一種の力が存在して居る特殊力が生命である。故に自然に発生するものでないかと思えばまた生命も凡《およ》そ自然に発生すべき性の存在にて自然の結果に外ならぬと。然し自然の物質の精妙なる物が生命と成るのであると。或る学説は自然の外に別に生気と云う者が存在してその原因から生じたる生命ではない。自体物質全体が生命である。これは機械的に発生したる結果にて身体即ち生命である。身体を離れて生命という力の存在は認むる能わずと。また併行論者あり、精神と肉体とは相即不可離的に併行して居る故に肉体の変化は精神に及ぼし精神の変化は肉体に影響す。故に身心平行的に観ずべく生命は一方に偏して観るべからずと。

生物学また生理学的に生命を研究するその方から云わば人の生命の原理は物質的機械的化学的に説明し得らるるものと為る、即ちこうである。

自然界に物質的常恒流運の精気がある。個々皆独立す。これを電子とす。この電子に陰電子と陽電子との二気あり。この両者は反対の気であって而も互《たがい》に相扶合《あいたすけあ》いこの両電子が結合して原子となる。そは一の陽電子が原因となり数多《あまた》の陰電子が相縁《あいよっ》て原子と成る。而してこの原子を単位とする物質を元素と為す。

水素酸素等の諸元素がこれなのでまた原子の結合に安定と不安定とあり。ラジウムの如き外囲を繞《めぐ》る陰電子を放ち出す。これを放射運動とす。元素の差別は原子を組織する電子の数によりて成る。次に原子が結合して安定する物を分子と為す。この分子を単位と為る物質の化合して分子が炭素化合したるものを原形質と為す。また分子が結晶したものが即ち細胞である細胞は膠状《こうじょう》の結晶物である。これが永く化合して同化と分解とが行わる。これ即ち自発的運動と消化作用とである。かくの如きの細胞が更に結合して一体と為り初めて生物と為るのである。

生物中動物系統中に最も高等に進化したのが人類である。人類の生命と為る炭酸水窒の化合の原形質と云うもまた数多の分子が結合したのでその分子を結合したその元は原子である。原子は精気の電子にてその原形質分子は炭原子四五〇、窒素一六六、水素七二〇、酸素一四〇、硫黄六合して千五百の原子から成り立っておると。原形質は不安定なる化合物の結晶であるから不断に代謝作用が行われて居る。また細胞は原形質の分解によりて種々の作用を為し自発的運動と摂食的運動と消化作用と生殖作用融合作用等を営《いとな》みて居る。これを生活というのである。この生活の過程を生命と云う。恁様《かよう》な訳で人の精神と云う物も実に不可思議なる自動機械に外ならないと。

人の精神生命を生物学また化学的に帰するものと想う学者の見解である。

この見解は生命の現象を物質として見る主義なのであるが、未だこの物理的化学的の精神生命の根底にはなお一層根本的原理の存在することを認めざる点に於て半面の真理たること疑いなし。

生命の最深根底（一大生命の根底）

前の説に比較してなお一層根底を深く人の精神生命を研究する説によればこうである。精神生命なるものは唯物主義者が唯物質《ゆいぶっしつ》の精妙なる物が精神また生命と為るという如きはまだ生命の主体の何たるかを深く思索せぬ説である。

人には幼少より老年に至るまで統一的主体が存す。また生命の実質には自発的活動と統一的主体と有目的性能とを有って居る。唯物質巧妙なる結合の結果とは考うることが出来ぬ。生命の主体なる自我なるものは唯物質の化合物に過ぎぬとは思われぬ。矢張自我の本体は宇宙の一大本体なのでそれと連絡せる精神生命は一大生命との関連を断つことは出来ぬ。

この精神生命は実に不可思議中の不可思議なるものなので宇宙全体が絶対的一大生命で一切の個々は同一本体より分産せられたる分子であれば、吾人は物質的結合の個体としては一惑星に寄生せる微小生物、大なる宇宙に対しては実に果敢《はか》なき物なれども精神生命に於て絶対永恒の大霊と連絡せる限りに於て宗教上の欲望の対象なる永遠の生命と常住の平和をも得らるるものと信ず。

また吾人は自我の根底に絶対大霊と連絡すると共に一切の個々は内面の本体に於て相《あい》互《たがい》に関連して断つことの出来ぬ関係を有って居るこは空論に非ずして直観し得らるる事実である。

小乗仏教にては生命の主体なる我というものを否定し無我を認む。五蘊《ごうん》即ち身と意との蘊集《うんじゅう》の細微なる意識が在りて前生より後生に相続するものとす。小乗有部《うぶ》の『倶舎《くしゃ》論《ろん》』に衆生が生死相続の状態を四有とす。(17)(一)本有《ほんぬ》、生より死に至るまで。(二)死有、将《まさ》に死せんとする一刹那を云い。(三)中有《ちゅうう》、これに死して未だ生ぜざる間を云い。(四)生有、将に生れんとする時に名づく。

この五蘊即ち色受想行識《しきじゅそうぎょうしき》なる心と身とが初《はじめ》の生より死に至るまでの仮和合《けわごう》が死して中有の五蘊は微小にして見る能わぬ香気《ようき》である。故に杳を以て名づく。業力に随って母胎に入る、これをカララと云う。漸々に胎児が長養せられて母胎より出で生より老死に至り生死に輪廻する状態を十二因縁[18]とす。十二因縁とは初に無明即ち煩悩である。煩悩の衝動から、(二) 行即《すなわ》ち善悪業に依って(三)に識、六道の中何れかの業識《ごっしき》となる。(四) 識が母胎に胎《やど》る時名色と云う、名は識にて色は父母より受けたる卵と精子である。原形質と霊魂と和合した時を名色と名づく。(五) 六入《ろくにゅう》、胎児が初発より眼耳鼻舌身意の形づくる間を六入と云う。(六) 触、すでに十ヶ月間に胎児が漸々形つくりて外に出ても差支なきまでに成り初めて分娩せられるを触と云う。児生れて未だ感覚出来ずして触覚だけを感ずる間なり。(七) 受、小児が家庭や教育等の四囲の刺激を受けて弥々《いよいよ》人格を作るの準備を為す時代で、(八) 愛、十三、四歳より後なり、(九) 取、(十) 有、(十一) 生、(十二) 老死とす。識。小乗有部の説によれば俗に謂う霊魂は羯磨《かるま》即ち業である。三世《さんぜ》に輪廻するとは即ち業の勢力が相続するので我心と身とは共に生滅す。『雑阿含《ぞうあごん》』に「諸《もろもろ》の所有の色もしは麁《そ》もしは細もしは好もしは醜もしは遠もしは近。当に観ずべし、彼の一切は皆これ死の法なり。受と想と行と識も共にまた復《また》かくの如し[19]」と。この説によればこの身も意識と共に竟に消滅すと。もし心身共に消滅せば未来に業が如何《いか》に相続するか。そは中有の五蘊には細意識《さいのいしき》を有して居るからと云うも未だ不了義たるを免れぬ。大乗唯識に至ては衆生の意識の上に末那《まな》と阿頼耶識《あらやしき》の二識を立て一切の心意識を統《すべ》て阿頼耶とす。個性の所謂《いわゆる》霊魂を阿頼耶識と云う。これは蔵と云う義にて蔵の中に一切の物を蔵《おさ》むる如くに一切の法の種子を包蔵して居るのである。

本来阿頼耶識は分別したり意識したりする働きはない。属性の末那が現わるると阿頼耶のことを我と分別し執着す。意識と共に善悪の業を相続するものは阿頼耶である。阿頼耶は本体で業は力用である。人が一代造りたる善悪の業は身と意識とが無くなっても業の勢力は阿頼耶の種子に有《も》って居る。恰《あだか》も杉の種子には解て見ても枝葉根茎とては見えぬけれども種子の成分には大杉と成る能を有って居る様なもので阿頼耶の業識に業《ごう》種子《しゅうじ》としてその作用から結果を招くべき為に性分を有って居る。これらの種子が阿頼耶の体に伏蔵してそれが因種と成って外縁を待ってまた更らに新たなる身体を構成するので然してその業と云うも色心已外《いがい》の存在ではない。阿頼耶識の作用に外ならぬ。蓋《けだ》し一切の業の種子は皆阿頼耶に伏蔵して六道種々の身を受く。故に一切の個性の根底は阿頼耶の種子が持続の体である。この種子から芽発して末那分別の我執と現行《げんぎょう》しこの末那我意の現行がまた阿頼耶の種子と為って種子から現行を生じ現行の因が業を結果して種子と為りかくの如く展転《ちんでん》して生死極まりなく阿頼耶の業力は常恒流転して止まず羅漢果を得て解脱する時に始めて解脱す。

また仏となる時には識は転じて仏の四大智慧(20)になる。

如来蔵と帰趣

なお進みたる大乗に依れば、吾人衆生の心体は生滅と不生滅との和合即ち、如来蔵《にょらいぞう》性《しょう》と云う宇宙全一の心霊体とも云うべき如来蔵性である。それが無明の悪習に薫ぜられて識の根底は絶対無限なれども、表面からは個体と為って、個体の方より見れば、生滅流転しその根底は如来蔵、不生不滅の体となる。大海の水と波の如くである。『起信論』に自性清浄心《じしょうしょうじょうしん》が無明の風に依って動じて染心《ぜんしん》と成る等と。(21)その意《こころ》は本と宇宙全一の大心態が動きて、小我分裂の識と為るので、大海水は本と一体なれども波浪を起す、即ち個々と現わさるるが如くである。

これ真如は随縁して万法を作る。万法と為った方から見れば、種々に転変すれども、本態からは常一である。然りこれに依って見れば、人生と云う一切衆生の浪《なみ》は、一大真如の大海に起てるに外ならず。『宝性論』(22)に無始世《むしせ》より本性ありて諸法の依止と作《な》る。性に依って諸道及《および》涅槃の果を証するとあり。この意《こころ》は宇宙には無始より一大心性がありて、それが一切万有の本体と為って居るので六道の衆生と成るのも、また諸仏の常住涅槃を証するのも、本《もと》は同一の心性であると云うことである。

なお進んで円教《えんぎょう》に依れば性海円明《しょうかいえんみょう》、法界縁起、無碍自在《むげじざい》、一即一切、一切即一、主伴《しゅばん》円融《えんゆう》と、故に十心を説いて無尽を顕わすと云う(23)。心は、人生の吾人の心源は一大心霊が本なれど、あらゆる世界に現われたる万物と離れぬ関係を有って居るので宇宙間に現わるる万有の本体は同一の大霊なので、現出した上には、悉く無尽の性と相とに分れて、而して万物が相互《たがい》に関係を有って居る。万有が相互に非常な複雑なる関係を以て、因縁因果関連は重々無尽《じゅうじゅうむじん》(24)である。故に国土にも一切動植物の性相も作用にも無尽に変現して異なって居る。

この理から敷延せば生物の本体は一大心霊にてその体には無尽の性と相と力とを有って居るから、その働きから、宇宙の無尽の国土も生じ、国土の上に無尽の衆生を生ずるは一大心霊の為なので、無尽に現ずる性を以て、複雑因縁にて生物も原始的より向上するので、自己の内性に向上しようとする性能がありて、外の相互の関係からして益々生物の種々に分派し進化し原始の生物から無数の階級を経て人類に進化し人類も無尽な因縁に依り各々個性を特殊的に発展し人類は心的にも無尽の因縁に依りて悉く特殊的の個性を為すこれ人類にて、本、大法身から生じたるものにてあれば、還《ま》た本の一大法身に還るべき性を具して居る。この本源に還る法が即ち仏法である。仏陀生涯に在りての宣伝する処、此処に在り。

　万有が複雑なる因縁を有って居て成り立って居ることは、『華厳経』の重々無尽の説を借用するが宜しい。人の心に種々の性が有ってこれが因縁に依りて、迷って六道の衆生となり悟りて四聖法界《ししょうほうかい》と成り[25]、而して人生最終に帰趣する処は、十界の中、独り仏界のみである。故に一切衆生は悉く仏性ある故に仏法に依りて成仏する。即ちこれが終局である。

生命の二面

　人生の個々主体なる人間広く云わば一切生物の心に、心は生命の体であるその衆生の心に仏教で二面ありと説く。即ち心生滅と不生滅との二面離れぬ関係を有って居る。『起信論』には心の生滅する方と不生滅の方との和合せる吾人の心を阿梨耶識《ありやしき》と名づく[26]。一体なれども生滅の方を阿頼耶識と云い不生滅の方を如来蔵と名づく。然して生滅の方を以て我と認めてその根底たる永恒不滅の自我の本体を自覚せざるを凡夫と為す。仏教では自己の精神生命の本源なる永恒不滅の心性を発見して無量寿と合一するのが目的である。

生滅の方にまた二面に分けて研究せらる。一は有機生命、他面は識心なり。甲は人を形の方から見、生理的生命の体なる我とし、乙は心識、謂ゆる霊魂または業識《ごっしき》にて説明す。

人間は一切の生物と共に生滅するも、生滅に一期《いちご》の生滅と念々生滅とある。一期とは人が生れて一生涯に亘って一定の時間中に生活活動し然してこの生活の働きある間《あいだ》を生と云い終りにその働きが終止するを滅と云う。念々生滅とはこの身体も精神も共に細胞組織の働きが新陳代謝して止《や》む事なくこの肉体を為す細胞が一度働く時はまた旧くなって新しき営養から交々《こもごも》に代りて已に生活を失うたのは活けるものと交替し刹那に生滅して居る。精神生命に於てもまた然りである。心と云うものは何時でも常住なものではない。火の炎々として水の殷々《いんいん》たる如く須臾《しばらく》も休止する事なく生滅して居る事は実験心理の方より見てもまた相互に日々の心意の働きの上から見ても実に微細な活動に生滅変化しつつある事は事実である。故に仏教に人間一日一夜の中に八億四千の念(27)ありその念々の心の働きの善なりまた悪なりの業作が三悪道または三善道を造作しつつ有るのであると。また生滅の微細な事は実に一秒間に何万と云う程の過程を成して居る。また一日一夜寤寐《ごび》の中にも生と滅と云う事が出来る。朝に眠《ねむり》より覚めたるが心の働きの生なので一日活動して而して夜分に眠に就く時が一夜の精神意識の休む時で即ち滅である。その一日一夜を数万累《かさ》ねて身心全部の生活活動の休養期に為りて永眠する時はこれ一期の滅である。朝に起きて働いてはまた夜に眠る。寝ては起ればまた眠る。それを今少し引き延して生ずればまた死し死すればまた生る。生滅変化が有為転変の浮世の掟《おきて》。例えば庭園の芝生が陽春の気に為ると緑の芽を生じ繁茂して冬期には枯槁《ここう》して死し了《おわ》り春は新たに生れ、冬はまた死して了《しま》う様に外面よりは見ゆるが然れどもその地中の芝の根の方は矢《や》張《はり》何十年昔から生滅せぬ生命を有して居る。それの如く衆生の生命が全く生滅すると見ゆるは外部から見ゆるのでその精神内面には永恒不滅の生命を根とし居る。古来人生を観ずるに一体に両面を有って居る、中にただ外面から生滅する方面を以て全体と認めて居る学者あり、また深く自我の根本に立ち入って自我の精神生命の本体は永恒存在の如来蔵性宇宙全一の生命と一体不二、不二にして全く二面ある事を覚らしめこの方面より人生を説明する学者あり。吾人は一体二面、不離不異の説に左袒《さたん》するものである。

生命は一体

地上に発生したる生物生命に於ては一切生物界を通じて同一の起源より出でたと云うも敢て矛盾はしない。吾々の生命は世界的生命の一部にて人類の祖先よりなお遡りて生物原始の生命にまで連絡して居る。原始の生物は極めて単純な細胞に生命が有ってそれを保護する処の外包なる細胞自体がある。而して外包なる自体は保護し且つ働く為には必要なれども生命は原形質に在りてこれを子々孫々に連綿し嗣続《しぞく》して死なぬ部分がある。即ち生殖細胞である。父母の細胞が合体して新生命を宿して根本細胞と為る。それが即ち動物及び人間生命の根本である。人の生殖細胞に宿れる生命が横には広く枝から条《こえだ》をなして弥蔓し竪《たて》には千万代に嗣続して極りない。これに由って観れば生命の宿る細胞は一体から無限に分身して居るが然もその一々の生命が一体から分れて生命が進化して人類の生命の如きまた外胞なる細胞組織もまた非常な複雑な状態と為った。世界上一切の生命は本一体の分身にて各自は一分を我生命として居る。もしこれを大にしては宇宙の一大生命の一部が即ち一切個々の生命である。一切の個々生命を合して宇宙の大生命である。吾人の身体生命が無数の細胞の聚合《しゅうごう》団体なるが如く宇宙は一切衆生の聚合団体である。

精神生命の二説は東西に亘り数千年に亘りて唯物唯心主義とまた併行主義との三説は依然とし行われて居る。

人の意識が進めば進むに従ってその学説も益々精密に深遠に入れり。然れども唯物主義を以て精神主義を全滅することが出来ず。唯心主義を以て唯物論の根を断つことは不可能である。

生物生命の元素なる原形質は親の原形質から子の原形質に分れ細胞は前の細胞から来たので原始の生物生命は極小の原形質にて水中に生息せる無核虫の類である。この極小の虫は一個が二個と分れ二個が分殖して何を親とし子と云うもできぬ。かく転展して千万無量に分れて生存す。この極小の生物細胞が結合して高等動物の形体を組織する一切の動物乃至《ないし》人間までもこの細胞の聚合したる団体に外でない、もしこの細胞を原料として人間の塑式《そしき》に容るれば人の形《かたち》となる。また禽獣より草木に至るまでも細胞の和合上に様々の形式に形成したるに過ぎぬ。この細胞団体が始の単細胞から漸次に進化し腔腸生物と為れば分業を営み食物を取る物は消化を営むようになり即ち水母《くらげ》の類にて次に蛭《ひる》ともまた虻《あぶ》と成り数多の階級を経て高等動物の猴《さる》ともなお一層に進みて人類に至るも要する処同一細胞の仮和合《けわごう》上に種々無量の種類と形式とに組織せられたるに過ぎぬ。仏教に謂う四大仮和合を仮《かり》に人または衆生と名づけたのである。

有核生物と為れば核は遺伝の決定素にて芽胞を構造したりまた成長させまた細胞活動の連鎖をなせる故に核は生命の住処である。核の外部はただ生命を扶助する外胞にて保護の機関に過ぎぬ。生命は核に有るので、分殖するは核が二個に分訳《わかるわけ》である。然る時は両方共に外包が出来るのである。

然して雌雄両性と別るるように成っては核もまた多数となりて各分業的に掌《つかさど》る処が定まる。生殖を掌る雌と雄との両方の核が相合して始めて一個の生命となる。それが即ち父母の間に成たる子である。核は親の遺伝決定素を有っている。而してその子に伝う。そうすると子もまた親と同じく外包に保護せられて核の生命を保存す。生命の坐所なる核は肉体は離れても子孫に分れて同一の生命を存続する。親に宿れる生命が原形質の核を以て子となりこの核が長久の生命にて外包は幾億に替れども核の生命は永久に存続し有目的の如くに生物が進化す。原始生物の原形質に伏蔵する性能は代々に進化の務を有って居るように感じらるる。親の徳性は核中に含蔵してこれを子に遺伝し核に有てる丈《だけ》に外包の身体は構成せらる。

人類に至っては核細胞中に種々雑多に嵌込式《はめこみしき》に含蔵して精子卵子の合体が胎児と成り

種子の嵌込から芽発し始め原始生物の虫的の形からまた芽が出で茎から枝と云うように細胞の分裂の位が階級的に各々特殊的に抽出《ひきだ》されて五体五官等の一定の部分と為り親の生命及び外包が子と成りその本は一体の分身にしてこの分身作用からして世界中に弥蔓して幾億万と成ったのである。

かく科学的に生命を説明する臆説は種々あれども、然るに生命なるものは生物学的に或《あるい》は化学的にのみにては説明し尽されざるものあり。炭酸水窒の元素を調合し電熱等の分子を加えたればとて生命の原形質を造る事は不可能ならん。生命は物質化合の結果として生ずることは不可能ならん。物質方面のみの学者は生命の主体の何たるを考えぬ。がしかし人は幼より老に至るまで統一の主体あり。生命の実質には自発的活動と統一の主体と有目的性とがありてただ物質の精妙の結合物とは想われぬ。生命の主体なる我はただ化合物にあらず。矢張り本体は宇宙の真霊そのものである。吾人の生命は根底に於て連絡を断つ事は出来ぬ。生命は実に不思議中の不思議なるもの、宇宙全体の絶対的生命なるものを立てて吾々個々は同一の本体より分受したるものと認めざるを得ぬ。故に一切の個々は互に連絡して断ゆことの出来ぬ関係を有して居る。

業識(生命の力)

人生の個々生命の主体を内的生活の精神の方より説明せば仏教には自我即ち識を説明するに小乗の浅教より大乗教に至るまで階級あり。

大霊の分子たる心性を伏蔵する極小の心生命を無明と云う。また業識《ごっしき》(28)と名づけ。また阿頼耶識と名づく。この阿頼耶識を伏蔵する有機生命は原形質に存在する。これが極小生命の体である。無明業識と云う活ける気を衝気《しょうき》と云う。即ちこの気が活《い》きんと欲する気、この衝気業識が生命の主体であるから、自発的に活動し活きんと欲する気がある。統一的自治体を為す。また有目的に活動して居る。この蠕動《ねんどう》たる生物生命力に伏蔵して居る性能が進化の結果は、人間の智力、感情、意思等の如きまた五体五官の如きもその微小の伏蔵から進化したるに過ぎず。

生物衝気は、活きんと欲する意力、これの活きんと欲する衝動力に貪瞋痴《とんじんち》の三能力を有して居る。初めは嚮動《きょうどう》的欲動的より進んで人間の意思と進化する。生物の活きんとする目的には食物の営養の欲、種族保存を目的とする生殖欲、又身体の休息を要する睡眠欲これ等生物の本能に有って居る。自己の生命保存の為には自己の害に抵抗する力を憤《ふん》怒《ぬ》とす。生の衝気の目的に従い盲進するを痴と云う。意識的生活までに進まざる動物には本能的に貪と瞋と痴との力を以て生活す。食欲色欲睡眠欲は衝気の目的を満足する故に快感あり。この気に違逆する境遇は憤怒防禦し敵し難き時は畏怖を感ず。皆無明業識の働きなり。

霊魂の滅不滅に就きて

所謂《いわゆる》霊魂の滅不滅に就いては世間に囂々《やかまし》敷《き》問題である。

その霊魂の不滅の真理を諦《あきらか》に証明し得る法を講説すると云わばこの真理を体得せぬ輩《やから》より見れば如何に思うか知らぬ。然しこの問題は今に初めての発見ではない。這般《しゃはん》の大問題を一刀両断に快断したるは吾が大聖釈尊である。抑々《そもそも》聖者釈尊が入道の動機はかの大問題である。彼れ王宮に在りて人間最幸福の栄を生れ乍《なが》ら受得るにも拘わらず、老病死を見て世の非常を悟り、熟《つらつ》ら惟《おもい》みれば人生の果敢なき事実に夢幻の如し。老病死苦は貴賤を論ぜず、無常苦空は賢愚を択ばず。一度生をここに享《う》けたる者何人かこの法則を免《まぬが》るるもの有らん。我如何にしてか人生の真理秘密の奥を究めて生死の源を明め永遠不滅の生命を発見し自ら度《ど》し且《か》つ一切を度せんとの大願はかの悉達《しった》王子が人間の栄耀を顧みず独り超然として入山学道の志を奮起せし所以である。その志願を洩れ承れる臣下の族《やから》より諫を告る者あり曰く、太子よ、御発心の事に就いては古《いにしえ》より或は死後の霊魂は無しと云い或は未来に滅せずと云う。未だ一定したる説なし。かかる未来の問題に苦んで現に受けつつある幸福を捨つるは可惜《おしむべき》にあらずやと。太子曰く、我は死後の有無の問題に就いて発心したるに非ず然れども今現に我は生死の闇に捕えられたる奴隷たることは確かである。如何に生死の闇を破って不滅の大光明を発見せんと云うが我が志す所の目的である。もし永遠不滅の大光明《だいこうみょう》を発得したならば一切衆生を同一の光明界に摂取せんとの志願であると。彼が金剛の志は何人も止むるに由なく竟《つい》に奮然として王城を飛出し入山修行し、初めアララ等の老仙に解脱の道を問いしかども未だ自己の理想を満足する能わず。独り自ら伽耶《がや》の深林に在りて鍛練苦行六年の後竟《つい》にヒバラ樹の下《もと》金剛座に端坐し四十九日禅那《ぜんな》三昧《さんまい》に入りて一夜大魔王の内外より侵逼《しんぴつ》し来るを不動の念迅正に降伏し大雷強電の夕立の霽《は》れ渡りたる後一層天月の清涼たるの感あり。臘月八日の明《あけ》の明星仄《ほの》かに出る時金剛座に入って無始の無明朗らかに断尽し朗然として正覚の心光赫耀《かくやく》として普く十方三世《じっぽうさんぜ》を照して遺すことなし。ここに於て無明生死の源を尽し煩悩の根を切断し永劫常住の大般涅槃《だいはつねはん》を証得し給えり。即ちこれ無上正等正覚《むじょうしょうとうしょうがく》を得たるなり。初めて生死の大問題を解決し不滅の真理を得たり。

仏陀自ら永遠不滅の大光明を得たる仏眼を以て一切衆生を視給うて喟然《いぜん》として歎じて曰く、奇哉《きなるかな》一切衆生自己と同じく一切智無師自然智本自具足して仏と異なること無し。我如何にして衆生の仏智見を開示して我と同じく不滅の聖者ならしめんと。抑々《そもそも》これ釈尊仏教を以て一切を度するの目的此処《ここ》にあり。

今弁栄身を末世澆季《ぎょうき》に受く性拙く身劣るも霊性は同じく毘盧《びる》の分身なり。旭日耀然として世を照す。戸窓開く処に、金殿玉楼《きんでんぎょくろう》の牖《まど》のみならんや仮令《たと》い茅屋草廬《ぼうおくそうろ》たりとも窓の開く処に日光の射入する事何ぞ異ならん。心霊開示し永遠不滅の大光明を我が同朋と共にせん事を希《こいねが》う。

心霊不滅

今現在の自我即ち霊魂なるものは大宇宙の一分子たることは否定せられぬ。己を見れば宇宙と自己とは梴𢈘《いかん》の関係をもって居る哉を考え見よ。我生命なるものが全体の宇宙なくては生存も出来ぬと云う事も疑われぬ。我等産出されたる分子に心霊あり生命ありとすれば況《いわん》やその産出す処の大御親に大霊あり大生命なくてはならぬと言わざるを得ぬ。吾人は宇宙は絶対の大霊大生命であると云うに憚《はば》からず。否《いな》仏教は盛にその真理を教うるのである。これを法身ビルシャナと云う。大なる宇宙は大なる如来である。

産出する大御《おおみ》親《おや》の如来心と産出されたる分子の衆生心との区別と連絡を図に示せば

衆生心――相対的――生滅――有限――小我(29)

如来心――絶対的――不生滅――無限――大我

衆生なるものは生れた者は必ず死す。故に生滅変化なる事は一般の実験する処、宇宙全体としては絶対なるものは無始無終にして過去も無際未来も無窮なれば小分子たる衆生の有限を以て宇宙の本体が滅するか不滅なるかは測り知る事能わず。絶対なるものには滅すと云う事は云われぬ故に不生不滅と云って差支ない。

絶対の大霊と分子なる小霊即ち人の心とは恰も水と浪との例の如く水は浪にあらざるも浪は水を離れては無い。外見すれば衆生は生滅の生物なれども本来不滅の大霊を離れて存在は出来ぬ。然らば生滅の衆生心と不生不滅の大霊とはその裏面に於て不可離の連絡を有って居るに相違ない。カント等も云って居る。吾人が僅か八十年の生命は永恒不滅の大生命の一分現象であると。

吾人が心も仏教では如来蔵性と云い絶対無限の大霊を根底として居ると云うのである。故に衆生心には生滅不生滅の二面が有る。一面より見れば生滅なれどもその裏面の一方には不滅の大霊と連絡して居る。故に霊魂とは霊は不滅に名づけ魂は生滅の方に呼ぶのである。もしただ生滅の一方のみ見れば人は死すれば全く滅したと云うも差支ないけれどもその根底の一面には不滅の根がある。野の芝草が冬枯蔵まって枯れた方は滅したけれども蔵まって居る根底は生命をもって居る。儒教などで人の魂魄《こんぱく》は天地に稟《う》けたる精気である。陽気が集まりて魂となり陰気が凝りて魄《はく》となり即ち活ける人の魂魄である。もし人死すれば魂魄は本の気に分散す。故に遺る物なしと。蓋し草の枯たる方から見たのである。また仏教にて地水火風空(30)の本に還りてでも不滅の霊は存すと云うは草の蔵《おさ》まりたる根の方より云うのである。何れも互《たがい》に非難すべきでない。

吾人の心霊生命が意識的に生存せるは、宇宙の大霊的大電気の連絡から吾人の意識生命と現れたる電灯である。八十年の間元気能く灯って竟に発電の連絡線が截《た》たる時に意識的生命の明は消滅したるも宇宙の大霊電は永遠に滅せぬのである。

さて理屈は置いて実地に証明する処に真理の証明が立つのである。これが仏陀五十年間専心誠意宣伝に力《つと》め給いし道である。

要する処は生滅の小我と不滅の大我と精神的に合一する処にあり。これに就いて二途《ふたみち》あり。一は能動的に他は所動的である。甲は自心の最大根底なる如来心を自ら敢て開発して自己を空間的にも時間的にも飽くまで膨脹して絶対無限に至る自己心中の宇宙と為すのである。他は本来絶対の大霊は永恒本然、自己はその分子なれば大霊を離れて我なし。我は大我の分子なれば我を大霊に投帰没入して忽《たちま》ちに復活して大霊を本体と為したる我となる時に不滅の霊となる。甲乙入門を異にするも帰する処大小合一するは一致なり。

実相論的に衆生に生滅と不生滅との二種ある事を説かば、天台は実相論(31)である。空間的である。先ず宇宙大霊の分子たる衆生心に本然として迷悟善悪十界の性能具《つぶ》さに具す。即ち衆生心に生滅する方と不生滅との両面ありて存す。然れども不生滅の仏慧の性本然有って居り乍ら自覚せぬ故に生死に流転するものを迷《まよい》の凡夫と云い。これを六道と云う。

彼等は不生滅の性を有って居ても開示し悟入する事をせぬ故にただ生滅の方にのみ迷うて惑いて業を造り業の勢力に縁りて生を享く。迷の中に於ても自ら因縁に随って善と悪との業に軽重ありて三悪三善道と分るるのである。生また業を造り死また生を招き輪廻止む事なし。これを生滅に迷う衆生と云う。

四聖法界とは声聞《しょうもん》、縁覚《えんがく》、菩薩《ぼさつ》、仏である。衆生が自己の心霊の根底に不滅の霊性具するを覚知し仏陀先覚者の教《おしえ》を聞き生死の苦の源を諦らめ苦の本は煩悩であると煩悩を断じ寂滅涅槃即ち不滅の霊界を諦《たしか》めこれに入らんとするのには真空無我の道を修せねばならぬと竟に煩悩の生死の小我を滅して真空無我の涅槃不滅を証得したるを羅漢《らかん》と云う。天台には自己の心性本自百界千如一念三千具足するも開示して仏慧現前する時は仏陀と同じく証《さとり》なれども次第六即あり。(32)正しく信じ得る時は早晩仏性現前すべし。

もし人の心性を両断せば滅と不滅との二性である。肉我の主として諸煩悩に依るの生命は必ず滅に墜つ。もし霊性に随って生活せる者は永遠不滅に向う。前は迷者闇黒の生活、後者は悟者光明の生活なり。前者のみ発展せるものには人は死すれば滅する者と謂う。永遠の生命未だ現前せざる故なり。霊性現前すれば自ら信認す自霊永遠不滅の真なる事を。昨日まで自己の不滅を信ぜざる者ももし一度大霊の光明に接して霊性現前せんか忽ちに永遠不滅の真理を信じて疑わざるに至らん。

宇宙の大法と目的

吾人は一切の万物と共に宇宙の大法則を離れて存在は出来ぬ。また宇宙の大勢力に由らずして生活は得られぬ。宇宙は何を目的として吾人をこの世に生死せしむるならん。

古来宇宙には目的ありや無しやの問題に就いて種々説あり。一切の人類の如きは本神より出でたるも一とたび神に背きたる罪は子孫まで遺伝し如何なる人も罪なきは無かりき。故に闇黒に堕する事免れざりき。己が罪を自覚して神の光りに救霊せられたる者は永く神と共なる事を得べきなり、との説もあり。

また宇宙を唯物的、機械的に見て居る学者あり。それ等は宇宙に神なるものありてその目的に世界を成し得るものでないと。また一方には宇宙は人知を以て測るべからざる神が存在しその神の法則に随い神の聖意に契《ちか》う時は永遠に帰趣する事が出来るものであると。

仏教に宇宙終局の目的が存するや否やと云うに就いて二あり。一は大法に随う時は成仏すると。他は宇宙の目的即ち如来の力に依って救わるるとの二なり。

宇宙の大法に随順するは、即ち法性の理に随うことにてもし法性の理に順う時は終には法性の中に証入することが出来る。換言すれば人は神から稟けたる神の性を有って居るから神の聖意に随い神の真理に契《かな》う様にせば、神の国に入り神と共に生活する事が出来ると、また更に換言すれば、人は本、真如から出た物であるから真如に迷うて居るから、凡夫であるけれども、もし迷いを翻して真如と一致する時は即ち仏であると。

仏法は本来、宇宙の大法である。真如より迷いたる衆生を、本の真如の都に帰す真理法が即ち仏教である。

真如を如実に覚悟なされたのが即ち仏陀である。一切の衆生を真如の本覚に証入するの大法は本然として常恒に存在して永遠に変易することなし。法界等流《ほうかいとうる》(33)の仏法は自然の法と共に、常に存在するけれども、それを知らぬが凡夫である。人仏の釈尊がこの世に出ようとも、出でざるとも、決して替りはせぬ。ただ常恒存在の真理を釈尊は自覚して、而して一切の人類を覚らしめるのである。故に経に有仏、無仏、性相常住とて宇宙の大法は本来常住なもので、釈尊が構造いたしたのではない。如来はただ真理を自ら発見なされたのである。例えば地球の運動は、ガリレオの出世已《い》前《ぜん》より、常然として運転して居ったのである。地球は太陽を中心として私転公転して居る。その理をガリレオが発見したのである。がガリレオの世に生れぬ昔から地球は運転して居った。それの如くに仏法は本来常住にて即ち宇宙の真理が衆生と合致して衆生に正覚の光りを為さしむ。真理を発見なされたのが釈尊である。また釈尊は大霊の人格現として衆生を自覚せしむる法を教えんが為めに世に出でなされたのである。故に『法華経』に諸仏如来がこの世に出現したる一大事の因縁は人々が本具《ほんぐ》して居る仏知見を開きて仏の正道に悟入せしめんが為に世に出で給うたのであると。禅家の直指《じきし》人心見性《にんしんけんしょう》成仏《じょうぶつ》(34)とて、人々本具して居る仏の性が開顕する時は、自分がこれ仏であると。すべて自力宗と云う方は吾人が本大霊と連絡したる霊性を有って居るが自ら迷うてこの霊性を顕わさぬから凡夫である。この霊性が開顕する時、即ち仏である。霊性を開発する理法を仏法と云うのである。仏法の本体は宇宙大法にして、法爾《ほうに》法然《ほうねん》として宇宙に存在す。この真理を一切衆生に開示せんが為めに諸仏は世に出現し給う。

宇宙の目的

宇宙に目的ありと見るは宇宙の能力即ち働きの結果は必ず終局の目的に至ると云うので大霊の力用から人格的の仏を出現して心霊界の太陽とし、かく大霊には不可思議の力用ありて、人格的の仏として人類を摂して終局目的の霊界に帰趣せしむるを云う。これは大霊の力に基く、また被救者《すくわるるもの》の方から云うも大霊目的と言う力は恰《あだか》も天の太陽の光を以て地上の動物植物を化育する如くに、如来は心霊界の太陽として、人類の心霊を霊化して罪悪深重の凡夫を救霊して光明の生活に入らしめ、煩悩の罪悪を化して霊的に為し給う働きである。

浄土教の如く弥陀の本願力、一切の人類を光明中に摂して、この心光に触るる者は

正定聚《しょうじょうじゅ》の位に入りて光明生活に為らしめ給うと云う如きは大霊の目的を顕わす処の宗教である。(35)

右の二教は前のは自己の霊性開発すれば、大霊と合致する故に、大霊と自己と一体であると悟ったので、後のは衆生は罪悪生死の凡夫であるが如来の大願霊力の光に霊化するときは凡夫の煩悩も化して霊態と為りて自ら心の内容が如来と同化すると云うのである。故に宇宙の法則と力能とが衆生の心を開き仏に化する力用である。

自己の伏能なる霊性を開発して正当に生活す

前に已《すで》に示弁《じべん》したる一切衆生悉有仏性とて人々仏と成り得らるる性は本来具有す。全体人の性と云うものは、仏に成る性が本来具有するものを開発すると云う立義《りゅうぎ》と、また一方には人の性は本来罪悪のみで、神の性は具有するものでないと云う立義とあり。前のに依れば、人が本来有って居る霊性を開発しさえすれば自分が即ち仏であると、これは前に自力宗と云う方なので大霊と霊性に於て合致するを云うので、総ての人の本性は罪悪ばかりで神性具有せずと云う方は、自己と云うものを消極的の悪しき方のみに見て而して悪しき方を消して善に作らしむる為なのである。

基督教では、人の身と心と別けて人の肉体は全く悪のみで救わるる物でないと云い心は本来罪悪では有るけれども神に救わるる性は有って居ると云うている。

仏教には両主義ありて本来具有して居る霊性開発すれば成仏し得ると云うのとまた凡夫は本《もと》罪悪なれども、如来の光明に同化せられて、仏の意《こころ》を自己の意と為《す》れば、煩悩も霊化して見れば菩提である。渋柿の実も甘乾と代るのであると。

霊性は本来具有して居るけれども、開発せんければ顕われぬ。喩えば鶏卵《たまご》が孵化しなくては、鶏《にわとり》と成る事は能《で》きぬ。

霊性の卵子を暖《あたた》めて孵化するのが即ち仏法である。如何に外部から暖めても自己に霊性が本来具有して居らぬものなれば仏に成ることは出来ぬ。

帰する処、人々本来具有の仏性を開発して仏と為す大法が即ち仏法である。

本来我々は仏の子である故、親の恵だに享くる時は必ず親と同じく仏に成ることが出来る。

『華厳経』に仏子一衆生として見るに如来の智慧あらずと云うこと無し。ただし妄想執着を以て証得せず。もし妄想を離るれば、一切智、自然智、無礙智、即ち現前することを得、また爾時《そのとき》如来普く法界一切衆生を観じて而《しか》してこの言を作し給う。奇哉《きなるかな》。奇哉。

この諸《もろもろ》衆生云何《いかんか》具するに如来智慧《にょらいちえ》(36)あり、迷惑して見ず。我当に教うるに聖道を以てしそれをして永く妄想を離れ自ら身中に如来広大智慧、仏と異なること無きを得せしむと。

一切人類同一真性

人生とはただ個人性のみに非《あら》ず人類同一の本体を言う。同一類、同一種族のみに非ず、本、同一根底より出でて空間的にも広く世界に弥蔓し、時間的にも数千万年の原始人類より現在の人類に到るまで、相互《たがい》の連絡は遠くその原始まで遡《さかのぼ》って繋《つな》がって居る。我と彼とまた一切の人類はその相稟けたる性質、形の如く相異なって居るなり。人生れたるの形式に於ては同一である。仏教に於て、人類のみでなく一切衆生通じてその本源は同一本源に出でて異途なし。人類はその頭脳あり、四肢五官あり、五体の型は皆類型的に、または内面の智力とか感情とか意志とかの如く矢張人間式に具って居るけれども、その頭脳より眼耳鼻舌手足等の総てに亘って同一型式に有り乍ら、その大小の分量とか、その格好とか相容《かたち》とか姿勢とかに於ては、相類似者《あいるいじしゃ》もなけれども、これを詳《つまび》らかに検すれば人類無数億の人間中に一人として寸分も異ならずと云う者はない。その同一形式に有り乍らまたその型式と内容と性質とが一人として同じきは無い。ここに実に妙味がある。一切の人類、個々その相容気質等が悉く皆特殊的でありて、悉く共通たる同一人類は、人生たるの資格に於て同一である。その相容気質等が特殊的であり、何《いず》れが人生資格有って、何れは人生資格無いと云う事はない。人生問題実に妙なり。

人生の根底

人生は実に果敢《はか》なきもの、吾人がこの宇宙の大なるに対して、その小なる事、海上に突出したる一巌頭、実に小なりといえどもその根底に於て甚大なる事無辺なるに比し、吾人の生命も実に五十年位の間なれどもその生命の本体は無限宇宙の大生命と云うべき絶対の大霊を根底とす。人はその大霊の一小生命である。故にその根底に於て、実に宇宙無限の生命より根を為して居るから、個体生命には、ただ物質的生理学的の形の上にのみ見ては、生命の真理を知ることは出来ぬ。実に生命ほど不可思議なるものはなし。この生命なるものは、仏教にて一面より言えば、実の寿者《じゅしゃ》、命者《みょうしゃ》(37)なしで、五大仮和合《けわごう》の上の活動行程中に存在する一の勢力なので和合上の勢力の外に特に生命と云う一物が存在する訳ではないと、実に然り。この生活機関の行動する勢力なる事は否定せざるなり。然れども生命の体、自我即ち精神はその根底に於て大霊のその原動と連絡せるなり。

人生の目的

人生の帰趣否《いな》人生の目的は先に述べた如く、動機から云わば自己の奥底に伏蔵せる性能を遺憾なく発揮して真実自我即ち霊我実現的に最善の努力するにあり。人が未だ奥底の霊性開発せざる程はその理想もまた希望する処も相同《あいおな》じからざらん。然れども最高等に進み心霊開発し霊的生活に入る時は各自が自然に一致するならん。然れども意識の階級よりまた意向の如何により人生の目的観も必ず同一ということは出来ぬ。人類も一切衆生と共に生物であるから動物の進化した高等動物であると言うも仏教では敢て拒まぬ。然れども人類としては万物の霊長とまで特等に発達したる身を受けしは実に幸福の極みである。この幸福と云うは動物欲を恣《ほしいまま》に耽《ふけ》る為めでなく自己の伏蔵を遺憾なく開発して真実の自我を現すことの出来ることを意味するにある。人類も動物である。もし人生帰趣の光明を自覚せざらんかただ肉の奴隷となりて暗黒に堕するを免れず。

生物が極劣極小の状態より数千万代に渡りて専心努力の結果としまた宇宙の大法に随順した生物が選択せられて、即ち伏能の霊性を顕現せんとのミオヤの法則に叶《かな》う系統が正統として幾多の階級を経て遂に人類に進化したり。人類もまた大法に随う者は野蛮より文明に進みたり。

大なる聖意を自己の意として生活活動する者は実に幸福なり。今幸《さいわい》に人に生を得たり。仏教にては人生の帰趣を自覚して正しくその正道に就いて実行するを一大事とす。就いては今各自は自己の人生目的の問題に対して自答を試み給え。自体自己は何の為に生れ来りまた己が人生の終局の目的は那辺《なへん》にあり哉と、この問題に対して如何に答《こたえ》なさるであろう。各自が自己の人生目的観のいかがは人格の高低を量る秤《はかり》ならん。人生観の高尚なるものは随って人格の高尚なることは言を俟《ま》たざらん。もしそれ人生ただ営養生殖のみを以て目的と為す如くならば如何に奢侈の生活なるもそれはただ狡猾なる動物に過ぎぬ。然しながら人類もまた動物である故に他の生物即ち動物や植物と共通の生活なる点とまた人類のみ他の生物と特殊なる点とあり。さればその生活の階級を区別して人類の特殊の方面を明さん。

生活三階

天覆《おお》い地載せる地上に起伏生滅する処の生物は種々無量に分れたるも三類に区別して居る。一　植物生活、二　動物生活、三　精神生活、この三階に通じて二の職分を有って居る。一に営養二に生殖。前者は自家保存の為め後者は種族保存を目的とす。草木と禽獣と及び人類も皆食物の営養を取って自分の生命を保存しまたその子を殖《ふや》して種族を存続して行く点に就いては三階に亘りて共通である。もしただ営養を以て自家保存が生の目的と云うならば大杉古松の如き植物には及ばぬ。彼等は居ながら営養分を取って立派な体格を備え然も何百何千年の生命を保存しその生殖と云えば何千万の種を送りてその種族を殖して居る。それらの働きは迚《とて》も人間の及ばぬ処である。次に動物生活に至っては云何《いかが》であるか、最も高等に進みたる獅子や虎の如きは人類の及ばざる程に発達せる立派な身体を以て而して日々何十斤の肉を啖《く》い、衣服と云わば天然の毛衣を以て身に纏《まと》い料理を要せずして消化するに耐え得る消化機能が備わっておる。もしそれ営養生殖これ生の目的とせば人類いかでか万物の霊長と誇る所あらんや。然れども人類の他動物に比して進みて一頭地を抽《ぬ》けるは精神生活にある。彼らを超越して天の特寵《とくちょう》を被《こうむ》るの栄典あるはこの精神にあり。実に人類は他の動物よりは形態に於ては虚弱である。然れども人は智慧感情意志等の意識の方面に於ては最も高等に発達して居る。もし生命が即ち身体ならば動物と人類と区別する処何にかある。精神発達に於て他動物と人類とは天地の懸隔がある。更に他動物と人類との精神に共通と特殊と区別して階級を明さん。

精神三階

精神否《いな》心理に人類と他動物と共通なる所と特殊なる所とを別って見れば仏教には心を四位(38)に区別しておる。四位とは(一)肉団心《にくだんしん》、(二)縁慮心《えんりょしん》、(三)集起心《じゅっきしん》、(四)真実心《しんじつしん》。肉団心とは人の心を脳髄神経等の生理学また解剖学にて説明し得らるる範囲に於ける心の分。縁慮心と集起心とは心理学また認識哲学等に研究し得らるる方面から精神を見たのである。真実心とは吾人一切人類の心性は本《もと》宇宙絶対なる大心霊を根底として居る。故にもし真実心を開発して見れば自性清浄にして自性即ち仏であると云如《いうごと》き大悟《だいご》徹底と云うは肉団心や縁慮集起等の範囲ではない。自己の心体が絶対なる宇宙全一の真心たることを発見する所にある。凡夫は前の三位の心許《ばかり》を自我として生滅の方面だけを認めて居る。永恒存在の真実心を悟入することが出来ぬから人死すれば心識も共に断滅に帰するものと謂うて居る。もし自性の中に真実心を発見することあれば自己は永遠の生命なることを覚悟して疑《うたがい》なきに至るのである。

心の四位を詳細に説明せんと欲すれども今便利に精神三階説に就いて委《くわ》しく演《の》べんとす。これは骨相学家の頭脳三階級説を仮りて精神の階級説明を試《こころ》みんとす。

三階とは下階天性。中階理性。上階霊性。骨相家は脳を四十二ヶ所に部を定めて仁慈性または霊妙性等或は破壊性等と人の精神の働きを起す部分は脳骨中に定まって居ると説いて居るが全くその曰う通り性が定って居るとは今主張はせざれども便利上頭脳三階説を以て精神の階級を示して見たい。

頭脳の三階とは眼耳《めみみ》の位より下を天性と為す。これ人類動物も共通の性である。眼より上の額の中央に至るを理性また人間性と云う。この理性は他の動物にはその働きが顕《あらわ》れず人間特殊的性である。額より上部を霊枢性となしこれ神人合一することを得る性である。初め天性とは天然性とも云う。また生理的の精神作用を作す部分にて眼で物を見耳に声を聴き鼻に香を嗅《におい》ぎ舌に味う身に触るる等の感覚作用を為す処の性である。この五官の働きは人類も他の高等動物も共通しているのみならず、還って人間よりは他の動物にして五官の却《かえ》って発達せるものあり。獣類にして闇を視る眼を有するあり。遠方の音響を聞き分る耳あり。また獣類は鼻の嗅覚の敏捷なることは迚《とて》も人の及ぶ処ではない。また口の働きに至っては口を以て料理を為し彼等が戦闘には牙類《きばるい》の武器が天然に備って居る等のこの肉体を養うについては必要なる五官の働き及びその機械の発達したるは迚も人間の及ばぬまでに進んで居る。

次に理性、これは特に人類のみが有《も》って居る性能にて人類は理性が発達して居る。理性は額に位したるは人類は他の動物に秀《ひい》で眼より上部が豊富である。動物は額の部より上部は乏しくして理性的精神の働きが出来ぬ所以である。人類の他の動物よりは五官の機能の如きまた生理上の機能に於ては却って柔弱であるに拘《かかわ》らず地上に最高等の位置を占めてすべての動物を制伏したるは理性の智慧の特別に発達して居る故である。自然科学に於て研究する所の物理上の理また生理学上の理等のすべての道理を理解することができるのは理性の働きである。更に物理学や化学の応用からして蒸気を以て種々の機関に用い、また電気を発して或《あるい》は灯明としまた機関を運転する等有らゆる文明の機関は尽《ことごと》く人間の理性から発明され応用されて居るものである。

また天文地理等の自然界現象の事物を知りまた進んで万物の原理を或は思弁し弁証し観察し判断し得るもみな理性あるからである。常識を以て我々人との社交を全《まっと》うし道徳倫理を以て恪々《かくかく》の事は善また悪等の是非を弁《わきま》えて道徳秩序を乱さぬようにするも実にこれ実行理性である。

人は理性を以て自分の動物欲を制伏し而して道として有るべきように自己の行為を規定して行くのは人格具備したる人である。人類が他動物に超えて長たる所以はかくの如き精神上の理性という光輝赫々《かっかく》たる性能が存するからである。理性は能く物を真理を以て明《あきらか》に照す性なれば理性が能く発達したる人は道を誤ることがない。理性は明に真理を照し見るが故に我と人との間に於ても正しく見ることが出来る。他人の善きこと、己が悪きことも常に観照し判断する故に公明正大をなす。理性の鈍き物は物の真理を照察することが出来ぬから動《やや》もすれば感情が暗黒に成りて無法な行動をなすに至る。理性が能く発達して実行上の理に明くしてそれが感情に及ぼして仁となり意志に及ぼして義となる。理性を以て自己を裁判して自己を完成ならしむるものは人格具備したる人である。

次で霊性は人類精神中最高等に位《くらい》する部である。或は神の聖霊を感じ仏の智見を啓示せらるる。また神人融合の不可思議の霊境に達するはこの性である。仏弟子の羅漢或は菩薩衆の最も霊たる所以はこの性能が発達して神人合一の処にあるからである。

霊性は絶対無限の大霊に接触する機関である。大聖釈迦、神の子キリストその他の聖《せい》人衆《じんしゅう》の大なる金剛石の霊性に心霊界の太陽と仰ぐ所の真神即ち無量光如来《むりょうこうにょらい》の大霊光が反映したる光輝が東西に一切の人類界の霊性を照したるが即ち宗教である。

また如来無量光は宇宙大心霊界の太陽にて永恒の光明は十方心霊界を照しつつあるも衆生は無明に覆われて直接にその光明に接することが不可能である。そこで釈迦のこの世に出現なされたのは東の山端に円満なる浄月輪をなして闇夜に彷徨《さまよ》う衆生の心霊を照し給うことにも喩えられる。

永恒の大霊光は永《と》え《こし》に照臨し給えども霊性未だ開けざる人には接すること不可能。喩えば光は照すとも盲人には見ること能わざる如しと聖典に示されてある。

故に真実に活ける信仰は霊性開発した後である。仮令《たとい》宗教上の真理を学説の上に能く学びてその理を理性の範囲に於て理解し得るとも、そはただ言語文字の上に智識を得たので真実の経験とは云えぬ。現代世間に宗教の学者は沢山あるけれども真実の宗教家即ち霊的実験の宗教者が少い、学説というものは古人の霊的経験を言語を以て伝説したる物である。喩えば仏教の経典の中に最も盛《さかん》に唱導されて居る部分は仏陀釈尊が三昧定中の経験を文字に現されたのである。喩えば『華厳経』に盧舎那如来の許に無量の菩薩等が集合して大方広経《だいほうこうきょう》を説き給う広大無辺の蓮華《れんげ》蔵世界《ぞうせかい》(39)にてもこれ釈尊の華厳三昧中の消息である。

自然界の事物の理は人の理性にて理解し且つ実験し得らるるけれども心霊界の事実は

霊性に依らざれば実験また実感し得られぬ。然るに世人ややもすれば宗教の真理を学問を以て実験し得らるるものと謂えり。これ甚《はなは》だ誤謬である。もしそれ心霊界の事実が言語文字の学問にて獲得《ぎゃくとく》さるるものならば教祖釈尊は本王宮に生れた悉達王子である。故に何も必ずしも家を出でずも宮中にありて天下の有らゆる学者を集めて研究の上に一大宗教を興すべき筈なるに然らずして従来の学問をも尽く抛《なげう》ちて山に入りて道を学びなされたのは学説の理解の如きは方便である、宗教の真生命は自己の伏蔵を開きて絶対の大霊光に接せざれば獲得し難きと覚りなされて入山学道の功果として霊性開発し無明《むみょう》の眠《ねむり》より醒めて本覚の大光明を得て永遠の生命となりて仏の大果を取なされた。已に演べた釈迦仏陀が自ら霊性開発して生死の夢より醒めて独り超然として光明の霊界に入りて従来の自己を顧れば無明の眠に生死の夢を見て居たに過ぎぬ。然るに一切衆生は悉く人間の夢を貪って居る。かくの如き輩《ともがら》に対して覚醒したる霊界を説示するも決して信解《しんげ》することは不可能である。それよりは自分独り覚醒したる大涅槃に入るには如かじと謂いなされた。然れどもなお進みて考うれば一切衆生悉く霊性を具有して居る。未だ霊性開発されざる故に五里霧中に彷徨うて居る。もしこれらを覚醒させたならば我と同一の仏と成ることが出来る。されば去来《いざ》これよりは一切衆生を無明の眠より醒して光明生活に入らしめんとここに仏陀は光明宣伝を開始なされた。これ霊性を開発させる業を開いたのである。

この霊性が一切衆生の伏能の最も深奥に潜んで居る。これを開発して霊性を以て自我と為す人は理性と天性とはそれに随うことになる。天性は動物と共通にて理性は人の性である。故に理性を以て自我とする人は全く人格具備した人である。更に進んで霊性を以て我とする人は即ち聖者の伴侶にて即ち霊格と為る。

人はこの三性に亘りて何れも健全に発達したるものは個性の円満なる人格と云うべきである。もしただ天性の肉体動物性のみ発達して理性開発せざらんか悪智慧の動物に過ぎぬ。さればこそ理性のみ発達して身体にして健全ならざらんか、筋肉的動作を充分に為すこと能わず。また理性としては完全なる人格備りても霊性の開けざる人は無宗教無神論に陥り人間としては立派な人物なるも天に対しては没交渉となる。未だ共に天を語るに足らざる人と言わざるをえぬ。また仮令《たとい》霊性は開発しても理性にして一向働きなきは常識に欠け世間に対しては面牆《おもがき》を為すの輩と為る。故に健全なる宗教の人を造るの目的は三性に亘りて何れも可成的に発達せしむるを要す。我教祖釈迦牟尼《しゃかむに》は実に完全なる道徳者真の大聖者である。霊性は言うまでもなく常識も身体も何も完全に発達し給いたることは推察し得らるる。

もし仏陀が常人ならば王宮に生てただ五欲の娯楽を貪り栄華を夢みて身体の労力に耐

ゆるように筋肉は鍛錬せられぬ筈である。然るに仏陀は苦行林に入りて或は炎熱に身を炙《あぶ》り断食に身を疲らせて有らゆる苦行を忍びて身心を鍛練したるはこれ身体の最も健全に発達したることを証すべし。また学業としては当時の群籍百家に亘り礼楽射御《れいがくしゃぎょ》の技芸として学ぶに成らざるはなし。故に理性の健全にして常識に富めることは何を疑うべけん。次に霊性の点に至りては耆宿《きしゅく》のアララ仙やまたウドラ仙の如き数十年間に修行練磨の業を旬日にして已に達しそれ等の究竟《くきょう》とする処の解脱は未だ終局にあらざることを認めなおも進み進みて自ら無上の正覚を証得す。実に釈尊の如き完全円満なる聖格は人類ありて已来《いらい》また比ぶべき賢聖《げんじょう》あらん。

仏陀釈尊は一切の人類をして完全なる人として有終の美あらしめ人生の帰趣を啓示し指導せんが為めに世に出現なされた。仏陀を世眼(40)と称するは蓋し一切世間の眼となりて大法の真理に契うべく指導する眼目たることを意味するものである。故に人生を永遠の大生命と無限の光明に帰趣せしむる使命を以て世に出で給いしなり。

一心十界

一心を本として心の理に十界を具し事に十界を造ると云うのが天台の原則である。詳しく云わば心と云うものは不可思議なもので宇宙一切万法の本体は一の心である。心の体は一であるけれどもその理に迷と悟と善と悪と起りて具さに十界の依正《えしょう》となり得べき性能が具有して居る。十界の性は本能に具有しては在るもののその中に於て事造と云って地獄とかまた仏界とかの何れかの働きの強き方に造り出すのを心造とす。初《はじめ》に心具と云う方から説明す。

心具

心具とは人々本来有って居る心に各々《おのおの》迷と悟、善と悪とか各三等に階級が有って合して十法界に成り得べき性能が具有して居ると云う義である。古来人の天から禀けた性は善であるとかまたは悪であるとか種々の相反《あいはん》せる説がある。例えば孟子は人の性は善であると。本来善であるけれども形気即ち人欲の私の為めに性に戻って悪を為すのであると説くかと想えば、また荀子の如きは人の性は全体悪である。故にもし天然の儘《まま》に放置せば我儘放題の悪人となる。依って聖賢が教を以て矯正して初めて善と為るのであると。

今仏教の一説に依れば性具十界と云って本来個々の心には迷悟善悪の性能が具有して居るのである。もし性に具して居らぬものが如何にして善なりまた悪なりかに発現する事が出来よう。本来各自の心性は個々皆別々の様に見ゆるけれどもその根底は深く宇宙一大心性とも云うべき如来蔵性から出て居る故、宇宙間に具有する処の善悪迷悟十界が悉く具有して居ると云う。

また基督教の如きは他の動物の心性をば覚魂と云って人類の心性を霊魂と名づけて、その心性が各別に神が作り成されたと説いて、全く人類と他の動物とは根本的に性が別で有ると云うのである。

仏教では然《そ》うでなく、根本的に遡って見れば同一の心性にて理十界を具し性悪《しょうあく》を具す等の語もある。

生物進化説などでも一切の生物界を通じてその生物の根本に遡って見れば同一の根底から出たのである。初めて地上に発生した生物は実に極小の生物であったが漸次に進化して今日の文明の人類の如くにまで現化したのであるから、かく進化したる人類といえども発生学に依って見れば初めて胎内に宿った精虫が卵子の中に入った時には実に微小の物であると。その微小の微粒に人と為り得べき性能が伏蔵して居るのである。生物が何十万年に種々の階級を経て進化したる歴史を人間の子と為れば僅か妊娠十ヶ月にその階級を歴《へ》て人の子と生るるのである。然るに世には人間と劣等動物とが根本が同一であると云う事を疑って否定するものがあるけれども、蓋《けだ》し自分が精虫と云う虫で有った時分を知らぬ故である。矢張アミーバに伏蔵して居た本性が無数の時代に進み進みて人間の身体や精神の相や働きと現化したのである。

なお進んで人々の心の内蔵に入って研究すれば実に人の心ほど複雑な一切の雑多を有って居るものはない。宇宙一大心性なる如来蔵性から縮小した一分子である故而《しか》も小宇宙である。宇宙間にありとあらゆる物の性が悉く個々の心性に具有して居る。

諸君自ら自己の内蔵を観給え。迷も悟も善も悪も地獄から仏界に至るまで悉く具して居る。己が情に違戻する境に遇えば忽《たちま》ちに瞋恚《しんに》の炎が胸中より燃え上る。これ地獄の火の種にあらずや。嫉妬慳貪《けんどん》は餓鬼の心。愚痴賤劣は畜生の心。憍慢勝他《きょうまんしょうた》は修羅の心。義務と同情とは人間の心。博愛公徳は天上の心。霊妙の感応を信ずるは声聞《しょうもん》の種《たね》。人生を覚って見たいと云うは縁覚の心。或る場合には他人を救う為には自分の身を忘るる事ある如きは菩薩の心、神尊を尊信する宗教心はこれ仏心である。かくの如くに人々その稟《ひん》性《せい》に於て十界の中或は善にまた悪に傾き易き性質はあるものの、その奥底には十界の性が具有して居る。蓋しその中に伏蔵して居る物が人間としては一分も発現せぬはない。

如何に悪方に発達したる人にしても本仏《もとほとけ》の性を具す。故に性格を失い堕落の淵に沈んでも自の良心の苦悶を感じまたは公憤義憤の禁ずる能わざるを感ずるあり。また性格堕落の中より自愛の光を放って先非を悔い改めて善に移るあり。また人は善良だからとて決して油断は出来ぬ、肉体の内には地獄餓鬼等の肉欲我欲が潜み居り或る機会に依りては働き出す。肉欲の餓鬼に溺れ酒色に沈み栄華の夢の中にも内心自覚の仏心は心に針せらるる苦を感ず。故に人には地獄より仏界に至るまでの性能を具有して居るから一旦堕落の底に沈みても救済の資因なしと云えぬ。また如何《いか》に大悟徹底したからとて内にある酒色の為に沈淪する憂《うれい》がないとは云われぬ。十界具有を心具と云う。

心　造

個々具《つぶ》さに十界の性を有って居る。それで十界を造り出す。十界の性各自の一生涯に亘て善悪迷悟何れか最も重き方にその性格を形成するのである。即ち心の働きに依って形づくるのである。その個々の十界性具と云う中に性に遠近の二因がある。遠く根本に遡れば悉く同一の根底から起った心性であるけれども、近くは各その生理的の方より云うてもその父母の遺伝要素が善悪種々の性質を先天の資性として有って来て居る。生れつき有って来た性質にもこれには中々複雑な因縁から生れ出した結果である。父母の遺伝として両方より配合的の資性があらん。また妊娠の当時及び胎内の十ヶ月の間にも種々の助縁を被る。妊娠中の母の心の持ち方及び境遇より被りたる事情から母の心にも身体にもその影響が及んで胎児の性質に及ぼす事はまた少くない。もし妊娠当時が性の原因とすれば胎内中に稟けたる影響が助縁である。その内縁に依って胎児が成りて初めて産れた。而《そう》するとその小児が生れつき有って居る性質が原因となるとその後の家庭にまた四囲の境遇に助成から薫習《くんじゅう》せらるるのが縁となって各その性格を規定せらるるのである。その内縁とも云うもののその主体は即ち自己の心にある内縁からして心の十界を作り出すのである。同一生物としても他の動物としても自分一代で種々にその性格を変更は出来ぬ。彼らは多く本能的で犬は犬で犬の本能から家を守るとか、また猟犬の務を為るとか、鶏《にわとり》は鶏の本能を働く為めに居る。けれどもそれはその動物にしても根本同一類の生物から種々の種族に変化したる勢《いきおい》に就いては種々の因縁から出来たに相違ない。

それにしても心造と云えば確かである。生物の内的生活即ち心生命が原因でそれが境遇の縁に随って応化《おうか》して内的生命には急には変化せずとも外境の縁によって漸々に変化する性を有って居る。内的心は自己の活《い》きんと欲する衝動が生活の助けを与える方々に突進して生命を保存する内在の原因と外境の縁とが相応するは益々繁殖する。また内的生命と境遇の縁の複雑なる関係上種々無量の動物と変化したのであると云わなければならぬ。

人類に於ては内的生命の心なるものが大《おおい》に進歩してその働きが非常に発達して居る。それで自我の心が善悪迷悟十界の性を具して意識的に何れでも自ら作り出す事の出来る自由意志が現われて居る。

『華厳経』に心如二巧画師一造二種々五蘊一《こころはたくみなるがしのごとししゅじゅのごうんをつくる》(41)と云いて心の働きは巧《たくみ》なる画師が鬼の影でも種々の動物でも人物でも宗教画でも心の欲する処に随って運筆のいかんに依って其処《そこ》に百馬百戦または悪漢でも仙人でも仏菩薩の画図でも画《えが》き造り出すが如くであると。衆生が心一つから迷悟十界の身と心と世界とを造り出すのであると。また心造十界では有るけれども因縁から出来る結果である。人の生れ性に善また悪の方に何れにか傾き易い性質を有って居る。それが性の原因である。例えば殺人とか窃盗とかの遺伝性の人がそれに相応する境遇の縁で遇えば益々発達しそれと反対なる慈善とかまた施与とか云う事は出来難い。善にも悪にもその生れつきの性に移り易くはあれども、然れどもその根本的本性の一大霊性から受けた霊性を有って居るから、大に自覚して熱誠を以て善の業に向って改善に努力して敢て飽くまでに習慣性を為せば第二の天性としては善人とならぬ事はない。

人の遺伝性、習慣性、または性格や意志に人は規定せられて居る。それは普通にはその性格を変更する事は中々容易でない。仏教は性格や習慣性を超えたる根底の人々具有の仏性を開発して、真実の自我実現的に自己を開発するのが目的である。自性の根底に横わる仏性は宇宙一大心霊と一体である。この仏性は遺伝や習慣性でない、また外界《げかい》から感ずる感情でない。また外の誘惑に応ずるものでない。この仏性を開発してすべて意志も感情も智力もその光明の下に使役せらるる時は皆仏子仏心仏行である。

心造が肝心である。人はいかに仏性具有して居るもそれを発揮して実現し実行せざれば何にかせん。仮令《たとい》黄金貴しといえども鉱垢《こうく》より練出《ねりだ》さざれば価値なし。仏心仏行を以て仏界を現わすが即ち目的である。

心十界を造る心の業

理に十界を具すとは心性所具の相を云い造十界とは心の業即ち働きから十界を造り出すを云うのである。

『華厳経』にもし人三世一切仏を知らんと欲せば応に法界性は一切唯心造なりと観ずべしと。意《こころ》は三世諸仏というも本《もと》は同一の法界性より出たのであれは一切仏と共に十法界は悉く一切唯心から造り出したのである。心とは一切生物の内的生命のことで内的生命の業力から十界何れかの方面に向って発達した。

本《もと》同一の心が何故に十界と分れて来ると問うならん。十界性具の心の体は本は同一にて性に十界を具して居り内的生命なる心が強く働く方面に向って発達す。

生物進化説にもこれに例すべき点あり。一切生物の根元は同一の原始的生物から出でながら一方に植物と成り一面には動物と成り、同じ動物にも羽毛鱗角《うもうりんかく》の類より人類に至るまで種類無量に分れ而して原始的動物には左《さ》までに種類特殊的に成って居らぬが益々進化するに随って動物の体形も性質も非常に懸隔するに至る。何にして動物はかくの如くに沢山の種類と為りまた発達の方面特殊的に分れたのであるかと云うに、自然に陶汰せられ雌雄の関係から陶汰せられた結果種々に分れてその特長の著《いちじる》しく現れて来た。要する処自己の活きるに利のある方に向って働く、働く方に発達する。麒麟《きりん》や駱駝《らくだ》の昔々沙漠の中で高き樹の葉を喰《くわ》ん為に首を伸したそれが代々に亘りて発達した結果である。雌性の甘心を求むる為に尾の美を高調したる孔雀の尾、雌性を引きつけんと鶯の声の働きが美音に進化したる如く、生に利する様に自然に陶汰せられて種々の方面に進化して居る。常に働かぬ部分は機械が麻痺して竟《つい》に全くその作用を失うに至る。或る隧道《トンネル》の中に住むトカゲは闇黒中に在って代々眼を使わぬ為生れ乍《なが》ら目が無いと云う。人間の肉体中に代々使用せざる為にその働きが消失して了った機能が沢山ありと云う。例せば馬や牛の耳は随意に動くのは皮の下に随意筋の有るからであるが人間にも随意筋はあるけれども代々使わざる為にその機能が鈍ってその用を為すに耐えざるように成った。身体中の部分としてもまた全体としても働くに随って発達してまた進化す。仮令《たとい》進化したる物も働かざれば竟に退化す。

人類の精神作用が他の高等動物のよりも遥かに進化したのは、代々に渡りて能く働かしたる結果である。然れども身体中の局部に於て機能が退化して使用に耐えぬ部分が百ヶ所もあるとのことである。この理は精神にも適用せらる。人の精神に十界の性能具して居るが善悪迷悟何《いずれ》にしても能く使用する方に向って発達す。因縁相待って進化す。仏教に謂《いわ》ゆる因縁果報の理は三世因果にもまた生物原因結果にも適用す。因とは衆生本具の心なる内的生命にある活きんと欲する気。縁とは外界からして助成する力、例えば米の種子に地や水やまた気候の資縁を以て萌発し増長させるが縁である。

進化説に云う自家を遺伝するが因にて外界の応化力やまた適者生存の如きを資縁《しえん》とす。自己の種子が外界の縁によりて成立するのが果にて、その働きが報である。この因と縁の関係からして一切の生物は進化したと云い得る。また個性としても同じ父母の遺伝要素を因とし、外界から受ける助成縁に依って人格を形成せらる。個性を形成するに詳しく研究せば因縁果報の理は如何なる事にも行われて居る。例えば父母の遺伝配合的の資性から形成せられたる胎児についても、児の父が精子を構成する二、三ヶ月の精神の持ち方の如何が精子に及し、もしその当時酩酊して脳が白痴漢の如くなればその精子は白痴の種子となると。また妊娠十ヶ月の母の心の持ち方如何は胎児の性質に及すに預って力ありと。その父の精子と母の卵子とが因と縁と成りて而して胎児のカラと為った。それが因として母の胎内十月の間に母の心の持ち方は言うまでもなく言語動作も悉く胎児の身と心との資性を助成する縁となる。もし母が夫の挙動に対し憤懣《ふんまん》嫉妬する如き、逆境に立ち憂怖する如き、すべて胎児の性に及ぼす。左様な因縁の結果として形成せられて生れた子が即ち生れつきの性因となり、生後の家庭また四囲の事情に助成せられ薫習せられて児の習性を形成する縁となる。当人の生れつきの性に善または悪に移り易い性質は持って居る。されど外界からの刺激と薫習との助縁はその稟性《ひんせい》を増長もさせまた変更もさせる。進化論に云う応化である。仏教の因縁相応と進化説の適者生存とは同一の理にて先天性即ち生れつき持って来た性質と外界から助成する縁の適当する時は容易に発達し然らざる時は困難である。

動物の本能。心十界を造ると云うも幼稚なる心動物の内的生命は意識的にまだ発達して居らぬ。心の働きも本能的である。彼等は祖先代々に遺伝したる性能を固持して本能と成って、犬は犬の、鶏は鶏の本能としての働きを有って居り、自分一代にその本能性が変更する事は出来ぬ。一切の動物を通じて本は同一の根元から出た物なれども種々の方面に進化したる結果は非常な懸隔を為すに至った。進んで人類は内的生活なる心が大《おおい》に進化し、その働きが非常に発達し善悪迷悟十界の性が意識的に成り、十界の内何れも自ら造り出すことが得らるる自由意志さえ観らるるに至った。

衆生は小法身。他教の言を借《か》って云わば小造物である。大御親なる大法身が大造物主である故に小法身も小造物主である。大法身の法則の下に小造物の働きとして自己の子を生産することも出来る。また意識的にも大法身の法則の下に各自に自由を許されて居る。父の意志に逆《さか》いて悪を作せば三悪道の苦報を感じ、善を行えば三善の楽果を受く。父から受けたる霊性開かざれば自ら迷いて六道生死の生を受け、人類已下《いか》の動物には自由意志未だ発展して居らぬ即ち本能に駆られて使役せらるる。人類は心の自由を許されてなお進んで父の聖意に随う時は生死の迷郷(42)を立出で涅槃の光明界に帰趣することが出来る。

一切唯心造《いっさいゆいしんぞう》。衆生の根本心は如来蔵性であり、分れ分れて衆生心と為って迷《まよい》の凡夫とは為りしものの、根底は甚深である。人の現在の心は父母の遺伝ありまた宿因あり遺伝性や習慣性の為めに規定せられて意志や性格を変更する事は中々困難である。然れどもその性質や習慣性は本々宿世《しゅくせ》とかまた父母の代に於て数々《しばしば》行為したる習慣から起りて形成せられたる性格であるから、最根本ではない。云わば途中から薫習し数々働きたる結果である故に、百尺竿頭《ひゃくしゃくかんとう》に一歩を進めて自己本能の奥底に潜伏する仏性を発揮せんとして飽くまで努力せば霊性焉《いずく》んぞ開発せざらん。人々大杉と成り得らるる仏性と云う種子あり。杉の種子から有らゆる勢能の有らん限りを発揮せしめば空を凌《しの》ぐ大杉と成る可き如く、自己の霊性の有らん限りを発揮せんが為に力行《りっこう》せば必ず成功すべきである。人生の目的ここに存す。

教祖釈尊は大菩提心を発し全身全力を竭《つく》して道業を成ぜんが為に奮心努力し給えり。幾多の魔をも一切の障碍《しょうげ》をも悉く排除して霊性を発揮し給う。已に仏性の光明顕現する時は一切の行為として仏心仏行ならざるはなし。これ心造諸如来である。仏教の目的はここに存す。衆生本具の霊性を開発し霊我を実現せんが為に終身努力すべし。

心変(十界は一心の変現)

一切衆生の心性は本如来蔵一大心から分身したる心性である。心ほど不思議なるものはない。この心性に不変と随縁の二面を有す。本性は不変であるけれど一面は縁に随って千変万化す。唯一の心性から十法界《じっぽうかい》三千の依正色心悉く変現す。喩えば水は本一なれども随縁して変化す。湿度に有りて流動せる水も氷点已下の寒気に遇わば忽ちに凝って固形体と為り、また熱度に依りて蒸発せられて気体となる。種々に変態すれども水の性は不変である。心は不思議、本形相《ぎょうそう》なく、また定相《じょうそう》なく、善に非らず、悪に非ず、迷に非ず、悟に非ず、色に非ず、意識に非ず、一切分別の相を離れたり。かくの如きの心が随縁して種々無量の相に変現す。唯心の水迷う時は六道に流転し、悟る時は解脱して宇宙に遍満し、氷《こお》って三悪道の苦に閉じられ、溶解して四聖法界と変化す。

宇宙全一の心から変現して森羅たる万象、尽十方無尽の世界と衆生と及び五陰となり十方三世に在りて、世界と衆生と五陰との三世間《さんせけん》実に無尽不可説なり。悉くこれ唯心の所変である。一切衆生の主観と現われたるも、また客観の物象と現われたるも、本は同一の絶対大心霊より顕現したるものである。

尽虚空無辺《じんこくうむへん》の法界を悉く概括して十法界に収む。十法界とは地獄、餓鬼、畜生の三悪道と、修羅《しゅら》、人間、天上《てんじょう》の三善道と、声聞、縁覚、菩薩、仏陀の四聖法界とである。かくの如く十法界はその感ずる処の体と相と用と力と作とが身体と心意に各別々に変現して居るがその本は唯心の変作である。

炎々たる地獄の猛火に焼かるる苦劇獰猛《くぎゃくどうもう》にして火を吐き鉄鎚《てっつい》を以て罪人を悩ます獄卒も心の変現である。餓鬼の飢渇、畜生の互害心より感ずる処の修羅闘諍《しゅらとうじょう》に身命を賭して戦い合い、人苦の街に泣きつ笑いつ人事を営み人界の五欲の快楽に暇なく、四禅四定に静慮の喜楽を貪るも悉く一心より顕現したる相《すがた》である。

無量の相好《そうごう》に無辺の光明を照らし衆宝荘厳《しゅほうしょうごん》の浄土に在《まし》まして一切菩薩の為に他受法楽を感ぜしめるは仏心の所現なり。

声聞二乗の神通自在恣《ほしいまま》に自然の虚界に逍遥して神通を現わし無為に遊びて物表に出

ずるも聖者心の所変である。

この肉体を構造する物質の原子は魚鳥の身を組織したる原子が人間の食物となりて人の同化力に依って人の肉となり、米や麦は鶏の飯と成って鳥の形と変ず。同一の物質原子があらゆる生物の身となり常に流転して止まぬ。心性もまた然り十界三世間の一切依正色心悉く一心の変現ならざるはない。三界六道の中に流転して変転極りなし。これを一心の変現と云う。

一心に十界

一大如来蔵心の一分心を衆生心とす。如来心と衆生心とは不一不異の関係を有す。一大如来心に具有せる万法を衆生心に悉く具有している。この心を二に分って迷と悟とす。一体の二面である。迷いて凡夫と為り悟りて聖者と為る。迷の中に善と悪とあり。各々三等に分つ。地獄、餓鬼、畜生を三悪道とし、修羅、人間、天上を三善道とす。この六道は善悪苦楽無量に差別すれども六凡法界と云う。悟に三等あり。声聞と縁覚と仏菩薩とにて、大小階級ありといえども四聖法界と云う。合して十法界とす。

一つの心が迷悟の二つと分るる所以は、喩えば覚《さめたる》と夢との如し。迷者は霊性未だ覚めず、無明に眠りて六道生死の夢を貪り、悟者は已に心霊眼醒めて涅槃光明界に安住す。然るに覚と夢とは心の体は本一にして相は同じからず。もし覚と夢とが全く別なれば夢中の事を覚えて後に記憶すること能わず。また相に於て同一ならず、夢中のものは覚めて何も見ず。この譬《たとえ》の如く、心は同一なれども凡夫は無明に眠って六道生死苦楽の相を夢み、聖人は無明の睡より覚めて大覚の明境を知見す。仏陀釈迦出興し給う所以は、一切の衆生を無明の眠より醒して永遠の光明に入らしむるにあり。

略して十法界の相を説けば、六道の初三悪道。これに各因果あり。因とは今人間中に在って精神的に地獄の業を結ぶ人、果は正しく六道の身を受けて居るもの。

一地獄。苦器と云って六道の中に最苦中の苦たる処へ大地獄乃至一百三十六地獄あり。正法念経《しょうぼうねんきょう》(43)等に詳しく説いて居る無間地獄《むげんじごく》の如きはもし仏陀がその苦相を真実に説かば聞く人忽《たちま》ちに血を吐きて死すとまでその苦の劇《はげ》しきことを示されている。罪の軽重によりてその受くる処の地獄にまた等級あり。逆悪邪見の心意を以て世に害毒を及ぼし五《ご》逆十悪《ぎゃくじゅうあく》等の一切悪業を造るもの、逆悪邪見の業に依り倒《さか》さまに懸けられ劇烈なる極火に焼かれ悪業の薪の在らん限りは消ゆることなく劇苦《ぎゃっく》を感ず。

基督教には世界終局の時に一切の死体は生前善悪の所作に随って末日の審判を受く。

人死して中有《ちゅうう》の霊魂は睡眠状態を持して冥府に在り。世界の終《おわり》の日基督の再生に及び霊魂は天地に響き渡る喇叭《らっぱ》の声にて睡《ねむり》より覚醒し各自は本の肉体に入り生前の所作神の審判を仰ぎ永生と永死とに定めらる。極悪を犯し最後の懺悔を以て改めざるものの霊魂は極刑の地獄に堕さると。

二餓鬼道。梵《ぼん》に薜荔哆《へいれいた》と云う。福徳あるものは山林塚廟神と作りて祀られ、福徳なきものは不浄処に居り飲食を得ずして飢餓に苦しみまた鞭打ちを受け河を塡《うず》み海を塞ぐ苦を受くること無量である。

この鬼道に種類多し。今暫らく二種を挙げば有財と無財との二餓鬼。有財餓鬼とはその業感の故に飲食は眼前に在り乍ら食うこと能わずして苦しむ。人間に在りては我欲が昂進して病的となり、金銭は山の如くに積めども慈善もしくは公共の為めに供することは生爪《なまづめ》を抜くよりも苦に感ずる輩《やから》である。また名誉権利位置を貪ぼるに常軌を脱して病的に陥入りたる族《やから》の如きも有財餓鬼の性格と云う可きである。

無財餓鬼とは肉欲の病的になって罪を造りし漢《もの》である。己が活業《なりわい》を勉めず、ただ酒に耽り色に荒み肉欲の習慣性が悪症と成って人格堕落してその報《むくい》にて無財餓鬼に落つ。或《あるい》は嫉妬慳貪の餓鬼あり。或は黄金の奴隷となり肉欲の奴隷となりて人格を失いたる輩を餓鬼性格と為す。

畜生道。また傍生と云う。正しき人道の埒《らち》に列《つら》なる資格なくして傍《かたわら》に生くるもの羽毛鱗角及び一切の昆虫類に至るまで三十六位の種類に至ると。人中の傍生あり、身は人間に受け乍らその性横暴にして虎狼に等しきあり。情欲の正しき眼なき浮気なる禽《とり》に類するものあり。また公平なる理が判らず愚痴弊悪にして蠕動たる虫類に比すべき族《やから》あり。形こそ人間たれその心意と行為に於ては実に畜生に劣れるあり。また性猾《さか》しき猿に似たるあり。人を欺誑《ごおう》する魅すること狐の様なるあり。また蛇蝮《まむし》の如くに人に噉《くい》つくあり。毛虫の様に世に嫌わるるあり。

人生の目的は性を遂げ人格を完成するにありてただ営養生殖これ人生の能事畢《おわ》れりと自認するが如き漢は何ぞそれ動物と撰ぶ処あらん。

人生に永遠の希望を求めず、動物的精神生活に安んずるものはこれ畜生格、肉欲我欲の病的に陥れるは餓鬼格、邪見逆悪なるは地獄格、これを三悪道とす。

三　善　道

修羅道。阿修羅、ここには無酒または無端正と翻ず。常に闘諍《たたかい》を好み、怕怖《おそれ》極りなし。

因中人たりし時猜忌を懐き心五常を行ずといえども勝他を欲する故に下品《げぼん》の十善を作してこの道を感ず。

人中の修羅は本《もと》三善道の下品に位《くらい》し、人格備わらざるに非《あらざ》るも高尚ならず、高尚なる理想なく、遠大なる希望なきが故に傲慢勝他の心意より善を為す。

人は天稟《てんぴん》の資格は相当なるものでも宜しく修養を経ざれば気質の鉱垢除き難く傲慢自分勝手となり、人格の光輝は発揮せず。天稟の徳性も円満に成熟すること能わず。端なくも人格が完全し難い故に修羅格として偽善偽徳を以て舌を衒《てら》い権威を追求し内に誠実なく外に賢善を装《よそお》いて人格は円満に遂げ難い。経に讒賊《ざんぞく》闘乱誠実なく尊貴自大にして己れ道ありと謂《おも》うて横《よこしま》に威勢を行じ人を侵易し自ら挙高して人の敬難を欲し天道を畏れず実に降伏す可きこと難し(44)と。

また三徳の内勇のみ重く智仁の欠乏する人格は修羅格と云い、楚の項羽《こうう》、平《たいら》の将門《まさかど》、奈翁《ナポレオン》の如きはこれに属す可きものである。

また競争心の強き勝負を好み、動《やや》もすれば決闘を申込む性質の如きはこれに属す可し。

人道。人間とは全く人格具備したる者を指《ゆびさ》す。仮令《たと》頭《いず》天脚地《てんきゃくち》、形は人類たるも人格まだ具備せざる輩は人の真価なし。人間は本能的動物ではない。陶冶《とうや》訓練を要する生物である。例せば鉱物中にも天然の儘に使用す可き石の類あり。また人工的に琢磨せざれば光輝の発せざる宝石珠玉あり。人類已下の動物は本能に育発すれば宜しい。人類に至りては然らず、精神生活の中に理性が発達して而して理性の光を以て自己の動物欲を抑制して自己を指導するが人類の特長である。もし人類が天然に放恣縦慢ならば悪智慧の動物に過ぎず。文明の教育の目的の主とする処は人に人格を具備させるにあり。

人類の精神には他の高等動物に未だ備わらざる処の理性的の智慧が具って居る。人が一方に自然界の事理物理上、心理上すべて百般の事物を能く認識し弁別し理解し得るは理性があるからにして、また理性は一面には常識となりて道徳秩序も能く解りて己を修め他を恕《おもいや》り人道を履《ふ》み行うことが出来る。国民教育の主とする処は人道の基礎として人格を養成するにあり。故に教科書に挙げてある古来道徳上立派なる人物は人倫の標本として挙げたるものである。支那の孔子、希臘《ギリシャ》のソクラテスの如きは人道的の聖人である。日本の教育の中江藤樹、伊藤仁斎、貝原益軒、二宮尊徳等の教訓を標榜するはこれらは人道的の指導者であるが故である。人生を永遠の光明界に導き霊格を具備させんが為ではない。人道としては今日の日本の教育も完全たるも人生最終の帰趣を目的となせる教育にはあらず。

天道。仏教に明したる天上界に六欲天、色界十八梵天、無色界の四天あり。六欲天とは世の公明正大博愛無私の有徳君子の帰趣する処にて善美を尽くしたる処、物質的の最高等なる快楽を感ずる処、色界は四禅にて世間的の公徳私徳の上に最も完全なる計《ばかり》にあらず、冥想観念を以て心霊を練修し思想を精練す。

十界の三位

十界に三位を立つれば。

一、宇宙全体の十法界あり。

二、人類中に十界あり。

三、個体に十界あり。

宇宙全体が一大法身として十法界を総括す故に人類の世界はその分身なれば矢張り一法身として人類中に十界に性格を分ちて一切の人を包括する事が出来る。また各個体は人類中の一員即ち人類の単位である故個体に各十界の性を具して欠く事なけん。一心に十法界の三千の性相を具して備《そなわ》らざることなし。

個体は小法身である故に本より一心本具の十界の性を具して、一心は不可割の体であるけれどももし暫らく衆生心中の所具の十界を骨相学的に見れば如何。骨相学は人の精神の才智記憶とか観察または霊妙仁慈抵抗等の性能は脳髄中各局部にその性能を受け持って居ると云う。精神につき大脳髄を精神の坐所とするは心理学者及び生理学者も共に認むる処なれども骨相学者は五臓五官のその職を掌《つかさど》るが如くに精神の仁慈公平または観察等より理財の才能等各々その働く各部は定《きま》って居るとし、例えば仁慈性の部が能く発達せるものは慈悲心に富み理財性に豊富なるものは財政上の智能にたけりと頭脳全部を七部に分別しなおその中の局部が合して四十二部に性能の本なる処を定めたり。

精神の本体は本来一体なれどその働きを為す部を掌る処あるもまた妨《さまた》げなし。例えまた四十二部に全く定りたる部はなしとしても人の性質に四十二性に分るる処の性分ある事は確実である。古来伝来の一心十界の図に、仏界を最上位に置き地獄を最下位に図したるも、図の如く宇宙間に古来何ら上下とする方位はなきものにしても、表示的に十界の図を作りたる如く、人の脳髄に精神の作用の性を七分にもしくは四十二性の局部に定めてこれに配する事は仏教の真言式にもしくは表示的としてまた経験の事実としても個性の十界の性相と骨相家の四十二相と比例して配するは便利なり。

地獄—男女、破壊、抵抗、食欲、秘密、剛強。

餓鬼—男女、破壊、食欲、愛児、継続、秘密、蓄財。

畜生—男女、食欲、秘密、蓄財、抵抗。

修羅―自尊、名誉、高大、剛強、希望、殺戮、争闘。
人間―正義、名誉、観察、仁慈、希望。
天上―仁慈、尊敬、公明、高大、希望。

次に霊格としては

霊妙、尊敬、想像、観察、神秘、慈悲、高大は声聞性。
自尊、原因、想像、観察、希望、公正、高大考慮等は縁覚性。
仁慈、公明、自尊、尊崇、高大、剛強、……想像は菩薩性。
仁慈、神聖、公明、智慧、正義、審美、鑑識……

十界の性を四十二性を以て人類所具の性能を標榜したるものなれば人としてこの四十二性本具せざるはなし。然れども最高等性が能く発揮して自余の性を悉く自ら如理《によ》りに指導し調御する自由意志を即ち解脱または霊化と云う。

ヴント(45)が道徳の動機に四階級を立てたる如く、最高等なる理想の動機から出ずる道徳行とまた自我の傲慢心の名誉的勝他の動機から出でたる道徳行為とは、その行為またはその結果の如何を問わずその動機より派出する心意に於て清濁同じ事とは云えぬ。

もし地獄的性格意志より行為するは四十二性悉く邪悪の内に使用す。希望自尊鑑識等すべて己が我欲の為めに智慧はまた悪智慧となる。もし修羅性格の動機よりすれば慈善事業を為すも己が名誉の為めまたは勝他の目的からなす如く、人間的性格は人間としての常識良心。天上的動機は天理人道の公明なる動機の道徳的人格なり。

次に霊格としては声聞は無我真理を自我とする意志より出ずる超人格にして自然即ち天の意は自己なれば仁慈公明その他一切の四十二性共にそれに従うて行為す。

もし菩薩的性格は如来を理想として如来の聖意を自己とする故に、霊格の仁慈は人格的のと動機に於て同じからず、如来が法性の理に随って一切衆生を慈《いつくし》むが如くに一切を慈み、乃至《ないし》恋愛に於てプラトーの愛の如く霊的愛即ちすべてに超えて如来を愛するの愛となり、殺戮は先ず自己の一切の煩悩を殺し一切の悪邪悉く殺さんとし希望も自己の円満完成を願望し一切人類を度せんと希望す。

菩薩の願行——帰趣

仏教にて霊的人生としての帰趣に志《こころざ》す人生を菩薩と為す。また仏子と云う。この仏子のみ宇宙の大法則に則《のっと》り終局目的に到達したる生である。仏子の大志願を起さざれば目的に到達する能わず。この志願を大菩提心と云う。大菩提心とは仏子が起す仏心仏行の意志である志願である。これに二面あり。一を上求《じょうぐ》または願作仏心《がんさぶっしん》、二を下化《げけ》または度《ど》衆生心《しゅじょうしん》と為す。上求とは自ら完全円満なる霊格即ち仏陀にならんとの願望で、下化とは一切衆生と共に自他平等に完成せんとの欲求である。これ即ち向上向下の願望である。この志願が達し得らるるものならんやと問わば、願作仏心には衆生の根底に一切衆生悉有仏性《いっさいしゅじょうしつうぶっしょう》と云う人々本来仏になり得らるる本能を有って居る事は已に述べた。然れどもこれを成就せんと欲せばこれが成就さるべき法則に依らざるべからず。例えば人々は知識の性能は本より有っても教育等の助成を待つ如くに、衆生が仏性具有してもこれが開発の法を待たざるを得ぬ。これが即ち仏法である。仏法とは人々の心性を開発して仏になす処の真理である。

宇宙全一の霊体より発生したる衆生の霊性を開発し円満に完成する理法は実は本来宇宙にその大霊力が流行して居る。これを宇宙大道と云い、宇宙大道とは仏教にいわゆる無上菩提《むじょうぼだい》である。無上菩提は常恒存在の大道である。

宇宙は一面から見れば自然法則と勢力とが存在して日月星辰の運行となり、一切万物の理法と為って常に流行して居る。また内面は衆生心霊界に流れつつある大道法が存して、これを無上菩提と云う。また大菩提は宇宙に存在する大道法である。この大道に加わる衆生の意志を菩提心と云う。故に菩提心とは自己の心が実は全一如来心と連絡して居るもので如来の聖意を自己の意志となし自覚してこれを実行するの志を云うのである。

菩提心の根底

人類の生命は本低級の生物から進化したる生命である故に、動物の高等に進化したのは即ち人類であるとは進化論者の唱導する処である。仏教にも一切衆生悉有仏性とて、他動物と人類との根本的区別は立てぬ。然れども吾人人類は動物の進化したるもの彼らが原始の低度のものから人類に至るまでの進化の為には無数の代々に有らゆる全力を竭《つく》して努力したに相違ない。そは極小の生物にも霊性の伏蔵あり、また外界にこれが進化を助成する機関あり、ついに人類に進化した。宇宙の目的は普通人間たるを以て終局ではない。普通人間は進化したる動物として肉体の生活を目的とす。故にただ肉の幸福のみで竭《つ》くとして居る。

この肉体我の奥底に仏性と云う霊性が伏蔵して、この霊性開発する時は即ち宇宙の目的と合致し、宇宙の大霊と自己の小霊は霊性開く時に始めて全く一致して、大霊と合致す。これを大菩提の体とす。菩提とは大霊の聖意である。

仏教は自己の根底なる霊性を開発して宇宙大道と合意するを宗《むね》とす。大霊より受けたる力を竭して霊我を実現せん為に努力すべきである。即ち向上の一路に突進すべきである。人生は霊の伏能を啓発する霊我実現主義とすれば、これが目的の為には全力を尽して勇猛に精進すべきである。吾人の全体は大霊から賜りたる霊的実現の為の賜物である。宇宙大道法が即ち菩提心である。菩提心を以て努力するは大霊の使命である。

大菩提心発らずば一切の行為は悉く宇宙の目的に対して何の功もなき徒労とならん。霊的伏能啓発の為めには自己の艱難困苦も寧ろ甘んずべきである。吾人は大霊に負う所甚だ重担である。人生の終局の勝利は宇宙の大道に参加して大霊と共に永遠の生命を得るにあり。如何に愚痴漢といえども大霊に繋れざる生命世にある事なし。霊に伏能あり、至心砕励して止まざれば天稟の偉人よりなお功をなすこと大なるあり。世に大菩提心を起すほど大なる志願なし。故に大菩提心を発す人は現に小人なりといえども実に侮るべからず。大菩提心なきものは現に偉人なりといえども恐るるに足らず。大菩提心を起す人はその志《こころざし》に於て已に宇宙と共に大なり。昔印度に羅漢果を得たる聖徒あり。その旅行に臨んで一の沙弥《しゃみ》を侍者とす。聖徒自ら前に徒歩して沙弥を随行せしむ。時に沙弥自ら念に願ずらく、願くは我大菩提心を発して、一切衆生を度して成仏せんと。聖徒他心智を以て小沙弥の意念を知見して謂《おもえ》らく、この沙弥現に今小なりといえどもその志願甚《はなは》だ大なり。菩提心を起して自ら作仏せんと欲す。我は声聞の果を得たるも遠く及ばざる処にして我これより沙弥に随行せんと。沙弥が携帯する包《つつみ》を取って自ら沙弥の後に侍して随行す。時にまた沙弥再び念ずらく菩提心を発して一切衆生を度すこと甚だ難し。しかし羅漢の聖果を得て疾《はや》く生死を出るにはと。時に聖者はまた再び沙弥の志念を見てまた沙弥に随行せしめたと。それは菩提心を発したるものは現在は小なりといえども将来に於て大成する未成物なりと貴《たっと》むべきことを例したるなり。

菩提心

人は肉体から見れば進化したる動物に過ぎぬ。然れども大霊より霊性の密封を開くべき宝鑰《ほうやく》を授与せられたる特典を得たるに於て万物の霊長たり。もし宝鑰《このかぎ》を以て霊的宝蔵を開きて大霊の所有を悉く授与せらるるに至らば実に何の光栄かこれに過ぎん。菩提心とは蓋《けだ》しその恩典に浴したしの謂《いい》である。菩提心は宇宙の深奥なる真善美の宮室に昇るの心である。菩提はこれ道と為す。その道とは極終の宝城に到達するの大道である。世路に国道県道等ありて、国道は帝都の終点に達するの道であるが如く、菩提心は宇宙真善美の極なる大帝都に到達するの大道である。一切の行為の結果は無上仏果即ち真神の位置に到りて極致とす。

菩提心は神の聖意と合一したる道徳的意志である。然らば即ち人生は無上道に到達するを目的とす。これを上求菩提または願作仏心と為す。次に下化衆生心とは一切衆生と自己とは已に根底に於て同性なり。また無上の大道には彼我なし。故に公明正大仁慈博愛天の意を以て一切に及ぼす。また一切の衆生と自己と同一の菩提を体とす。もし我と彼と差別を見るが如きはこれ菩提心と云うに足らず。己を愛する如くに他を愛す。共に無上の仏果を期す。それが為に最善の努力をなすが度衆生心である。

世の同朋諸士に告ぐ

良《まこと》に惟《おもん》みるに九蒼《てん》の無窮なるこれを仰げば弥々《いよいよ》高くこれを観ずれば益々深玄。天に日月星辰はその軌を逸せずして循環し、地には四時行われ百物生ず、宇宙の無限なる中に過去遠々未来邈々《ばくばく》たる中に我等が生の微なる窈々冥々《ようようめいめい》として自らその源を究めその奥を測るの智なく、天地万物に細大となく所有万物を統《す》べ摂《おさ》め、造化の妙用を観ずればこれが根本となりまた、その中心となり万物の帰趣する処の本体なかるべからず。換言すれば一切万物は何ものにか産み出され、また生育されて居るものなれば万物の一大本源即ち一の大ミオヤなくてはならぬ。我等一切衆生の大本の御親は何なるものなるか、無智なる我等知ること能わざりき。然るに我等が教祖釈迦牟尼はそのもと、本有《ほんぬ》法身《ほっしん》無量寿《むりょうじゅ》仏《ぶつ》より身を分けてこの世に出給いし聖者なるが故に自ら叫んで曰く「三界は我が有なりその中の衆生は皆我が子なり」との金言は我等一切の無明の迷子等のために一道の光を与え給えり。我等は教祖の御教によりて独りの大ミオヤの実在を信知することを得たり。誠にこれ喜びの極みならずや。釈尊は仮に人間の身を受け給えども実には本有法身無量寿仏に在《まし》ます。(46) 我等は教祖の御教《みおしえ》に依って大御親を信知することを得たのみでなくミオヤの智慧と慈悲との光明に育まれて霊性開けて正しく父と子との最も親密なる因縁によりその光明の中に意義ある生活を遂行することを得る、実にこれ人生の最幸というべきである。大唐の聖善導《ぜんどう》は我等と御親との間に親縁と近縁と増上縁との最も強き力を以て我等を助け給う所以を示されてある。(47) 我等は弱きものなれば大ミオヤの強き力を仰がざれば正しき道を進み行くことは出来ぬ。我等が先輩(諸々の聖者)はみな御親の光を享けて、世の為め人の為に偉大なる働きを以て御親の光栄を現わし熱誠に時代の人々を導きて光明の下に誘引なされた。

我等は**ミオヤ**を信じ、自己は実に聖子《みこ》なりとの自覚を得れば一切の人々は悉く同胞であることを信解するに至らん。

なお、世の同胞諸士に告ぐ。我等は御親の子たると共に人の子である、人の子たる我等には染汚《けがれ》と迷妄《まよい》と罪悪と苦悩との皮殻《かわ》が強く強く結び付て居る。これがために動《やや》もすれば自己を暗黒に引込れて悪道に陥れんとして居る。仏子としての聖き心は微にして却々《なかなか》顕《あらわ》れ難い。**ミオヤ**の恩寵を被り光明に霊化せられて疾く光明の下に生活し得るように専ら**ミオヤ**の恩寵を仰ぎ慈光に導かれんことを期すべきである。

ミオヤは清浄と歓喜《かんぎ》と智慧と不断との光明を以て我等が暗黒より解脱し得るの御力を与え給う。人生再び逢難《あいがた》し一日の光陰も皆これ御親の賜《たまもの》なればこの尊とき光明の中に生活を得る吾人は希《ねが》わくは全力を竭して天分を果さんことを。

第二章　大ミオヤ

「如来は唯《ただ》一りの尊き大御親なれども私共の為に三身に分れて御慈しみを垂れ給うて居ます。法身は一切衆生を産みなす大本の**ミオヤ**にて天地万物はその恵みと力とに依って行われて居る。報身は宇宙最高の処に在して法身からうみなされたる人が信心念仏するに対して恩寵の光を以てこれを摂化し永遠の生命と為して下さる**ミオヤ**にて。応身は教の**ミオヤ**即ち釈迦牟尼仏である。この三身を合して三身一如の大**ミオヤ**と申し上げます。」

「わがみほとけの慈悲のおも、朝日のかたにうつろいて、照るみすがたをおもほえば、霊感きわまりなかりけり。」

宇宙と人生

宇宙と人生との関係は先に述べた。これを宗教的に天人合一また神人一致また大我と小我との調和などとの語を以て宗教の定義を示して居る。先に宗教の主体なる人の精神を三階に別ち霊性にして大霊と合一することが出来ることは已に述べた。これよりは客体なる大霊が如何にして吾人の霊性に対して即ち小霊の為めに如何に霊力を与え給うかを説く。哲学の宇宙の根本と中心と終局とを宗教には独尊と統摂《とうしょう》と帰趣との三義を以て大霊が吾人の為に宗教の客体たる義を明さん。

独尊、統摂、帰趣(1)の三義。本来大霊の本体は一なれども法則を以て万法を統一摂理《しょうり》すると、勢力を以て万物を生成養育するの両属性あることを明すにある。

(一)独　尊

宗教では先ず第一に宇宙に絶対無比なる唯一の独尊の存在を信認しこれに帰命信頼するを定むるにあり。これ宇宙唯一の活ける大本尊である。その独尊を信じて全力を献げて仕え奉《たてまつ》るのを宗教心とするのである。独尊なる大霊は一方よりは天の法則を以て万物を統摂する故に君王の如くに見え、一面には万物を生成養育して終局に帰着せしむる父親に比して観《み》らる。これが即ち天命とも天恵とも云うことにもなる。独尊とは国に二の王なく天に二の日なき如くに宇宙には絶対無比の尊神はただ一人である。然るに多神教の如くに無数の神を立つるは神の本体数多くあるに非ず。例えば一日天に在りて影は万水に浮ぶが如く、水上に浮びたる光を神と見て万物の中に神を認めて信じて行くが多神教である。また独尊は天体に太陽が中心と為るが如く太陽を中心として諸《もろもろ》の惑星が一定の軌道の下に循環するは大霊の天地万法を統摂するに比ぶ。太陽の能力が地上の生物を生成養育するに例すべし。

本尊観

宗教上の己が帰命信頼するの本尊観はその人の宗教意識の低きと高きとに依って必ずしも同一ならず。意識の幼稚なる物は神に対する観念も随って低い。或《あるい》は太陽を神と為し或は高山霊池に神在りとしまたは偶像を神とする如き、肉眼に映ずる自然物の中に不思議の力ありとしこれを神と認めて自分の要求を遂げさせて呉るる力ある者と信頼するのである。然してその精神が高等に進むに随って神の観念もまた高度である。また高等に進みたる宗教の本尊観にもその性質同じからず。一神教と汎神教と超在一神的汎神《ちょうざいいっしんてきはんしん》教《きょう》とである。初め一神教と云うのは宇宙に唯一の神の存在を信じ真の神格なるものは天に在ます独りの父のみ。その他一切の造られたる万物には本々神の性存在せぬのである。ただ精霊を感ずる性、神に救わるる性あるのみと。

二に汎神教はその反対に一切の衆生は悉く神性が具備して居る故に自己の霊性開顕する時は自己これ神である。即ち直指人心見性成仏にて自己の仏性を開見する外に神の要なし。古仏と云うは往昔《おうせき》の人が自性を発見して仏と成ったのである故それを自己の模範とは為すべきものの、仏の救《すくい》を求めて我に於て何か為んと。

三に超在一神的汎神教とは本有《ほんぬ》唯一の独尊の存在を信ずると共に一切衆生は皆その大霊の分身たる霊性存するの故にこれを開発すれば神と為り得らるる。然れども唯一絶対の本仏の分子なればまた本仏の法則と霊力とに預《あずか》らざれば成仏すること能わずと。かかるように三種の中に於て第三の超在一神的汎神教が吾人の宗教観の独尊説とす。

古今賢聖が宇宙の独尊に対する感想を挙げんに。

明治天皇の御製

例えば人為則の中心たる主権者の如く天則の大威神者を信じて生死命あり罪禍《ざいか》を天に訴える如きは即ち宗教心である。畏《かしこ》くも明治天皇には「罪あらば我を咎《とが》めよ天《あま》つ神民《かみたみ》は我身の生《う》みし子なれば」と御製《ぎょせい》ありし如き、自己の職責天に在る事を示し禍乱あれば罪を天に負うものとし福祉は天祐神助《てんゆうしんじょ》と為るが如きは即ち宗教心に外ならぬ。また明治天皇の「朝な夕な御親の神に祈るなり我国民を守り給へと」宇宙独尊なる御親なる天の御恵に依らざれば国民の除災獲福を得ざるが故に祈り給うのである。天子とは天の子と云う。もし同じ人間同志ならば人が人の前に生命までも捧げて仕えることは無理である。然るに人間を超越したる天の子たる徳を有する君主なるが故に天命天恵に由って生存する人間たるもの天子の為めに仕え奉るのは当然である。天子もまた国民を子の如くに思《おぼし》召《め》して愛撫し給いて国民の福利を天の御親に御祈りなさるのである。また「眼に見えぬ神の心に通ふこそ人の心の誠なりけれ」。神は神明不測にして肉眼にて見ることは能《で》きぬ。かかる神聖なる神に対してはただ人の至誠心より外に感通することは不可能である。その故は人の誠は天より賦せられたる性にて虚偽は人間の性である。人間の前には巧言令色以て欺《あざむ》く事も出来るが、神の前には決して通る事を得ぬ。神に対しては天真なる至誠を以て通ずる事が能きるのである。宗教はその至誠心を発揮して神意に合一する処に生命あるのである。賢王聖主にして天神に合一するの信仰心有す。また至誠の信仰は人の精神を神とするのである。苟《いやしく》も人格を具する者は必ず神を信ずる性を有《も》って居る。

孔夫子の天道

例えば水月感応《すいげつかんのう》の喩《たとえ》(2)の如く人の心水澄む時は天の霊月感応す。孔子の如き至誠至善なる人豈《あ》に神性なからんや。孔子は天道を畏れ天命に随えと云う如き、天には実に誠に畏敬尊信すべき神明の存在を信じまた通徳の淵源をも天道に基き人間には天命の性として天道に順うべき様に性情を稟《う》けて居る故に天命の性に順う行が即ち道徳である。天道を畏れぬ人間は人欲の私を以て自己を定めて居る故に到底かかる輩《やから》には実に道徳の行わる筈はない。孔子が門人の子貢に対して天何と言わんや四時行われ百物生ずと天何と云わんや(3)と曰いし意《こころ》は天は言にこそ顕わさざれどもその号令は草木に至るまでも及ぼして居る。春は芽ばえ夏は茂り秋は実って冬は蔵《おさ》む。意識なき植物さえも天の命令に随わざるを得ぬ自然の性を有って居る。況《いわん》や理性あり物の真理を識り感情あり義務を感ずべき人として天の命に順わずして可ならんやとの仰せである。また孔子は罪を天に獲《う》る時は祈るに所なし(4)と。例えば魯《ろ》の王侯の意に触れて魯国を追放されても斉《せい》の国に行っても生活は出来る斉国より擯斥《ひんせき》されてもまた他の国に移住する事が出来る。然れどももし天より罰せらるる時は誰にか訴えんと曰われた。また或る時匡人《きょうひと》が孔子を襲うた時に子は従容として曰く天徳を予に生ず桓魋《かんたい》それ我を如何《いかん》(5)と、桓魋は王侯である。仮令《たとい》王侯の尊《たっと》さといえども我は人の権威には服せぬもしそれ天命ならば我身は悦服《えっぷく》すとの意である。孔子が天を重じて人権の下に屈伏せざるは蓋《けだ》し天を信ずること強きが故である。かくの如くに孔子は天に人格的の神を認めて居るとは思われぬが天道を畏れ天命に随うべき信仰を有って居られた事は疑われぬ。

教祖釈迦牟尼

我教祖釈迦牟尼は生身仏《しょうじんぶつ》である。生身仏の釈尊は法身仏《ほっしんぶつ》を独一無二の尊《たっと》き物として説いて居る。孔子の天に対するそれとは大にその趣を異にして居る。孔子は自然教的に天を畏敬なされたが釈尊はただ天道を畏るる物として自然的に服従は出来ぬ。宇宙秘密蔵を開きてその日月摩尼宝王殿《にちがつまにほうおうでん》の金剛坐に永《とこ》しえに在ます毘盧清浄身と自己と一体二身の真理を発見せざれば止まずと云う如き理想に向って突進して絶対独尊一切真理の源《みなもと》を発見された。釈尊は本王家に生れ尊きこと天子の嗣位、富四海を保ち栄耀栄華を一身に集むる程の位置に身を受け乍《なが》ら夙《つと》に生老病死の無常を悟り国と位とを棄てて山に入りて道を学びなされた。その先太子は生れつき聡明叡智にして疾く五明四吠陀《ごみょうしべいだ》等の深玄なる学に渉りまた余の文芸射御に至るまでも学ぶにその奥に達せざるものない。

然れども人生問題には深く深く心意を煩わした。なお深思熟考すれば宇宙何物も無常ならざる物はない。太子の心中栄花何物ぞ、有らゆる王位財宝一切物価値あるなし、唯一に切望する処は生死解脱の光明のみ。竟《つい》に太子王宮を出で山に入って道を学び六年間の苦行竟に摩訶陀国《まかだこく》の菩提道場に於て樹下石上《じゅげせきじょう》に端坐し四十九日禅那三昧に入って竟に一夜内外十魔の競い起るを降伏し臘月八日の暁《あかつき》に無明生死の夢醒めて朗然として正覚を成じここに於て生死の源を尽し煩悩の根を断ち涅槃常恒の光明が現前した。この時に於て釈迦牟尼樹下に在りて仏華厳三昧に入って、蓮華蔵世界に盧舎那如来《るしゃなにょらい》が無量相好無辺《むりょうそうごうむへん》の光明を放ち法身大菩薩衆の為に甚深の妙法を説くを観じなされて居る。然れどもその時に余の人々より見れば悉多太子《しったたいし》が修行に疲れて樹下に趺坐《ふざ》して安眠する様にのみ見ゆるならんも釈迦が冥想中に観ずる処の霊相は実に甚深不可思議である。そこで釈尊の精神は全く宇宙大霊の粋なる無量光如来《むりょうこうにょらい》にある。無量光如来が即ち宇宙中心たる唯一独尊である故に経に無量寿如来《むりょうじゅにょらい》の威神光明最尊第一にして諸仏の光明及ぶ事能わざる所なり[6]と。如来の光明は永《とこ》しえに十方世界を照らし一切衆生この光に触るる者をして清浄と歓喜と智慧とを得せしめ不断に光明的活動を為さしむるが即ち釈尊の発見し給いし処の独尊である。釈尊はそれを発見したまいし計りで無くその無量光が人身を以て現れ給うたのである。其処《そこ》を孔子の如く畏敬すべき物とのみ見ずして無上の大威神力と共に無限の慈愛を以て衆生の父たり君たり最も尊く最も有難きものにまします。

独尊たる如来は空間に徧照《へんじょう》して遺りなきが故に無量光と号《なづ》け、時間的に永恒《えいごう》不滅の故に無量寿と名づく。即ち一切諸仏天神の本地一切万法の淵源に在ます。

仏教に宇宙の宗教とする処の大霊を号くるに数多《あまた》の名号ありといえども今は無量光如来の名を以て独尊とす。如来は衆生の精神生活に対して心霊界の太陽である。太陽の光熱化に由って地球の万物が生存し得る如く如来は霊界の太陽として霊的生命として大恩寵者である。

信仰の本尊

宗教は自己が帰命信頼する所の本尊を定めてそれを自己精神の本尊と為してこれに全幅を献げて仕え奉るのが宗教心と云う。或る道人の話に宗教心の無き人の心は野中の空屋の如くである。本空屋である故何人がその屋に止宿するともこれを制止することがない。時には雨止みの為めに通常の人が休息して居る事もありまた盗賊が宿ることもあろう。もしまた他の人が一夜の宿に困りてその屋に一夜を明さんと先に盗賊の潜み居るを知らずその内に入らんには残酷な事に遭うやも知れぬ如く、宗教心の無き人の心は威神光明の主人が存在せぬ故に縁に歴《ふ》れ境に対しその時々の煩悩に支配せられる。己が心に本尊の主人を迎えてこれを戴《いただ》くことが何より大事である。

(二)統　摂

大霊は宇宙の大法を以て万物を統一摂理するを云う。

統摂と帰趣——一切知と一切能

独尊、統摂、帰趣の三義と云うも大霊に体が三あるのではない。独尊なる大霊が一切万物に対してその法則を以て能く秩序を整え条理を為さしむると万物を生成する勢力とにて、言い換うれば大霊の一切知と一切能との二属性を有って居る事にて、更に小さく人間に例して云わば知覚と運動の二性を有する人であると云う様なものである。

統摂《とうしょう》。天地万物が行われて自然の法則がその常規を違《たが》わず細大となく行われゆくは万物内存の智慧が存在するからである。例えば人間に理性があるから物の秩序が判る如く万物中に自ら完全な理性とも云うべき性が存在するから天体の星宿が運行するにもその秩序を失わず如何に細小な生物の生理に至るまでも自然の法則がきちんと極ってゆくのは大霊の一切知が万物に内存する故に物のきまりが立ってゆくのである。

理性的に物の秩序を為し条理を為して行くが一切知なので而して一切の生物の為めに内外の力と為りて自らも活動し外からも力を与えて生成養育せしむるのが一切能と云う。これ万物が活動するの一大原動力が大霊の勢力より発現するのでこの勢力を以て万物生成活動する故に万物がその結果として終局に帰着することが出来る。一切知と一切能との二属性が一切万物に対して統一摂理し生成帰趣するの性能となるのである。

法は即ち理法の事にて仏教にて法爾《ほうに》の理と云いまた自然《じねん》の理と云うも同じ事にて、火は熱くして物を焚き水は潤《うるお》うて低きに流るなどの総て物理学上に説明する処、物の理法また植物の理と云えば枝葉根茎を為す処のきまりまた生物生理の営養生殖の理法にも自然の法がきまって居る。

眼は色を視耳は声を聴き舌は味《あじわ》い鼻は嗅ぐ等の感覚、また苦楽を感じたり物の差別を識別し得る智慧等の心の理法も皆心理としてきまりて心の働きをなす事、『唯識論』などには眼耳《げんに》鼻《び》舌身意色声香味《ぜっしんいしきしょうこうみ》触法《そくほう》の法から乃至百法を以て人の心理上の相を説明して居る。仏教で万物には自然に眼は物を見また火は物を焼くと云う如き物理にても心理にても自然法爾の理と云う物はすべてに具有して居る事を法とも理とも名づけてある。その一切万法の一大原則であるから法身如来《ほっしんにょらい》とも名づくるのである。法身は万物にその法爾自然の理を具有して万物を各その理法に随ってその働きを為して摂理するのである。

人為則と自然法

人為法とは国家としては憲法とかまた民法、商法、刑法などに至るまで、それぞれ常規を定めてその模型の中にその義務と権利とを定めて而してその有るべき様に行わせる人為法に、細かに云わば各家庭にも家憲あり家法ありまた部落にも部落の規定がある、また大きく云えば万国公法とかまたは国と国との同盟規約ある如き、これ等は総て人間の便利上相互に練《ね》り合うて相互の義務や権利を完全にする為の約束である。これ等を人為法と云うのである。自然法とはまたは天則とも云う天然自然のきまりである。自然が造化するその巧妙なるを見よ如何に巧《たくみ》なる細工師にても庭に生ずる花咲き匂う草一本だも造ることは不可能である。また我々自分の身を以て試みてもそうである。吾自己の眼耳等の五官五臟六腑如何なる細かな処までも実に巧妙なる器械的に不思議な機能的に出来て居る。然してその活人《かつじん》が種々の事を造作し思惟し発明し百般の働きを有って居る。これ誰《たれ》の親の細工でもなければ自己の技巧でもない。即ち万物内存の一切知から自然の造化となると云うより外説明出来ぬ。故に大霊に一切知は具備して居ると云わざるを得ぬのである。自然は解剖学、生理学、数学等総ての文明的科学が完全に備わって居なければならぬ様に万物を造作するでは無いか。自然その物は何かは知らず人間の方より観れば自然に一切知具備し居る様に見ゆるのである。

因縁と因果

大霊が自然界の万法を生成するに因果の律を以て万法を為す。仏教にては因縁因果の関係が万物を成すと説く。因縁とは空間的に我と彼と相互《たがい》に相扶《あいたす》けて大は天体にも太陽と地球との関係の如くまた総ての惑星は太陽との関係を離れて独立する事能わず。天体の一切の星宿も我彼相扶けて網の如くに空間に広がる。これを因縁の関係と云う。時間的前後離るる能わざる関係に相続するを因果法と云う。もしこれが生物界に於て雄《ゆう》を因とし雌《し》を縁とし父は発生の原因にて母は養助の縁と為る。因縁和合して子と云う実を結ぶ。即ち父母は因にて子は果である。子に結びたる果が追々に成長の後にはまた華開き果結びて子々孫々因果相続す。

この因縁は原始に一夫婦より繁殖拡張して広く世界に蔓延し竪《たて》に子々相続して原始の規定より襲《つ》ぎ伝えて因果的に相続す。これ等は生物が因縁因果の理法を以て天地万物を成す所以である。この因縁因果の理法はただ生物の生理的相続の上にばかりでなく、仏教にては神識所謂《いわゆる》霊魂上に因縁因果の関係を説く。即ち善因善果悪因悪果と云う事なので、儒教等に死生命《しせいめい》あり富貴天に在り(7)と云うて人の善悪運命を天分なりと説くとは異なりて人の性は善にも悪にも福禍にも何れにも成り得らるる性を有って居るので幸と不幸と凡《すべ》ての運は自業自得の因果法を以て定められて居る。自己の心から善の業作を為せばそれは原因と為りて楽しき果報を得らると。そこで法身から受けた個々の心が善悪迷悟の発達する方面の如何に依って凡夫聖人と三悪道の苦と三善道の楽との十界と成り得らるるものとす。それが神識の因果法と云うものである。

衆生法と仏法

『法華経』の妙法と云うも矢張り宇宙大霊が万物を摂理《しょうり》する処の理法を云うのである。実に宇宙万物は大霊の妙法に由って生成して居るので天地万物何物かは妙法ならざる物やある。鳶《とび》飛んで天に至る魚の淵に躍る(8)、天何とも云わざれども四時行われ百物生ず(9)これ妙法である。花の紅柳の緑、法の法位に住して世間の相は常住である。

妙法の本体は即ち一心である。衆生の一心は即ち大霊の分子である。大霊を根底とする我等が心には本来迷悟善悪十界の性を具して居る。一心悟《さとり》の光明顕われず迷《まよい》の闇に在りて生死に流転するを凡夫と云う。即ち衆生である。衆生が善悪の心の用い方如何に由って三善道と三悪道との六道と別るる。六道の中に種々無量の差別の相と性とに別れて種々の苦楽禍福を異なりて受くるこれを衆生法と云う。即ち無明の闇に在って生死に流転するのを云う。衆生は霊性具有して居るけれどもその霊性の光が顕われずして無明の闇に迷ってその中に貧富の別はあれどもただ肉体の生活にのみ止まって居るのを衆生法と云う。仏法とは人の精神が高等に発達して最終の霊性が開発して聖者の光明顕現して大霊と合一することを得るを仏法と云う。妙法が自ら識らず生死に有りて迷うを衆生と云う。妙法を自覚して霊光覚然たるを仏法と云う。大霊が万物を統摂するに衆生法を以て生物を劣等状態より益々高等に進化せしめ衆生の心が発達して弥々《いよいよ》霊性顕現するに至れば終局大霊と合一せしめる処の理法を仏法と云うのである。悉《ことごと》く大霊の理法が一切万有をして統摂する所以である。

小は大に下は上に統制せらるる理

大霊が一切万物を統制するに小なる物は大なるものに、下なる物は上なるものに統制せらるる理法が存在す。今自身の中にも実に小なる一毫《いちごう》も数多の細分子を聚《あつ》めてこれを統制して而も毫《け》と云う一自治体を為して決して他の部分とは混雑せぬ。また爪は爪と云う同類分子を聚合《しゅうごう》して自治体を為し居るけれどもその上の指に支配せらる。五本の指もその他と共に合して手と云うものに支配せらる。眼耳の五官胃腸等の五臓六腑四肢等の各部は各数多の細胞等を聚合して各自の一肉体を為して居るけれども一の身体に統制せらる。各個人は各自己に統制せられて居るけれども上に一家に統制せられて居る。各家々を数多聚めて一の町村に統制せらる。各町村は幾十の数を合して県に制せらる。各府県は合して一の国家に統摂せらる。また各国は各自治体統制自治より万国合して一の地球に統一せられ地球等の諸惑星は総て一の太陽系に統一せられて居る。かくの如きの小なる個体は幾千の聚合してその上なる物に統制せらる。次第に展転《ちんでん》して最終の統一者は宇宙全体を通じて摂理する処の絶対の大霊即ち法身ビルシャナである。

法爾の理(10)と云う事

法則の主権者。例えば人為則に於ても国家の法則を立憲的相互に練合うて国民の福利を得る様に法則を立るに就いても帝王とか大統領とかの主権者を戴いてその裁可の下に法則に権利ある如く自然の大法則に於ても自然の大主権者が無かる可からず。これは国家為政の範囲でなくして則ち宗教の範囲である。宗教は宇宙大自然の法則から割出して人類の精神生活を規定する性である故宇宙万法を統摂するの大主権者即ち宗教の謂《いわ》ゆる天の父、神、また如来と名づくるものである。先に云う独尊である。

大法を以て自己を統摂す

大霊大法を以て自分を統摂して行くのが宗教心である。云い換うれば神の命令に随順して自己の行為をするのが宗教心である。如来は神聖である。真理である。その神聖なる命に帰随して自己の道徳律を律するのが、即ち宗教心である。これを自《みずから》の計らいを捨てて如来の勅命に随うと云うのである。『起信』に「法性に随順して六度《ろくど》を行ず(11)」と云うも矢張り大霊の法則に統摂せらるる事である。

　如来心を以て自己の心と為すのは即ち信仰である。已に信仰出来た上は自己は小宇宙小国家なると共に大宇宙大国家の縮小である。大宇宙に天則に依って統摂せらるる如く小我なる自己精神もまた法則に随順せねばならぬ。視よ天体の天則秩序紊《みだ》さず行われ在る如く自己の精神も霊性の太陽赫々と照臨して光明の中にすべての感情意志五官等に自己の不道徳の情意を制して、如来の光明は天に太陽が赫々と照せる如く、自己心霊の光明を以て自己の動物欲感情意志等を統制して真理の標準に向って進み、すべての誘惑に打勝つ如きは、即ち大霊と合したる宗教心なので、また国家の政治が正法を以て国を守る時は人民も安穏に各職務に力行することを得るが、もし政なく白昼なお強盗横行すれどもこれを制止する事能《あた》わざる如くに小国家なる自己の精神に霊性の帝王無くこれを修むること無く忿怒《ふんぬ》貪戻《どんらい》嫉妬貢《く》慢懶惰《まんらんだ》等の煩悩賊(12)が横行するもこれを制止する法無き如きは即ち小国家なる人格の亡国なので即ち無宗教者と云うのである。

　仏教にて法性に随順して波羅蜜《はらみつ》を行い、または波羅《はら》提木叉《だいもくしゃ》の光によって自己の道徳律となす如き即ち宇宙の大法を自己の道徳秩序の光明として行くのが即ち大法に統摂せらるる人と云うのである。

義務と権利

宇宙の大法を以て統摂せらるる吾人は道徳上に我々は人間としての個人の義務あり責任ありこれを全《まっと》うする故に人間としての権利を失わぬのである。また吾人は国家の一員たる義務あり。租税を納むる等国家に対する義務を尽してこそ国民の権利を失わぬのである。もし土地を所有するもその義務たる租税を納めざる時は竟にはその土地所有の権利を没収せらる。それと同様に宇宙の大法に由って生存する一員たる心霊の義務がある。即ちこれが宗教心なので宇宙の大法に随順し真理の光明に由って自己道徳律を全うして真理に叶うべき行為をなすにあり。然る時は仮令《たとい》胸中煩悩賊が起る事ありとも神聖なる如来光明に依って己を修め大法の命に随うて行為するこの義務を尽すが故に大自在なる仏に成る事が出来るのである。

(三)帰　趣

こは大霊なる親が万物を愛育[13]する終局の目的なので即ち親が子に対する目的である。子は親の養いを受けて霊性開発真善美の極即ち如来の霊界に帰着するを目的とす。

子は親の本に帰る

総て物は力用に由って働きの結果は原因に還る原因は結果を生む。結果は原因に還る。

伏能とその開発

人生の主体なる我等の精神生命は生理学的に研究すれば先に述べし如く物質常恒流運

の精気即ち電子に陰陽の二気ありこれが結合して原子と為り乃至《ないし》分子が炭素化合して原形質と為り分子が結晶して細胞と為る。細胞が更に結合して一体と成るのが生物なのでその生物は種々階級を経て人類と進化したのである。然《しか》れば原形質の生物太初の微小なる物に伏蔵したる性能より総ての階級の動物と為るべき性能が伏して居るのである。例えば杉樹果《すぎのきのみ》の核は実に微小なる原形質の結合物でそれを解剖して見ても単純なる元素の結合物なれどもこれを沃地に播下しその培養宜しきを得る時は天を凌ぐ様な大杉と為る如くその大杉と成り得らるる性能は已に微粒の核内に伏して居ったのである如くに原始生物の生命にも進み進みたる未来は釈尊や基督の如き世界の光明たる大聖人と成り得べき性能を伏蔵して居たと云う事を得べきである。

手段と目的

大霊の親は天地万物の設備を以て一切の生物を成すに、進化の終《おわり》には大霊と小霊との合一すべき目的が在る様に想わる。天地の大なる設備には生物を進化する様に勢力を与え生物の生命の伏能には霊的生命と成り得らるる性を蔵してある。仮令《たとい》外部より如何に勢力を与うるとも生物の性に高等に進化すべき性能があらざれば如何にして高等動物となり人類と為り得る事をえん。一切の万物悉く進化すべき性能の具有するは矢張りその本は大霊を終局目的とする諸階級の生物と云わざる可けんや。生物の生命が劣等より益々高等に進み更に進化して人類と成りしは即ち大霊が生物界に及ぼす手段と云う事を得べし。人類の精神に於て原始人類は精神上の高等なる作用は未だ顕《あら》われずただ肉体の生活に必要なる生理上の精神なる方面に発展して次第に進むに随って知力も感情も高等に働ける様に成りそれ等も手段にして終に霊性開発して大霊と合一し大霊の目的に随順して霊的生命と霊的生活に進入すべきが目的であると想わる。仮令世の学者は如何に云おうも宗教上より人生の目的を観る時はかく観ぜざるを得ないわけである。

親が子を養育する目的

総ての生物は自己を保存すると共に種族保存の目的として生殖作用を為す。高等動物に至りてはその子を愛せぬ者はない。蓋《けだ》し種族的自己を保存せんとの自然の性情である。(14)人類がその子無きを悲しみその子を愛して全力を尽して子を養育するは即ち第二の自己を完成せん為めの性である。親が子を養うのは子には自己と同じく人と為るべき性を遂げさせんが為めである。子は本親より分身したる種性を有って居るから完全に性を遂げた暁にはその親と同じ身となることを得る。身体追々成長の或る程度親と同じ位に成る時はそれが目的を達して即ち親の本に帰趣したのである。人類計《ばか》りで無く総ての生物が親より分身したる種性成長の後はその親と同位に成り得る時は本に帰ったのである。また身体計りではない精神の知識技芸等に於ても修行して増進せざればその親の精神と同位置に趣《かえ》る事は出来ぬ。仮令その親は如何に博識強記学者たりと云うもその子は修学力行の功を積まざれば親の知識と同位置に達することは得られぬ。故に自ら勤勉して進んで初めて親と同じ精神となる。

　仏教には一切衆生悉有仏性《いっさいしゅじょうしつうぶっしょう》とて各自は釈迦仏及び一切諸仏と同じ正覚の位に趣る事が得らるる性種が本来具有して居る。然れどもこれを修養功積みこれを開発するに非ざればその性を遂ぐる事が出来ぬ。大霊の顕われなる如来が本願力を以て衆生を摂取すと云うは即ち親が子に対する目的なので一切仏性ある者は皆子《みなこ》であるから親は慈悲と智慧とを以て子の霊性を開発して自身と同体の覚位に趣らしめたいと云うのが本願力と云うのである。矢張り大霊の親が衆生の霊性に対する目的である。衆生は大霊の本願力に乗じて帰命信頼して合一する時は即ち同体の覚《さとり》と成る事が出来る。

大霊の目的と衆生の向上

大霊は宇宙万有に対して終局目的が有ると云う説とまた宇宙その物には目的あるに非ずとの説が有るけれども宇宙の一小部分とも云う可き地球上の一切生物が低度より高等に進みし進化の過程を見るも生物進化の極は自ら大霊と合一し得るように進むことに思わる。進化説等に依れば地上に始めて発したる生物はアミーバ底の物にて動物とも植物とも分ちが付かぬ位の物なれども植物は動物の食物とも成る故に植物の進化は動物に為になり劣等動物は高等動物の犠牲となり高等動物より進化して人類となり人類も野蛮より文明に進み天然天性の生活より理性的生活となり霊性生活と進み霊性的生活に入って大霊と合一し大霊の聖意を自己の意志として永遠の生命に入る。即ち大霊の目的が自己の目的となって一切衆生と同一の生命として光明生活に入る。これを涅槃《ねはん》と言う。仏教の終局の目的は生死を超絶したる永遠の生命なる涅槃に入るにあり。

涅　槃

仏教にて大法に随って向上する終局を涅槃と云う。この無上正覚を得て涅槃に入るを目的とす。

通じて仏教にて人生が自己最終の奥なる霊性を開発し、大霊の目的なる大小両霊の合一したる処即ち人類が生死の迷《まよい》を超絶して絶対永遠生命に帰趣するを涅槃と云う。涅槃とは生死生滅を超えたる永遠常住の霊界、諸《もろもろ》の聖者の安住する処を云う。涅槃に入りたる精神状態は常恒の平和と永遠の生命と一切の煩悩を寂滅《じゃくめつ》したるただ幸福と光栄との光輝く処である。自然の歓喜と妙楽とに充満せる処の故に極楽とも名づけ常恒に智慧光明の照す処の故に寂光土(15)とも号《なづ》く。無尽の荘厳不可思議である故蓮華蔵世界とも名づく。常恒不変自然の大楽自由自在清浄微妙《しょうじょうみみょう》の霊的生命永遠不滅の故に無量寿界《むりょうじゅかい》とも云う。これ終局目的の帰趣する処である。

有余涅槃と無余涅槃(16)

涅槃の相状は既に論説したり。然らばここに至るはこの肉体の生命終って然して後の未来に往生する処であるか。将《ま》た現世に於て入らるるものかと云うについてはこうである。

釈尊已前の宗教には死後の極楽を以て永遠の目的とするにあれども釈尊の発見なされた極楽は現世未来の別なくただ従来の精神生活の生死の凡夫であった精神が一変して無明の夢醒めて光明発見したる時が此所《ここ》を去らずして即ちここに於て涅槃光明界の精神に入る事が出来る。有漏《うろ》の穢身《えしん》は替らねど神《こころ》は浄土に栖逍《すみあそ》ぶと云う精神状態と為るのである。その状態を有余涅槃《うよねはん》と為す。即ちこの肉体を有って居ながら心が涅槃常楽の人と成ったと云う事である。而して弥々肉体の命終り全く心霊の光明純粋なる常楽の心状態顕現するを無余涅槃《むよねはん》と云う。これまでは精神だけが光明界の人なれども形の上には自然の約束に依って生理上の苦悩は有って居ったが無余涅槃に入る時は無為常楽の都に入るのである。

選択本願

大霊が衆生を終局目的に摂《おさ》め入る事を宗教的に如来の本願力と云うのであるとは已《す》でに述べた。大霊が自己の目的に摂取するに選択《せんちゃく》(17)の理法がある。選択とは衆生雑多の中からその理想に適った物を選び取って適せぬ物は捨てる事である。その選択は大自然の中に一切生物にも行われて居る。先ず生物歴史の行われ来りし選択の相を述べんか、生物が最初劣等な動物の無数の中から正当に進んだ物は選択せられて一階高等の動物に進化したのでまた無数中より正当に進んだ生物は一階進んで腔腸動物となり棘皮《きょくひ》動物軟体動物節足、脊椎《せきつい》と進み、魚類となり乃至哺乳動物と進み各階級に亘って低度より一階進む毎に一の選択に勝利を得たものが前の動物より高等となり前の動物は糧として生存する数多の中より一級進んだものは自然選挙に及第したのである。本同一の根本より出た生物なれども正当に進みたる物が即ち人間である。また同じ人類中に於ても正当に進みたる物は文明と為りまた個人としては賢人君子となり、完全なる発展を遂げて如来本願の力に選ばれて終局目的なる極楽涅槃常住の都に入ることが得らるる。如来の本願力に如何なる安心《あんじん》を以て、その聖意に叶うて永遠の光明に選択摂取せらるる哉は後に述べん。

選択せられたるもの

生物進化の階級中に過去無数の古代から生物は本劣等より漸々に進化した物であると云うも一切の生物は悉く皆同等に各種類に於て進化する訳では無い。自然の淘汰より選ばるる物は進化し他は矢張何程の代を経ても何万年達ても猫は猫犬は犬である。人間の精神生活に於ても、如来の本願に応じて選ばれたるは涅槃常楽に帰る事を得んも摂取せられざる物は何劫《なんごう》経るとも常楽の涅槃に入る事は能わぬ。然らばそれ等の神識《しんしき》ば如何に生活して居るか。これを仏教にて衆生無明に覆われて生死に流転しその善悪の業に由って三善三悪六道生死の苦を受くと為す。これ仏教に六道輪廻説の立つ所以である。

弥陀教義

(一)名目を標す

宗教は宇宙に絶対的独一の神格を信認し、これに帰命信頼して人生最終の希望を請求するを宗致とすれば各宗教はその神格を標するに種々の名を以てす。今この教《おしえ》は何《いか》なる名を以てその神尊を表すべきぞとなれば、今暫く他の例を挙げて後に今教の神を明さん。宗教の客体を通じて神と呼ぶ。而《しこう》してその神格を名づくるに或《あるい》は天の父と云い。または天帝と云い、エホバ、波羅門《ばらもん》等の種々の名を以て神を詮《あら》わしておる。もしこれを哲学の語にて云えば真如、実体、第一義諦等の名詞を以て詮わしておる。

宗教は全体自己が人間にて苦楽を感じ生命を有する者の救済を求むる対象の故に、客体なる神も人格的に観てこれに全幅を捧げて救済を仰ぐ故にその対象は最神聖にして無上の尊敬を以てこれに帰命信頼すべきである。

宗教は活ける自己の救済を求むる対象の故に人格の神にあらざれば感情の満足を得ぬ。哲学は宇宙の実体を知識の対象として知らんと為る故に実体または真如と抽象的の理と観ておる。仏教に法身《ほっしん》、ビルシャナ如来と号けて宇宙全体を神とし絶対人格としこれに信頼するは宗教的である。仏教は哲学方面と宗教方面との両面ある学説を有っておる故に客体を説明するに完全であるけれども宗教と哲学とが混同し易い。或る人が報身《ほうしん》は人格的にして尊《たっ》とく感ずれども法身は理体《りたい》で有る故に尊とく感じられぬと云う如くに思うのが即ち混同しておるのである。その報身に対しては宗教的に人格的に観て居乍《なが》ら法身に対しては人格的に観て居らぬ。もし報身が人格的ならば法身もまた人格的に観てこそ終始一貫すべし。その法身の方は哲学的に理体であると観る如きが即ち混同しておる見方と云うのである。客体を宗教的に明しておるは即ち密教である。大日《だいにち》、摩訶毘盧遮那《まかびるしゃな》如来《にょらい》が一切諸仏菩薩諸天神明の総徳にしてまた一切万法の本因であると。『大日経』に我即一切の本初と説く(18)如く大日は物心万法の本源にして常恒の存在、絶対の霊体、大日の名を以て客体即ち神を標して居る。今斯教《しきょう》は阿弥陀《あみだ》と云う名を以て客体を標す。阿弥陀とは総じて無量にしてまた無限の生命と無限の光明の総徳を詮表す。密教に謂《いわ》ゆる大日が今教の阿弥陀と同体異名に外ならず。『無量寿経《むりょうじゅきょう》』の法蔵の酬因感果《しゅういんかんか》(19)の弥陀と云うはこの世界の衆生の為めに本仏の聖旨を示さんが為に迹《あと》を垂れて出で給いし方便法身である。今形而上の客体としての弥陀は絶対無限の霊体永恒存在の故に無量寿を名づく。光明偏《あまね》く法界を照して一切を摂取し霊化し給う徳を有する故に無量光と名づく。斯教は阿弥陀の名を以て神の徳を詮表す、弥陀とは即ち霊体に名づく。

(二)斯教の仏身(20)

絶対的唯一の如来は無量の身と分現して衆生を度し給う。一法身、二種法身、三身、四身、乃至十仏身《じゅうぶっしん》等である。

如来の法体は哲学の所謂《いわゆる》真如実体なれば絶対の霊体にてましますれども仏の身とこの依正色身が相融して万物の中に存在する徧法界《へんほうかい》の霊体なれども衆生に化用《けゆう》を施さんが為に無量の身を現じ給う。

（一）一仏無量身。如来は本一法身にて法爾《ほうに》本然《ほんねん》の自性絶対永恒の存在、万物内在の霊態に在まして、二身三身十仏身乃至無量身《むりょうしん》と現じ給う。その所依《しょえ》の本体なる故に一法身と為る。

（二）二種法身。法性法身と方便法身。法性法身は本有無作の仏身にして本来万徳円満して仏自境に在ます。方便法身は法性法身より世界の衆生の為に摂化《せっけ》の門を開かんが為にこの世に出現し給う仏である。昔は法蔵比丘《ほうぞうびく》と為りて本願を建て本仏の聖意を示さんが為に十劫正覚《じっこうしょうがく》の仏身と為りて衆生を導き本覚《ほんがく》の都に帰り父子相迎わしむ。近くは釈迦と現じて衆生を度して本覚の光明を仰がしむ。論に如来に二種法身あり法性法身と方便法身にて法性法身より方便法身を現わし、方便法身の済度《さいど》に依って法性法身の許に還らしむ。

（三）仏の三身。法身報身応身《おうじん》。この三身の説は諸家必ずしも一定せず各その流義に随って見解を異にす。

法身は宇宙の法体一切万法の一大原因にして世界と及び衆生とはそが天則によりて産出せられたる物。法身は絶対人格一切衆生の父である。一切衆生は皆その子なれば小法身である。それと共に小造化である。仏性と云う仏に成り得らるる可能性を有しておるけれども仏性は自《おのずか》ら開発せぬ。衆生の霊性を開発し霊化し給うは報身仏の光明である。

報身は全法界の中心宇宙最高の坐に在まして慈智の光明円《まど》かに照らして念仏衆生を摂取して聖《きよ》き人に霊化し給う処の尊体である。また報身仏は一面には万徳円かに備り無量の相好妙色身無比荘厳《そうごうみょうしきしんむひしょうごん》の浄土に在まし法身大菩薩の為に妙法を説きて他受用法楽を享受せしむ。衆生が法身より禀けたる各自の仏性を開きて霊徳を成就せしむるは即ち報身の霊徳である。

応身は報身より分身して我等迷界の衆生の為に斯土《しど》に出給い人類に応同する身を以て教ゆるに報身の光明を蒙《こうむ》りて永遠の光明に帰趣すべき真理を以てす、則ちこれ釈迦牟尼である。

（四）四種法身《ししゅほっしん》。これ密家に、謂う処にて自性身《じしょうしん》、受用身《じゅゆうしん》、変化身《へんげしん》、等流身《とうるしん》。初め自性身とは自性清浄の法身、大日本自の性徳本来清浄の霊体である。四重の中台《ちゅうだい》の自性身である。受用身は報身仏これに自受用《じじゅゆう》と他受用《たじゅゆう》との二身あり。自受用身とは報身の万徳成就の仏自ら独り内証に於て自ら受用し給う法楽である。他受用身とは諸の大菩薩の為に無量功徳の相好身を以て説法教化無量の法楽を受用せしむる身である。変化身とは釈尊八相応化《はっそうおうげ》の身を以て衆生を度し給う如きの身。等流身とは天龍八部等の無量の随類の身を現じて衆生を度し給う類を云う。

もし斯教より見れば悉く弥陀随類分応の身と為す。

(五)融三世間《ゆうさんせけん》の十仏身。華厳には融三世間の十身仏を立て仏無尽の徳を明す。これ仏が宇宙万有の本体を体得し自ら証知し給う自境界《じきょうがい》。仏自らの証得より見れば一切万有は悉皆仏陀身内の有である。仏自証内《じしょうない》の万有にして万有内存の仏身である。仏のみ能《よ》く証知し給う妙境界である。十身とは衆生身《しゅじょうしん》、国土身《こくどしん》、業報身《ごうほうしん》(以上、衆生世間)、声聞《しょうもん》身《しん》、縁覚身《えんがくしん》、菩薩身《ぼさつしん》、如来身《にょらいしん》、智身《ちしん》、法身《ほっしん》(以上、智正覚世間《ちしょうがくせけん》)と虚空身《こくうしん》を加えて融三世間と云う。(一)衆生身。証入し給う仏より観ずれば衆生が仏の中に融し仏が衆生の中に融しておる。(二)国土身。国土身即ち山河《さんが》大地《だいち》一切《いっさい》万徳《まんとく》皆仏《みなほとけ》である。(三)業報身。前の衆生と国土とは前世の業に依りて受たる身、今の業報は未来の衆生と国土とを感受すべき性能である。これをも融して仏の中に在る故に即ち仏身である。(四)声聞身より法身に至るまでを智正覚世間と号しこの六身悉く仏の融摂する辺より観れば即ち仏身中の六身であってその中に区別なくこの三世間融合して本体も同一融合せる心より見るも彼此《ひし》相摂し相融して一体である。仏成仏してこの三世間を観ずれば皆融摂して自の境界ならざるは無し。これを融三世間の十仏身、仏の自境界とは云う。

一仏成道《いちぶつじょうどう》観見《かんけん》法界《ほうかい》草木《そうもく》国土《こくど》悉皆《しっかい》成仏《じょうぶつ》(21)と説くも内証の辺より見れば同一である。各自は霊性具有す。もし弥陀の光明を以て宇宙法界を照見する時は分に融三世間に証入することを得らる。

仏教の中に各立義を異にするに随って仏身を談ずること同じからず。故に同体の化用の上に於ても異方面より観るが故に従って仏身を論ずること同じからず。

密教には大日を一切諸仏菩薩諸天神明の総徳とす。今は密教に謂《いわ》ゆる金胎両部《こんたいりょうぶ》の大日は即ち斯教の弥陀である。故に十方三世一切諸仏は皆弥陀仏に帰す。弥陀は一切諸仏の本地《ほんじ》仏《ぶつ》である。『楞伽経《りょうがきょう》』に十方諸の刹土に於ける衆生の中の有らゆる法報仏も化仏《けぶつ》も及び変化もみな無量寿の極楽界中より出ずと(22)。即ち知る一切諸仏は即ち弥陀の分身、弥陀は即ち一切諸仏の本地なることを。

三性分別して如来と万有との性を明す

三性《さんしょう》とは、(一)如来性《にょらいしょう》　(二)世界性《せかいしょう》　(三)衆生性《しゅじょうしょう》
(頌《じゅ》(23)に曰く偏依《へんね》の依たる円実性《えんじつしょう》)

如来の法体は即ち宇宙の実体にして本有の自性である。その実体を根底としてそれより発現せられたる世界性とその世界性よりまた発展せられたる衆生性これを三性とす。この三性にもし唯識論の三性の名を仮りてこれを配せば円成実性《えんじょうじっしょう》と因縁起性《いんねんきしょう》と分別起性《ふんべつきしょう》となる。如来性また神性とも云うこれ円成実性である。如来は絶対無規定の故に円成実性である。如来は真如性にて相待的《そうだい》のもので無い。また第一義諦本然の自性なので因縁に約束せられて成り立ったもので無い。因縁により成り立ったものはまた因縁によりて離れざるを得ぬ。即ち如来性は本有の霊性にて絶対無限の故に円と云い、因縁に依らずして本然本成の故に成と云い、永恒存在真実の霊体の故に実と云う。如来性は絶対無規定不生滅永恒自存本自万徳円満の霊性の故に円成実性と名づく。実性は本有自爾なると共にまた世界と衆生との万有の所依の原因である。

世界性。吾人が天地と仰ぎ一切生物の依止《えし》する処の世界である。円成実性を根底として現じたるもの世界性は相待に規定せられ即ち因縁相待って起る処のものである。世界とは世は三世《さんぜ》にて時間的に過去現在未来の形式を為し。界とは分界にて空間的に東西等の方角の形式を為しておる。本来世界は絶対の実性を所依として常恒変動の相待的現象

なれば絶対の内面より観れば大心霊の一切知と一切能が万存する万有なれども表面より見れば相待的に空間には因と縁との関係を為し時間的には因果の相関に依りて行われておる常恒活動の相待的世界なれば万物生滅変化極りなく無常遷流して止むことなし。然して世は無常なりと見るも常恒活動と云う同一の世界相を消極と積極の両面より観たるに過ぎず。

宗教に現世界に対する観念が種々あり。凡人は人生は幸福のみを希望し世界は快楽の舞台なりと思い身は清きもの世は楽を与うもの世を我物と想いてただ肉の快楽を貪り名利を欲求して止まぬ。然るに世界は自然の法として世の迷える人々に満足を与えぬ。自然の理法として空と苦と無常と無我を以て衆生を規定す。また或る主義者は云わく世は実に生死の苦あり、生老病死悉く苦なり、人はまた煩悩を以て自我とす、実に悪なり。故にこの世は実に八苦充満する処、これ衆生罪悪より感じたる世界なり、実に厭離すべき処なりと。また無常主義者は謂《おもえ》らく生死より乃至《ないし》世は悉く夢の如し幻の如し実の生死に非ず、ただ虚妄幻化の相のみと世界を観じておる。世に楽天家あり厭世家あり。云何に観ずるもその心に任す。斯教に於ては世界は本絶対なる如来性より発展せられたる一面にして実に絶大なる設備を以て一切の生物を生成す。太陽が星雲の状態より不断の経営により無数の時間を以て完成し地球を分産し地球が初め瓦斯《ガス》態より現に一切生物の生息し得らるるまでには無数の時間と努力より成れるもの、吾人は現世界は幸福を享受すべき舞台に非ずして如来性より発展せられたる世界なれば、より以上の高等なる霊界即ち如来本居の光明界に進趣すべき予備の修行すべき道場なりと観れば然る時は現世界は大に意義の存することを知るべし。『寿経』に此土の一日一夜の修行は彼の浄土に於て百歳するよりは勝れたり(24)との説の如き実に深意あるものと思う。

衆生性。衆生性とは世界を所依として因縁に約束せられて生成したる機能団体を云う。これには世界に生息する一切の生物を含む。衆生は霊性具有する方よりは如来性の子にて、世界の因縁因果に規定せられたる生理機能の生物としては世界性の所産である。仏教には一切衆生の心性は本同一根底より出て而もまた複雑なる因縁因果の関係によりて無数の種類となり種々の階級と為りて発展しておるものとなす。衆生は如来性を根底としてこれに依止せる世界の上に因縁に約束せられて生じたる生物なればその伏蔵の霊性より云わば仏の子にて個々皆小法身たると共に小造化である。それは如何に微小なる生物にても生産作用あるを以て知るべし。かくの如く奥底に伏せる霊性の本能を有するが故に本来に向上すべき勢力存す。然れども生物に対する自然の規定は因縁因果の律に約束せらるるが故に衆生自分で自由に運命を創造することは出来ぬことあり。天然の人は動物的生理に規定せられ遺伝に約束せられ気質に束縛せられ習慣に左右せられて自由を得ることが出来ぬ。

仏教は衆生を説くに内的生活の心を以て根本とす。衆生の心本一大心霊即ち仏性を根底としてまた世界の因縁因果に規定せられたる生物の故に衆生心に十法界の性悉く具有す。十法界とは三悪三善を六道と云いこれ凡夫である。四聖法界はこれ聖人とす。三悪とは地獄餓鬼畜生にて三善とは修羅人間天上を云う。四聖とは声聞縁覚菩薩仏陀これである。この十界は本一心に具して居て十界は衆生の一心より造り出すものである。仏教の目的とする処は六凡生死の迷界を脱して仏陀の霊界に帰趣するにある。

如来の実体

如来の実体はまた法体とも云う。実体とは全体何物であると云うにつき古来種々の学説がある。実体とは実在を意味することあり。或は事物の形式を抽象して本質のみを表して実体と名づくる者あり。また普通の属性や偶性を区別してその本質を実体とするあり。また実体とは現象の諸の性質の奥に在る本体にして万有の原因なりと云うあり。神学にては実体を以て神性を表わし人格的差別を超越するものとす。プラトーがイデーを万物の実体原因とし、デカルトが他に依らずして存在するものを実体とす即ち神であると。スピノーザは自身に依って存在し無限永久必然なる実体即ち神であると。ライプニッツは実体は活動し得る存在即ち力であると。カントは経験により来らず即ち純粋なる概念である、また実体は存在の最後の主体であると。或は実体とは雑多の諸の性質を総合せる基礎であると云い、また実体は現象の物の種々に変化するに拘《かか》わらず内性不変動のものであると。今の実体とは世界性と衆生性を超越したる実在の第一義諦の如来性を実体とす。実体は世界と衆生とを超越して而も二性の原因であると共に二性の内存である。

実体の本質なる実在につきての諸説は或は人間の意識の境を超越して不可知的であると説く、吾人は自己の意識に現われ来るもののみを知る実在は不可知的であると。観念的実在論者は実在は観念的のものにて可知的にて吾人の観念と実在とは一体であると。また実在已外に現象なく現象即実在であるとの説もある。

今は曰わく実在は吾人の観念と同一本質にして不断の活動はその属性にして吾人の意志に比すべくもし吾人の観念と同一本質ならざれば吾人は如来性と冥合《みょうごう》すること能わざるべし。

吾人が甚深《じんじん》の観念に入りて冥合して真如と相応するは本質が同一なるが故である。

『起信論』に真如の性は言語道断心行所滅の体なれどもただ証のみ在りて相応するとは(25)これである。

実体論には古来種々の説あり。物心二元論あり、唯物論あり、唯心論あり、また唯理論あり。唯物論者は謂《おもえ》らく宇宙を構造する本質は物質の原子もしくは電子が在りてこれが永恒不滅にして且その勢力は常恒存在してその自然律によりて万物を造る。人間の精神の如きも脳髄神経を構造する細胞の作用に外ならずと。故に精神などは物質の副産物に外ならぬ。永恒の存在は物質の原子のみと。観念論者の説によれば心生ずれば一切の法生じ心滅すれば一切の法滅す。天地万物の色相は唯心の変現に外ならずと主張す。また唯理論者は云わく物質いかに精妙にすとも物より精神の派生すべしと思われぬ。また心質より物質の現出すと云うことも考えられぬ。故に現象の上にては物と心とは異なれどもその実体は物心不二の理体である。これを仏教では真如と名づけておる。即ち宇宙を包含する処の普遍的概念は変化極りなき中に不変の法則が存在しこれに依りて万物を生成す。その物質と心質との原因なる統一的存在が即ち真如である。仏教に謂《いわ》ゆる真如とは物心不二の理体なれども活動の主体なるが故に心真如と云《な》づけ物心一如の心である。

真如即ち実在は物心不二統一的存在を物質に重きを置て観る者が唯物論者にて心質に傾く観方を唯心論者とす。

心真如即ち実体の本質は物心無碍《むげ》超時間超空間的にして而も偏時間偏空間絶対永恒万物内存の大心霊態とす。万物内存の故に内に非ず外に非ずして而も内外に遍在せる絶対である。物心を統ぶる故に大霊態とす。これを華厳に総該万有心と云う。これを宗教的に云わば法身毘盧遮那《ほっしんびるしゃな》即ち弥陀の法体と名づく。一切万法の本体にして一切生起の一大原因である。

内容無尽の性徳

実体の本質は物心無碍の大霊態とは已に論じぬ。如来の実相は本来一如の無相にして一切の感覚の相を超越して色もなく声もない。一切の色心の相を離れておる一如の霊態である。性を越え相を離れたるも無相の相は相として相ならざるはない。即ち実相は無相にして一切の相として現ぜざるはなし。真如本定性なくして一切の性の本と為る。一如の大霊に重々無尽不可思議の性徳を具足して欠《かく》ること無し。またその常恒の遍動より一切の万物依正色心有機無機の物として現出せざるなし。視よ天体の無数の星より地上の万物一として真如の内容より変現したる物ならざるはなし。実体の内容には無尽の性徳を具備し而して一切の万物を産出す故に如来蔵性《にょらいぞうしょう》と名づく。例えば衆生の母体より数多の子を産出する如く一の如来蔵より無量に分身して而して衆生各々《おのおの》の身を以て一切を産出す。密教に所謂《いわゆる》胎蔵界の大日と名づくるもこの如来蔵に外ならず。然ればこれ宇宙の実体はこれ絶対大なる母胎と云うことを得べし。大宇宙に比すれば一微塵《いちみじん》に過ぎざるこの地球上にも無数億の生物を発生し中に就いて人類の如き地球の舞台に出でて悲劇を演じ喜劇を為す各人は優人《やくしゃ》と為りて互に覧《み》つつ見られつつ自己の役を務め既に務め終ればば地球の舞台に形を隠して幽冥《ゆうめい》の楽屋に入る。已に幽冥に自を没すれば舞台の表よりは窺知するを得ず。如来蔵の古今に亘り東西に亘り地球上幾億兆の人を出現せしめんやは知るべからず。不思議なるはかくの如く無数の人に各四肢五官五臓六腑等に至るまで人間は人間としての塑《かた》を為し乃至一切の解剖学上の組織の如く皆一定の形式にはまってお る。然してまたこれを相学等にて見る方面は容貌の美醜姿勢の如何より眼鼻の格好の如き無数億の人の一として同一相なるは無い。その身体の一分に属する指紋でさえ幾億万中一として同一紋なるは無いと。実に如来蔵の不思議なる重々無尽の因縁より形成する故に無数億の生物の種類の無尽なるとともにその同一形式の中に於て各その特殊の相を備えざるは無し。これ実に如来蔵の不思議なる因縁に非ずや。

独のポールゼン(26)曰く、宇宙の内容は絶対的に大なる頭脳である。人の脳髄の成分たる石灰質と空気中に存在する石灰質とは同一の質料に非ずや故に宇宙は大なる精神であると。

人類の脳髄はその解剖学上の構造に於ても実に巧妙を極めておるとともにその作用に於てもまた驚くべき働きを有して居る。人が一生に亘りて見聞覚知したる感覚の印象記憶把住《はじゅう》の如き雑多なる事理が脳裏に納蔵せられて而してまた縁に随い要に応じて再現する様を観よ。世に博覧強記の人の脳には実に万巻の書を容《い》れてなお余《あま》りあり。また芸術家の天才等の頭脳よりは種々の文学詩歌小説等が極りなく繰り出だされ而してその文々句々が人を泣かせ或は笑わせせまた無限の興感を惹起せしむる如きまた一人の脳中に家庭家政等の私務より諸般の公務諸種の事業より乃至宗教上のことまた趣味等のすべてを容《い》れて然も混乱せざる如き、一個の脳に於てすら既にかくの如し、況《いわん》や十方三世一切の世界の無量の人数等の有らゆる脳髄を包含して残すこと無き宇宙の一大脳髄なる如来蔵性に於てをや。実に重々無尽不可思議なる大霊脳髄の内容の豊富なることその極りなき宇宙の一切世界の依正色心無量《えしょうしきしんむりょう》の世界及衆生をば本自己の内に蔵してこれを現出し、または摂入《しょうにゅう》し生滅変化せしむる等その変現自在なる妙技は独り大自在者の御手に在るに非ずや。

内容無尽の性徳を具備しておってその重々無尽の縁起の手を仮りて現出す。その現出したる中に於て撰ばれたる衆生のみ本居の光明界に摂取せらるることを得《う》。その無尽の性徳よりいかに万物を生摂し給うかは摂取門に詳説せん。

自然界と心霊界

宇宙の実体即ち如来の法体は絶対にして大心霊態なれども吾人が肉眼にて経験すべき感覚的方面とまた心眼開きて観ずべき観念的方面の二面に区別することを得べし。前者を自然界と名づけ後者を心霊界と名づく。

古来この両界を種々の名を以て詮表せられておる。この二界の区別は宗教に於ては最も重要なる分界である。

自然界の現実的方面を仏教にて生死界または染法界《ぜんほうかい》また有為界《ういかい》また娑婆また穢土《えど》等と名づけ。心霊界は宗教にて理想の境とする方面にて涅槃界また浄法界または浄土常寂光土等の種々麗わしき名を以て表わされて居る。

自然界は絶対界より天則によりて発現せられたる世界と及び衆生の住する所であるこの自然界に対して世間種々の見解を異にしておる。今これに対する二様の見方を挙ぐれば、甲は云わく、この世界は一切衆生の妄想顚倒《もうぞうてんどう》の惑業《わくごう》に依りて感受したるものなれば、生死苦悩の穢土にして実に厭離すべき所であると。乙は云わく自然界は本絶対なる真如の相対的現象にして天地万物より乃至衆生の色心六根六識《ろっこんろくしき》より乃至一切悉く如来蔵妙真如性の発現である。然るにこの衆生性を覆う所の惑と業あり、もしこれを除きて真霊自性清浄顕示する時は即ち心霊界の人と成り得らる。然る時はこの自然界は光明の霊界に進入すべき予備の修行道場なりと観ておる。前は消極の方面より後は積極的方面より同一体の異方面より観るものなり。反対にして実は相扶くべきものである。

自然界は絶対より一切知と一切能とに依って発現せられたる相待的方面であって即ち天則秩序に依って発展せられたる世界及衆生である。天に日月星辰運行し地に一切の生物生存す。これ等は天則の下に因縁に約束せられ因果に規定せられておる。空間的には因縁相依りて網の如くに連絡し互に相扶け相擁《あいよう》して結び合い、時間的には因果相関して鎖の如くに繋ぎ合て相続して絶えず。世界には成住壊空《じょうじゅうえくう》あり。これを外面的に述ぶれば世界に初め空間に散在する処の物質の原子相聚《あいあつま》って形成したのである。即ちその初めは極めて不完全なる状態より無数の時間を経て漸々に完成せられたものである。太陽の如きも初めは星雲の状態より諸の分子が聚合し不断の経営は無数の時間を経て遂《つい》に太陽の現状とはなった。次に地球もまた初め瓦斯《ガス》態より現に生物を完全に生存せしむるに至るまでには幾百万年かの長日月を以て進化したと云うておる。現に地球上に幾万の生物が分布しており。また幾多の階級を経て竟《つい》に人類にまで進化したのでこの人類にして初めて宗教の生活に入ることを得。自然界の世界及衆生の自然の法則は因縁に依りて生じ因果的に相続し一切生物界の生存競争は古今に通じて優勝劣敗の掟を変ぜず。何《いず》れの地にも適者生存の法は行われておる。生者必滅会者定離《しょうじゃひつめつえしゃじょうり》は古今に亘て換らず老病死苦は尊卑を択ばず。無常苦空は賢愚を論ぜず。然るに天然素朴の輩は左《さ》は思わず。ただこの世界を快楽の舞台と想い朝《あした》に開きし栄華の花は夕べに散りゆく運命を悟らず。ただ肉の快楽と利己主義を以て人生の目的と為す。云何《いかん》せん欲楽は貪《むさぼ》れば貪るに随って還りて不満を感じ不足の念が増し来る。この自然は彼等が欲望に満足を与えぬ。天然の人は世界に依《え》属《ぞく》し希望を満すことを得ず常に悶えておる。

世に理性の能く発達したる人にても真に霊に目醒ぬ人の処世観はこの世界は物質的器械的にして物質不滅の勢力永存せる諸の元素の聚合団体でありて人の生命は本より物質細胞聚合の上にのみ活けるものなれば人は死すれば本の原子に帰りてそれ已外に遺るものは何も無いと謂っておる。自然の力は偉大にして迚《とて》も人力の如何とも為す能わざる処故に人はただ人事を尽して天命をまつ外なしと信じておる。

また宗教に入りても超然主義《ちょうぜんしゅぎ》の人は謂《おも》えらく現世界は濁悪不善《じょくあくふぜん》の聚合団体にして五痛

五焼の苦充満し実に厭うべき処。この穢悪《えあく》充満の世界を遠離《おんり》するに非《あらざ》れば永恒の常楽は得ることが出来ぬ。真の霊福と光栄とは遠き彼岸の十万億土に往《い》ってのみ得らるると信じておる輩《ともがら》もある。

光明主義《こうみょうしゅぎ》は現世界は本如来性《もとにょらいしょう》より発展せられたる一面なので地上に生れたる一切の動物も我等人類も同一の根底より性を受けたるも人類已下の動物には精神発達の程度低くして未だ霊の生活に入ることができぬ。人類は精神が已に発達しておる故に如来の光明を被《こうむ》る時は霊に復活することを得らるるものである。他の動物は本能的であって意識的生活に入っておらぬ故に罪悪の責任も無い。人は高等に進みたるだけに狡猾な罪悪を為す動物であると共に如来の恩寵を感受することを得らるる生物である。他の動物の精神はこれを鉱物に例《たと》えれば砂利石や璞石《はくせき》の様な物で、これを琢磨の要も無い。またいかに磨いても光輝を発すべき性を有しておらぬ。これに反して人の霊は宝石や珠玉の如くこれを琢磨する時は霊に復活して永遠の光明に入ることを得らる。故に人類の為には現世界は自己の伏能《ふくのう》を開きて如来の光明の生活に入るべき修行の土であって霊界に進入すべき階梯の世界と観ぜらる。実に現世界は自己を鍛錬すべき道場である。されば自然の寒熱風雨の障害もまた人為的の迫害をも精神を鍛練すべき機会と知る時は悪人の毀辱《きじょく》も如来の恩寵と感ぜらる。一切の誘惑と迫害とは剋己忍耐の試験具である。

人類には何人《なんびと》にも染汚《ぜんま》と苦悩と無明と罪悪との垢質を受けておらぬ人は無い。これ恰《あだか》も宝石の璞垢の如くである。宝石もし琢磨する時は日光が反射す。もし人勇猛《ゆうみょう》に精進し如来の大光明に接し霊性覚醒し来りて観ずれば霊の旭光普《あまね》く乾坤を照し身は自然界に在りて神《こころ》は常楽の涅槃界に逍遥することを得らる。

また自然界は唯識哲学に依れば一切の衆生阿頼耶《あらや》業識《ごっしき》によりて自から感ずる処同じからず。人類が人類の世界を感見して居る処に在って動物はすべての事物を人の如く感じて居らぬ。例えばいかに美を極めたる堂閣に於ても蠅は毫もその美を観ずる事の出来ぬ。すべて人間世界の人事上の事は人間にまでその度が発達するにあらざれば観る事も味《あじわ》う事も出来ぬ。人と地獄の衆生と同一処に在り乍ら相互に自己の業《ごう》識を以て自己の境界のみを感見しておると。この自然界は六道の衆生各々《おのおの》自己の業識を以て自己の境界を感じ経験しておるのであるとはこれ唯識論の説である。この自然界の中に心の一つより三善三悪六道の衆生が同一宇宙間に於て自己の業現を見て全く宇宙はかくの如きの相と想うておる。これ六道衆生の業感《ごうかん》の所見である。

心霊界

大宇宙は本絶対界にして不可思議である。吾人は五官を以て経験しつつある感覚世界を越えて心眼開きて観るべき方面を心霊界と名づく。即ち生死界を超越したる涅槃界の事である。涅槃界を常寂光土《じょうじゃっこうど》とも云い、或は密厳浄土(27)また智慧土、極楽国、蓮華蔵世界等の種々の美《うる》わしき名を以て表わされておる。

世に現世界のみにあこがるる幼稚なる宗教意識の人は超然たる霊界即ち美天国または浄土の存在を知らずにおる。高等なる宗教にして初めてその目的を心霊界に於て永劫の生命常住の平和を求む。仏教にて涅槃界と云い、また清浄仏界と云い、基督教に美天国また神の国と云うはその実は同一の異方面観と云う事を得べし。但しこの心霊の発達の程度に随いて感見する浄土もまた必ずしも同一ならざるべし。

神の国即ち浄土の所在を説くこと超然教には極楽は西方《さいほう》十万億土と云いまた天国は高遠なる彼岸に在りと説く。円具教《えんぐきょう》にては浄土は去此不遠《こしふおん》(28)の方を取る。極楽をまた涅槃界と名づく。『寿経』に国泥洹《くにないおん》の如しまた無為泥洹道《むいないおんどう》(29)に次げり等と。

涅槃界の所在何《いずれ》の処に在るとなれば釈尊菩提道場に於て無明生死の夢醒めて正しく大覚を得給うとき初めて発見し給うた。譬えば日光東に登りて乾坤忽ちに照耀し山河大地瞭然と現《あらわ》るる如く如来正覚の時に従来肉眼《にくげん》にて見し処の自然界は隠蔽して絶対の霊界が顕現したこれ即ち本覚真如の無量光明の照せる仏智《ぶっち》の妙境界である。そこには常楽我浄《じょうらくがじょう》の園生《そのう》に真善微妙《しんぜんみみょう》の花咲匂う処で、即ち釈尊初めて正覚を成じて内証に自ら観じ給う処、其処《そこ》には盧舎那浄満《るしゃなじょうまん》の如来は中蓮台に安坐して千の大世界一一《いちいち》の界に百億の蓮花はその四辺を周匝《しゅうそう》し囲繞《いにょう》す。蓮花に各《おのおの》一の釈迦在ます。即ち十万億の世界に各一釈迦在ます。かく眷属の世界に各《おのおの》仏ましましてそれを囲繞し給う処中台に在す弥陀光明尊は一切諸仏諸菩薩の為に微妙の法を説き給う。これ即ち蓮花蔵界である。これ正しく大乗の釈尊自ら証見し給う極楽涅槃界である。

　極楽を十万億土の彼岸に在りとの説は実には印度に於て釈尊出世已前に古代よりの伝説なる須摩提《しゅまだい》(30)のことである。釈尊の自ら証見し給う極楽、即ち涅槃界は実は方域分斉《ほういきぶんざい》を超たる絶対の霊界のことである。然れども未だ心眼《しんげん》開けざる幼稚なる機類に対しては肉眼にて見ること能わざる浄土《じょうど》なれば去此不遠の浄土に弥陀尊は在しますけれども止むを得ず古来の伝説を用いて西方十万億土をすぎて極楽に弥陀在ますと説き給い既に発達せる機類に対しては阿弥陀仏及び浄土は去此不遠法眼《ほうげん》開く時は即ち現前すと説き給う。

『往生論《おうじょうろん》』偈《げ》には彼《か》の世界の相を観ずるに三界の道に勝過し畢竟《ひっきょう》じて虚空の如く広大にして辺際《へんざい》無し(31)とはこれ世《せ》親菩薩《しんぼさつ》自ら証見し給うままを説きたるものにて過十万億土に極楽を説くはこれ機類に従う方便の説に過ぎず。また古来の伝説を用いるは全く善巧方便なり。

また『寿経』の説によれば、娑婆世界と見るはこれ衆生自己の業報の所感にてこれ阿頼耶識の現われである。浄土は仏智光明の所現の世界なれば仏智不思議智《ふしぎち》(32)乃至最上勝智《さいじょうしょうち》の現われなる仏土である。この理が明らかに信知できるときは仏土は全く仏智光明の顕現にて娑婆は凡夫阿頼耶の業感なる世界たるを会得せらるべし。世人浄土の存在を疑う者概して謂《おもえ》らくこの自然界の虚空中にかくの如き広大なる星宿の存在を認むることは出来ぬ故に浄土の存在を疑うと。但し今仏教に説く処の仏土は肉眼にて天体に於て発見すべき所在にあらずして法眼開きて絶対の心霊界に於て観見すべきものである。凡夫は阿頼耶の業識を以て自分に相応して宇宙を経験して居る。

釈尊は成道の暁始めて無明生死の夢醒めて霊界を照見し給うたのである。この正覚を成じたる者を覚者と名づく。正に霊に覚醒したる義である。凡夫は生死の夢の中に娑婆と観て居る。夢中の人々は覚醒の境界を見ることが出来ぬ。もし全く極楽の浄土が今生死の夢の中に吾人の見聞し得らるる世界ならばこの夢の境界が醒め来る時には実には無きが如し。即ち生死夢中の衆生が経験出来るものあらば浄土もまた生死夢中の境に同じ何の実在かあらん。然れども真実に霊に覚め来らば心眼開けたる処に浄土は現前すべし。プラトー曰わずや凡夫の昼とする処は聖人の夜にて聖人の昼とする処は凡夫の夜なりと。釈尊曰く我れ三界の如くに三界を見ず如実に三界の相を知見すと。

釈尊は五《ご》眼《げん》具《つぶ》さに備わりてもし肉眼を用いて見給えば吾人と同じく娑婆の方面を視給えども仏眼《ぶつげん》を以て見給うときは清浄の仏土を観給う。『法華経』に衆生劫《しゅじょうこう》尽て大火に焼かるると見る時も我が此土は安穏にして天人常に充満し種々の宝を以て荘厳(33)すと説き給う。大火に焼かるる方は無常遷流の自然界にて常住に安穏なるは仏眼の所見なる常寂光土の方面である。心霊界としての宇宙は実に不思議である。華厳三昧の窓より見れば重々無尽の蓮華蔵界不可説の荘厳なる依報の浄土に盧《る》舎那《しゃな》如来無量《にょらいむりょう》の相好光明《そうごうこうみょう》を以て法身の大菩薩の為に説法して大法楽を施与し給うと観ぜらるる。また常寂光土に清浄法身の如来常に大衆の為に説法し給うと見るあり。かくの如き清浄国土は本より法界に周遍《しゅうへん》して方所を離れたる絶対の心霊界である。処々皆仏土である。

『寿経』に仏土の荘厳の相(34)を明して云わく、その仏の国土は自然の七宝金銀宝石をもて合成して地とせり。恢廓曠蕩《かいかくこうとう》として限極《げんごく》すべからず。悉く相雑廁し転《うた》た相入間せり。光赫焜耀《こうかくこんよう》として微妙奇麗なり。清浄の荘厳十方一切世《しょうごんじっぽういっさいせ》界《かい》に超踰《ちょうゆ》せり、衆宝の中の勝たり。

また衆宝の蓮花世界に周遍せり。一一《いちいち》の宝花《ほうげ》に百千億の葉あり。その華の光明に無量種の色あり。青色には青光《しょうこう》、白色《しょうしき》には白光《びゃっこう》、玄黄朱紫《げんおうしゅし》の光色もまた然なり。暐曄煥爛《いようかんらん》にして日月よりも明耀なり。一一の花の中より三十六百千億の光を出し、一一の光中より三十六百千億の仏を出す。身色紫金にして相好殊特なり。一一の諸仏また百千の光明を放ちて普く十方の為に微妙の法を説き給う。かくの如きの諸仏各無量の衆生を仏の正道に安立《あんりゅう》せしめ給う。

かくの如きの清浄土は本如来の仏智光明の所現である。娑婆は凡夫の阿頼耶業識の所感である。故に明らかに浄土はこれ弥陀の仏智不思議乃至勝智の顕現なることを信ずべし。凡夫の業識の眼を以て見る時は縦令《たとい》十万億土の彼岸にゆくとも決して実験しうべきに非ず。娑婆穢土と感ずるのは全く自己の業識の所感なれば暫らく自己を空にして如来仏智の光明中に入りて観ずる時は縦令明かに諸仏の如くに無量荘厳は顕現せざるも理想的に観念的に清浄国土に安住するの想あり。もし人弥陀三昧の宝鑰《ほうやく》を以て心霊界を開く時は如来は現前し清浄国土は観ることを得ん。もし人心霊開発し心機一転し人格革新する時はこの有余の依身は従来と異ならざるも心は浄土に安住するの想いと成ることを得べし。これを有余涅槃とす。有余とは凡夫業より受けたる身を云う。涅槃とは即ち仏土極楽のことを云う。仏教の最も一大事の関門はこの精神更生する処に在る。仏陀のその徒及び有縁の衆生を教化し給いて人格を革新せしむること無量なり。人未だ仏陀の摂化に預らざりし間《あいだ》は如何に高等なる生活を為すも六道輪廻の業を為すに過ぎず。已に機縁熟して教化を蒙る時は初めに法眼開きて常に如来の前に在り大光明中に安住するの想となり聖意を己が意と為して仏子の行為を以て行為となすに至らん。然れども肉体の有らん限りは煩悩を根本的に解脱すること能わず。如来の神聖と恩寵とに依りて常に己に剋《か》ちまた己を指導して如来の指導の光に依りて一路向上す。而して弥々《いよいよ》報命尽る時は無余涅槃なる真実の報土に帰す。これまで理想の霊境が現実となり来るなり。

心霊界は一切諸仏の安住する処の涅槃界真善微妙の園に常楽我浄の妙花匂う処諸仏は常に涅槃界に在りてまた一方には生死界を度せんが為に常恒に変化分身して衆生を引導し給う。

自然界と心霊界即ち生死界と涅槃界とは全く同一の絶対界の中にして凡夫所感を自然界と名づけ霊性開発せる人の所証を涅槃とす。云い換れば未だ弥陀の光明に覚醒せぬ人の心の所住が自然界にて已に光明に覚醒し恩寵に復活する人の証入したる方面を心霊界とす。弥々報命尽きる時は曽《かつ》て理想せし霊界が実現するものとす。

生　摂　論

生産と摂取の中、生産門は絶対なる如来性より自然界の世界と衆生とが産出せらるること、摂取門《せっしゅもん》とは世界の衆生を選択して如来光明中に摂取して永恒の都に帰趣せしむることである。仏教哲学には前者を流転門《るてんもん》とし後者を還滅門《げんめつもん》とす。前者は真如を原因として縁によって生起すること、後者は生死《しょうじ》の源なる煩悩と業が滅して涅槃に帰還することは前に論じたりき。仏教は哲学と宗教との両面がある。

宗教は生命ある吾人の救度《くど》を求むる客体なる故その対象を霊的人格なる如来とし尊崇し帰命する本尊なりとす。衆生界は絶対なる如来より生産せられたるものとす。故に如来は世界の衆生の大慈父と仰ぐべき絶対大人格である。大人格の慈父である故に産出すとす。これを哲学的に云わば慈父は真如の理と名づける。真如は理体なるが故に生産と云わずして一切万物は真如より縁起せりと説く。宗教の対象は人格的の故に産出すと説く。宗教と哲学との両面を混ずる勿れ。

生産と摂取との関係は経に一切の衆生は本《もと》法身より生じて還《ま》た法身に帰らざるは無し

の義である。もし詳《つまび》らかに云わば如来は一切衆生の生産の根底としては法身如来とす。また一切衆生をして如来の光明に摂《おさ》めて永恒成仏せしむる時は報身如来とす。

生　産　門

（頌に曰く、生産門には法身の、一切知能が天則の、因縁因果の律をもて、世界と衆生を生成す。）

生産門は如来法身が天則をもって因縁因果の関係を以て世界の方面に向って産出しまた養成し給う義である。

万有生起の原因

仏教哲学には宇宙間一切万物の生起する処の一大原因説に種々の説ある。(35)

基教に依れば天のエホバの神は天地万物の造主六日間に万物を造りまたアダム・イヴを

造る等故に天の神を縁起の原因とす。波羅門教にはブラフマ天が万物能造の神とす。故に波羅門天を生起の因とす。仏教小乗教によれば一切衆生生起《しょうき》の原因は自己已外に能造の因あるものでない、自己の業が原因とす。業に善悪あり。これ六道生死の原因とす。唯識によれば無始法爾として阿頼耶識あり、これが原因となりて外界の客観も内部の主観も唯一の識より変現す。故に阿頼耶識が一切万物の原因にしてまた身心及び世界を造ると云う。または真如縁起[36]説ありて曰く真如は万物生死の原因なり真如は本来法然の理体にして而も永恒不変の性である。而してこれが随縁して一切万物と一切衆生と為ると。また如来蔵妙真如性が一切万物中の原因にして縁に随《したが》い業によりて天地万物乃至一切衆生の身と心と及び六根六識等を現ず。故に如来蔵《にょらいぞう》が一切衆生生起の原因とす。また密教には地水火風空識の六大が法界に周遍しこれが万物の本体にしてまた一切の原因である、これが縁起の本とす。

衆生生起の原因に就いて最も腐心されたのは唐の宗密《しゅうみつ》禅師であった。『原人論』はその研究の発表である。また宗密師はかような喩《たとえ》を以て衆生生起の原因を説ておらるる本覚の仏性は一つの国王である。その王が眠りて夢に小さな蟻と為ってうろついておる如く本覚仏性から迷出《まよいいだ》して衆生と為って六道に輪廻しておると。この喩の如きも甚《はなは》だ真理とは思われぬ。本覚の仏が眠りて夢に衆生に為る程なれば衆生が発心修行して究竟《くきょう》して仏と成りし後にまた眠りて生起の凡夫と為ると云うに帰す。甚だ信じ難い。

仏教に超在一体を立てざる汎神教は一切衆生悉有仏性とて衆生仏性を立つれども衆生個々のその根底なる一大仏性を立てざる故に半面の真理にして満教に非ず。彼等は衆生心を根本として世界及び宇宙の成りし如くに認めておる。

今は説く吾人一切衆生の生起の一大原因は絶対の大霊即ち法身なる大慈父《みおや》にてそれより産出されたる世界なのでまたその世界より産出されたる衆生である。

もし哲学的に云わば真如の実性が根本にてそれが随縁して因縁起性と為り縁起性から発生する分別起性《ふんべつきしょう》即ち衆生性である。

前者は宗教の故に根本のミオヤそれより産出されると人格的に説明し後者は哲学の故に真如なる理体を根本として理体の故に随縁して因縁性《いんねんしょう》と為る。因縁から生物の個性を産出するものと云う。同一の体を宗教的に観ると哲学的に取り扱うとの別がある。今は宗教的に説明するが故に根本もすべて人格的に観なすのである。

法身毘盧遮那《ほっしんびるしゃな》は絶対的人格にて独一なれども形式と内容とありて法身とは形式の方より名づけたのでそれは天則秩序の一大原則即ち一切万法の本源にて万物一としてこの法則にかからざるものは無い故にこれを父と観ずべく。内容の方より如来蔵と名づく、物質も心質もすべての原料を具有してそれから一切万物を産出する本体である故に母のように観らるる。然れども形式と内容とは同一本体の絶対人格なり毘盧遮那仏である。法身として万法の大原則として天則の秩序を以て万物を生成す。視よ一切の万有に細大となく複雑極りなき中に秩序有り条理あるは法身の則下に行わるる故である。

内容は如来蔵性として自己に無尽の性徳を具備して自己の内の世界万物なれば無相にして一如の大霊蔵より秩序的に世界及び衆生を生成す。

かくの如く如来は法身如来蔵として一切万有の父母たる所以である。

二　属　性

万有の父たる法身の大心霊は智力と意志の二属性を有す。即ち一切知と一切能である。法身は先に明したる如く現宇宙を離れて処を別にして在るに非ず。法身毘盧遮那は偏一切処にて万物の中に存在す。例えば人の識大が身体中に遍満して居る如くである。故に一切知と能とは大霊の遍動力が万物に内存の能力として万物に秩序あり条理あるは一切内存の理性を有する故である。

宇宙間に有らゆる物は悉く法身の手に係《かかわ》らぬは無い。法身に一切知と一切能とが無くてはならぬと云うことは僅か地球上の生物の一部分である人類の身体に見るに解剖学から見てもまた生理学また化学等の元素の配分から見ても人の身体の各部を構造する組織学上から見ても有らゆる方面から人の身体及精神生活の機能が実に巧妙を極め有らゆる智と能とがなくてはならぬ事が肯定される。もし人が人工的に活ける人間を製造せんとしたならば数学も解剖学も有らゆる科学の智識を有しまた有らゆる能がなくてはならぬ。然るにいかに智と能との全力をつくしても活くる人間を製造することは出来ぬ。

ソクラテスが或る日門人を連れて亜典《アテネ》の市街を通る時に非常によく造られた人形を見て門人等が痛く感服して居ると先生が汝等はあの人形を見て実にその巧妙に感服して居るがもしあの人形が眼は視え耳は聴き手は物を捉る足は歩み能く言い物を食いなどができる程の物を造る者あるとしたならば汝等はいかに感ずるぞと。門人等曰くもし世にかかる物を造る人ありとせば実に驚嘆に耐えざるべしと。先生曰く現に汝等及びすべての人間は今吾が云いし如くに造られて居るではないか。何故に汝等は現実の物に対して感ぜぬぞと言われしとの話あり。人類のみでなく小さな虫にもまた細い草にもいかなる巧《たくみ》なる工師にも模倣出来ぬばかり巧妙に造られておる。かかる巧妙なる製造は、この宇宙を離れたる天国に在ます神が土を以て造りて息を吹き込みて造られたとも思われぬ。万物内存の一切知一切能の作用と信ずる外はない。大霊の遍動力は万物の内に存在の能力としてまた万物を動すに秩序あり条理あるは一切内存の理性即ち一切知とす。常恒の遍動は一切能とす。

絶対心霊の一切知と能とは普遍的存在にして一切の処一切の時に存在せざるなし。これを二属性を有する大霊なる法身とす。

大霊の一切知能と因縁因果

法身は絶対の大霊物心無碍の心霊であって、それに発展せられたる一面たる世界は相待的である。外面なる世界の方面より見れば万物が因縁に規定せられ因果律に相待て生成しておる。天体の太陽と地球との関係の如きも因縁相待て一切の有機物を生活させておる。

地上一切の生物の因縁因果の関係は雄を因とし雌を縁として相合《あいがっ》するは因縁にして雌雄相合して結びあいたる種子がまた原因となりて児がまた親となる如きは因果の関係である。乃至一切の有機万物は悉く因縁相合し因果相待ちて横に広く繁殖し縦に子より孫に継続して絶えず。この外部より来る因果の相関を内面なる絶対の方より見れば絶対の心霊が一切知と能とによりて内面よりする秩序的発展と云うべし。即ち永劫霊活の大霊が常恒遍動し秩序的に万物を建設し破壊して生養し滅滅せしむる内面的一切知能の発展を外面的に眺むれば因縁の相関と因果の理として行われておる世界性となる。絶対と世界とは一体の異方面観である。かくして世界の発展は因に応ずべき縁あれば和合して果あり結果がまた原因と為りてまた果を為し、この因縁の連絡は空間より無数の星宿と為り相関して広く天体を為し因果を以て三世に断えず。

この関係に万物相互に因縁に関係し相親み相資《あいたす》け相競いて増長し発展し、資縁が種因に適せざれば生存に勝《た》えず、因縁相適すれば益々《ますます》繁殖す。絶対の常恒の大活動の建設事業は因縁を以て相養成し因果を以て生滅し世界には成住壊空として新陳代謝は広大なる天体にも常に行われおる。

かくの如き外に因縁因果に現わるる万有は内面に大霊の一切知と一切能との万物内存の常恒活動の秩序的発展として云うべきのみ。故に一切知能の秩序的発展と因縁因果は一体の両方面より観るものとす。

衆生は法身の子なると共に世界の子

大ミオヤは絶対心霊即ち法身である。即ち大造化である。法身より発展されたる世界性は絶対の分現なれば親と同じく造化の妙用を施して因縁因果の理法により万物を造化しておる。世界の太陽及び地球等はまた親として衆生と云う子を生ず。世界は衆生の親なのである。故に衆生を養う為に一切の設備を以てす。

法身の一切知と能とは世界には陰陽の二気と現じまた因と縁との二力となり衆生にはまたこれが雌雄の二性と為っておる。先ず太陽より地球を産出し太陽は常にこの地球に対して絶えず能力を与えて益々増長せしめ両者の関係は陰陽二気と為りて即ち父母として衆生と云う子を産出す。これ地球上に生存する一切の生物である。中に就いて人類は最も能く進化したる衆生である。衆生性には法身の大霊より稟《う》けたる霊性とまた世界性より稟けたる衆生性との両性を具有しておる。衆生はこの両面を具するが故に解脱の要あると共に解脱の能あり。もし衆生が本来純に霊性のみにて自ら成仏すべきものならんか宗教の要なきなり。然るに霊性は自ら開けがたく煩悩は独り解脱すべきに非ず。霊性を有すともこれを開顕せざれば何の霊徳かあらん。煩悩霊化せざれば空しく沈淪す。この二性は大霊と世界とに稟けたる性能にしてこれを開発し霊化して初めて霊的人格は完成す。人にこの両性あるが故に人は純粋に神の子に非ず。一分は世界の子である。吾人は神の子の霊性を伏蔵するが故に自己に向上する性能を有しておる。然れども一方の衆生性は因縁因果に限定せられて決して自由を許さぬ。衆生性の人としては実に苦空無常無我であって因果に約束せられ世界の規則に規定せられて自由を得ぬ。

霊性開発し衆生我を霊化して初めて霊的自由を得る。然《しか》し乍《なが》ら世界性と神性は二元的に成立するものでなく前に述べたる一切知と一切能とより開展せられたる上の性能である。然らば清浄なる神性より不潔不純の世界性は何に依って起れるかの疑問を生ずるならん、そは次に論ぜん。

法身より生産の順序

頌曰

如来絶対円実性《にょらいぜったいえんじつしょう》

属性一切知能より
展して世界の相待性
十方三世に相関し
因縁性《いんねんしょう》より再展し
個々分別の衆生性
極小各自の伏能は
互に競ふて進行し
生物進みて人と為り
理霊の二性を発展し
如来は自性絶対の
心霊界に摂《せっ》せんと
報応二身を現じては
帰趣《きしゅ》の理性を現せり
遠求《おんぐ》二心は神人の
因縁力の理法にて
光明摂化の終局《おわり》には

本始不二《ほんしふに》とは成ぬべし(37)

法身より世界を発展し世界より衆生を産出したる次第を論ぜば先ず一大法は万有の本源にて即ち大心霊である。その属性の一切知と一切能との働きより世界万有を発展したるをもしこれを外部より見れば因縁と因果とに形成せらるる世界と及び衆生であることは已に論じた通りである。更に言を換えて云わば法身は大造化の故にその分身たる世界もまた中法身造物主《ちゅうほっしんぞうぶつしゅ》である。衆生もまた小法身小造化と云うことを得べし。大法身が常恒の遍動に依って世界を活動せしめ世界もまた常恒の活動によりて衆生を生活せしむ。各位共に全力を尽して生活し活動して止まぬ。絶対に比せば大海の小浮漚《しょうふおう》たる太陽系に於てもまた下りて衆生に於ても何れも進化の為に常に努力しつつある状態を見よ。先ず太陽が初め星雲の状態より無数の時間を以て自己を完全せんとしての努力の結果は已に成効を遂げて大威力ある恒星を成す。而して絶対者の威力の分身を現わし而も天体の親として地球と云う子を分娩し親の恩寵は子の為めに常恒に力を注ぎて休息すること無し。地球もまた初め瓦斯《ガス》態《たい》より努力の結果は生物なる無数の子を産みてこれを養成す。その地球も高等なる動物を養う資格未だ完備せざる間は微小の生物を発生したりき。動物の原始状態に於てもその初めアミーバ底の生物として世に現われき。その極小なる生物にも法身よりの一系統を受けたる性能を具有しておるを以て外縁の許す限りは発達せんとす。その内に絶対より受けたる活力あり。外にこれを助成する機関あり。これが植物等と共に増進し生物を進化せしむる内外の因縁によりて漸次に発達す。かくて無数の階級を経て竟には人類と云う高等なる動物に現化せり。人類もまた原始的なる不完全の状態より漸次に完全に進みぬ。人類進化の目的は他の科学者の方より見ればまた見解を異《こと》にするも吾人宗教的立場より云わしむれば生理機能なる即ち肉体は手段にして精神の方面に於て永遠不滅の生命に入りて真の目的を遂ぐる処に在るものとす。即ち人の精神の奥底に潜める最高等なる霊性を発輝し如来の聖旨に契う霊的人格と為り終局は本覚の涅槃に帰着する処に在るものと為す。

摂取門

頌に云わく。
摂取門《せっしゅもん》には性起《しょうき》なる
法般解脱《ほっぱんげだつ》の徳をもて

衆生を選択摂取《せんちゃくせっしゅ》して菩提涅槃に帰趣せしむ(38)

摂取門は初め法身より産出せられたる衆生の進み進みたる終局は如来の目的なる至善至霊の御許《みもと》に帰らしむるに在り。自力に云う還滅門《げんめつもん》に相当す。還滅とは衆生が惑と業とによりて生死の苦を受くる者が仏法に遇い解脱の道を得て生死の源なる煩悩を滅し生死の源を滅するが故に本来の涅槃の真天が顕示するの義である。今は宗教的に即ち絶対大なる親の目的に順《したが》いまた如来は終局目的に摂取せんが為に慈智の光明を以て信念の衆生を引接《いんじょう》し給う、即ち如来なる親の許に引き取り給うの義である。

法身より世界の方面に衆生を産出するの方向は初め絶対より相対なる世界の方面に向って産出され、極大より展転し小と為り即ち絶対より太陽と為り太陽より展じて地球と為りその地球に宿れる最小の生物を以て現われ極小よりまた向上し多々なる階級を経て人類と為りぬ。今衆生には三種の親を有す。即ち人の親、天地の親、及び絶対の親である。絶対大霊が本源の親なれども直接に衆生を産出することは出来ぬ故に世界の天地陰陽二気の親は有らゆる万端の設備を以て衆生を生活せしむる器具を備え然もまた人類の親によりて人類の身を受く。吾人の霊性は絶対の大霊の子なれども世界の子としての肉体を有しておる。衆生の身を受くるにはまた人間の親がなくてはならぬ。更に云えば絶対より受たる心霊は天地の元気に受けたる身体無くてはならぬ。この天地に受けたる元気もまた人の親の生理的関係の上に生成せられなくてはならぬ。衆生の身を以て世に生活するに三位の親を有す。何人もこの三位の親に依りてこの身を受けて人間として生活しておるのである。而して親に依って生産されたる吾人の心霊は絶対大霊なる如来の子である。身体は天地の親に依らねばならぬ。衆生は人の親の手を離れて世界と云う親に依りて独立し得らるるに至れば身体生活から云わば成効為したる者である。然しなお進みて心霊生活として世界なる親の手を離れて絶対の大霊の親の直接保護の下に心霊生活すべき事を期すべきである。終身親の厄介を離れ得ぬようでは親の本意でない如くに心霊生活は世界依属の心を超越して絶対なる親の子として超然たる心霊生活たらしむる事を要す。宗教の旨と為る処は実にここに存す。もしそれ精神生活に於て世界を絶対に依頼するものとせんか、それは永遠の安心は決して求められない。何となれば世界は即ち生老病死免《まぬが》れがたく無常苦空は遁《のが》るるに由なく然して精神は永遠の生命と常住の平和を要求す。精神の希望益々《ますます》高遠に人生の目的愈々甚深《いよいよじんじん》なるに及びて初めて心霊が世界依属の心の真の終局でないことを自覚し絶対の親に依属することが真理であることを識《し》るに至る。吾人の霊性は絶対の親より世界の親に預けられ世界(天地)の親より衆生の親に預けられたるものである。故に人類が人の親に育てられ成年期に達すれば親を離れて独立し心霊は世界依属の心を脱して絶対なる親によりて自治自活す。宗教は衆生をして世界依属の心を脱して絶対の親なる如来に帰命《きみょう》信頼すべきの真理なることを教う。然して如来は如何にして人々を摂取して本居の都に帰らしめ給う哉を示すがこの事を説明する所以である。

頌に曰く。

摂取門には性起なる

性起とは絶対なる如来の自性にて、世界性に相対的無明生死《むみょうしょうじ》の方面である衆生は本来絶対よりその反対の方面に産出せられて居る。即ち世界は相待的に因縁に規定せられ因果に約束せられて光明に反する闇黒、涅槃に反する生死に向って流転して居る。如来性よりその反対に向いて迷い出でたる衆生を還《ま》たその反対なる絶対涅槃の光明に向って本覚の都に帰らしむる為に如来は絶対の霊なる自性より理性と勢力とを以て衆生を摂取して精神の方向を一転せしむ。これが宗教の一大関捩《かんれい》である。帰元翻迷《きげんほんめい》等の語はこれを意味す。禅の大死一番、基教の復活等も同じくこの関捩を云う。性起の説は華厳の性起《しょうき》正法品《しょうほうぼん》の意によれば自性より他性に迷える衆生を翻迷して本覚に帰らしめん為に如来は絶対の自性より世界に出興し給いつるなり。(39)これに就いては重大なる因縁を以て事がここに到ったのである。更に云わば自性の悟の本家を迷い出し六道の他郷に惑える子等を慈父の本居に帰らしめん為に出で給うたのである。如来の自性より常恒に波及しつつある理法と勢力を法身般若解脱の三徳とす。この理法この勢力が即ち神が人の信仰に及ぼすロゴスである。法身とは衆生の迷《まよい》を解きて真理に契《かな》わしめ心霊を顕わす法則である。法身の法に天則的に衆生を生成する約束の法とまた衆生を解脱させる法との二面あり。衆生を生成する理法は即ち法身が万有の原則としてこれが動く処作《な》す処に条理あり秩序あり、総じては自然界に行われつつある天則秩序となり世界の因縁因果の理法となり以て万物を規定しておる。この一大理法は実に複雑なる因縁を以て衆生は普遍的にもまた特殊的にもこの総則に規定せられておる。

　この因果の約束の下に生死に処しておる衆生はこの約束が解かれざれば解脱自由の心と為ることが出来ぬ。人為の法律にも憲法また民法などにて条約を結ぶ如くに自然界には天則あり。世界万物は皆因縁と因果律に約束せられておる。例せば天体の有らゆる運行もまた地球の運転の如きも皆自然の法に約束せられて行われておる。衆生の中の人類の個々の性格の各特殊的に相違せる如きも或は遺伝に規定せられ或は気質に約束せられ或は習慣に縛られてこれ等は衆生を規定する法である。結ぶも法なればまた反対に衆生を約束より解いて本覚の郷に還らしむるもまた法である。これ今云う所の法身である。

如来が世界の因縁因果に約束せられて生死に縛られたる者を解きて如来の自性の源に還らしむるにはこれを解く法に依らなければならぬ。本大法身より出でたる仏性を有する衆生である故に法に称《かな》うようになれば本の父の許に還ることを得る。然れども本に還るべき理法を覚らねばならぬ。ここに於て般若と云うその真理に還る智慧を要す。ここに於て如来は法身の真理を覚らしむる智慧の光を与え給う所以である。

今云う般若とは成仏する処の法則である。吾人は法身から分れ出た小法身にて大法身と合致の出来る理性を有しておる。この理性を明く照す智慧出るときはかように覚り得らるる即ち智慧の光りにて自己を照す時は小なる我本性は大法身の分身なれども世界の因縁に規定せられて存する個体を実の我と謂うておる。然るにこの我は動物性やまた生物遺伝やまた形気の質習慣その他種々の因縁より受けておる束縛を有して居る。この束縛より解脱するには真理を自覚しまた世界に依属する心意より脱却して絶対なる如来の法に叶うことを得るに至って始めて心意解脱したるものとす。すべて結ぼれたるものは解かざるべからず。絶対は本然の自性なれば悉《ことごと》く解脱してここに至らば大解脱大自在である。

大なる父はその子を世界に預けまた衆生に預けて約束の下に或る程度に育てさせ時到ればその約束を解きて如来自性中に摂取し給う。

上来如来が衆生に対する摂取の理法を抽象的に説明したり。更に重ねて宗教的に人格的の如来の光明に摂取せらるべき理を論ぜん。

頌に曰わく。

如来は自性終局の
涅槃《ねはん》に摂取せんが為め
報応《ほうおう》二身を現じては
帰趣の聖旨《せいし》を示します
遠求《おんぐ》二心は神人の
因縁力の理法にて
光明摂化《せっけ》の終りには(40)

もし宗教的関係を表せば一切衆生が本法身より受けたる霊性を有し乍ら自ら生死の巷《ちまた》に彷徨《さまよ》い罪を襲《かさ》ね悪を重ね永く闇黒の獄火に焼かるべきを父は子を愍《あわ》れむの慈愛心より身を分ちて人の世に出で迷子に本国に還るべき道を示し給う。釈迦出世の一大事は実に此《ここ》に存す。三世諸仏の出世も帰する処ここに在り。

本有法身の無量寿如来は常恒に自性宮《じしょうぐう》に在《まし》ませども無明に迷う衆生は永く父の本に還ることを知るなし。ここに於て本有の無量寿仏より方便法身なる法蔵比丘の身を現じ無量の大願を発し十劫正覚の身を示して衆生大慈の父を念じて至心なれば衆生を摂取して浄土に還らしむ。大慈父《みおや》の許に還りて見れば十劫正覚の弥陀は実には本有常住如来《ほんぬじょうじゅうにょらい》に在ませり。『論註《ろんちゅう》』に如来に二種の法身あり。法性法身と方便法身とである。法性法身より方便法身を出し方便法身に依って法性法身を顕わす。法性法身とは光明名号経に謂《いわ》ゆる本有《ほんぬ》法身常住無量寿仏《ほっしんじょうじゅうむりょうじゅぶつ》にして無始無終の本地身である。

如来は自性の本国に迷没《めいもつ》の衆生を摂取せんが為に報応二身を現し給う。先已に三身の説を粗《ほぼ》明したるも今重ねて略説せば弥陀は十方一切の法報応の本地にて三身を統一する本仏である。然れども今三身を区別して各その掌《つかさ》どる方面を明さば法身は天則の原則にして自然界に対する一切万法を統一し給う絶対的人格の尊神である。目を挙げて天地万物を摂理し給う秩序の整然たるを見よ。孔夫子が天何と云わず四時行われ百物生ずと云われし如く天体の無辺なる星宿の無数なる何れの所にか法則の存せざる所あらん。

大なる法身より発展せられたる世界と為り天体と為り太陽と為り地球と為り人と為る無量無辺に分身すれども本の一体と不可割の関係ある吾人は本大法身の分子にして縦令《たとい》世界の因果の法に約束せられ乍らも大法身より稟けたる小法身である以上向上の或る程

度に至らば何ぞ大慈父《みおや》に遇うことなからん。

如来なる父は天則の源なる法身仏として我等一切衆生を世界の方面に生成せしめ後には如来の終局目的なる父の許へ還らしめんが為に報身仏を現し給えり。報身仏は一面より観れば宇宙に遍照《へんじょう》せる大智慧の光明である。大円鏡智《だいえんきょうち》である。宇宙全体に遍照する智慧の鏡である。故に諸の大菩薩(信仰の人)清き心を以てこれに向う時は如来の妙用として真金色の身八万の相好光明美《うる》わしく七宝の自然の宝を以て荘厳せる微妙奇麗なる浄界に在《まし》しそれに応ぜる法身大菩薩の為めに説法し法楽を施し給う。[41] 大智慧の鏡が法身に周遍するが故に妙色荘厳の仏身浄土もまた法界に周遍す。一切の処に周遍する清浄の身土なれば衆生の心清むときは随処に観ることを得。ただ衆生業障《ごっしょう》深くして観ること能わざるのみ。

法身の体と共に報身の大智慧とは本有にして無始無終である。所現の仏身土もまた永劫に滅せず壊《え》せず(『起信論』の意)。

報身仏に自受用身《じじゅゆうしん》と他受用身と有り。[42] 自受用身とは如来法界に周遍せる智悲万徳の円満せる身、神秘的に霊妙不可思議なる自の境界に自ら自然の大法楽を受け給う身にて他受用身とは法身諸の大菩薩の為めに無量の相好妙色荘厳の身微妙の音声種々の妙香美味霊触《れいそく》極り無き妙用を以て法界に充満して妙法楽を施与し給う。

また報身仏は如来の一大霊力 即《すなわち》 不可思議の妙用より無量の光明を以て普く十方界を照して念仏の衆生を摂取し霊化し給う仏にして即ち心霊界の太陽である。喩えば太陽の光熱化の三線を以て地球の万物に対して明と為り熱と為り万物を化育する如く如来は智慧と慈悲と威神の光明を以て信念の衆生の為に開悟と与楽と霊化の力を与え給う。報身仏の妙用は法身より生産せられたる衆生の霊性を開発し霊に復活せしめ永遠の生命円満の霊格を完成し給う処に在り。また起信に説くが如くは報身仏は菩薩浄業の心識にて観ずべき処の霊体にして妙色微妙にして極り無く菩薩の程度丈けに観《だ》ることを得、益々浄業進みて心の高くなる時は所観の仏身も弥々《いよいよ》広大となりて菩薩浄心《ぼさつじょうしん》を得また等覚の極に達すれば彼此の相なきに至る時に菩薩が竟に仏となることを得と。

即ち報身仏は万徳豊備相好妙色身にして智慧と慈悲の光明を以て一切衆生の信念に対して摂取し同化し永遠に救霊し給う尊身なり。

応身。報身仏より分身して地上の人界に出で給う人仏釈尊である。報身は宇宙の最高最霊の浄界に在まし衆生摂化の光明妙用永しえに施し給えども迷界の衆生は無明に翳《えい》せられてこれを知るに由なし。ここに於て浄界の慈父殊《こと》に迷没の衆生を愍れみ身を分《わか》って人類に応同せる人仏釈迦を現じ衆生に教うるに報身如来に帰命信頼すべきを以てす。報身仏は高き浄界に在して光明を以て衆生を照し釈迦は下界に出て衆生を導きて報身の光明に帰せしむ。これを聖善導《ぜんどう》は釈迦は此方《こなた》より発遣し弥陀は彼方《かなた》より来迎《らいこう》す、此《ここ》に遣り彼《かしこ》に喚ぶ豈《あ》に去らざるべけんやと。報身と応身とは掌る処かくの如くである。

摂取門の内に世界の衆生には仏性と煩悩とを両具しておる。戒定慧《かいじょうえ》を以《もっ》て仏性をば開発し煩悩を解脱して成仏するは聖道にて被摂《ひしょう》の衆生は自己は如来を離れて別に我も我が力も有ることとなく然るをその真理を自覚せざりし為に父に背き罪に陥りしも今は父の光に照されて父と共なるを信じ世界依属の心を脱し如来の中に安立を得れば身は娑婆に在りながら神《こころ》は浄土に栖遊《すみあそ》ぶ。弥々報命《いのち》尽る時は全く報土涅槃の極楽に帰せんことを期す。

如来の本体は絶対の大心霊態であることは已に説きぬ。大心霊体には相大と用大の二属性を有っておる。恰《あだか》も個人の心に知力と意志の二属性を有する如くである。相大とは心霊体の上に明るき衆相なので即ち大智慧である。心霊体が鏡の体とすれば智慧は鏡の明浄に喩えらる。用大とは大心霊の有する能力にて人の意志の如くである。如来の心相は法界に遍照する大智慧の光明である。喩えば日光の遍《あまね》く六合《りくごう》を照破《しょうは》する如き心の光明である。無辺光《むへんこう》の四大智慧は個人の心理の観念と理性と認識と感覚の四分類に例すべきものにてここに法身の四大智と報身の智慧との両方面あり。法身の四智は天則秩序の理性として自然の一切万法に遍く亘れる理性である。四大智慧とは一大観念態と一大理性と一切認識の本源と一切感覚の本源との分類である。

この四智が万物に内存して自然界の主観客観の本元と為りまた万有を生成する統一摂理の本源と為りまた因縁相成し陰陽交感し造化の妙用の本源と為りまた感覚作用たる客観の色声香味触の相と為る。この四智が自然界の一切万象の根元と為る。また一切衆生の知覚も運動も悉く如来四智の万物内存からして吾人の感覚等と為り乃至一切の心の作用の相象を現わせるものである。法身の四大智が万物の中に存在しておるから人類の精神作用もそれが分に応じて顕現したのである。

法身の大ミオヤが一切衆生と云う子等の智を向上させて而もまた更に進みて如来の自境界なる仏智の光明界に帰趣させん為には四大智慧の光明を以て衆生の四智を開発させて如来の自境界の中に摂めて一切の真理を覚らしむ。

更に云わば自然界の物質心質と依正色心の相と為り、また万物を生成する秩序と為りたり。或は衆生の五官の感覚と為り外界の五塵と現わるるも悉くこの法身の四大智の分類現象である。また更に進みて如来の浄き法界に摂められて仏慧の眼《まなこ》開けて如来の妙境界を照見し得らるるのは報身如来の四智の光りが衆生の四智を照し給うたものである。

第三章　光明

「光明と云う事は私共の一心に念仏して信心を凝《こら》す時にミオヤの方より与え賜わる不可思議の霊力である。また恩寵とも称えて実に如来は光明を以て一切衆生を摂化し給うこと太陽の光明を以て世間のすべての生物を活かす作用の如くに如来の光明は人々の心霊を霊活せしめ給う能力である。その光明の存在に就いては実には理屈よりは念仏の実行によりて実感し得らるるのである。」

「視給え太陽はすべての生物を活かす処のエネルギーを放ちて止まぬ。弥陀は霊光を普《あまね》く衆生の心霊に滌《すす》ぎて霊的の活気を与え給うて居る。」

無量光――法身

法身体大にして絶対無限処として在らざる処なき故に無量光《むりょうこう》と名づく。絶大なる宇宙万物は各天則秩序に随って動かざるなし。天体の星宿より地上の万物に至るまで天則の整然たるを観ずればこれが秩序の統一の理性なかるべからず。これが統一の理性を法身と名づく。法とは天則秩序の統一の理性にして身とは宇宙の実体なり。

実体本質――その本質は非物非心にして而も物心の一元理なり。永恒自存の精神態なり。一理の故に真如と名づく。その量無限、偏空間、偏時間、偏一切にして具徳より云わば、無辺恒沙《むへんごうしゃ》の性徳含蔵《しょうとくがんぞう》して欠くることなし。故に如来蔵と名づく。

宇宙万物はこの法身蔵性によりて生じ、またこれに統一担保せられ、これに離れたる一物あることなし。

天則秩序――衆生はこの法身を実体と為すが故に、この天則に随って動くべき理性を付せられたり。然れども衆生は無明によりて真に背き塵《じん》に向いて自ら顛倒して流転す。これを顛倒世界及び衆生と名づく。帰趣の理性あることを覚らず。

帰趣の理——如来無量光即ち法身は自ら真理の体にして、また同時に衆生に真理に帰趣する規則を与う。この理性に随う時は塵に背き真に向って正覚《しょうがく》を成ず。

今無量光は帰趣の理性を明す光にして、この真理の光によりて自性天真顕われて成仏す。この真理の光により理性即ち法身の軌《のり》に軌《のっと》らずして正覚を成ずと云う理あることなし。三世諸仏この真理の光によりて成仏す。

宇宙は如来として観ずる時は如実の真相にして自性天真(1)純粋永恒不変絶対無比霊態至大至永の真霊体これを無限の光と寿《いのち》なりとなす。

一切諸仏——体に会する時は即ち絶対唯一の如来にして即ち現象の方面より無量諸仏なり。内面より観ずる時は唯一体なり。阿弥陀とは諸仏の本体なり。

事理分別——事相は理性《りしょう》の表顕。

宇宙実体の真理の体、絶対無限の光にして寿、永恒自存精神態即ち宇宙心霊態を理性と云う。この真理の霊性が事相に顕現する時は即ち『観経』に説く処、六十万億の身八万四千相好光明徧《あまね》く十方世界を照して念仏衆生を摂取して捨てたまわぬ事相荘厳身また衆宝荘厳の依報なり。この事相身全く絶対真理の顕現なり。理性を離れて事相なく事相と顕現するに非ざれば真理の実在と云うにたらず。

無辺光――般若即ち一切慧

智慧相大にして普く法界に遍し、処として照さざるなきを無辺光《むへんこう》と名づく。如来絶対心の属性なる写象一切慧は宇宙に周遍して照知せざるなし。宇宙の慧態は個人写象の如く相待的に相互に写象するにあらず。虚徹霊明の写象本来周遍せり。『信論』に相大と(2)は大智慧光明の義の故に偏法界《へんほうかい》の義の故に、真実識知の義の故にと、大とは宇宙遍満の義。如来の真智は意識的にあらず、自然智なり、宇宙物と心との万象は即ち如来全智海の所現ならざるはなし。吾人の心象は絶対心の有識的個現に外ならず。

如来の一切慧を四種に分つ。

大円鏡智《だいえんきょうち》

大とは宇宙に遍して円《まど》かなる絶対写象なり。宇宙一切の万象即ち物心二象は悉く如来《にょらい》鏡智《きょうち》の所現なり。吾人の写象(自観的観念)は絶対写象の分現なり。宇宙を全うして如来の大円智なる時は吾人心窓開く時は内外同く一切慧の光明なるを知る。

天然的感覚的、唯識にはアラヤ識と云うを超越して、絶対と致一したる写象を智と云う。

平等性智《びょうどうしょうち》――理性

宇宙は全体絶対理性なり。衆生は(現象)感覚の方面より万物差別の相を識知す。故に彼我分別し物心二相を見、万物相待差別の方面のみを見る。天然を超えて本来自性の理体より自観する時は平等なり。理性自照の智、人心窓を開きて自性を観ずる時は万法一如、物心不二、迷悟一体なるを観る。

妙観察智《みょうかんざつち》――智力

如来一切慧の内容に無尽の徳象ありて重々無尽なり。衆生三昧に入って観ずるときは種々の妙象顕現す。大乗教中に説く処は、法華三昧海中に現ずる霊山会上等また一切諸仏が仏事を現し、華厳三昧の中に重々無尽の蓮華蔵界《れんげぞうかい》を現じ乃至如来の神聖正義恩寵等の内容が本来宇宙心の如来の恩徳として存せり。これが衆生の心器に啓示として現じたるなり。もし宇宙心にかくの如きの徳象具有せざるに個人心に現ずべき理あることなし。宇宙の内面には無尽の徳象具備せり。

成所作智《じょうしょさち》――感覚(意志及感覚)

全宇宙が造化の妙用、万物を造作し天則によりて活動する妙用不可思議悉く如来蔵性の作智の妙用に外ならず。吾人は現界の万物につきて作智の一片を知る。吾人の作智またその分たり。然れども賦与せられたる範囲内に作すのみ。心霊開きて霊に入る時は、如来の作智霊界に於て五妙境界の微妙の感覚界に於て実に不可思議なる浄土の万物悉く如来作智の所作なるを識る時あらん。『観経』等所説の浄土の荘厳及び一切はこれ如来作智の所作なり。

理事分別《りじふんべつ》。

理に約せば如来の一切慧は宇宙心の智慧態にして絶対写象なり。この写象によるが故に虚徹霊明にして万物互に相写象す。天体無数の星界は一微塵中に映現《ようげん》し無量の星界は人の脳裡に写象せらる。相互の写象より重々無尽論起る。その原は絶対写象なり。

事相としては如来無量の相好身ありて四智円かに照し十力備《つぶ》さに具するはこれまた理性一切慧の顕現にして、理を離れたる事なく、事と現れざる理あることなし。

無碍光——絶対的道徳的秩序

解脱の徳大にして妙用無碍、処として融化せざることなきを無碍光《むげこう》と名づく。宇宙心たる如来の霊能は不可思議にして、衆生心を悪素質より解脱し聖霊同化する妙用あり。

これを無碍光と名づく。

この妙用は絶対意志として無上道徳態なり。この妙用は自己の目的に摂して霊化し霊の活動の力を与う原動力なり。経に阿弥陀仏不可思議功徳(3)とはこれなり。この勢能は宇宙に遍在して精神界を霊化す。喩えば日光の万物を成化する如し。

無上道的光明は人の心霊を開きて霊気を与えて活動せしむ。衆生は如来の理性に統一せらるるのみにあらず、その目的に協力してその理に帰すべき理性あり。この理性の勢力に参与して活動するを菩提の心行と名づく。

無上道徳的霊能——神聖と正義と恩寵との三義あり。

神聖態とは宇宙心霊には道徳律の一大原則にして無上の権威あって万法を統治し一切を約束し命令する理性の故に神聖態と見ゆ。この理性たる真理の光にして道徳律を制裁するのみにあらず。一切を理性に随って活動せしめ進化し霊化する勢力なり。宇宙心霊の道徳的命令的勢能を世に天命の性に率《したが》う道と名づけたるなり。

衆生の心霊開展する時はこれを発菩提心《ほつぼだいしん》と為す。即ち道心なり。霊的良心と名づく。衆生の心霊が如来の一大心霊と合したる故に、霊窓を開きて一大心霊の活気によりて精神生活す。

一大心霊無上道徳力は一切を真理の軌轍の中に動かしめ一切を進化し向上霊化すべき

勢力なれば、これに協力するものは帰趣の理性に随って進行す。これを上求菩提《じょうぐぼだい》と名づけ、また一切を摂して霊化に導く、これを下化衆生《げけしゅじょう》と名づく。

神霊態の光は衆生の心霊に自律的に無上道に随う良心と現われ、この霊的良心は自ら立法者としてまた司法者として自ら道徳律に随って制裁をなす。これが原動力を如来の神聖態と名づく。

正義――如来一大心霊の勢力は一切を自己の目的に摂して無上道に向上進化せしむる勢能なり。この心霊的勢力たる自己の目的に協《かな》わざるものはこれを捨ててこれに協力するものはこれを摂取す。その一大心霊の目的とは即ち麁悪《そあく》を捨て真善を選《えら》み取る。如来の選択本願《せんちゃくほんがん》とはこれなり。この本願とは一大心霊の帰趣の目的なればこの目的に協わんと欲せば自己の我を捨て如来の目的にしたがう。

正義の光は悪を捨て善を取り闇を去り明を顕《あらわ》す。これに適するものは心霊的生活に生存し、適せざるものは心霊亡ぶ。自己を犠牲にし如来の目的に協うものは義として選取せらるる故に自己(主我)を犠牲にして霊の目的に協力して行動せざるべからず。

真善美の霊界を顕さんが為には非真と非善非美とを捨てて捨悪取善の正義の勢力によらざるべからず。これを選択本願力と名づく。

恩寵――如来無限の恩寵を以て常恒に一切を摂取し愛育す。『観経』に無縁の慈を以て諸《もろもろ》の衆生を摂す(4)とはこれなり。如来一切を愛護し霊育し霊化の妙用なり。仏心とは大慈悲これなり。無縁の慈を以て諸の衆生を摂す。また恩寵の光明偏く法界を照して念仏の衆生を摂取して捨て給わず。恩寵の光は一切処に遍しこれに催されて正智見を開き融合し霊化す。譬えば春和の気候に花綻《ほころ》びて爛漫《らんまん》たる色を呈する如し。如来の愛によりて衆生の信萌を発し、心華を開き霊化の実を結ばしむ。これ恩寵なり。

如来無上の愛より方便法身法蔵菩薩を発現して、衆生を救済する契機として種々苦難の相を示し、一切恐懼《きょうく》の為に大安を作さんが為め、一切を愛愍し度脱せん為にはたとい身を諸の苦毒の中に止くとも忍んで終に悔いじと。

また如来は無始無終にましませども無明によって霊眼亡《うしな》いたる衆生の為に近く慈悲の手を垂れて、十劫正覚の身、相好円満の身を現し衆宝荘厳の土を現して衆生を摂取し、無上の愛を名号に表わし、聖号《みな》を称え聖意を仰ぐときは摂取せらるるとす。

また十方世界に応化《おうげ》の身を示し衆生を度し給う。釈尊の如きこれなり。その教化の勢力が流行して展転《ちんでん》して信萌の縁と為る。これらは如来恩寵が社会に流行したるに外ならず。

如来の神聖態は真理の光にして人の心霊を照す無上権にして道徳律の光明なり。正義は目的に契わざる私情黒闇邪悪を捨て真理の目的に協力する心霊を選び取る勢力にして、恩寵は罪に亡びたるものを復活せしむる為め霊気を与えて霊の生活に愛育する勢能なり。この三能に摂せられて衆生は罪悪の中より脱して無上道に向上し進化して正覚を成ずることを得るなり。これを無碍光と名づく。

正義は、枉《まが》りたる主我を捨てて直《ますぐ》なる如来の定木《じょうぎ》に順うは正義なり。その定木は神霊態なり。主我より解脱してその定木の中に公正霊福の生活を与うるは恩寵なり。解脱は主我をすて無限の霊に融合安立して始めて恩寵を感ず。

客観的正義とは大心霊の能力が自己の目的の為めに善を選び悪を棄るの力。神霊態とは一大心霊の光が宇宙にありて世界倫理の光として一切を無上道に向わしむる理性。恩寵とは一切の心霊を開発して無限霊に感ぜしめ解脱融合し霊化して無上道を与うる性能なり。

正義は如来の智慧の勢能、これに参ずるものは自己を捨て仏心に随う。

神聖は個人心霊の神として自己の行為を照す。

恩寵は天然の主我罪悪苦毒の皮殻を脱して霊に融合し、有限を捨て無限に、規定を脱して無規定に、相待を脱して絶対に融合し、無碍自在の心霊的生命となりて真実無限の霊福を感ずるにいたるはこれ恩寵なり。

無対光

一切に超絶したる唯仏真境《ゆいぶつしんきょう》、身土不二《しんどふに》なることを無対光《むたいこう》と名づく。

全宇宙心霊態にして無明霽《は》れ自性天真の霊態絶対無比の真体なり。如来の方面より観たる宇宙の真象なり。宇宙実体本来絶対の霊態なれども衆生は無明の為めにその真象を観ずること能《あた》わざるなり。実体絶対真心態、真如の体これ如来の境界。

身土不二とは絶対真体は真身にして同時に真心なり。その身即ち真土なり。身心土不二なるが絶対なり、衆生正覚を成ずる時ここに帰趣す。

真如真心態法身と観ずる時は宇宙が即ち清浄法身として自性天真なり。清浄法身は同時に円満報身なり。宇宙一大心霊、形式的にのみ観ずれば法身にして内容の智慧等の万徳を観ずる時は円満報身と為す。法身の体として観ずる時は宇宙絶対理性態にして、報身と観ずる時は宇宙全態が無尽の相好光明普く法界を照し衆宝荘厳《しゅほうしょうごん》の浄土に在して法身の菩薩を眷属とし雲の月を籠《かこ》む如くその中に在して説法したまう。

法、報、応は体と相と用。

また法身は宇宙の真体にして絶対真心態、円満報身は一切慧と一切能にして真体の属性なり。如来智慧法界に遍す。応身は絶対意志の発現する処なり。

如来の真境は高く一切に超絶し唯仏与仏の境界これを十仏自境界と名づく。体として云わば法身と為し、即ち絶対真心体として宇宙に遍在し、相には円満報身大智慧光明と四智これ内容なり。用としては応身の徳、如来全能の力より無数の世界に諸仏賢聖《げんじょう》を発現して衆生を度す。無対性相。絶対如来の真相は永恒自存精神態至純至粋にして雑質を雑《まじ》えず。常恒不変その量無限にしてまた無尽の性徳を尽《ことごと》く顕現す。高く一切の境界に超絶しただこれ如来の境、至真至善至美、真理の霊界なり。

感覚界と観念界の両方面。

本来絶対無限の全宇宙を衆生は感覚界の現宇宙と感見し、如来は観念的に常寂光と観見す。一体両現象なり。故に『法華経』に衆生劫尽て大火に焚かるると見るも仏陀常在霊鷲山《りょうじゅせん》の浄土には天人常に充満し種々荘厳を以て常住不変なり。三界は敗壊《はいえ》せらるるも我此土は安穏なりと観ず。また我は三界の如くに三界を見ずと。また我は如実に三界の相を知見すと説き給う。如実に知見すとは如来自境界永恒不壊の霊態なり。

霊界

絶対真理の霊界常恒不変の真態に種々の状態によりて種々の名あり。常住不変の霊界なれば常寂光《じょうじゃっこう》と名づく、寂は理にして光は智なり。霊界はただ真理と智慧の態なり。全体大智慧光明の故に智土と名づく。これらは智力と理性として見たるなり。感覚的には妙色荘厳至美の霊態なればこれを浄土と為す。感情的に自然微妙の快楽と霊福のみなるが故に極楽世界と名づく。作意的意志を超絶したるが故に無為涅槃界と称す。この感覚的には見聞を超絶する深秘の故に密厳世界と名づく。最高徳と最霊福とのみの故に最幸の安楽国と名づく。重々無尽の具徳の故に譬喩的に蓮華蔵世界と名づく。霊界を表明する名詞甚だ多しといえどもその体これ一なり。

宇宙の真相は如来は常恒不変真理の相を観る、吾人は仮相のみを知見す。カントの叡知世界とはこれなり。吾人の感覚せる現象界とは一体の異象なり。衆生は無明により真に背き塵に向えるが故に真理の実相を知見すること能わず。法身を体とするに拘わらず父子永く相乖離するは蓋《けだ》し無明の覆う所なり。無明悉く尽きて如来に帰入する時は無碍霊態顕現し本覚ここに顕わる。無明の夜明て迷《まよい》の眠り覚めて初めてこの真境顕現せん。この境界を無対光と名づく。六道及二乗の境界に非ざる故に無対光と名づく。これ如来の積極的方面なり。これを覆う所の無明等の一切の垢質を脱却する勢能即ち消極的の方面を炎王光《えんのうこう》と名づく。

炎王光——衆生の悪素質を脱却する能力

衆生は絶対理性の一員として仏性伏蔵すると同時に自然の無明等の真理を覆い霊性を障《おお》う処の垢質具有す。これを脱却するに非ざれば真理の霊性顕現するに由《よし》なし。この障害物を脱却する勢能を炎王光と名づく。この光は上述の法般解《ほっぱんげ》の如来霊知霊能の徳用なり。この三大の徳性は宇宙心界に充満して衆生の三障を照破す。譬えば日光の闇を破し万物を成化するが如し。無対光は積極の霊性を顕わし炎王光は消極の悪質を脱却す。三《さん》障《しょう》とは惑と業と苦との三なり。

無明は根本的の障《さわ》り、無明によって真《まこと》を失い幻塵に向い、主我を執し利己的の肉欲と我欲とを発す。

無明とは明を失い真理に背き闇に向いたる一念とす。真如無始の故に無明また無始なり。同一の体の一方より見れば無明にして一方より見れば明態なり。吾人は無明の方面に迷って塵に向い感覚界を真実なりと謂えり。四顚倒を起して真に惑う。この罪悪の潜伏するを惑と名づく。これが顕動態を業と名づく。知力の惑を見惑と曰い生理根本悪を思惑と名づく。見は身《しん》、辺《へん》、邪《じゃ》、取《しゅ》、戒《かい》、貪《とん》、瞋《じん》、痴《ち》、慢《まん》、疑《ぎ》を云う(5)。思惑は営養生殖等の欲には情に適えば貪りこれに戻れば瞋《いか》る等なり。また忿《ふん》、恨《こん》、覆《ふく》、悩《のう》、嫉《しつ》、諂《てん》、害《がい》、憍《きょう》、等の眷属の惑あり。罪の情操のあるを惑と曰い顕動体なるを業と名づく即ち罪過なり。主観的の悪を邪とし客観的の悪を悪と名づく。邪悪とは道徳に背反する性質にして無上道の客観的理性を顕わすに抵抗する状態なり。即ち殺《せつ》、盗《とう》、婬《いん》、妄《もう》、貪《とん》、戻《らい》、恚《い》、恨《こん》、憍《きょう》、慢《まん》、妬《と》、忌《き》、また八邪六弊(6)等の所作を悪と名づく。自他の精神及び自体の生活に害をなすものなり。かかる情操と行為とは聖意に乖戻《かいらい》するものとして排除せざるべからず。

苦とは身と心とに感ずる処の苦悩なり。生、老、病、死、愛別離苦、怨憎会苦《おんぞうえく》、五陰《ごおん》盛苦《じょうく》、求不得苦等なり。

衆生にはこの三障(7)自然に倶有《くゆう》して譬えば宝石に垢質ある如し。この三障を脱する時は霊性顕現すべし。三障は三仏性を覆う。

罪悪に倶生《くしょう》と分別起、即ち本能的なると発展するものとあり。倶生は天性生理的自然の悪にして動物通性の悪本能に育得す。分別起とは主我発展して本能に育得せず。我欲及び肉欲の発達したる性我欲栄利を貪り権威を求め他を圧倒して自己の欲を逞《たくま》しゅうす。

我に反すれば非理に忿《いか》り、或は断見を起し、邪見より真理を非《そし》り、因果を謗り、甚しきは則ち病的の悪をなすに至る。

この三障を脱却するは炎王光の力なり。真理と霊知霊能の徳として遍在す。人主我の非をさとり如来に帰してこれを脱す。

この脱却するは行儀門に属す。

心理感応門

清浄光《しょうじょうこう》等の四光は人の心機に親しく交感すべき霊性なり。人はこの聖霊の感応によりて仏智見開発し聖霊に化せらる。即ち得道するなり。『法華』に如来一大事因縁を以ての故に世に出現し給うと。因縁とは因は衆生に伏せる仏性なり。縁とは如来無限の霊性、この感応によって人の仏性を開発し霊化する霊能を清浄光等の光明とす。譬えば太陽の光によりて闇を照し万物を化育するが如く、如来の恩寵能く衆生の心霊を開示し霊化す。如来の真理と霊智霊能とが衆生に及す徳を恩寵と名づけ、衆生が如来に対する至心と信楽《しんぎょう》と欲生との三心を概して信仰と云う。この三心が如来の三大に感応す。この感応によりて解脱し霊化するを心理感応門と名づく。また人の心理が感覚感情智力意志との四機能に対する如来の四光なり。如来の霊光は本来無限普通性。人の心理に感ずる限りに於ては特別なり。この感応の限りに於て霊応と名づく。キリストの所謂《いわゆ》る聖霊なり。

清浄光

感覚を美化し八面玲瓏《はちめんれいろう》感性清浄なるを清浄光《しょうじょうこう》と名づく。心理感覚作用は人と外界との関係が生理的の感官たる視聴嗅味触に感覚する作用なり。人の天然的の感官は見聞悉く心情を染汚するが故に感覚客観を塵境と名づく。外物本浄穢《もとじょうえ》なし。ただ自己の感覚作用に感ずるのみ。然るに天然を超越して霊に入って霊と交感するときは感性美化するが故に五官の感ずる処一層清浄にして清浄皎潔《こうけつ》なり。

元来宇宙の真相は浄に非ず穢に非ず元来如来清浄界なり。然るに衆生無明妄業力によって現象の感覚界を感ず。例えば赤色鏡《せきしょくきょう》万物赤色を呈する如く、人間の視官に感覚し聴官に感覚する処など万人同一の感覚なる故に物自身全くかくの如きものなりと謂《おも》えり。その実自己の感覚作用より感ずる処に外ならず。もし感性をして美化する時は客観界自ら清浄の霊界と現ず。

如来の清浄光によって交感し美化する時は霊体発現し天地一新感性清浄なること例えば瑠璃瓶に精金を盛る如く六根清徹して十方に映現す。眼に衆色妙荘厳を感じ耳に微妙の音声を感じ鼻に至美の妙香を薫じ舌に上妙の味を感じ身に自然の妙触楽を感ず。感性清浄なるが故に見聞の境として微妙皎潔ならざる処なし。『法華経』に六根清浄なる時は十方一切の色声香味触法《しきしょうこうみそくほう》として悉く微妙至美ならざるはなしと説けり。自己の主観の美化を求めず単に客観の浄土を求むるが如きは甚だ仏教の意にあらず。如来清浄光にて衆生の心霊を化するが故にその美化する感性を以て観ずる時は境として悉く清浄ならざるはなし。自己の主観の美化するが如来の清浄光の功能なり。現に美化する時は現に六根清浄を感じ、後この肉身を脱する時は純粋清浄国土を感ずべし。宇宙本如来霊界なるが故に本より清浄なり。ただし衆生の感性の垢質脱するとき始めて洞然《とうねん》として十方悉く清浄微妙なりと感ぜん。また浄土の依正二報の美界を感ぜん。然る故に古人曰く塵々極楽と。この感性を化する処の性能を清浄光と名づく。

歓喜光

感情を融合し霊に安立し霊福を感受せしむるを歓喜《かんぎ》光《こう》と名づく。

感情とは人の心理作用の中に苦楽を感ずる精神作用にして喜怒哀楽愛憎の如きはこれを感情と名づく。人の心理活動中、最感の度の強きものなり。人の天性は苦悩恐怖憂悩多し。その本天性として幸福を求め感覚の快楽を追求するも幸福獲得し難く苦毒を感ずること多し。これ自己の天性の幸福主義が致す所なり。宗教的感情には罪悪の多きを感ず。胸中の毒蛇動《やや》もすれば憤悩して毒気をはき、忿恨《ふんこん》妬忌《とき》諂曲《てんごく》憍慢《きょうまん》等の罪悪胸中に潜伏しその刺激に随って激昂し顕動す。自己の罪悪を嫌忌して如来に帰命し、一たび転じて如来の霊海に帰入する時は、無限の愛に融合し、歓天喜地《かんてんきち》、如来真我の中に投じて主我没亡《もつもう》し、入我我入《にゅうががにゅう》、如来、真我の中に我あるを認む。これよりは常に情操如来の霊に安立し平和安穏にして新鮮なる活気に養われ霊福を感じ歓喜に充さる。経に如来この経を説き給わんとする時諸根悦予し姿色清浄にして光顔巍々《こうげんぎぎ》たる霊相を示したる(8)は内全く如来の霊に充たる内容が表に現れたるなり。仏陀は常に真の如来の無限の霊に安立するが故にいかなる逆境に遇うも姿色変ずることなきはたとえ肉身に苦悩あるも内容の霊福の強きが故に外部の苦を感ぜざるなり。故に感情は無限の愛を全く感ずる時は外部の苦は敢て苦とするに足らず。深く内容に感受すべき霊福の原動力を歓喜光と名づく。

智　慧　光

仏智見を開き聖霊を啓示し真理に悟入せしむるを智慧光《ちえこう》と名づく。

知力とは差別を知るを云う。普通知力とは現象界の万有を理解し弁別する等の知的作用なり。今いう智とは正智見を開きて如来真理の性を悟達し証入する処の知力にして即ち如来の真身と心等を知見証知する能力なり。

人の天性は無明の垢質ありて本より如来の真身心中に在りながら未だ真相を知見する能わず感覚界のみを認識す。

如来の身心は一大霊態にして、身とは体なり、心とは象なり、即ち絶対精神と及び一切慧なり。

如来は法界身(9)入一切衆生中とは如来の一大心霊中の衆生心霊なれば各々の個人の心霊

の窓を開く時は個々は譬えば一大空間の中に在る窓を開く時の如し。

如来の霊に感じ正智見開発する即ち心眼開く時は如来の身土を観見することを得。これを三昧定中の観見と名づく。また聖霊に感じて真理を啓示せらると名づく。所観の境相を三種と為す。

一に感覚的証明《しょうみょう》――人三昧中に光明相を見、また華を見、仏の形相を感見す等、観経十三観、浄土の七宝荘厳の土即ち瑠璃宝地光明徹照して宝樹には金華玉葉《こんけぎょくよう》の光を放ち八池水は金沙徹照して水なきが如く等、また如来真金色にして八万の相好あって光明を放つ等、感覚的に観ずるを云う。

二に写象的啓示――如来は四智、大円鏡智《だいえんきょうちまど》円かに法界を写象し、平等性智自観的にその理性は一如なりと観じ、観智が如来の内容を示す等。また如来は大慈悲心なり。大悲大喜大捨即ちこれ如来心なりと観ず。

三に法身観――如来の真身心《しんじんしん》はこれ法界身なり。宇宙実体これ如来心身なり。土が即ち自身にして、心身心土本来一なり。これを法身観と名づく。自性天真、言思に超絶す。ただ証のみあって相応するを実体観と名づく。

三昧に入って如来の大観と相応しそれよりは無量の総持を発得しまた無生忍《むしょうにん》を証得する等の真理を証得するものは悉くこれ如来智慧光が人の心器に発現するものといいつべし、

この能応を智慧光と云う。

昔し廬山遠大師《おんだいし》定中に聖相及び瑠璃宝地八池水等を観じ、また天台の顗大師《ぎだいし》法華三昧方便に霊山一会未《りょうぜんいちえみ》散《さん》の相を感じ、而して後《の》ち総持を発得すと。唐の導大師《どうだいし》定中に浄土の荘厳を観じまた百八の聖相現じて啓示す。法然上人は聖相を感見すること常なりとの如きこれ啓示なり(10)。釈尊伽耶の道場地にあって朗然として大悟す等。

不断光

意志を霊化し聖道徳心を発し無上道に進趣せしむるを不断光《ふだんこう》と名づく。

意志は人の善悪の意向また性格にすべての行為を指導する処の精神作用なり。人の天然的意志は主我幸福主義また世俗的情操にして名誉権威栄利を欲望する等意志甚《はなはだ》卑劣なり。如来の聖霊に化する時は、消極には従来の世俗的利己的の劣態罪悪の状態を脱却し、積極には聖霊同化の徳たる至善心即ち菩提心《ぼだいしん》となる。菩提心とは如来の一大心霊と連絡する霊性にして上は心霊益々進化して如来の聖性に霊化せんことを欲《のぞ》み向下《こうげ》としては一切の人類を愛護して自己と同化せんことを望む。

如来の霊に化する時は一切衆生本同一理性なるを知るが故に博く衆を愛すること自己と同じく、また如来の霊性に化せんとする時は自己の性悪を憎悪してこれを脱却せんことを望み、ますます向上進化の為に努力し聖子たるの天職を尽さんが為には犠牲の精神を以て力行す。

如来の霊性に霊化せんには須《すべか》らく完徳の鑑たる釈尊に倣《なら》いて即ち慈悲温和智慧正義堪忍剛毅謙遜貞操熱心等を体して自徳を荘厳す。しかしながらこれ如来の霊たる常恒不断の霊光が内に在って意志を指導し良心を照して、而してここに客観的の言語動作に顕動するに至る。

他に対しては同一理性の衆生なれば衆生の病《やまい》即ち自己の病としてこれが救療を求め実意を尽して財施《ざいせ》(11)及び法施《ほうせ》無畏施《むいせ》を与え、彼も同じく如来の愛子《あいし》なればこれに対する愛語《あいご》(12)を以てす。菩薩は大道心同一の故にその事を同うす。すべてに利を与え益を頒《わか》つ、即ち自己の利なれば利行と名づく。

十善八正道六度四摂等の情操及び行為はこれ菩薩の行う処なり。その行門無量なりといえども菩薩の三聚浄戒《さんじゅじょうかい》(13)に摂すべし。

一に摂律儀戒《しょうりつぎかい》。行為と言語と思想との三業に於て行ずる処の一切の非悪を自律的に制止して作さざるを云う。

二　摂善法戒《しょうぜんぼうかい》。積極的に一切の善を作す慈悲温和等の六度の行為これまた自律的にして如来の霊性に気呵《きか》せられて発動する処の無上道徳的の行為を云う。

三　饒益有情戒《にょうやくうじょうかい》。布施愛語同事利行等の法を以て他を博く愛して如来同一理性の中に於て一切衆生自己との差別を見ず同一の心を以て衆生を饒益するを云う。

如来の不断光によりて常恒不断に気呵せられて心霊を刺激す為に自律的に一切の非を制止し一切の善を発動す。而して自己に止らずして一切を利益することを得。

如来の聖霊に化する道徳的霊性多しといえども三心を本とす。この三心のみ能く如来の一大心霊に合す。(14)

一に至誠心《しじょうしん》。誠の至りとは自己の源を尽して如来の聖霊と合一す。一大心霊に契合するが故に至心はこれ一大心霊を個人としたる心霊なり。故にこの至誠心より発動する意志は聖の心霊の発現なり。如来は真理なりこの霊化の光自己を照す時は悪として廃せざるなし善として行ぜざるなし。

二　信楽。如来を深く信じ深く愛するなり。真理なる如来を信ずるが故に自己の不真理を信じてこれをゆるさず。如来を愛するは即ち真理を愛するなり真理を愛する故に自己の非真理を嫌う。この信と愛とによりて如来の愛子たる衆生を愛せざることなし。これを信楽と名づく。

三　欲望。霊的欲望即ち終局の目的たる聖霊に帰することを欲《のぞ》むなり。この最も至善最頂の欲望ある時は野卑の情欲発するに由《よし》なし。欲望にして高等なる時は一切の意志を導きて至善に進趣す。至善に向上する衝動をこの欲望と名づく。この三心はこれ如来より出で如来に帰するの光なり。故に具せざるべからず。

行儀分

難思光《なんしこう》等の三光は宗教行儀門とす。即ち宗教起行の過程にして、初め宗教心の喚起より、終り信仰の結果たる実行に至るまでの宗教意識の過程を三階級とす。即ち三期に分つ。初に信仰の喚起、二開展、三実行なり。

上已に心理感応門に於て如来の霊応たる恩寵によって感化せられたる人の心象を説明せしも、いかに宗教意識を修養し発達せしめて開展し霊化することを得んか。これ倫理即ち行儀門を説明せざるべからざる所以なり。

難思光――行門第一期、信仰喚起位また資糧位

甚深《じんじん》にして初発意《しょほっち》の輩《ともがら》難解難証《なんげなんしょう》の故に難思光と名づく

宗教心の第一期なる恩寵を喚起する時代にしてまた資糧位とも称す。即ち恩寵を喚起し修養することなり。

恩寵の喚起には因と縁と相待たざるべからず。因とは人の宗教的衝動。人は天則の理性として霊性潜伏す。これを仏性と名づく。仏性は土地が種を播布する時はこれを長養する性能あるが如く、仏性の聖種子を下すべき素地となる。これが要素即ち聖種子を下す時は仏性薫発《くんぽつ》す。経に仏種縁より起る⒂とはこれなり。

人は元祖先より幼稚ながらに恩寵素地ありて已にこれが素地を作れり。これが宗教的衝動と成りて来れり。この内に法爾《ほうに》として霊性潜伏せるが故に無限の霊性たる如来に対して憧憬となりて客体の霊態を恋仰す。如来不可思議の霊徳を開くや切《しきり》に欽仰心《きんこうしん》を惹起し神宗を憧憬す。これが客体を難思光と称す。

難思光の名義。難思とは不可思議の義なり。実に如来甚深の境界は測り難し玄妙にし

て遥かに自然界に超絶して人の自然認識すべきに非ず。これを唯仏与仏(16)の境と名づけ、聖賢もその実底を測ること能わず。況《いわん》や初発心に於てをや。ただ仰いで信ずべきのみ。故に難思光と称す。

かかる自然に超絶する甚深の霊界は難入難解ただ実践理性即ち実行に於て初めて帰入証明することを得。いわゆる方便を以て証入することをう。初め恩寵の喚起は経にもし人ありてその光明の威神功徳《いじんくどく》を聞て日夜に称説して至心不断ならば意《こころ》の所願に随ってその国に生ずることを得と(17)。

光明威神功徳を聞くとは、上に説く処の如き如来の無上霊徳を聞く。名によって聖徳を詮表し名によってその実体を思念し観察し、日夜に称説す。

宗教心を修養すべきこれが資糧となるべき五種聖行(18)あり、これを正行と云う。

一、礼拝正行《らいはいしょうぎょう》。正しく朝には至心に拝礼し如来無上権威と恩恵とに帰命し自己の言と思と行とを捧げて霊を養い聖旨を現わすべきつとめを以て礼し、昏《くれ》には如来の霊光によりて一日つとめ来りし三業の行為のいかがなりしやを吟味しその過を悔いて至心に霊性の養《やしない》を祈る礼拝にて自己の傲慢等の悪徳をくじき霊感をいのる。

二、読誦正行《どくじゅしょうぎょう》。三部等の聖経をよみて霊眼を開き霊性を養う。聖経は教祖が自ら霊感せる内容を詮表したるものなればよくこれを信解し如法に実行する時は心霊の糧《かて》となる。

聖霊の糧を廃して心霊豈《あ》に活くべけんや。

また聖経は霊界の甚深神秘の奥を洩せり。これを読み如実に修行するときは秘密の神界を開くの霊鑰《れいやく》となる。これ霊を養う資糧たり。

三、観察正行《かんざつしょうぎょう》。如来甚深の境界は玄妙難思遥かに感覚を超絶す。冥想観念凝神熟考して霊眼を開かざるよりは窺い知るべきにあらず。神秘の室に入りて聖霊を感ぜんと欲せば須らく三昧門を修すべし。導師曰く。一《もっぱ》ら霊相を観じて常恒不断に失意聾盲暗唖痴人の如くならばこの定得易し、もし然らざれば千年を経《ふ》とも法眼開くこと得ざるべしと。至心に一ら凝神して相好光明慈悲智慧等を観念して心霊を養うべし。

四、称名正行《しょうみょうしょうぎょう》。如来の真相は甚深玄妙にして思議に超えたり。聖名《みな》を以てその徳を詮表するにあらざれば表し難し。故に一ら聖き名を称えて聖旨《みむね》の自己の心霊に現われんことを祈るべし。無上の尊敬と無限の恩寵を感謝して如来の摂取を仰ぐ。一ら常に聖名を称え自己を投じて霊海に帰入するときは念々悉く如来薩婆若海《さばにゃかい》に流入す。日夜不断に霊感を祈って霊性を養うべし。

五、讃歎供養正行《さんだんくようしょうぎょう》。如来は無上の霊にましまし無限の愛にましませば全く心を尽し言を尽して讃美すべし。新しき聖き頌《うた》をもて霊徳を讃し至真至善至美の徳を称え真理《ただ》の光と無上の智慧と霊能の徳を称えよ。思《おもい》と言《ことば》とに於て讃美するのみにあらず、聖旨の現われんように実行し如来の光栄を顕わすこれ讃美の実行と謂《いい》つべし。供養とは珍膳美饌《びせん》及び香花《こうげ》奏楽も自己の至誠を表わす供養に外ならず。然れども真の供養は己が心を捧げ身命財を犠牲にして如来奉事的事業をなすはこれ供養の中の真意なり。至心に讃し供養以て心霊を養うべし。

この五種聖行は心霊を養う処の要素にしてこれ霊性を養う霊糧なり。

至心とは至誠《しじょう》 信楽《しんぎょう》 欲生《よくしょう》の三心なり。至心に深く如来を信じ愛しその世つぎたらんことを欲望す。この三者一を欠くも不可なり。

不断とは修養の用心[19]自己の意志を献げて専精ならしめ終局に到達すべき規矩たり。

一、恭敬修《くぎょうしゅ》。如来の絶対無限の真に合せんには自己の主我を捨て一に帰命信頼せんには如じ。無上の威権なる如来に対し無上の尊敬を呈せざるべからず。これ全く如来の神聖正義恩寵に対する意志を表す。古人常に西方を背にせず西に向って合掌《がっしょう》恭敬を表すと。想《おもい》を西に傾けしめば念々自ら如来の霊海に帰入す。

二、無余修《むよしゅ》。唯一の独尊に帰して一ら礼し一ら祈りまた観念し讃美し供養して自余の神及仏に帰せず。真の如来の外に全く一切衆生を摂取し霊化する権現あるもの在らざればなり。また意志一なるは心霊なり。心霊は如来の一大心霊と連《つら》なり、心霊は金剛の如く動ぜず変ぜず。

三、無間修《むけんじゅ》。無余は空間的に専一を守り無間は時間的に変動せずして一貫するなり。意志無間に一貫する時は如来の霊を感ず。人初めは雑念にして暫く如来を感ずるも忽《たちま》ち消失す。一たび開きて真に入る時は始終一貫任運無作《にんうんむさ》にして自ら霊なり。然れども未だ喚起の期節なれば作意的に如来を念じて捨てざることを要すべし。

四、長時修《じょうじしゅ》。この四修は初め発心即ち恩寵の喚起より実行の終りに至るまで常恒不断の注意的作用にして三心五正行を以て不断の過程に作用して途《みち》に於て廃止せざるを要す。故に長時修と名づく。如来は無上にしてまた無限の霊態なり。これが中の進化向上の過程なれば必ず策進して中止せざるべし。

また仏教に五根《ごこん》五力[20]の規ありてこれ霊性を養う材料なり。

如来の性徳を聞てこれを要素とし即ち聖種とし五根を発生す。信じて疑わざると、一《もっぱ》ら専精に進策すると、憶念して忘れざると、一心決定して動ぜざると、能く真妄を決択《けっちゃく》して惑わざるを信進念定慧の五根と云う。この五法が益々《ますます》発達して動揺せざるを五力と名づく。この五法よく霊性を養い発達す。

無称光――信仰第二期、恩寵開展

深秘内容唯自証知言説をもて顕示する能わず。無称光《むしょうこう》と名づく。

已に如来の霊により三心四修五正行をもて信仰心を養生す。聖経を読み晨昏《あさくれ》の拝礼十分自己の従来の悪素質を脱却し内容益々発達し已に純熟し心機開展するを加行位《けぎょうい》と名づく。心機開発すべき軌則を七覚支《しちかくし》と名づく。

資糧位(21)の五根五力をもて心機を修養し五力にて発達し進んで七覚支(22)となりて心華《しんげ》を開発せしむ。

一、択法覚支《ちゃくほうかくし》。専《もっぱ》ら意《こころ》を一にし他の雑念を捨て一に如来の霊性を得んことに専注す。

二、精進。勇猛専精に霊に進趣して止まず。意志勇敢にして専精にして関門を突貫せんとす。

三、喜。三昧に入らんとする予兆として身心悦予を覚ゆ。

四、軽安《きょうあん》。一心は霊に乗ずる故に軽く、心霊なるが故に身安穏を覚ゆ。

五、定。一心の波浪已に息《や》み湛然《たんねん》たる三昧心水に聖霊の月宛然《おんねん》として感応し、ここに於て心華初めて開きて霊応を感ず。神秘の門を開きて神霊の内容を知見す。これを仏智見開示とす。八面玲瓏歓天喜地、この時に先駆として感発するものは明相日輪の如くまた星の如くに徹照し、或《あるい》は瑠璃宝地を見、また満月の妙容を観る等、これ心理の正智見に相当す。

六、捨。初めて三昧に入らんには一心勇猛に一ら意志を注集して入ることを得。然るに久しくして純熟するときは任運無作にして自《みずか》ら霊と相応する故に捨と為す。即ち任運無意識的の義なり。

七、念。已に霊応に感化して後は意志の発動自ら霊ならざるはなし故に念覚支《ねんかくし》と名づく。

心情には如来の中に融合す。『楞厳《りょうごん》』に、聖胎《しょうたい》已に成じて如来の霊相心中に成ずこの時の歓喜言語に堪えたりとは心情融合したる状態なり。これ心象門の歓喜《かんぎ》光《こう》によりて感情融合し安立する時に相当す。無称光の名義は心開発したる融合の対象を無称光と名づく。如来深秘の内容は玄妙にして思慮に超絶す。然るに実行理性なる心機開発し三昧定中に霊を感じ神秘冥合の状は冷暖自知、ただ自ら証知感知するのみにして、言語を以てその実意即ち真味を詮して他に感知せしむる能わざるが故に無称光と名づく。初期には難思光とは初心未だ証入せざる時は思慮分別の及ばざる処なり。第二期には已に開覚して霊を感ずる時は自らその真味を感じ悟入す。然れども称説して他に示すべきものに非ず。故に無称の名あり。

ここに到って未曽有の妙象を感じ仏智見を開き真相を悟入し情操一転し如来の中に安立す。

主我亡じ如来の個人たる自己なるを意識す。意志一変するを更生と為す。理想の往生なり。これを五位の中の信と住とに相当す。知見を開きて如来の真理を証明し信忍して疑わざるに至るを信位と名づけ、情操如来真我の中に安住して主我を脱し意志一転するを住位と為す。

超日月光――第三期、実行

正智見を開き仏の正道に入る向上行、超日月光《ちょうにちがっこう》と名づく。

宗教の結果は実行にあり。正に情操一転し更正しぬれば如来に霊化せられたり。正智見を啓示し情操一変して如来に安立し従来の主我幸福主義を脱してよりは如来の目的に協力して如来の個人として活動せざるべからず。

如来の神聖正義の日月は心霊を照す光明となりて良心として自己の一切の意志を支配し肉欲我欲等の卑劣の情を降服し終局真理の目的に向って行動す。向上の道には神聖即ち無上権威ある光を以て良心を照し主我を犠牲にして如来の指導に力行するはこれ正義なり、常に意を注《そそ》いで邪悪を捨て正善を選ぶ。この光明は人の心霊を向上進化せしむる動機なり。

謙遜、温和、忍辱《にんにく》、正義、剛毅、勇猛、力行、一心、智慧、慈悲、貞操、等を体して己を荘厳し、四摂四弘誓願《ししょうしぐせいがん》(23)を志願とし、所謂《いわゆる》如来の一切衆生を救度《くど》し如来の正義を承けて自己及び一切衆生の罪悪の情操及び行為を断除し、如来の一切慧の中に一切の法門を学知し、如来無上の大覚位に自己及び一切の同化せられんことを望みとす。この志願を充たしめんが為に如来の聖意《みこころ》の実現せんことを祈る。聖意の実現とは即ち六度四無量(24)。大慈は衆生に安寧を与え、大悲は衆生の憂苦を抜済し、大喜は衆生に真理による喜《よろこび》を与え、如来無限の聖意を他に施し、四摂を以て衆生を摂受《しょうじゅ》す。

超目月とは如来の霊により人の心霊を開き霊眼を開かしめ霊化の意志即ち心霊的道徳的行為をなさしむる勢能なり。如来の神聖は無上権ありて衆生をして犯すべからざる光を与え、正義の光は自己及他人の邪悪を捨て正善を選び取り、慈悲は罪に亡びたるものを無限の愛によりて復活せしめ、霊に入ることをうる者はこの愛を体してすべてのものを愛するに至る。この神聖正義恩寵の三徳は人の心霊を開き霊の活動の元気となる。喩えば日月の光によって明をなしまた万物を生育する如く、如来の霊光は人の心霊に明を与え霊化の徳を与う。故に超日月光と名づく。

更生即ち心霊的生活に入りてよりは一時の更生に非ず。常恒不変の過程にして十善八正、六度、四摂等の行を以て無限に向上進化せざるべからず。

第四章　安　心

至心に深く信ず
如来の外に我心霊を摂取《せっしゅ》し給うものなし　イノチとタマシイとをまかせ奉る　如来は生命のミオヤ心霊のミオヤ救いのミオヤなりと信じ奉る
至心に深く愛す
如来の外に心霊を愛護養育し給うものあることなし　故にすべてのものに超えて如来の大なる聖寵を愛楽し奉る
至心に深く欲望す
きよきみ国は真善美の至極の処きよき処に於てミオヤの世つぎたらんことを欲望し奉る

安心と起行(1)

前には通じて仏教を本として、人生の帰趣の理を理論として演《の》べた。これよりは実地宗教的に生命の信仰生活に入る道を明さんと欲す。人生の一大事たる宗教心を立てんには先《ま》ず安心《あんじん》と起行ということを確《しか》と定め置くべきである。

安心とは信仰の主義と目的とが決定すること。起行とは、その目的に向って実行することである。未だ目的定まらずして何に向って行かれよう。これ安心を立つべき要にして、歩を運ばざれば自己が目的の地に達することが得られない。これ起行を要する所以である。

安心を立つるに三条あり。一つに所求《しょぐ》(2)の目的。二つに帰命信頼《きみょうしんらい》の尊体。三つに目的に到達する行法。

更に云わば、一に何を目的として信仰を為すか。二に何なる霊体に帰命信頼すれば、己を救い下さるるか。三に如何なる行法によりて目的に達し得らるるか。これに答えて一に絶対永恒《えいごう》の霊国に入って永遠の生命と常住の平和を得るを目的とす。二に永恒の安住を得るは大御親《おおみおや》に帰命信頼するに在り。三に大御親の聖意に契う意《こころ》と行《おこない》とを能く心得てこれを実行す。この三条が確かに定まって、実行するのが即ち安心起行出来たのである。

言い換えれば、宗教心は一りの大御親を信頼し、自分は子なれば、**ミオヤ**の聖寵《みめぐみ》を受けて、**ミオヤ**の完《まった》きが如くに、自己の全《まった》からんことを欲望し、これを実行して行くが即ち宗教心である。故に先ず一りの**ミオヤ**を信ずべきである。

大ミオヤ

ミオヤは、宇宙唯一の独尊で在ります。然れども、一切衆生の為めに、三身と分れて一切の世界と及び衆生を生産し、また霊界に摂取し給う。故に略して三身を説明せば、法身《ほっしん》。宇宙全体が即ち法身の体である。故に宇宙は絶対の大霊、永恒に活ける如来である。哲学では、実体または真如等と呼んで居るけれども、宗教的に、表号せば、法身ビルシャナ如来と云い、即ち地水火風の四大と識大との物質と心質との統一的存在であって一切万法の大原則である。故に法身と云う。また如来自己の中に一切無辺の性徳を包蔵して一切万物を産み出すから如来蔵性《にょらいぞうしょう》とも云う。密家では胎蔵《たいぞう》の大日と名づく。天地万物は実体なる大日の胎内から産出されたのである。

一大法身が大ミオヤにて万物は大小となく悉《ことごと》く皆子である。故に太陽や地球その他天体の星宿も皆小法身である。乃至《ないし》地上の動物も植物もすべて活《い》ける物として小法身たらざるはない。大法身が大造物主とすれば小法身は皆小造物者である。一切の動物も植物も子を産み生殖の作用を為すを見ても知るべきである。

一切衆生は小造物者たると共に霊性を伏蔵する故に仏に成り得らるる性を具している。霊性は具有すれども未だ卵子である。これを孵化せざれば雛子と為ることが出来ぬ。人の霊性をあたためて仏子の徳を開発し霊化する権能は報身如来にある。

報身如来。法身は宇宙全体にて報身はその中心である。太陽が自然界の万物を照す如くに、報身如来は心霊界の大光明者である。物質の万物は大陽の力に依らざれば生存が出来ぬ。衆生の霊性は無量光如来の一大霊力に依らざれば、心霊を開発し霊化して聖き人としての生存が出来ぬ。報身如来は宇宙最高の光明界に在《ましま》して、普《あまね》く十方世界を照して衆生の信念する者を摂取して光明の生命と為し給う。

如来《ミオヤ》は衆生摂取の光明常《とこし》えに照し給えども、迷いの衆生等には無明に眼《まなこ》亡じて、これを識るの由がない。然してミオヤの大なる慈悲は迷没の子等を愍《あわれ》み、釈迦牟尼の已前に、往昔《むかし》法蔵菩薩の身を受けて一切の子等を常住の平和なる常楽世界、即ち**ミオヤ**の御許に還るべき道を建てなされた。(3)これが為めには無量の苦難を嘗《な》めて衆生を大安の霊国に入ることに為た。これ即ち弥陀の本願である。御親が総《すべ》ての子等が自己の許《もと》を離れて六道の他郷に彷徨《さまよ》えるを愍み御許に帰復せしむる道を開き為されたのである。**ミオヤ**の御許が衆生終局の帰着処である。これを経に一切衆生、本法身より出でて法身に還らざるはなし、と説きなされた。この経の法身と今の報身とは体は同一である。御親のみさとを迷い出して、再び御許に還ると云わば、覚《さと》りの上から迷いと為りまた覚りの身に還ると云う様に思うなかれ。本と法身から産出されたのは卵子である。報身の智慧と慈悲との光りに暖ためられずんば、仏性が孵化することは出来ぬのである。もし仏性が開発する時は父子相迎え親子の対面が出来る。霊性が開けて見れば、法界処として蓮華蔵世界ならざるはない。常楽我浄《じょうらくがじょう》、四徳荘厳《しとくしょうごん》に充たされて居る。

ミオヤの御許は宇宙間の一局部に座を卜《ぼく》して在《まし》ますのではなく、実には彼《か》の世界の相は三界の道に勝過して畢竟して虚空の如く広大にして辺際なしである故に、衆生霊の眼が開けて見れば**ミオヤ**の在ます衆宝荘厳の浄土が現前する。

その御許を無量光明土ともまた涅槃界とも寂光土《じゃっこうど》とも種々の美しき名を以て表《あらわ》されて居る。**ミオヤ**は報身として心霊界に厳臨《げんりん》し給う。一切の子らを本国に還らしむる契法として現われ給う霊体に在ます。

法身より世界の方面に産出せられて霊性具有すれども未だ開顕せずして六道に流転する間《あいだ》を六凡の衆生と名づく。報身の光明によりて摂取せられ、仏性が開顕し正しく父子《ふし》相迎《そうごう》(4)の上に円満に仏性が成就して無上覚位に到り終局に達したるが即ち仏陀と為る。即ち十方三世の諸仏である。

一切諸仏は悉く弥陀の光明に依りて正覚を成じなされたのである。『般舟経《はんじゅきょう》』(5)に三世諸仏念弥陀三昧に依って正覚を成ぜりと説いてある。

弥陀は十方三世一切諸仏の本仏にして普く十方世界を照して念仏の衆生を光明中に摂《おさ》めて浄め給う。

一切諸仏は各自の世界に於て、その国の衆生の為に教えて、弥陀に帰せしむ。**ミオヤ**は一切の迷子を摂めて聖きに霊育し給う霊能は在ませども、無明に迷える子らには自《みずか》ら**ミオヤ**の在《まし》ますことを信知することができぬ。

そこで先覚者の仏陀は、仏々各一世界を受持って衆生を誘導して弥陀に帰せしむ。一切の諸仏はこれ応身である。その国の衆生に応同した形体を受けて言語も悉く衆生に応同してこれを教化なさるるのである。

応身。迷《まよい》の衆生を教示し誘導し給う為めに、人界に出で給う仏陀にてこの世界では釈迦牟尼仏これである。**ミオヤ**より身を分けて現世界に出給いし応化の釈尊は中天竺《ちゅうてんじく》、カピラの浄飯大王《じょうぼんだいおう》を父とし摩耶夫人《まやぶにん》を母として幼名をシッタルタと号し、生れつき叡智聡明学園に遊びては五明四吠陀《ごみょうしべいだ》に精通し、伎芸の林に在りては武術射御等習い給うに一として成らざるはなし。王位を嗣ぎて人間の光栄一身に聚むべき位置をも老病死の相を見て世の非常なるを悟り国と位とを捨てて山に入りて道を勤苦すること六年、竟《つい》にマガダ国の伽耶《がや》のヒバラ樹の下、金剛座に坐し禅那三昧に入りて一夜天魔の碍《さわり》を降伏し臘月八日東の天に明星輝《かがや》き出づる時、無明の眠《ねむり》夢醒めて朗然として正覚《しょうがく》を成じ罪悪の源を解脱して正覚の無量光と合一し、生死を超出して涅槃の無量寿に帰元なされた。仏陀釈迦は初めて正覚の暁《あかつき》より鶴林《かくりん》の夕《ゆうべ》に至るまで、正覚の無量光に帰し涅槃の無量寿に到るの道を衆生に教えなされた。これ即ち応身である。

ミオヤはかく三身に分れて衆生の子らを生産し摂化し給う。法身としては天地万物の本体とし、また一切の方法の則《のり》として、一切衆生を産出し養成し、報身を現じては法身から受けたる衆生の仏性の卵子《たまご》を慈悲と智慧との光明を以て開発し霊化し給いて竟に仏陀の徳を成就せしめ。また応身としては衆生を教えて**ミオヤ**に帰命信頼せしめ給う。もし衆生にして法身の恵《めぐみ》と力とに由らざれば、この身心を受けまた生成すること能わず。報身の霊力に信頼せざれば、霊性を成熟すること能わず。応身の教えによらざれば救霊の真理を知ること能わず。

ミオヤの本願

ミオヤは本、一体なれども衆生の為に三身に分れて生成し摂取し給うこと、已に演べたり。なお報身如来と現じて衆生を摂めて、ミオヤの御許に帰らしめ給う御働きにつきて説かんとす。

ミオヤの本覚自性の御許は永恒、本然、絶対不可思議の霊体なるも、一度び絶対の霊界を背き相待なる生死の方面に迷い出したる子らは、生れつき妄に向い覚に背き、生死に順じて涅槃に逆いて居る。この意向心識を転じて正しく反対の方面に向わしむるは実に容易な訳でない。これが為めに三世の諸仏も永しえに聖意を悩まして竟に安心し給うことのできぬ問題は此処《ここ》に存す。此処に仏教が二門に分れて衆生を無明と生死の中より解脱させよう、また救済せんとの二つに道がつくことに成る。無明の迷と生死の苦とが無かりせば、聖道も宗教も必要はない。

教祖釈尊が人生問題に就いて痛く煩悶なされたのもまたここに存す。無明は生死の源である。無明と云うは吾人衆生、那辺よりここに生れ来り、また終局何れに向って帰着すべきが真理なる哉の問題に対して一向闇黒である。自己《じこ》是《これ》本来《ほんらい》何物《なにもの》なる哉が自覚できぬ。人生の帰着那辺に在る哉《や》が認められぬ。また一方に生死につきて何人も生を欣《よろこ》び死を嫌う。然れども生るれば死は遁るる能わず。吾人の人生の行路、行《ゆき》つまりに出会うことは何人も定りて居る。然るに何んだか永遠に存在したい様に思わるる。また自己が自分で明らかでないから、何とかして自己の本体を明らかに覚りたいように思わるる。闇《くら》きに生れて闇きに死んで行くは何か腑甲斐《ふがい》ない。覚りの眼が明けるものならば開いて見たい。またもし永恒に生存出来ることならば不死の身になりたい。これが仏教の根本である。この問題が解決つく許りでなく実地に正覚の眼が開き永恒の生命を得らるるのが即ち仏教である。

　教祖釈迦牟尼が現世界一切の大光明者として、この真理を悟り、永恒の生命を得給うたのである。一切諸仏も悉く円かに此処に到達し給うたのである。釈尊が菩提樹下に於て朗然と大悟して正覚の光明普く一切の真理を徹照し給いしとき即ち無明の闇が消えたので大涅槃を得た時が生死を越えて不死永恒の生命を得なされたのである。此処に到達すれば人生終局に帰着したのである。故に仏教の終局目的は必ず無明の眠から醒めて正しく覚りの光明を得て無限の宇宙が全く我有《わがもの》となり。生死を超えて涅槃常楽の生命となるのが帰趣である。

正覚と無量光。仏教の終局無上正覚を成じて宇宙一切の真理を覚り涅槃常住に帰着すと云う時はこれ聖道門なので、今日謂《いわ》ゆる哲学的の終局である。もしこれを宗教的に見る時は我らが心の闇き凡夫自から覚ることは出来ぬから己が無知無力なることを信じて無量光如来に帰命して如来の光明に摂取せられ光明の人と成る時は即ち諸仏の無上正覚と同一に帰したので、また己が限り有る生命をもすべて、**ミオヤ**に献げて如来無量寿に帰する時は、有限の生命なる生死を超えて自から永恒無量寿の中に入った。これ諸仏の涅槃と一致するのである。

ミオヤの本願と云うは宗教的に正覚と涅槃とを得るの道を開きて普く一切を摂するの道を建て下されたのを云うのである。

ミオヤが無量光を以て普く十方法界を照して、衆生をこの光明中の人と為され給うのは、即ち哲学の語で言わば正覚の光りである。

無量寿国土に生ると云うは、哲学に於ける涅槃界の義である。もし一切衆生に無上正覚を成じ大涅槃に証入せよと云うは何人も容易に成就し難し。実に難中の難である。然るにもし無量光如来《むりょうこうにょらい》に帰命し、如来の光明中の生活と成ることは何人も得らるると信ず。無上正覚を成ずとは即ち正しく無量光を得たことで大涅槃を証すとは無量寿に合一したることである。

一切諸仏は聖道門的に正覚を成じ涅槃を証すべき道より教え給い、ミダは自《みず》から無量光を覚り無量寿を得て自から得たる光明中に衆生を摂取し自から証入したる無量寿に一切を証入せしむ。ミダは宗教的に一切衆生のミオヤとして父子の関係的に無明に迷い生死に苦しむ子らを摂取し給う。

ミダは本願成就して慈光普く照して衆生を摂取し給うに、いかなる方法を以てか救済を垂れ給う。ここに一切衆生を摂取し給う本願に依らざるを得ぬ。本願とはミオヤが一切の子らを慈悲の御手に摂めなさるる所の約束である。

衆生を摂取するに四十八願を立て給う。この誓願は悉く衆生の為めである。中に就いて第十八願が正しく衆生を摂するの誓《ちかい》である。経にもし我仏を得たらんに十方の衆生至心に信楽して我国に生ぜんと欲し乃至十念せんにもし生ぜずば正覚を取らじと(6)。

ミオヤは心光普く照して、かような心を以て我を念ずる者を光明中に摂めて、無量寿国に帰らしむるとの義である。故にミオヤの聖意に契合せんにはこの三心を具《そな》うべし。然る時は照す光明中に生るることを得ん。これより一心三心の義を演べん。

三心の解

ミオヤの聖意に合うべき子等が心意の備《そなえ》は至心の形式と信楽欲の内容とを要す。

至　心

至心とは、至誠心即ち真実心と導師は釈せられた。

至誠心は何故に**ミオヤ**の聖意に合う哉と云わば如来の聖意は絶対至純の至誠心である。至誠は如々真々の心真如、宇宙の本体である。即ち自性清浄天真である。**ミオヤ**の子として衆生悉く至誠の仏性を以て心の根底とす。これは俗に謂ゆる本心のことである。

至誠心の本体は真実の自己である。この自己の真面目、天真玲瓏として自性の光りを以て自己の一切の心意を指導するの主体である。

この真我なるものは法身の根底から個人の真髄と為って頭をこの地上に顕わして居る。

真心が肉我の煩悩の虚妄《こもう》な幻影の為に覆われて居る。恰《あだか》も真空真天が雲霧に掩《おお》わるるようなものである。生れつき皮殻《かわ》を覆うた我なるものは真実我の実のある我ではない。この真実我でないものを我と認めて居るから迷いである。虚偽である。真我を認めざる間は迷妄である。人間は真実我が顕われて始めて、人生の価値が有る。宇宙万有の中に独歩して存在するは絶対と連絡して居る真我あるからである。ここに於て如来を父とし我は子であると云い得る。この真我ありて永遠の生命もあるので虚妄我は実は本来実のない殻である。実には存在せぬものである。真我ありて大《おおい》なる**ミオヤ**と調和することが出来る。

もし真実我が毀《こわれ》て仕舞うものならば宇宙全体も皆なくなる。真我は大なる**ミオヤ**と合一することをうるのみでなく、宇宙全体も悉くこの一個の中に相入り即ち溶け入って居る。吾人は**ミオヤ**の子たる真心《まごころ》あればこそ絶対無限の光と無限の生命とが得らるるのである。**ミオヤ**は無量の万徳、円かに備《そな》わったままこの個体の中に溶込うとして居る。実に吾人の心中に相入《そうにゅう》して在ますのである。かくの如きは**ミオヤ**と子と合一し得らるる真実心である。

真実心と虚偽心と

この個体の自己に絶対なるミオヤの聖心と調和し合一する方と、また相応せぬ方との二面がある。前者を真実心、後者は虚偽心と云う。

本《もと》ミオヤより出でたる我心《わがこころ》にして、ミオヤに相応する心が真実心にて相応せざるを虚《こ》仮心《けしん》と云う。

真実の価値。人生の価値あるは真実心あるからである。吾人は本ミオヤの法身の本体なる懐中に無為に眠りて居ったよりは個体としてこの世に産出されたのには一の使命を有《も》って派遣されたものと思う。

この使命は実は重大なる任務であり且つ永遠の亡《ほろび》と生存との何《いず》れかに帰す。

吾人が本来ミオヤの子として純粋の真心ばかりにして虚仮心の皮殻なかりせば幸福ならんと思うべけれども実は然らず。鉱物中の最貴なる黄金も本鉱垢がついて居る。植物の実にも皮殻が付て居る。実はこれが還って真我を充実ならしむる本能を有って居るのである。実に生の力を発揮させせんには虚仮なる鉱垢を練ってその功果として真価を顕わすので、そこに苦闘的努力の神聖なることにもなる。

吾人が肉我の虚仮的の皮殻は果《くだもの》の熟したる上には必ず除去さるべき運命を有って居る。然るに天然の人は皮殻の心を以て真我と認めて居る。これを解脱して無我になれと云うは生命でも失うかの如くに失望する。然るに実はそうでないので、それを解脱して無我の真理を教えた仏教は努力して真我の果実を充実せしめて皮殻より脱せよと教えたのに過ぎぬ。

生の真価は無明我より解脱して光明の真我の顕わるる処にあり。また堅き鉱《あらがね》の中の純金を練り出すのには非常なる精進力を要す。この強き精進を為す処にまた貴重なる価値を認めらるるのである。

吾人の真心には霊的円満なる人格、即ち仏と為り得べき性と能とを具有して居る故この真心を完成させんが為めに人生は貴重である。真心が即ち仏性であるから本《も》と尊貴の性ではあるけれども、この性を発揮して完成せざれば能わない。例えば杉樹《すぎのき》の種子《たね》は果皮に包まれし微かな顆《つぶ》である。その元素と云うは炭素や蛋白質などの若干元素の結合物に過ぎぬ。けれどもこれを地面に播下し芽を発し幹及び枝葉も発展し軈《やが》て蒼天を凌ぐ様な大樹となる如く、衆生の仏性もまた然り。自性があらん限りの発展をなし智徳円かに完成したる暁には無限の光と無限の寿を以て万徳円満な仏性が顕われ来たらん。

杉実《すぎのみ》の内にもし核の生命なかったならば、種子は萌発する筈はない。吾人の仏性は頓《やが》て仏と成り得べき核である。この核が無限寿の生命の本である。またこの種子には自己を充実せんと欲する活ける気あり、自由あり。杉の種子には自発的生成力を持って居るが如く吾人の仏性は自己を円満な霊格にすべき性である。

枝葉等は外界から注入すべきものではない。種子は皮殻すべてを犠牲として、束縛を脱して自由の萌発をす。

本来種子は自発的なれども、土地や日光雨風気候等の資縁によらざれば自己を完成することと能《あた》わざる如く吾人の仏性は**ミオヤ**より出でて、また**ミオヤ**の智慧と慈悲との光明を仰ぐに在らざれば真心の仏性を円満に完成することは出来ぬ。

未だ仏教の真意を解せざる輩《やから》は自己の仏性の真心と**ミオヤ**の聖意との因縁に依りて真実の結果として成仏し得るの真理を悟らず、皮殻なる虚仮の肉我を惜しみ、欲望を完たからしめんとし虚妄の名誉また利欲等の為に単なる栄華を貪ぼり、実果なき名利の為に貴重な生と精力とを徒《いたず》らに労して人生の帰趣を得ず、空しく六道流転の亡者となる。されば善導大師は、

「至誠心《しじょうしん》。一切衆生身口意業《しんくいごう》に修する所の解行《げぎょう》必ず真実心中に作すべし。外に賢善精進の相を現わし内に虚仮の心を懐くことを得ざれ。貪瞋邪偽《とんじんじゃぎ》奸詐《かんさ》百端にして悪性侵《や》め難

く事蛇蝎《だかつ》に同じきは三業を起すといえども、名づけて雑毒《ぞうどく》の善とす、また虚仮の行と名づく。真実の業と名づけず。もしかくの如き安心起行を作す者は仮令身心を苦励して日夜十二時、急に走り急に作すこと頭燃《ずねん》を救《はら》うが如くも衆《す》べて雑毒の善と名づく。この雑毒の行を廻らして彼の仏の浄土に生ずることを求めんと欲せばこれ必ず不可なり（7）」と。

微小なる一顆《いっか》から出ながら蒼天を凌ぐ大樹と為りて枝葉花果繁茂する如く、吾人の仏性は、円満に発揮さるる暁には自己心が如来心に同化し聖子の徳が顕われて光明生活に働くことが出来るのである。吾人の真心は自己の主体即ち種子であるが、この性を完成せんには必ず**ミオヤ**の恩寵を仰がなくてはならぬ。**ミオヤ**の恩寵と親密なる因縁の下に内容を充実せしむるには**ミオヤ**を信じ、**ミオヤ**を愛し、**ミオヤ**の中に生きんとの欲望の心を要す。これ即ち三心である。至誠心は吾人が心の形式にて他の三心は内容である。

この三心は智力と感情と意志との三方面より起る**ミオヤ**に対する心意である。

信。現在の我は如来に背き罪悪なるを自認し、本真心はもと**ミオヤ**の子なれば**ミオヤ**と合一して必ず救済せらるるものと信ず。

愛は感情的に、**ミオヤ**と子との親密なる交渉、**ミオヤ**は無上の愛を以て、我を愛し給うが故に、我はまた衆に超えて**ミオヤ**を愛楽《あいぎょう》し奉つる。

また一切衆生は悉く同胞なれば、また相互に愛し合う。

ミオヤを愛する時は、如来と共に同棲し如来を愛楽すること、最深厚なる時は、ミオヤを我有《わがもの》と為さんとの欲望が起る。この欲望は意志の信仰なので、如来と共にあり、聖子たる自己を円満に完成せんとの欲望が起る。自己を完成せんには、一切を犠牲にすることも、甘んじて霊我完成の為には、如何なる苦行も悦びの行為と感ずるのである。

信仰の内容

宗教は、天人合一、神人の感応等を以て定義されている。即ち宗教的、大ミオヤと子との関係を親密にするにあり。人の精神に、形式と内容とあり。形式としては、ミオヤは天即ち、宇宙全一の純粋の真心にて、人はその全一を受けたる至誠心を根底として居る故に、吾人の本心自性が開くればミオヤの心と人の心とが合致するのであることは已に明せり。これからは、ミオヤは天の粋なる中心真髄として、また、一切の子らを愛する聖寵《みめぐみ》から万徳円満の相好光明《そうごうこうみょう》を現わして、子を愍むの聖意を示し給う。例えば自然界に太陽と現われて、地上の一切の生物を生養する如く、ミオヤは心霊界の日光として、子らの心霊を霊育し給う。

ミオヤが一切の子らに対する恩寵を太陽が地上の生物に及ぼすエネルギーと比例すれば、

ミオヤ｛智慧―（光　線）――信、（知力知見）｝衆生
　　　　　慈悲―（熱　線）――愛、（感情融合）
　　　　　霊化―（化学線）――欲生、（意志霊化）

日光の光線は、物質界を照し、**ミオヤ**の智慧は人の霊性に対して仏智見を明《あきらか》にして、信仰の真理を自覚せしむ。**ミオヤ**の慈悲は子らの苦を抜き楽を与うる心の最も暖温なる物にて、太陽の熱線に比すべきもの。霊化の力は、太陽の化学線が化学作用を起して植物や動物を活かす働きあるに比すべし。

人生終局の帰趣は、如来より受けたる霊性を開きて永遠の生命、**ミオヤ**から受けたる性を遂げて、**ミオヤ**の許に還り、**ミオヤ**の聖意を我意として子たる本務を竭《つく》し、永恒に**ミオヤ**と共に在るを目的とす。例えば人間の子とても人間の養育に預らざれば総ての人格は備わること出来ぬ。人の子とても、生れて直ぐに山林に置き野獣に育てらるる時は匍匐《ほふく》して立つこともなく、言語は勿論のこと箸を採って食することも出来ぬとのことである。吾人が仏の子たる霊性は具有すれども、**ミオヤ**の恩寵に霊育せられざれば、霊徳の具わりたる人格とは成ることは出来ぬ。**ミオヤ**の恩寵を蒙《こうむ》るには信と愛と欲との三心

を要する。初めに信、即ち知力的の信仰の義を明さん。

信

先《ま》ず宗教の道を求め、正しく**ミオヤ**と子との親子の関係は真実にして相互の間に疑惑の雲なく、如来を我物《わがもの》とし、我如来の有《もの》たりとの事実は、真実にして疑わんと欲すといえども疑う余地なきに至るを信とす。

ミオヤと子との関係を通じて信仰と為すとは、如来の恩寵と合する処の心を云う。然れども人の心理を知力と感情と意志とに分類する時は、知力的の信仰を信とす。知力の信仰とは**ミオヤ**と子との関係を信じて疑わざるの謂い、信は澄浄《ちょうじょう》または忍許《にんこ》(8)と云う義にて、全く宗教の真理を是認して疑いの濁りなきの義、また真理たりと自ら是認して疑わぬことなり。

仏法の大海には信を以て能入《のうにゅう》とし(9)、信仰なくては道に入りて真理を我有とすることは出来ぬ。また信は道源功徳の母とて、道を求め道を得るは信心が本である。信から道に入れば一切の功徳もこれより生じ来るとの義である。

二種の信

聖善導二種の信[10]を明しなされた。一に機を信じ、二に法を信ず。初め機を信ずとは機は自己の分斉を自覚すること。自己は如来の子であると共に人間の子である。これ仏性と煩悩との両性ある所以である。仏性は具有すれども伏能《ふくのう》にて、鶏《とり》の卵子《たまご》の母鶏《めんどり》に由って孵化せらるる如くに、**ミオヤ**の恩寵を仰がざれば開発できぬ。**ミオヤ**の恩寵を被《こうむ》る理法を法と名づく。法とは人の深底の霊性を開く理法にて、本願力また如来の光明と名づく。**ミオヤ**から子を霊育し給う働きに外ならぬ。

煩悩と云う即ち肉我はこれ罪悪である、これ人間性である。人は形体の方より言わば、本動物の共通性を以てただ肉体の生活のみを重んじ、ただに動物の本能のみでなく意識的に発達した丈に狡猾なる動物である。未だ霊性開けぬ程は罪悪我である。人の動物性が発達して**ミオヤ**より禀《う》けたる霊性は永く閉籠《とじこ》められて肉我の為に横領せられて居る。恰も幼君が横暴奸邪《かんじゃ》の臣に権利及家財を横領されて居る様なものである。霊性は**ミオヤ**の法に依らざれば顕動することが出来ぬ。

生命は麁《そ》なり劣等なるが先きに発達して高等なるが後に顕動し来るが如し。例せば国を建つるにも、初め劣等な種族が群居して、後《の》ち蛮勇に猛《たけ》き族《もの》が酋長と成りて野蛮なる国を為す。されど更に天孫種の君が前の蛮族を降伏して新たに文明国を建設する如く、個人に於ても然り。始めに肉の動物我が数多《あまた》の煩悩眷属を率い、我儘《わがまま》勝手を働き、自から偉《えら》がり顔をして天意の在る処を覚らず、毫《ごう》も謙遜なく、また自からその非なるを慚《は》ずるなく、己煩悩の奴隷たるを覚らず。

罪悪の根本は無明。肉の我は動物性なのでただ活きんと欲する生気が本《もと》として活きて居る。これを無明と云う。故に人生の真理を自覚することは出来ぬ。然れども個性の本性に**ミオヤ**の使命を以てこの世に生れたる霊性あり。霊性は**ミオヤ**の使命を以てこの身を稟け一身の君たり。一切の動物性の煩悩を制伏して各々その職分を尽すべき真理なるを覚知せざるを無明と云う。

もし**ミオヤ**の法なる光明に依りて人々自己の霊性開発し我れ全く**ミオヤ**の子たる真心明け来らば、一切の煩悩も悉く服従して還って忠臣として真理に仕うるの働きとならん。

(二)罪悪の我と認む――信機

霊我未だ顕現せざる我は全く罪悪である。無明である、染汚《ぜんま》苦毒《くどく》である。一切の悪は悉く集合して我と成る、我は実に罪悪の張本であると、深く信認して始めて真実なる**ミオヤ**に対する信仰起る。

然れども本《も》と罪悪を我として居る故に自己の罪悪たることを認むることは難い。聖善導は、決定して深く信ず、自身は現にこれ罪悪生死の凡夫、曠劫《こうごう》より已来《このかた》常に没し常に流転して出離の縁あることなしと。自身現に罪悪の凡夫と云う事が実に是認せらるれば、真実に深く**ミオヤ**を信じらる。然れども自糞その悪臭を覚えずと云う如く、中々自己の罪悪を自覚するは易くない。罪悪即ち自己の煩悩に種子と現行とある。そこが宗教と法律との罪悪の責任観の異なる処である。煩悩の種子《たね》とは**ミオヤ**に背きて曠劫より我に随《ずい》逐《ちく》して生れ乍ら持って居る煩悩の種子である。故に我は本来悪である。法律にては現行犯、言語、もしくは身体に法律上罪悪と認むべき行為を現わして始めて罪悪の責任と成る。縦令《たとい》行為に現われずも本々凡夫には種子として諸《もろもろ》の煩悩具有して居る故生来罪悪と認む。故に生れたままの我なるものは根本的に罪悪であるから必ず**ミオヤ**の救済を仰がなくてはならぬ。この罪悪我は無始已来我に附纏《つきまと》うて離れぬ種子を持って居る。現行の上に計り認むべきではない。本来悪であるから罪悪を現わすに至るのである。例えば狼は人に噛《か》み付いたから始めて猛獣と云うべきでなく、本々人に噛み付くべき性質を有って居る獣であれば本来悪い奴であると云う如きなり。

我は毒蛇。[11] キリストは私共を指して蝮の裔と呼んだ。仏陀は煩悩の毒蛇眠りて汝が胸に在り、黒蚖《まむし》のその室に眠るが如しと誡《いまし》め給うた。実に我等が胸には黒蚖が眠伏《みんぷく》して居る。蝮の裔であるから、動《やや》ともすれば毒牙をむき出して人に喰み付くのである。我らが胸中に眠りたる蛇の類はただ一つの蛇ではない、数多の毒虫が伏居して居る。実に危険物である。

『唯識論』に二十の煩悩が私共の胸の中に眠伏して居ると説いてある。今その中を暫く述ぶれば、

忿《ふん》、恨《こん》、覆《ふく》、悩《のう》、嫉《しつ》、諂《てん》、害《がい》、憍《きょう》、慳《けん》、誑《おう》、無慚《むざん》、無愧《むき》、等の類である。煩悩と云う曲者《くせもの》は賊であるから日中は明を恐れて胸中に潜んで居る。闇くなると忽ちに現われて害を為す。忿と云うはムカっと憤ることである。人は顔から見た処その様な恐しい奴が有りそうもないが中々そうでない。或る禅僧が性来癇癪持《かんしゃくもち》であって自分乍らも持余したと見えて、或る高徳の禅師を訪ねまして、自分の悪い持前を如何にしてかこれを取り除く道が有る哉と問うた。すると禅師は笑い乍ら御坊は持前と云うが什麼《どん》な物なるかここに出して見よ、[12] 宜しく取り去って遣うから、と云われた。時に僧、胸中を探るも服中を擦するも癇癪の居処が分らぬ。竟に我が全身に求むるに癇癪なる物なしと答えた。そこで禅にては本来無《ほんらいむ》一物《いちもつ》と云う方から仏性の方を働かすようにするが、それでもその僧が禅

師の前では、もしや持前の曲物が影もない様に為ったが、もし外へ出て突然に唖呆坊主と云って罵詈の縁に遇えば忽《たちま》ちにその持前が現われざるを得ぬと思う。これ平生眠伏して縁に随って働くのである。恨、と云うは怨み。矢張或る場合には発せざるを得ぬ。覆、とは己が非を陰覆《かく》すことにて、我々は白日青天胸中玻璃の如くに一点の覆い隠すべき汚点なしと口には云えど、マサカの時には隠すではないか。また一朝《いっちょう》事が生ずれば忽ちに懊悩して平生の勇気も萎縮してしまうのが悩である。嫉、とは嫉妬の念、押え難く為めに賢人を讒誣《ざんぶ》する族《やから》もあり。また呪詛《のろい》の三本の燭を頭に戴《いただ》き右の手に鎚《つち》を持ち左の手に藁の人形を携えて、いかにも嫉《ねた》ましそうに画かれたる如きの心の想は、大廈《たいか》高楼《こうろう》に栖める家庭にも影を止めぬであろう。諂、こびへつらいを云い、いかにも卑賤な輩《やから》にのみ宿る。貧乏神見たようなものかと思えば随分平生には横柄な顔をして居る傲慢な人にも選挙前にかかると忽ちに腰も卑くなれば頭も安く売るように成り巧言令色を以て人に接し人に諂諛《てんゆ》する。つぎに害、いかに温良の君子風に見えても煩悩と云う奴が宿っている限りは油断はできぬ。一朝事に触るれば精神のピストル抜かぬとは云えぬ。度にこそ異なれ。復讐敵対の情は持って居る。憍、憍慢《きょうまん》にも種々ある。未だ得ざるを得たりと謂う増上慢もあり。また不遜驕傲《きょうごう》にして無礼を顧《かえり》みざる如き、また卑下慢《ひげまん》とて身賤《みまずし》くとも我にはまた自己特長の勝れたるものありと為る如きなり。最も動物性の甚敷《はなはだし》きは、無慚無愧である。人に慚じざるを無慚と云う。己に恥じざるを無愧と云う。人として慚愧《ざんき》心《しん》なきはない。然れども胸中に潜める奴は鉄面皮である。もし人、他人と争うなどの折に、能く無慚煩悩は忽ちに面目を現わす。忿恨《ふんこん》などに随伴して発り、簾恥も何もない。言間《いうま》敷《じき》をも云い己が人格をも忘却し、常識も何も有《あ》った物でない。随分世間には仮令えば夫婦間の如きにても我夫の瑕疵《きず》を他人の前に暴露し言語道断なる挙動《ふるまい》を為す者もあり。かくの如く種々の煩悩が胸中に潜在すること、恰も賊が闇き処に隠伏して機会を得れば現われて悪事を働く如く、全ての煩悩賊が潜伏して居る。凡夫の真意は諸の煩悩の集合する処、この現在我は全く罪悪の集合せる主体なるを自覚せず、終身ついに煩悩の奴隷として闇より闇に、苦より苦に入りつつある。

諸の惑を以て我とし惑より衝動する処の一切の行為は誠に誠に悪を為す。諸の凡夫は惑によりて業を起す。煩悩より起る働きは自から悪非となる。業あれば必ずその報《むくい》あり、その報は苦を受く。

もし己が罪悪を自覚し、かくの如く終に人生闇黒の中に沈淪するの甚だ非なるを覚りて始めて真の求道心が生ずるのである。

人生再び得難し

六道四生の中に人身甚だ得難し。この身今生に向って度せずんば何れの生にか解脱せん。無始曠劫以来の生死も今生に遇わんが為めの準備と思えば実にこの生最も重し。暫く宇宙の構成に就きて窺うもかく天地万物広大なる設備に藉《よ》らざればこの身を生活せしむる能わず。天地の広大なる万物の無尽なる、一切の設備は悉く我が生を完全にせんが為め我を永遠に度せんが為めの万物であると思う時は吾人は生涯全力を尽して道の為めに果たさざるを得ぬ。

また我この生の本源を、霊魂の方を暫く措きて生物としての己が生命の血脈的歴史を考うるも、我人身の祖たる原始的人類に至るまでの代々に亘りて、非常な努力を以て生命を向上せしむるに就いての功労甚だ重し。なお人類より遡りて生物原始に至るの経歴に至っては彼等が天意の使命として全力を竭して競争し奮闘し努力して進化したる結果、この生を受けたることは生物原始より人類に至り更に原始の人類より数千万代に渡りて有らゆる努力の結果としてこの身を得たり。彼等が無数の生命を賭して後生に貽《のこ》せしことは偏《ひとえ》に己がこの身を以て功果を収めんが為めの責任を担うことを覚知せば実にまたこの生の任務甚だ重し。

自己の機を覚知するの意識は宗教の要を認むべき為めである。罪悪我を主人として生涯ただ肉の為めに奴隷と為りぬれば闇より闇に入る、人生の恨事何事かこれに如《しか》ん。宗教より見れば、肉我の生は天孫種たる霊の君臨の予備としての使命として始めて天意に随順し、もし天種の霊性にして君臨し給わばその臣民として忠実に奉仕せば肉の生命また天意に対する忠臣として貴ぶべき価値あり。自己の天然の我は自己の奥底に伏在せる霊我の顕現を待って、霊性の臣下としては実に無くてはならぬ国家の干城《かんじょう》としまた股肱《ここう》として貴ぶなり。霊性の開顕は人生の一大事なり。この霊性は聖子《みこ》なれば必ず**ミオヤ**の恩寵に依らねばならぬ。これ法を信ずる所以である。(13)

(二)法を信ず

法とは**ミオヤ**が子らを救護《くご》するの契機を云う。**ミオヤ**が子を養いて、**ミオヤ**の全きが如くに霊化するの霊力なのである。

前に吾人は**ミオヤ**の子たると共に人間の子である故に、一方には動物性に働き、本より必要なる心の働きも進化するに随って脱却せねばならぬ性能がある。**ミオヤ**の子たる霊性は動物我の奥底に伏在して容易に顕現せぬ。鉱中の純金の喩の如くに存在す。人類に進んだ我らも動物性に全生活を支配せられる。然れども伏能なる霊性は果実中に伏せる種子《たね》の如く機会を待って芽発せんとする霊の性徳である。

ミオヤより子らに対する法は、即ち、至心に我を**ミオヤ**と信ぜよ、我を愛せよ、我聖意に叶うように望めよと。

ミオヤは子らを愛する大慈心から四十八の本願を建てられた。一々の誓願は悉く一切の子らをして、**ミオヤ**の完全の如くに完からしむる法である。**ミオヤ**の全部を阿弥陀の名に表徴《あらわ》して子らに与う**アミダ**の霊号《みな》に**ミオヤ**の万徳を悉く備えたる名なる霊名《みな》を以て、**ミオヤ**を号《よ》ぶ時、子らは己が全部を献げて**ミオヤ**に帰命信頼す。

子を愛する**ミオヤ**の聖寵と**ミオヤ**の愛育する子らの信仰と契合し最親密なる契合するを得。

ミオヤの全心と子の全心と合一し契合し得らるるが信心である。**ミオヤ**と契合し得らるる性は本来、父子的の性能を有って居る故である。**ミオヤ**と契合し得らるる性能は有ってももし**ミオヤ**の召喚の声なる法に値わざれば子が自分から目覚むることは出来ぬ。

ミオヤを信ずるに二種の義あり。機の全般を投帰没入して我なしと云うのと、**ミオヤ**に帰して**ミオヤ**の中の我との二あり。甲は超絶他力主義、乙は具存主義なり。

超絶と具存。**ミオヤ**に帰命信頼するに超絶主義とは、真実仏性はただ如来にのみ存す。凡夫には仏性あることを許さず。凡夫は純然罪悪にて如来に投帰投入して毫も我に遺すべきなきに至るを旨とす。如来に投入したる上には本より何《いず》れに成し給うもアナタに一任して毫も私の関する処に非ず、故に自己のは善として取るべきなく悪として恐るべきなし。善悪共に虚妄なり、ただ真実は如来のみなりと。

乙は、衆生は本一大法身の大霊より受けたる霊性伏能す。然れども霊性の極く霊妙なるを顕わす為めに、初めに動物性の劣麁態《れっそたい》の中に霊性を伏能とし、劣等なる形気の方を準備的に発達させて、而して**ミオヤ**は一大法身の霊力妙用より報身如来なる万徳具備の**ミオヤ**の大愛を現わす為め慈悲の現われとして相好円満の霊態を現わして子らを摂受《しょうじゅ》し給う。

子らは**ミオヤ**の慈悲現たる相好円満と大慈悲の母の養《やしない》に養われて御子の霊性が現われ子としての霊性が漸々に現わるる様に為る。この身は**ミオヤ**の中に己《おのれ》を投入して了うのでなく己を通じて**ミオヤ**を認信す。我**ミオヤ**の中にあり、**ミオヤ**子の中にありとの信である。

信心のすがた

信は澄浄とて心の澄湛たるすがた。衆生信水澄む時は仏日の影中に映ず。**ミオヤ**の大日輪は永しえに霊界の中天に在《まし》して普く十方法界を照し給う。衆生の信心の水なき時はその影映ぜず。縦令高山の頂にても水なき処には影を止めず。また縦令底深き処にても水ある処に日影は映現す。よしや人間にして高貴豪族また博学多識の性にても信心の水なき時には**ミオヤ**の霊応は映ずることなし。人いかに智識理性能く発達し世界の事物に精通するも霊性の信水なき時は大霊現の**ミオヤ**を映ずることはできぬ。

たとい身はいかに卑賤にて無智鈍根たりとも真実に信心成ずる時は**ミオヤ**の霊応常にその心中に入って現わるるのである。また喩えば、一月天に在って影万水に映ず。湛潭たる大海水にもまた渓谷の泉にも江にも川にも乃至手跡の溜水にも草葉の露にても凡《およ》そ水ある処に月光映現せざることなきが如く、往昔《おうせき》大聖釈尊の聖意に現ずる**ミオヤ**の霊光、また文殊普賢《もんじゅふげん》、観音勢至《かんのんせいし》の聖意に映ずる**ミオヤ**の光も、善導源空《ぜんどうげんくう》その他大聖賢衆の心に輝く光も、乃至一文不知《いちもんふち》の愚鈍の尼入道の輩《ともがら》の信心中に感ずる処の霊応も決してかわることなし。如何にとなれば信心已に成ずる時はミオヤ常に我に在り、我れ常にミオヤに在り。かくの如くして始めて信仰の生活と云うべけれ。

豈《あ》に悦《よろこ》ばしからずや、文殊普賢、観音勢至の如きの大菩薩、善導、法然の如き聖者の心中の生ける本尊が即ち吾人の常住の本尊である。恰も往昔教祖釈尊入涅槃の夜半中天に輝ける月が今宵《こよい》我草庵の軒端を照す。月と空と他ならんや。況《いわん》や本来常住の月は永しえに照し亘りて信仰心水に入る。

活ける本尊

信仰生活に先《まず》第一に安置して離るべからざるものは自己精神に常住に安置すべき活ける本尊である。未だ活ける本尊安置せざるもの、正に信仰得たりと云うことを得べけんや。教祖釈尊時に涅槃に入らんとするに遺訓してのたまわく、我滅後諸の弟子展転《ちんでん》してこれに行せば、如来法身常住して滅せざるなりと。永遠に霊存の如来は一切処に遍在して衆生心水の中に在まし給う。また霊活の本尊備わらざれば、真の信仰と云うに足らずとせば、然らばいかにして活ける如来を我らが本尊として安置することを得ん。

答えて、霊活の本尊を安置せんと欲せば、須《すべか》らく先ず従来の主我罪悪我の巣窟を尽除して宇宙唯一の大霊の粋なるミオヤの霊応を勧請《かんじょう》すべきである。これ他に求むるに及ばず。従来我の非なることを信じ、至心にミオヤを信じて念々常にミオヤの霊の現われんことを祈念せば、必ずミオヤの霊は常に我霊性に在まさん。

仏教の精舎《しょうじゃ》また礼拝堂に本尊を安置するの意義は、何んの為ぞ。これ信徒の精神に活ける本尊を安置することかくの如くにせよと標榜するに在り。木石にて構造せる堂宇には、金石木像また画像等を以て本尊を表わす。活ける精神には霊活の本尊を常に安立すべきなり。

もし霊活の本尊が自己の主と為る時は一切の煩悩肉我の心意も悉く従僕と為りて、昨《きのう》の賊、今日の忠臣良民と為る。

観世音《かんぜおん》の宝冠(14)に常にミダの立像を戴けるは、蓋《けだ》し観世音は常住にミダを霊活の本尊として捨離《しゃり》せざることを表わしたり。もし霊活のミオヤ常に自己の頂上に存在する時は、神聖、正義、恩寵の霊性が自己の心中に輝き、自から精神生活に大なる霊感を与え、常に自覚し常に指導し常に光明への大道に向って進行せしむ。聖者観音の聖影を眺むる時は即ち念ずべし、観世昔は我らが兄たり、常にミオヤを信念して捨て給わず。我らは弟たり妹たりまた兄の如くに常にミオヤを念じて、ミオヤと共に在らんこと、一に観世音の如くならん。観世音はミダの長子、法王子としてすべての同胞等を指導してミオヤの聖意に誘引せんが為に出で給えり。

西蔵《チベット》の仏典に曰く、禅定仏の阿弥陀尊、大悲三昧に入りて、人仏釈迦を出して娑婆の迷子を教え、このミダに帰入せしめ、釈迦仏滅後、弥勒《みろく》の出世に至るまでは、法王子観音を使わして、仏法を護持し衆生を引導すと。

寔《まこと》にこれ、観世音はミオヤの長子として、全ての同胞をしてミオヤの聖意に帰命信頼すべく導き給う。我等は常に観世音がミオヤを戴き給うが如くに、常にミオヤを戴きて、聖意に仕え奉らん。これ信仰生活に活ける本尊を安置すべき所以である。

信の三階

ミオヤと子との知力的に関係を信と云う。知力と云うも信の真意義は宗教の意義を理解せるのみでは活《い》ける信とは云わぬ。正しく信のある生命はミオヤを我有《わがもの》とし、我ミオヤの有となるの真理を承認し、活ける信仰に入りて、初めて信の価値あり。信に三位を立つ。

一、仰信《こうしん》(15)。　天然素朴の信心
二、解信《げしん》。　理性的に真理を理解す
三、証信《しょうしん》。　実験証明

(一)仰　信

仰信とは天然素朴の人にも本来仏性あり、未だ顕動させざるも、伏能として存す。ミオヤの真理を聞いて一心一向に仰いで信じ、信頼する時は必ず救済に預ると平《つね》に思い込んで毫も疑いを挟まざるが如きは仰信と言う。実を剋して論ずれば、宗教的生命は決して遠きに求むべきに非ず。驀直《まっしぐら》に信じて一向に念ずる時は信に入ること速やかである。信仰を理屈の力にて真実を獲得《ぎゃくとく》せんと欲する如きは、還ってミオヤと遠ざかる如し。

信仰獲得の方法に就いては後ちに演《の》べん。今は信の伏能心を明すのみ。

往昔印度に一の老農夫あり。老いて死の近きを思い自己の死後を案じ、曽て聞く羅漢果を得ざれば、生死免れ難しと、我今云何《いか》がして羅漢を得んと。忽ちに発心して優婆掬《うばきく》多《た》(16)尊者の徳名を聞き遥かに尊者の室に訪ねて志願を伸ぶ。願《ねがわ》くば尊者よ、我が為に羅漢果を許せと。もし学識を有する漢《もの》ならば、羅漢果を得ることは、七賢七聖十四階級を経て初めて得、とても我が望みの叶う処に在らずと思うならんも、農夫は幸いにして無学文盲、羅漢位を得るの階級云何《いかん》については、一向に知らず。盲勇何の恐るる無く、直《ただち》に羅漢果を許せと請うた。尊者は彼が仰信の深遠なる必ず得度すべきを洞察し、羅漢を得んと欲せば我に随って来れと峨々《がが》たる山岳に昇り崖畔《がいはん》の老樹枝がつきのびたるあり、汝枝上に昇れよ、汝をして得度せしめんと。老夫は一心一向羅漢道を得んと欲して、崖下数千丈の危険を毫も意に介せず忽ちに枝上に攀上《よじのぼ》る。尊者命じてその枝に右の手を放たしめ次に左手、次第に左右の脚を枝より放たしむ。時に老夫口を以て枝を啣《くわ》う。漸くに尊者問うて汝が求むる処什麽《いかん》と云うに、老夫もし口を開かば枝より落ちて失命せんと云う如きの躊躇なく、我は羅漢果を得欲《えた》しと。老夫の仰信直に羅漢果を得て空に昇り、七多羅樹十八変を現じて得度の相を示し、即ち下りて尊者の為に謝礼せりと。

この話は信仰なき輩には児戯の如くに感ぜられんも、然れどももしこれ至純単直に仰信の心相が如上の談にて、至誠天真、人間を超絶して法爾《ほうに》として感応す。老夫が羅漢道を獲たる信を疑いもしこの談を聞いて一笑に附する如きの族たらば仰信は得て得難し。

(二)解　信

宗教上の真理を能く理解して信認すること、現代の如く百般悉く理を究め、性を明して事業を為す。また凡そ天下の事、一として理法の然らざるものなし。故に医業としても、生理、病理、治療法、薬学の如きを学び、その理に明らかならざれば治療を施すに由なし。また農業の如きも植物生理、また肥料の理化学的智識なくては文明的の農業は出来ぬ。宗教にもまた然り。神人の関係の如きを研究す。神学また宗義学あり何れも宗教の真の智識を得る処の学である。

解信とは理論的に宗義上のその意義を領解《りょうげ》して、自己の理性能くこれを承認して信ずるにあり。

『法華経』の信解品に、迦葉《かしょう》等の四大弟子等が仏陀と自分達との父子的の関係を能く領解して疑なきに至り、譬《たとえ》を以て仏陀世尊に告白せり。如来は本一切衆生の父にて衆生は子である。譬ば、ここに長者あり、その財富無量にして世に双ぶべきものなし。長者に子あり。幼にしてあどけなく、父の膝下を迷い出でて憐むべき乞丐《きつがい》と為り、貧里に彷徨せり。父は我子の乞食《こつじき》の中に在るを発見し、初めに不浄の掃除を為さしめ、父と漸く近づくに及んで父子相親しみしが初めに風采殊に厳《おごそか》なる家従を使わして、子を迎えたりしも、還って子は父のことを解せず、偽《いつわ》りて己を殺すに非ず哉と疑って遠く逃げ隠る。次に家従をして乞食に扮して相親しみ長者の邸に招き寄せて初めに不浄を掃除せしめ、父と漸く近づくに及んで父は子の為めにその実を明かし、父は子の為めに所有の財宝及び一切を譲与せる如く、如来は一切衆生の父である。然るに衆生は無明愚にして、如来慈悲の許を背き六道生死の街《ちまた》に迷いて貧苦を受く。如来娑婆の衆生の為めに、丈六弊垢の身を現じて衆生と共に在り。弟子等の為めに初めの煩悩の不浄を除くことを誓い衆生の機根に応じ随って、衆生は悉く如来の子なれば一として、成仏せざるは無しとの大乗の真理を明かし給うこと、一切の声聞も悉く如来の子なれば、必ず我等成仏すること疑い無しと深く信じて領解し信を立ったる所以を告白したるのが即ち『法華経』の信解品である。

今は正しく弥陀本願の真理を解して信ずる也。

ミダの慈悲は、無始より流転して自己の力にては出離すること能わざる迷子の為めに、四十八願を建てて正に摂取し給う。**ミオヤ**が子の為めに建てし本願、何とて疑いあらんやと能く領解して信ず。

聖法然の我と人と共に如何にして容易に得度の道を得んと、一代の聖経を幾度《いくた》びか繰り返し、唐土伝来の聖籍として披《ひら》かざる無く、年四十三歳の時、聖善導の観経《かんぎょう》の疏《しょ》に、行に就いて信を立つるの文即ち、「一心に専ら弥陀の名号を念じ行住坐臥に時節の久近を問わず念々に捨てざる者これを正定の業と名付く、彼《か》の仏願に順ずるが故に(17)」との釈文に依りて初めて弥陀の願意に通じ善導の意《こころ》口称の念仏は弥陀の本願に順ずる故と云う、故と云う文に深く真意の有ることを明らかに了解して、弥陀本願の念仏を以て往生の行と深く信じて一切の業行を抛《なげう》ちて、専ら念仏の一行を修しここに一行専修の念仏宗を開き給うに至れり。これ聖法然の解信なり。

聖聖光《しょうこう》(18)。聖法然に師事して浄土の法義を学ぶこと年久し。師の三心四修五正行等の浄土の宗義を領解して深く信を立て、鎮西に帰りて法然上人の立義を拡張せり。また良忠上人は聖光上人に稟受《ほんじゅ》して、浄土一教の安心起行の流義を領解し、授手印の領解文を認《したた》めて自己の解信を告白せり。かくの如く宗を立て流義を汲むに就いては夫々《それぞれ》、心理と起行等の要義を領解して信を立つ。然らざれば宗義を伝うるなし。これ伝承的の信仰として必要欠くべからざるものである。

信仰に流義や伝承的の信仰や歴史的相伝的の信仰には流義の解信を重《おも》んずる。真宗の如きは当流の安心はと云わば、これ流義を相承する解信である。

解信と仰信

解信《げしん》。門外より始めて宗教の入門としては宗教の意義を理解せざれば宗教に入ること能わざるを以て、人々は宗教理論的の解信を要す。已に入門して流義の安心起行を会得せんには、またその流義解信を要す。真実宗教の生命には、解信と仰信との二つありて、必ずしも理論的の領解を要せざるも可なり。

人には本来伏能即ち生れ乍ら霊性具せる故に必ずしも、理論を待たずして、仰信的に真実の宗教の生命は得らるるものなり。卒直仰信が還って生命ある信仰を成ずるなり。されば聖法然の我は烏帽子もきざる法然房也。黒白《こくびゃく》をも童子の如く是非も知らぬ無智の者なり。ただ念仏往生を仰いで信ず。釈迦は念仏して往生せよと勧め、弥陀は念仏せよ来迎せんと仰せられたり。この一事を信じて余事を知らず(19)と。

また、法爾の道理と云うことあり。炎は空に昇り、水は降りざまに流る。菓子《くだもの》の中に酸きあり、甘きあり。これ等は皆法爾の道理なり。阿弥陀仏の本願は名号を以て、罪悪の衆生を導かんと誓われたれば、ただ一向に念仏だに申せば仏の来迎は法爾の道理にて疑いなし。

また念仏中には全く別の様なしただ申せば極楽へ生ると知って心を至して申せば参るなり。また煩悩の薄く厚きをも顧みず、罪障の軽き重きをも沙汰せず、ただ口に南無阿弥陀仏と唱えて声につきて決定往生の思いを為すべ(20)しと聖法然の示し給う処仰信なり。

仰信と解信に就いて喩を以て演ぶれば、信仰は心霊を養う糧《かて》であるが、この肉体を養う食物に例して見れば、この食物が什麽《どんな》の理化学作用から吾人の血肉と為りて身命を支え行くのであるか学説として詳細に解せんとすれば容易でない。先《ま》ず食物の蛋白質、脂肪、澱粉、繊維などは植物や動物の肉とか皮とかから取ったのでこれを摂取してこれを噉いて胃腸にて消化して身体中の一切の細胞に悉く配当して血や肉として生命を続けて居ると先ずこの理学上の研究となると先ず解剖学も、生理学も、心理学も、充分に学ばざればならぬ。また植物学、動物学、理化学、機械学等の一切の科学の智識がなくてはならぬ。

然らばかくの如くに智識を以て食物消化の理が了解せざれば、食物を消化して営養と成らぬものならば世界に全く是等の食物を消化して血肉と為りて生活し得らるる者幾人かある。然るに事実は然らず。自分の営養機能の智識もなく、食物の物理や化学の学説は一向に智識なき労働夫にも充分に食い立派に消化して血肉を作りて働きつつあり。心霊を養う理に於ても同一である。宗教上の理論は食物の学説のような物である。仮令宗教大学を卒業して説明としては立派にまた理論としてはいかにも精通したにもせよ。もし全く心霊を養う霊的養分を正しく享受するにあらざれば、心霊の生命とはならぬ。真の信仰生活は出来ぬ。

解信は霊的食物と消化の理を知るに過ぎぬ。もし全く自から食するに非れば霊に活きることは出来ぬ。労働夫が立派に肉体を養い力強きが如く、宗教の学説智識に乏しき愚夫愚婦にても、一心一向の単直仰信を以て驀直《まっしぐら》に進みたる信仰が還って霊の実質に豊富にして立派に光明の生活に入るのである。これ仰信の出来た輩である。聖法然が法爾の道理ありて一向に念仏申せば助かるとは、理化学等の智識なくとも、滋養物を食すれば扶持すると同一である。解信は理論学説として解し得るので仰信は理解に依らずして直ちに仰信して、霊の営養分たる念仏を実修するにあり。

仰信催眠感応の例

全体現代は人文大いに進みて、百事学理に基き科学の証明なくば、一切信を措くに足らずと云う科学万能主義とまで為った位で在る故に、己が理性または経験の範囲を越ゆれば宗教のことまでも承認できぬ様に為った。然るに霊性上の事は理性を以て判ずることは出来ぬ。人間の精神を二つに分けて天性的と意識的として天性をアラヤ識とすれば意識は第六識である。天性は小児が大人と成っても同一である。意識は幼稚な状態から段々と発達して初め人間上のことが解からなかったのが経験を経るに随って益々事理に明るくなる。意識は自己の理性の範囲外の事は承知せぬ信じない、そこで或る患者やまたは性癖を矯正するに催眠術を施こす事がある。もし人が全く天性にして、人間的の理性的意識がなかりせば、術者の闇示を直ちに受くれば催眠の必要はない。然れども多くの人は然らず。中々に人間的の意識が発達している故に闇示を直に受難い。依って止むを得ず、狐疑の主人たる意識をして眠らす外はない。天真なる天性は眠るものでない故、その物に闇示を与えると彼は真に受るから能く感応してその性癖をも矯正することが出来る。人間としての意識は必要なれども、超人間界上の事には寧《むし》ろ碍《さわり》をする。世間の意識は昧然たる人にして一向の信仰にて種々の感応を現わすあり。

高等なる心霊上の信仰に於ては、理性の範囲を超絶したる事なれば、如何に高等なる賢哲たりとも、大なる**ミオヤ**の法令の下には仰信するの外なし。故に聖法然は、たとい一代の法を能く能く学すとも一文不知の愚鈍の身に為して尼入道の無智の輩に同うして智者の振舞をせずして、ただ一向に念仏すべし、と。これ仰信なり。

(二)証　信

宗教上の真理、即ち如来の実在を実験実証の上に立つる信仰である。基教にて、聖霊に感じまた啓示を被りし如き、神の実在を証す。仏教にて仏智見開示も、また悟道見性等或《あるい》は念仏三昧発得し、光明を見、仏の相好を観見するときの如きを云う。

聖法然『三昧発得記《さんまいほっとくき》』に、別時念仏《べつじねんぶつ》、初日光明少し現じ、第二日、水想観自然成就しまた瑠璃地相少し現じ、第六日後夜に瑠璃地及び宮殿《くうでん》等の相現ず。二月四日早晨《そうしん》に復《また》瑠璃地現ず、或は赤青色《しゃくしょうしき》、宝樹あり、或は四、五丈或は二、三十丈、その相宛《あだか》も経中の所説の如し、或は極楽衆鳥並に笒笛等の音を聞き、その後、日々種々の音声を聞く、或は阿弥陀仏及観音、勢至等現ず。上人入寂《にゅうじゃく》に近づき、弟子等、三尺の弥陀の像をむかえ奉りて病床のみぎに立て奉って、この仏瞻《おが》めましますやと申すに、上人指にて空を指して、この仏の外にまた仏まします。瞻むや否や、と仰せられて、即ち語りて曰く、「凡そこの十余年已来念仏功積りて、極楽の荘厳、及び仏菩薩の真身を拝み奉ること常のことなり。然れども、年頃は秘して言わず。今最後に望めり、故に示すなり」と。

唐の聖善導《ぜんどう》盛んに教化《きょうけ》を施し給う頃、懐感《えかん》(21)禅師と云う学識高き僧あり。これ法相の学者なり。聖善導の念仏往生の教化を聞きて、大に疑惑して導師に問うに、為に念仏三昧の法を教う。禅師一心に三昧の法を修して三年の後ちに三昧成就して、白毫《びゃくごう》の光を感じ、後ちの釈疑の為めに『群疑論《ぐんぎろん》』を著わす。当時導師の化度により、老若男女を問わず、仏及び浄土荘厳《じょうどしょうごん》を見、光明を拝む者数を知らずと。証信必ずしも難しとせず、至誠に一《もっぱ》ら念仏して止まざる時は必ず成就す。

また縦令《たとい》、仏の相好光明及び荘厳の相を観見せざるも、深く信じて大慈悲心を感じ、また仏心と相応して法悦を感ずる如きに至れば実験の信仰である。必ずしも好相観見を要せず。人の精神の奥底に伏せる霊性開発して、精神一転し霊に復活する時は自ら霊感を得て証信に入る。

無生忍を得、また種々の三昧を発す如き、何れにしても信仰の実感を得たるはこれ証信の分と云うべし。

仰信より証信に至る、何れにしても、信じて疑《うたがい》なきに至れば正に信を得たるものと云うべし。

愛

宗教的感情の愛(22)ほど不思議なる物はなし。いかにとなれば、世に如来ほど尊《とう》ときものはなしと、絶対的に崇《とう》とき高き高き限りなきまでに尊とく恭敬《くぎょう》しながら、親しき近き自分を放すこと能わざるまでに親近せし実感なればなり。実に如来は神聖にして侵すべからざる一切に超え給える独尊として衷心に信じ乍ら、恐れもなく憚《はばか》りもなく寝間に寝乍ら心の懐中に抱き、親子の間に於て明し兼ねたる胸の奥まで打明て語る。さらば軽蔑するかと云えば決して然らず、寧ろ真実に尊敬するなり。それを何故然るやと問えども答うる能わず。それに親密の親子の情ありて、割ることも離るることも不可能なる仲とや云わん。されど世の中にはかくの如き不可思議なる感情の能力を、一向に経験せざる人も多からんと思う。

愛は我と他とを同一視して、彼が憂苦《うれい》を已が憂苦とし、他の喜楽《よろこび》を我が喜楽として感じ、自他を以て異身同体の如くに利害苦楽を共鳴するものは愛なり。故に愛は情を以て、我と彼との間を親密に繋ぐ所の情緒なり。普通この情の最も強きものは親と子との間に於て見ることを得。また相憶い合う異性の間にも現わるるなり。生理の自然として愛の最も深きものは母と子との間なり。両者は温かなる血を以てより合い、愛という情の糸を以て繋ぎ合う。また世には両者の間を親密にして、水も洩らさぬ計りに濃《こま》かに繋ぎて温血の通いつつあるは、相愛し合う異性同士の間に行わるる愛なり。然れどもこの異性の間に繋ぎ合う愛は、生理的の肉より発する或る幻《まぼろし》の如き恐しき力なり。なおこれ等より一層微妙にして深遠なる、最も霊妙に最も高尚にして而も神秘的に彼と我との間を親密に最も強く最も堅く結び合うて離るることなきものは、如来と我との間を繋ぐ宗教的の感情の中心霊の愛なりとす。

神人合一とか、生仏一致とか、または大我小我の冥合等は、大なる愛と小なる愛との繫合の力なり。実に本心に彼を愛して、その絶頂に達する時は、自己の心全体は偏《ひとえ》に彼を憶う念のみと成り、愛者を念う心の余裕は毫も見出す能わざるに至る。それ仏を余念なく念う所より我が心全体が仏と成る。然る時に仏の方よりもまた此方を愛念し給う心より外なからんと思う。

「仏法の大海には信を以て能入と為す」と経に示されて、信は全く如来の実在を信じアナタは我等が慈悲の父と信ずるより、一心のすべてを献げて帰命信頼することを得。信より進み入りて感情の真髄に、アナタは我が有《もの》、我はアナタの者と親みの深き愛と為りて、我はすべてに超えて、アナタを愛すと叫ぶ時に、親と子との間に霊《きよ》き血を通わすなり。故にアナタは我が父なりと信ずるも未だ以て活きたる信仰とは言うべからず。如来を全く我有として感情的に愛慕憶念して、常に心の妻に繫《か》け、捨てんと欲するも捨ること能わず、宗祖の「我はただ仏にいつかあふひ草心のつまにかけぬ日ぞなき」ただは余念なく遇いたさに恋焦れおることにて、アナタを信ずる心はいかにも清けれど温情うすく、アナタを愛すと云《い》うに及んで何とも言《いう》に云われぬ親しみとなるなり。喩えばここに二人の子を有てる母ありとせよ、二人の子等が共に彼は我母なりと云うことを信じて疑わざれども、一人は深く母を愛して片時も忘れず、一人は少しも親しみおもいの情なし。母はこの二人の子の中に何れを頼母《たのも》しくおもう哉と云わば、母を愛する方を末頼母しく思うは勿論ならん。これ二人共に信ずる事は同じけれども、一人は愛あり一人は愛うすし。我等が如来に対するもまた然らん。仮令真実に深く信ずとも、深く愛する情なければ衷心よりその美を称する能わず。真実に如来を愛する時、我全体が自ずと如来に同化せらるるなり。如来は大慈悲の中に衆生を摂めて離さざるなり。故に我等も如来を愛するを以て本とし、厚く信仰すべし。

宗教的の霊き愛を発達さするにも順序あり。また甚麽《どん》な風に愛と云うものを発するか。人の親子の情に於けるも胎内より生れ出でし時には左《さ》までに濃やかなる愛情はなけれども、哺育鞠養《きくよう》する程に何日と云うことなく可愛さが濃やかになるなり。小児の方よりは無論生れて初めは眼も視えず耳も聴きわけなければ母を愛慕する情も未だ出でず。哺乳されて発育するに随い母の顔を見分けるように為れば、母を頼み子を愛するに至る。如来と衆生との間に於けるもまた然り、未だ霊性の眼も見えず耳も聞えず**ミオヤ**を慕わしいとも思わざるなり。されど小児が泣く声に母の乳房が含まされる如く、衆生口に名《みな》を称して念ずる処に如来の慈愛の法乳《ちち》は感受するを得べし。良久《やや》しき後には霊性が長養《やしない》せられて、母子的の愛の如くに、慈愛の親を慕う心を発すに至る。朝夕の礼讃や平生の称名、または知識よりの養いは皆霊を養う資糧たるなり。我等は赤子なり。大なる慈愛の懐《ふところ》に常に抱れつつあるにも拘《かか》わらず、未《いま》だ母の懐かしい面《かお》を見ること能わず。依って

「我はただ仏にいつかあふひ草[23]」と常に如来を葵《き》傾《けい》して心の妻にかけて忘れざるなり。

「ただいつかあふひ草」の愛慕の情が自己の中心より出でて、如来より霊の増長を欣《ねが》う原動力なり。如来は真なり美なり。その最高者に触れんと欲する我等は、益々《ますます》高きに憬《あこ》がれ、弥々《いよいよ》美に恋して止まざるなり。

宗教心の奥底に輝ける不思議の光は霊なり。その血は愛なり。それが霊の生命なり。それは大なる如来と衆生の霊とに依りて互に血を通わせり。さはあれ彼は初の程は雲に隠れし月の如くに、中々にその麗わしき容《みかお》を現わさざるなり。彼に遇うことは実に容易ならず。逢坂の関は最も難関なり。かくの如くして弥々恋しさを増す。ここに於て大師の如くに心を傾けて、寝ても覚ても忘れられずして葵傾して止まざるなり。それを心なき世間の人はいかに思うらん。上天《てん》に音もなく臭《におい》もなく貌《かお》も姿も見えざる者を、甚麼《どう》してかく恋するかと、狂気の如くに思う人もあらん。然れども宗祖よりこれを見れば却ってその反対ならん。世の中にこれほど大なる、これほど諦《あきら》かなる者はあらず。加之《しかのみならず》世にこれほど霊なる美なるものはあらじ。然《しかる》に何故世の人はこれを愛しこれに触れこれを我有にせんとして慕う心を発さざる。

彼は実に美なり愛なり。我等が霊性はこれを愛慕して益々高遠に導かる。彼は最も遠きに在て而も最も邇《ちか》くして、常に我等を向上せしむ。彼を葵《き》心《しん》し愛慕するは奥底の霊性より衝動する力なり。霊性が如来を愛するは同性相吸引する自然の勢力《ちから》なり。他人より「彼を忘るる勿《なか》れ」と命ぜられて初めて動く力に非ず。自分忘れんと欲するも能わざる霊的の衝動なり。それが如来を葵傾して慕わしさ恋しさの禁じ難き情なり。

如来と衆生とは元来親子なりしが、一たび親の許を迷い出でたる我等は、再び親子の対面に依りて、愛情厚き親の慈悲をうけ、真《まこと》の仏子と為る因縁を、『楞厳経』(24)の勢至円《えん》通《ずう》章を引て述べん。

宗祖の本地と仰ぐ勢至菩薩《せいしぼさつ》が『楞厳経』の説会《せつえ》に於て、数多の仏弟子及び菩薩衆と共に、世尊の命を蒙りて過去に初めて無生忍を得し因縁を告白さる。

「爾時《とき》に大勢至法王子がその同倫《ともがら》の五十二の菩薩と共に、即ち座より起ちて世尊の足を頂礼《ちょうらい》して仏に白《もう》して言《もう》さく、我昔恒沙劫《ごうじゃこう》の事を憶うに、仏が世に出でまして無量光と名づく。相継で十二の如来が出現ましまして最後の仏を超日月光と名づけ、彼《か》の仏我に念仏三昧の法を教え給いき。その法とは譬えばここに二人の者ありて、一人は専ら常に憶念して忘れず、一人は専ら忘れて毫も憶わざるなり。この二人が、もしは逢わず、もしは見、もしは見ずとあり。もし二人が相憶い合いて両方共に憶念が深ければ、生より生に至り、形と影との相乖異せざる如くに相似たり。実に如来は衆生を憶念すること慈母の一子を憶うよりも甚だし、然るに母がいかに子を憶うとも子の方より逋避すれば云何《いかん》とも致し方なし。もし子の方より母が子を憶う如くに、母と子とが相憶い合うて、縦令《たとい》多生を経ても相違《あいたが》わず。衆生が仏を憶念して忘れざれば、現前にも当来にも必定して仏を見ん。されば仏を去ること遠からず、余の方便を仮らずとも自《おのず》から心開きて仏を見るべし。恰《あだか》も香に染まる身は香気あるが如し。これを香光荘厳《こうこうしょうごん》と名づく。」頌《じゅ》に曰く「我本因地に念仏心を以て無生忍に入る。今この界に於て念仏の人を摂して浄土に帰る。」

　これを宗祖の本地たる勢至菩薩に例せば、親思いの子が親の念《おも》いに育《はぐく》まれ霊に生れ更《かわ》りて無生の悟りを得給えり。親を離れて子の成長すべき理なければ霊が動き初むれば親を愛する心を止めんとして止むべからざるに至るべし。

　人間には肉の性と霊の性とありて、肉の感情に於て異性に対する愛は最も馥《かぐわ》しき生命を有せり。世には恋愛の為に身をも命をも惜まぬものあり、また失恋の結果自殺さえする者あり。古往今来恋愛の為め懊殺せられ、痴愛の為め悶死せし魂魄宙に迷うもの幾千《いくばく》ぞや。また胸を焼き思《おもい》を焦し、内に燃ゆる情の火より恋の詩と表われ歌となり、随分百人一首などを見ても恋の歌は少なからず。苟初《かりそめ》の色にだにこうまでに身命を惜まざるに於けるをそれに比ぶれば、霊性が永恒の生命を共にする大愛の権化たる如来に対して、神的霊味に触れ、無上の霊界の美人に接せんと、[25]恋慕の念を生じ、一心に如来を見んと欲する恋慕の情の深き、身命をも惜まざるに至るは敢て怪しむに足らず。これを愛仏的恋慕と云う。肉の性が自己の情に適いたる異性を最も深く愛する時は恋の為には命さえ賭して我物にせんとす。

況《いわん》や絶対無上の霊界の美人なる如来に、満天満地の愛を注ぎて恋せんと思う時は霊性ある我等何ど愛慕の念を発さざる。弥々霊界の美人を見ん為には益々恋愛の情が昂まり、遂《つい》には如来の霊に接触して、それを我有《わがもの》に為さんとす。然れども、そは容易の事に非ず、ここに恋が叶わぬ事なれば、寧ろ死するに如じと思わるるまでに到らざるべからず。

肉体に於ける子供の時には、世に母親ほど慕わしき物はなし、小児は全精神を母に一任して依頼を懐《いだ》けり。宗教心もまた然り、初心《はじめ》には小児の母に於ける如く如来に依頼し、生死の苦海に沈みて永劫浮ぶ瀬のなき我等を救い給うは如来の外に在まさじ。この小児の如き霊性を養育して、成長なさしめ給うは、大ミオヤのみなり。故に子が母を愛慕する如くすべし。然るに子女も成長するに随《したが》いて、成年期に近づき、母の許を離れて独立せんと為るに至れば、漸く異性を要求する自然の性情を有せり。宗教に於ける感情もそれに例する如き心を発す。如来は啻《ただ》に苦界より救済を仰ぐのみに非ずして、自己の霊的感情の奥底まで満足を与え給うなり。宗教心が向上して如来の絶対的に円満なる霊格なることを信ずるに至っては、それに対して欽慕の情を生ずるなり。また如来は衆生の感情的最高最美の極みにまで誘導せんと欲して、美と愛との最上の相好を現ず。これ如来が衆生の心霊を開きて、真善美の極に到らしむる目的なり。感情を最上の美と愛とに為さん為なり。感情最美なるものは、如来を愛する心なり。如来を深く愛して、その大愛の中に、己が全体を没入して、如来の愛と自己の感情とを融合す。これぞ如来無縁の慈悲として、我等を摂取同化し給う仏の力なり。我々の宗教心が成年期に至れば、愛慕の念を発して如来と同棲せんとして止まざるべし。これ宗祖が「苟初《かりそめ》の色のゆかりの恋にだに遇ふには身をも惜みやはする」と霊の愛の深きを詠み給いし所以なり。

人の精神生活に三階ありとは前に演《の》べたり。愛の感情にもまた三階に分けることを得。初めに天性より発る愛は肉体本位の我れなるが故に、愛する物も随って卑し。ただ肉体に満足を得る物を愛す。即ち我妻我子、また肉の生活を資《たす》くる金銭財産等を無上のものとして愛す、就中《なかんずく》、最も中心と為るものは異性に対する愛なり。

次に理性我になれば、高等なる理性より出づる愛なり。そは天性より発るものよりは広くして、人類その他の生物に対してまでも愛する仁慈《なさけ》とも為り、または君を愛し国を愛し、乃至広く一切の人類を慈しむ愛ともなる。これ等の美しき愛情は、世に所謂忠と云い孝と云われ、自己の本心の愛より出ずる真の忠孝なり。愛国者が国の為には肉の幸福を犠牲にし、また人類を愛する衷心より、自己を忘れて尽瘁《じんすい》する仁人《ひと》あり、これらは理性より出ずる感情なり。また孔子が「賢を賢として色に易えよ」(26)とは世には愛する好色の為に、己がすべてを献げて熱注するあり。もし賢人を愛すること好色の如くにせば、自分も賢人に愛化して賢人と為ることを得るは、これ孔子が自己の衷心を告白せしと同じく、また哲学者などが真理の知識を愛するには寝食を忘れて研究に腐心するを以て或る学者は「哲学とは知識を愛する学なり」と云えり。総て人は自己の衷心より物を愛するには、生命をも献ぐるを辞せず。否《いな》、愛を人の生命として活くるなり。これ等は対象に高低あるのみ。

次に霊性より発する愛は最高等なる理想なり。宇宙最上の美と愛とを有する如来を愛す。如来は宇宙全体の至純至精至微至妙なるものなり。この如来に接触するものは、その霊性を開発せし人にして始めて接触することを得。自己の情に契う肉体の異性に、愛を献ぐることを悦こぶ如く、霊性は霊的異性とも云《い》うべき神即ち如来を愛す。これ宗教的真の愛なり。

愛と云う不思議な感情は、元来云何なる意義より生物に賦与せられしや。大御親《おおみおや》の聖意《みこころ》なれば衆生の小智を以て測ること能わず。もし試《こころみ》に云わば、「愛の目的は生命を保護する天使なり」と。されば愛は生命なり。天性的に人が已れの身を愛しまた生命を愛す。もし身命を愛する心無からんには、彼は自殺するならん。人は思想卑《いやし》ければ卑き或る物を愛する為に活きて、異性を愛する性情が賦与せられたるは、その種族の生命を保存する為なり。もし異性を愛する愛なかりせば子孫絶ゆ。肉の愛はすべて肉の生命保存より出ず。理性の愛は範囲極めて広し、或は国家を愛し民族を愛し人類を愛す。もし理性の愛なかりせば国家の生命民族の生命亡ぶべし。また賢人哲人などが知識を愛する性情なかりせば、高尚なる学術真理の教《おしえ》は世に起らざるべし。宗教家は神即ち如来の真理を我生命として愛し、真理の光明の宣伝に命を献げ、而して我と人と共に宇宙の大愛に繋《よ》りて生命を共にすべし。霊性の人は大霊の命を我として永遠の生命を愛し、これが為に或る場合には肉の生命を犠牲にすることを辞せず。

霊性の愛は如来を我とする愛なれば一切の衆生を矢張り自分と同じ様に愛す。この愛無ければ衆生の麗わしき生命を失う。故に菩薩は自ら誓って衆生を度す為に愛情を捨てずと云い、この愛を進めたる終局は仏の無縁の慈悲と為る。また我らが仏に成るも仏を愛する性情を有するによる。もし仏を愛する心なかりせば、我らの愛は永久に亡びしならん。これ愛の目的の極めて広き所以なり。

我曹《われら》は如来を離れては霊の生命なし。恰も太陽を離れし地球の如し。我らの心霊の金剛石に輝く光は仏日の反映なり。我《われ》らはすべてに超えて如来を愛す、如来はまた我を愛し給う。

さて全体極楽を欣《ねが》う動機は那辺にありや。極楽の快楽無窮を聞て、その楽《たのしみ》を獲んが為に極楽を楽《ねが》うや。将《は》た弥陀の霊格を愛してその慕《したわ》しさに如来と共に在らんことを希うや。卑近な例を以て云わば、某《それがし》の女が某の家に嫁するに、その女が夫の人格を愛してそれに嫁せんとするか、また夫の人格に拘《かか》わらず家の財産とか家柄とかに望みを以て嫁せんとするか。前のは夫の人格を本位とし、後のは家財産を目的としたり。願生の動機に於ても、ただ弥陀の人格を本位として生命を弥陀に投じ、弥陀と共ならば仮令地獄の火坑をも悦《よろこ》んで入ると云う如きは、弥陀の人格を本位としての願生なれども、ただ極楽の快楽を貪ぼりて欣うと云うのは、愛楽目的の信仰なり。世間の相愛し合う両名《ふたり》の仲に、仮令火の中水の底までも、彼と共ならば厭わずと云う如く、愛する弥陀と共ならば、地獄の火の中に入り或は氷に閉じられても厭わざる決心を要すそこで無限の快楽を感ず。愛は生命なり。本心に弥陀を愛する中に於て最大の幸福と最上の満足とを感ぜらるるなり。宗祖に対しても然り。宗祖は人中の弥陀なり。宗祖の人格を愛する処より宗旨をも愛するに至る。宗祖の人格を通じて弥陀の霊格に触れ、弥陀の光明に依って自《みずか》らの人格を形成するなり。自己が弥陀の霊格に同化する時は、十方界至る処として浄土ならざるはなし。故に弥陀の人格を愛慕し、如来と共に常にあることを欣うなり。

弥陀を愛するは道徳の源《みなもと》なり。道徳は、経書の研究及修身学の講義にて暖《あたたか》なる道心は決して発らざるべし。我とまた有らゆる人との間に温熱ある慈愛の通う処よりして、真実に人を愛すること我身と同じ様に感ぜしむる、これ慈悲喜捨と云う仏子の心なり。我らが心の根底に横《よこた》わる如来の大慈悲を我心とし、平等の愛に同化せられて次第に仏子の心を発達す。ただ自分のみを愛する人は他を忘れ他を排し、知らず知らず不道徳となるなり。故に真に如来を愛して如来の心を我心と為る時に、真の道徳の心情は起るなり。如来は無条件の慈愛《なさけ》を以て凡《すべ》てを摂め、温かなる懐《ふとこ》ろの中に容れて、煩悩の心をも美化して安和を与え給う。如来は太陽の無為に照して地上の生物を愛育する如くに、永恒《つね》に大慈の光を以て衆生の心を徳化するなり。故に如来を愛してこれに同化したる人の愛は、世の為人の為に最美の努力を為して、他人が毀《そし》ろうが誉《ほめ》ようがかかる事には関せず、ただすべてを愛するより自己の職として竭すものなり。

弥陀を愛するは美の極みなり。有らゆる世界の麁《そ》を捨て妙を撰び衆生の悪を排して善を取り純粋の善至純の美を以て荘厳するは弥陀の霊国なり。霊国とは清き聖意の現われなり弥陀の聖意を離れて浄土はなし。その聖意とは大慈愛《おおみなさけ》なり。愛と云う美の極が感覚的に現われて光赫焜耀《こうかくこんよう》としては微妙奇麗《みみょうきらい》なる浄界と為り、これを感情に享《う》くれば熙怡快楽《きいけらく》極りなき楽園と為り、その大慈愛の中に溶入する時は此処《ここ》に在り乍ら実に清浄の霊感極みなく、歓喜と妙楽は油然《ゆうぜん》として涌き出ずるなり。かの浄土はこの大慈愛の全体の現われにして、此処《ここ》には如来を愛する理想のみに現わるるなり。如来に融合する時は、神は浄土に栖遊び、八功徳池《はっくどくち》に心をすませば、調和冷煖《ちょうわりょうなん》にして自然に意《こころ》に随い、神《たましい》を開き体を悦しめ心垢《こころのあか》を蕩除す。清明澂潔《しょうみょうちょうけつ》にして浄きこと形なきが如し。宝沙映徹《ほうしゃようてつ》して深しといえども照さずと云うこと無し。微瀾《なみ》は廻流《めぐりながれ》し、安詳《しずしず》として徐《おもむろ》に逝《ゆい》て、波は無常の妙声(27)を揚ぐ、その所応《のぞみ》に随って聞かざる者なし。乃至如来の愛に溶容《ほだされ》たる心には三塗苦難の憂《うれい》なく、ただ自然快楽の音のみあり。彼の浄土は死後とのみ思う勿れ、如来の中に念《こころ》を融け入れば、経説は我心の実感とはなりぬべし。我として愛すればかく総ての階級に通じて、愛は生命にて、生命は愛にありと云うべし。

総ての階級に亘りて相愛する異性を得れば、その愛する者を我物として夫婦同棲し、それと生命を共に為んことを望む性情あり、肉体にては自己の情に適する者を愛して、それを我有として同棲せんことを望む。理性には賢人を慕うて止まず。霊性が霊界の神格を愛して我有とし、我生命をも献げて一体不可離の関係を得ざれば止まざる情を発す、これ霊の恋なり。肉の愛は生理に規定せられて、畢竟種族保存の自然より衝動す。霊性が如来を憧憬するも、霊的衝動より発する高等なる感情なり。肉体が両方の愛を合体して新らしき生命を生む。子を産む如くに、霊性が如来を愛慕し、霊応《みこころ》に感触し、神秘冥合の妙用よりして霊き生命を生み、かくして聖子と為る。この神秘的合一を得んが為め、準備として発するは霊の恋なり。この霊の恋は最高尚にして、深遠に微妙不可思議なる感情にて、宗教的天才の胸中に熱烈に活動する力なり。彼は己が霊き生命の緒を神の愛に縛《むす》びて、幾重にも幾重にも結びつけ、いかなる事情の下にも永遠に繫《つな》ぎつけて断絶することなきを楽う情なり。我は無上の最高者と結びて、永遠に割なき仲と為ることをまたなき幸福として自ら悦ぶに至る。如来は智慧と仁慈と及び万徳円かに備わりて微塵許りも欠点なし。かかる霊格が無上の愛を以て我を愛し給うと思えば、我らは全生命を献げて彼に容られんことを欣う。我はあなたの物なればまた如来は我物なりこの霊的結婚は永遠に離婚の患《うれい》なき約束なり。かくて寝醒《ねてもさめても》離るることなし。而して彼は何時も我為に有らゆる娯楽を与う。彼は無尽の持参金を以て我に来れり。我の無限なる心霊上の幸福は悉く彼を齎《もた》らし来る賚《たまもの》なり。我の忿《いか》るとき彼は無量の慈《なさけ》を以て我を宥め給い、我憂いに沈む折は彼は無限の福音を以て我を慰め給う。我が日々の作業に非常なる力を与え、最も弱き我に最も強き力を加え。我は現在を通じて永遠に最高者と同棲することを得るは無上の幸福なり。かの傅大士が、

「夜な夜な仏を抱いて眠り、朝な朝なは還《ま》た共に起き、語黙居止を同うし、座起鎮えに相従う、繊毫も相離れず、形と影との如く相似たり、仏の去処を知らんと欲せばただ這《この》語声これなり」(28)

孔子が「賢を好むこと、色に易えよ」と。霊性に於ても、霊性の発達せる仲間の愛情は古今同様なり。

古今の偉人みな仏を慕う。宗教の中心真髄は感情なり。真摯《まじめ》に霊の生活を求むる人は霊的人格の如来を慕うて止まざるべし。されば教祖世尊入滅の後已に前師に後れ未だ当来の弥勒世に出でず。この中間に在りて人あるいは石窟に入りて慈尊の出世を待ち、または龍神の身[29]と為りて龍華の暁《あかつき》を期す。然るに大乗の門開くに曁《およ》んで正に真実の義を彰《あらわ》す。縦令娑婆出世の仏陀を待たずとも西方の浄土に往かば弥陀現在して説法すと。何ぞ徒らに無数の時間を失わんこの法門開くるや大旱の雲霓《うんげい》を望むが如く、文珠普賢を首《はじめ》とし龍樹天親等の諸大士、及び諸の賢聖衆《げんじょうしゅ》より、乃至一切の階級に亘りて現在説法の仏を慕い、浄土に望を期する者甚だ多し。また一方には法華真実の道に入れば、必ずしも死後の西方に往かずとも、常寂光の浄土には常在説法し給えり。浄土遠からず一心に仏を見んと観じて、身命を惜まざればここに現じて即ち説法すと。弥々《いよいよ》進んで弥々不思議なり。現身のまま見仏[30]を得る所以は、実には仏と衆生と本来真実の父子なれども、未だ吾ら赤子にして親を知ることを能わず常に仏と共に在り乍ら見えず、もし親の慈愛に育まれて霊性さえ開くれば、懐かしき御面を瞻《おが》むこと疑いなしと。『法華経』に説く処の本仏と云うは、即ち弥陀無量寿尊の事なり。故に彼《か》の西方の浄土の如来と、吾らが此処《ここ》に在りて瞻むことを願う如来とは本来一体なり。

　古今を問わず自分の麗わしき宗教心が発達すれば霊的人格の如来を欣慕《ごんも》して忘るることと能わざるに至る。実に如来の御図《みはか》らいは不可思議なり。縦令《たとい》命を捨つるも、現世に於て仏を瞻んことを恋慕うものには、此処に現れて説法し、またこの世にては迚《とて》も及ばずとて、彼処《かしこ》に到りて現在説法の会に列らんと望む者の為には、彼処に於て瞻上《みたてまつ》ることを得。実に如来の在まさざる処なきが故に、父子相見の機縁熟したる処に於て面見することを得べし。

　如来の麗わしき相好は愛の現われなり。人間同志にても、自分が愛する人に向う時は、麗わしき顔を以て表情す。如来が衆生を深く愛し給うことは、最も微妙に最も美麗に表現し給える相好を観るも察し奉ることを得べし。その所以は、如来は本法身智慧の身にて、相や形を超絶したる霊体なれども、深く衆生を愛する愛の表現より、無比の霊妙なる色身、美麗なる尊厳なる相好と現われ、衆生の心を排発して愛慕の心を生ぜしむ。

　経に「如来は八万の相好より無量の光明を放ちて普《あまね》く十方を照し、念仏の衆生を摂取して捨給わず」(31)と。如来は満天満地の愛を以て衆生を抱いて離さず、かかる宇宙に上なき如来が、かくまでに我を愛念し給うに、我ら争《いか》で愛慕せざらんや。如来の妙色相好の麗わしきは衆生を愛し給う心の現われ、とは何を以て知るとならば、経に「仏身を見る者は仏心を見る、仏心とは大慈悲これなり」[32]と。かく我らを愛し給う内心《みこころ》の麗わしさが、かく美しき相好と現われて、我らを誘引し給うと想えば、いよいよ麗わしきなり。

これに依りて如来の霊体に接せんとの心も発動す。かのプラトーが理想の愛をのべて[33]「美は天上の容姿に伴いて輝きつつある者、彼もし地上の現前に現われ来るといえどもこの最も純潔なる感覚の隙《すき》よりその清き光を発する者。もし人世に生れて素朴にして、且《か》つ前世に於て常に光栄を観得したりし人は、その神的清貌を見て神聖端厳なる相好に驚愕せざるはなし。先ず一瞥の下に悚然《しょうぜん》として身戦《みおのの》き、また宿世畏敬の余情は自《みず》から油然《ゆうぜん》として湧き来り、恰も神像に対する如く身を投じてこれが犠牲たることを辞せざるべし。」とは蓋《けだ》しプラトーが理想の愛の消息を洩らせし如くに、宗教的天才の神的恋念は、常に理想の美天国に逍遥し、晃燿赫々《こうようかっかく》たる光明は胸臆《きょうおく》に往来し、その麗わしさその馥《かん》ばしさ、何物かこれに比類すべきものぞ。吾人は宗教的偉人の胸裡《むねのうち》に燃えつつある霊の恋の熱度の高さと、神的感情の深遠なるとは、世の最高理想の極みなりと思う。

教祖世尊が六根清らかに、姿色永えに麗わしく在《いま》せしは、霊界に輝《かがや》ける弥陀を憶念《おくねん》しつつある反映にあらずやと信ず。感情的愛の信仰は、霊界なる人格的の如来を求めて止まず、而して霊界に輝ける人格的の愛の現われなる相好の美しき如来の愛の中に融け入るほど微妙なる霊感はなからん。

宗教的美の感情また霊的理想の欠けたる人には偉大なる宗教家の理想神に憬《あこ》がれ微妙なる霊感の如きは想像にも及ばざるならん。聖龍樹尊者は、自己の理想に憬がれし如来を讃め称えて、「面善円浄にして満月の如く、両目は清きこと青蓮華のごとし、声は天《てん》鼓倶翅羅《くくしら》の如し故に我れ弥陀尊を頂礼す(34)」と、乃至数多の頌を以て如来を讃美したるは霊界の美愛を慕う処の余滴ならずや。

聖観音の頭《つむり》に弥陀を戴けるは、常に如来を憶念して離れざる愛慕の表示と信ず。聖善導は「弥陀は真金色にて円光徹照し、端正無比なる相好を永しえに憶念し給え(35)」と。また「衆生仏を憶念すれば仏も衆生を憶念す」と。また「弥陀の応身籠々として常に目前に在り」と。また聖源信は、「ぬれば夢さむればうつゝ束の間も、忘れ難きは弥陀の面影」と。この偉人等が霊的憧憬の水満てる処に、愛の権化の如来の月影は永しえに宿りしにあらずや。如来の大なる愛より湧出でて吾胸裡に満てる愛の恋の水には麗わしき日の如くに輝ける相好が映現す。宗祖の「我はただ寝てもさめても霊界の美人弥陀の麗わしき慈愛の顔を見まほしく、その恋しさはいつとて心の妻に懸らぬ隙もあらぬ」とは、いかに愛慕の念の深きことよ。なお進んで「苟初の色事にさえ身をも命をも忘るるに、沈《ま》して永恒にまで添うて幸福を共に為る弥陀を慕うに、仮の身や命など何ぞ惜きことあらん(36)」。これぞ『法華経』の「一心に仏を見んと欲して身命を惜まず(37)」恋慕するものは、慈愛の権化なる仏の麗しき相好を以て出でて法を説て聞かすなり。のみならず、還って仏の方よりも衆生を愛念して待ちつ焦れつ、毎時《いつ》かな彼を度せん、何《いか》にせば彼は我意に随うらんと、忘るる間なく念じ在す、と。憶い憶わるる両方の、念いと念いと能く合致する処に、永遠に離る能わざる割なき仲を形成するなり。宗祖のかくの如き、弥陀に対する霊的愛慕の結晶《かたまり》が霊的の金剛石と化し、弥陀の光明がその宝石に反映して「明照」(38)の嘉号《かごう》とも表われしなり。

欲望(39)(意思の信仰)

意思の信仰を通じて菩提心《ぼだいしん》と云う。菩提心とは無上大道徳心と云うこと、ここに二義あり。一に願作仏心《がんさぶっしん》、二に願度衆生心《がんどしゅじょうしん》(40)、前者を向上心とし後者を向下心とす。また前者を往相《おうそう》とし後者を還相《げんそう》とす。菩提心とは菩提とは無上菩提とて宇宙大道無上覚の仏に成るべき道である。仏に成らんには仏は宇宙全体が仏であるから、一切衆生を共に円満に完成せんとの願望である。初めに自己が仏に成りたいと云うのは、自分が仏に成らなくては、総ての人々を仏に為《す》る事は出来ぬ故に、『論註』に我仏に成り度《た》いとは一切衆生を度せんが為めに一切衆生を度せん目的は一切衆生と共に円満に完成して、永遠の安寧を得たい為めである。と。かく仏の志願である。この志願を満たしめんが為めに全生全力を献げて聖意に仕えるのである。やはりこれが**ミオヤ**の聖意である。聖意を自己の意と為るからかくの如きの大道心と成るのである。

愛の信仰を花とすれば、欲望の信仰は実を結ぶのである。全人格を完成するに在る聖子の分を尽すにある。

願作仏心、また向上心、また往相と云う。願とは我仏に成りたいと云う志《こころざし》なり。仏とは円満完全なる霊格である。これ**ミオヤ**より受けたるみ子としての霊我実現せんとの欲、自己の性を遂げ伏能を開発し有らん限りを尽して完成せんとの欲望である。伏能は行為に依って実現す。総て行為働かざれば善悪共に発達せぬ。霊性は自身の中に伏して自由を求む。自分の中《うち》より発せんとする霊に活きんと欲する性能を持っている。けれども大法に依らざれば発現は出来ぬ。

心霊は自身の中に自由に実現せんとして居る。それを実現するのは行為である。人十度すれば、己れ百度せんと一心不乱なれば何事か成らざらん。己れの力を竭《つく》して働けば自己が益々顕明と成る。自己が発達すれば、する程自己の全体が顕われて来る。視よ梅の種子から芽を出し、蕾《つぼみ》から花、花から実と云うもつまり本の種子《たね》の中に恁麽《こん》な物が伏在して居るから外貌《そと》からは不明であるが、それが己が力を竭して働き出して、芽を吹き蕾や花とも現われたのである。霊の生命も、本は動物本能の皮殻《から》の中に仏性を種子として有った間《あいだ》は狗子《く》仏性《しぶっしょう》とて何の価値も認められぬ。一心不乱に専精努力《せんしょうどりょく》の結果に於てこそ自己の真価が判明《はっきり》と現わるる。如何に聖人とて聖人の徳を顕わすには矢張り全身全力を竭し生命を賭してこそ始めて聖徳が顕《あらわ》るる。何《ど》の処にか天然の釈迦自然の弥勒あらん。実に自己霊性を顕わさんが為めに、一切の幸福を犠牲にし有らん限り全力を尽してこそ釈迦の聖徳が顕現なされた。また基督教徒はキリストは生れ乍ら神の子であると云う、けれども、ヨルダン川のヨハネに至誠心に洗礼を求め、野に四十日断食して全力を竭して肉をせめ霊の活現を望んだではないか。

欲生心《よくしょうしん》。吾人は人の子なると共に如来の子である。已に人の子としての人の心は沃地に蔓延せる雑草の如くに我愛我執の人心に発達したれば**ミオヤ**のミ子たる霊性は恐らく荒蕪《こうぶ》して顕動しないが**ミオヤ**の大悲の恩寵に喚起されて初めて自覚の芽となった**ミオヤ**は欲生の心を起せと命ぜられたので、初めて芽と為った自己の霊的生命は恩寵の暖気に暖められて内面より不断に活動して進めば進む程新しい世界が顕現する。聖き道徳心は現わるる。種子が芽を出して幹から枝、枝に条《こえだ》、条に葉と云う様に次第に次第に発展し増長し増長すれば益々花や果を結び、果を結べば、また新しい生命を幾らとなく分身して益々多々に分れて、何《いず》れも麗を競い美を争うて、また芳烈を流す。吾人の霊的生命も大なる**ミオヤ**の大地の上に根底を有《も》って居るから無限の養分は常に注がれて而して心霊性の枝葉に真善微妙《しんぜんみみょう》の心霊の花開き香気普く十方に流れ嗅ぐ者をして清きに復せしむ。心霊の樹、已に成長する時は一切の煩悩、汚穢の心意も益々そが為に肥料とされる。彼をして同化力を以て新緑の葉とし爛漫たる花の色香と変化せしむ。あの穢しい物も桜木の食物と為りて麗《うつくし》き花が穢れたあくたの後身とは誰か知らん。我等が貪瞋《とんじん》の煩悩の汚《けがれ》も霊的生命の犠《いけにえ》に献げる時は還って全心まで霊化して霊の生命を荘厳する美徳とは成るなり。

我は仏の子。もはや我は人の子ではない如来の子である。**ミオヤ**の有らゆる霊性は自己を通じて**ミオヤ**から自由に顕現して来る。仮令《たとい》**ミオヤ**の身心万徳は全宇宙に遍するも、我この身心を通じて世に顕現するのである。それが自由である。仮令《たとい》世の腐敗極《きわま》れる社会に在りても泥中の蓮の如く自己に具有する霊性は自由に顕われて来る。自己の律法と秩序とは已に立ち、已に伏能を有らん限り活現せざれば霊の面目は顕われぬ。行住坐臥の常恒の活動から不断に顕わるる善と美と霊とを以て、み子の霊性を荘厳するに全人格を発揮すべきである。霊に生きんと欲する生命は霊の活動を意味するのである。霊が大なれば大なる程自己の大なるを自覚す。自覚は必ず行為に現わさねば居られぬ。然れども霊の生命はミオヤが愛の無限の泉源《いずみ》より自己の心に湧出する甘露の味を嘗めて不死の生命に入った人にして始めて真の生命ある行為が出来る。霊に活ける人は肉につきての悲痛や束縛から已に解脱して居るから如何なる事も敢て意に介せぬ。

自己の成熟を欲望す

人生の一大事は霊に活くる為である事を自覚し霊の生命を成熟せんが為めにて肉の苦痛や艱難は甘んじて犠牲にせざるべからず。霊のミオヤに如何なる場合にも離れては霊の生命は支持出来ぬ、成熟出来ぬ。既に成熟すればミオヤの霊性は我に具備す。今喩《たとえ》を以て演べんか。檎子《りんご》の果を視よ。彼は親の枝にミッシリと執《つか》まって、已に花、蕾の折から雨が降《ふろ》うとも、また風が吹《ふこ》うとも毫《すこし》も側眼《わきめ》も振らず一生懸命に自己を完成せん為めに成熟せん為めに全力を以て養分を吸収し決して放れまいとして、彼は生きんと欲する力の強い事、その力の強い意志の剛いから、已に成熟して新生命を造り出すこととなり、而《しか》して能く内の種子が熟する時は外貌も赤色を呈して美しくなる。また肉も大《おおい》に甘くなる。甘く為った時分種が熟したのである。吾人の霊性もいよいよ信仰成熟すれば法喜禅《ほうきぜん》悦《ねっ》の妙味(41)を覚ええも云われぬ霊感を得らる。かく成らんには**ミオヤ**に一に執着し何時も引附いて、我心霊は檎子の実の枝を放さぬ様に、大なる霊と離すこと出来ぬ運命を以て自己の霊格を完成せんが為には、自己の全力を竭して努力する。勇猛に精進して益々霊我を実現する。檎子の熟したる実に生命ある如く、吾人の信楽《しんぎょう》成熟したる霊に生命あり。熟したる果にその持たる真味が味《あじわ》わるる、半熟の実は真の甘味がまだ現われぬ。実が成熟せんが為めには雨にも風にも吹き落されぬ様について居た如く、人も如何なる場合にも**ミオヤ**の霊意に執意して奮闘努力する。肉の苦痛や生の重荷はこれこそ宝である。

霊の火が熾《さか》んに自己に燃えつつある時は、煩悩の薪も還って火を増進せしむる材料と為る。**ミオヤ**の慈悲を離れたる人の胸には、常に三毒の炎《ほのお》断ゆることなく、慈愛に満ちたる人の胸には火は暖かに愛と共に燃えつつあり。

浄仏国土の願行

仏徒は菩薩である。菩薩は浄仏国土(42)の願と行とを以て任務とす。浄仏国とはその国を清浄にすることにて、例えば能く業に勤勉して富を為せば家屋等を調《ととの》うるが如く仏子能く万善万行を以て公衆に及ぼせば精神的に美風の風俗を改善し善良の民を造る。

人生は一切と共に真善美の霊界に向上する光明の大道である。浄仏国土を実現させんとの働きである。霊界は私有物に非ず、一切と共に安寧を得る処、聖意の実現する処、人々聖意を己が意として専心努力し万善万行を以て各々その身を荘厳しその国を清浄にす。**ミオヤ**の浄土は他に求むべからず。各々無明の私を捨て光明の聖意に霊化する時は浄き国土は顕われん。浄き御許、涅槃に到らんには必ずしも十万億土の彼岸にのみ求むべきでない。凡夫か無明の私を去りて**ミオヤ**の聖き聖意に這入った時は即ち顕われん。凡夫の業識《ごっしき》が自ら穢悪の世界と自ら感じて居る。もし神聖と正義との聖意を体して聖意の現わるる様に実行する時は此処《ここ》に在りて清浄国土は現われん。

目的の事業には常に歓喜あり

人生の帰趣は真善微妙の霊地に到達するに在り。或《あるい》は涅槃界、また神の国と云う、至幸と至徳と一致する処と云う。帰する処**ミオヤ**の霊き光明に入りたるなり。善美の霊界必ずしも十万億土を隔てず。もし凡夫の私心を離れて**ミオヤ**の聖意を以て自己の意《こころ》とする時は此処即ちミオヤと共である。ミオヤを隔つる者は自己の無智である。もし霊性顕現すれば去此不遠《こしふおん》、此処に浄き国は感ぜられん。

現生は如来の中に在りながら霊性幼稚にして自ら知ることが出来ぬのは長者の子が財宝無量の家に居りながら小児の如く財宝の価値は認むることが出来ぬ。この生はミオヤの所有を我れに得て霊界を実現せんとの生とすればこれを実現せんが為には如何なる行為も喜んで努力する。ミオヤと共に無限の宝に満ちたる霊界に生活せんとの欲望から働く時は如何なる艱難困苦も敢えて苦と観ぜず。人は全く自らの欲望の為めには他人より苦の如くに見ゆることも苦と感ぜぬ。例えば農夫が秋の豊饒《ゆたか》なる稲米《いね》を収めんとの欲望から炎熱中に汗を流して耕業を勤むること敢えて苦とせず。心霊格を完成せんとの欲望より出る業は如何なる業務も喜んで耐忍《こらえ》得らる。艱難困苦は自己の霊を精練して名剣たらしむる目的の為めには益々勇気を鼓舞して努力し得る。

釈尊、菩薩の因中に六波羅蜜《ろくはらみつ》を行じ諸の万善万行を以て仏土を荘厳し給えり。世の人産業に勤勉して全村各産業をつとめ稼殖に励む時はその村落は豊富その程度を高める如く、人と共に此土に理想の浄国を実現せんとの目的これ菩薩の業である。

人生を充実せしむ

自己の内容を豊富にするには人格を豊稔ならしむるにある。諺《ことわざ》に稲は能く稔るほど穂を垂れると。人が諸《もろもろ》の煩悩即ち忿恨憎貪欲《ふんこんぞうとんよく》、または傲慢を以て己に充しむるものは実に卑劣なる人格である。体が脂肪太りの病的なるは実に不健全である如く悪徳や煩悩の強きは強き程人格が下に堕落する。秤の善悪に悪の方が重きは人格の平衡から遠くなる。一方に正善は益々進むに随って益々人格を豊富にす。

ミオヤの子たる霊の性格を円満にし充実せしむるのが生の目的である。嚮《さ》きにも述べた意志は霊性が伏して能く勇猛に勉励するに従って生が充実する。精を出すとは己に有てる精力を絞り出すことである。汗と油とを以て己が自行を有らん限り絞り出して初めて生が実現する。如何に天稟《てんぴん》の資材を有すにも奮闘努力せざればその材を完成することは出来ぬ。世間に幼い神童と呼ばるる者も壮年にして平凡に化するあり。弱冠にして鈍愚の如きも勤勉の結果偉人と成れるあり。人生を充実せしむるは自己の有らん限の力を絞り出す処にある。

至誠心から聖意に適う業は自己を充実せしむる。光明なき虚偽闇黒の迷妄から働く業は根底に誤って居る。私欲より為す業は霊性を完成する業でない。霊的光明中に身口意《しんくい》の三業が不断の流れに依りて自己を充実せしむ。一日一夜八億四千の念あり。念々成るべく迷妄の中に葬り去らぬ様に人類は他の動物が本能的に働くより已上の事業を為ねばならぬ。人は霊性に依って働くべき責任が重い。権利が強き程随って責任も重大である。文明に進めば進む程責任が重くなる。

我等は仏の子である。菩薩である。経に不請《ふしょう》の友と為って群生《ぐんじょう》を重担《じゅうたん》として度せよ(43)と命ぜられてある。人間は社会を重担《おもに》として負わなければならぬ使命を有って居る。これを尽す処に自己が充実する御子の光栄が得らるるのである。

聖子のつとめ

我等は**ミオヤ**の子である。子としての我等は社会を開拓し世界を重担として負わなければならぬ使命を有っている。恰も大造化が常恒に建設事業を一切の処に於て行って居る様に人間は建設したりまた破壊したり、積んでは散らし、また法律を成《つく》り、またこれを棄てる等種々の業を為して造化の模倣《もこう》をして居る。矢張りミオヤの子として親の所為《しわざ》を業として休まぬ。円満なるミオヤの子として親の完全なる如くに完全ならんとして不断に自己を改革し、改造し、活動して而して現在の我の不完全を完全に進めたいと欲する処、自己の理想を実現せんと欲する処に仏子の理想あり。人生は人の生涯を尽して階級的に完成せんとする行程に過ぎぬ。一歩進みてはまた自覚の理想を高め益々自己の活動範囲を拡張し、欲して止まざる処に御子の前途は望ますます大に樹のますます増大する如くに道徳的に増進すべき運命を有するのである。もしただ人の子の如く自ら傲挙《たかぶり》して偉大なりと謂《おも》い、既に足れりと思う如きは御子の志に在らずもしそれ自ら偉とし憍慢と弊と懈怠《けだい》に陥落せば己に霊に死し人の子のみにてまた霊の御子の分あるなし。自己は常に不完全の故に完全たらんとの欲望なかるべからず。

第五章　念仏三昧

「光明主義の念仏安心は一心に念仏すれば如来の光明を蒙《こうむ》りて摂化せらる　即ち卵の孵化する如くに吾人の心霊が霊活す　即ち信心が生れ来る　如来慈悲の光明は念仏する処に加わり如来の憶念衆生と衆生の仏を念ずる暖かなる所に心霊が孵化す」

「念仏三昧とは衆生の一心と如来心との合一的その両方の間に寸隙もゆるさざるなり　念仏三昧の能く純熟する人の心は明鏡の如し」

念仏三昧

世の同胞衆《みなさん》よ、念仏三昧の行は三世の諸仏も悉くこの妙行に依って正覚を成じなされたほどの最《い》とも尊き行法であります。この尊とき妙行を修する時の神《たましい》の置所を能く心得て御勤めなさるように御勧め申します。何事でもその妙所に達せんとするには先ず神《こころ》の入方が肝心であります。真に神の投込《はいら》ざる念仏では心霊に活《い》くることが出来ませぬ。然らば何にせば念仏に神を入れる事が出来るであろうと御問なさるのでしょう。今愚衲《わたくし》は念仏三昧の神の入方に就いて話そうと思うのであります。

南無と云うことは自己の全心全幅《こころぜんたい》を阿弥陀仏に投帰没入《そっくりなげこみ》してしまうことであります。然らばどう云う風に投込んでしまうのであろう。阿弥陀仏の在ます所さえ何《ど》の方に在ますかは確《しか》と分りもせぬものを、その如来の中にいかにして自己の神を投込めましょうと思うでしょうが、成程《なるほど》初めは如来は何処に在ますかは確と分らぬ如来の中に投込めようは無いと思うのは何人も然か思うのでありましょう。けれども如来は絶対的に尊とく在まして何《いずれ》の処にも在まさざることなき霊体なればただ無上の尊敬心を以て、アナタは今現に真正面に在ますものと信じて霊名を呼び奉れば大ミオヤの大慈悲の霊胸《みむね》に響きて慈悲の眸を注ぎて我を見そなわし給うと思いたまえ。また大悲のミオヤをお慕い申して一心に念じ奉るべきものであります。それでも初めはいかに聖名を呼びて念じ奉るもその心の向うはただ真闇にて如来の実在すとも思われぬ程なれども、そは自己の業障が深重なるが故に業障の為に心神《たましい》が闇いから心の向う所が闇いのであります。けれどもただ一心に念仏して慈悲の御名を称えて至心不断なる時は漸々に如来の慈光に育まれて心神が発達する故に神の入れ方が自ずと分って来る程に真面目に修しなされませ。聖名を称うる時の神の投込み方を法然上人は道詠《みうた》にてお洩しなされた。「あみだ仏と心は西にうつせみのもぬけ果てたる声ぞ涼しき」(1)と。これがあみだ仏と心を弥陀の光明中に投込みたるしようにて、骸《からだ》は蟬のもぬけ殻のように知らず知らず無我無想と為る。そうなれば身は娑婆に在りながら神は弥陀の中に逍遥するようになるのであります。

それでもまた思いなさるのでしょう。生れて以来まだ一度も瞻《おが》んだ事の無い如来をどうして想われましょうと。けれども確と見えねども如来は実に在ますものであるからただ仏陀の教を信じて現に在ますことを信じて念仏し給え。一心に念ずる真正面に在ます如来はあなたの念ずる心を一々に受なされて在ます事があなたの心に響いて来る程に。然しながら口に阿弥陀仏と云いながら心は自己の胸中に在りて種々の雑念や様々の妄想に駆られて神がその中に紛らされてしもうて、口ばかりは御名であるが神は如来と一つに為っておらぬと、それでは真の念仏三昧でありませぬ。念仏三昧の心は正に如来の光明中に凬の任々《まにまに》凧の如くに飛び騰《あが》るべきであります。

斯様《かよう》な話がある。英国のロンドンに或る会社員の中に紛擾《さわぎ》が起た時に或る名士の信仰談にて衆多の社員の紛擾が解けたとのことである。その大意はこうである。天に在ます神は肉眼では見えぬその眼に視えぬ神の実に在ますや否やをいかにして分るかと諸君は疑うのでありましょう。然し眼に視えぬ神なれども至誠心に祈る時はその心が確《しっか》りと神様に貫徹して神の聖意に触る故にそれが祈る人の心に確りと神の御答が感じられます。至誠心なき祈は神様の聖旨に貫徹せぬ故に響《ひびき》がありませぬ。今喩《たとえ》を以て語らば諸君の御存知の如くこのロンドンは非常な濃厚な瓦斯《ガス》気が折々かかるのとそれにまた煙突の煙の甚《はなは》だしいので少しも天が見えませぬ。それにも拘《かかわ》らず季節になれば凧を揚て楽んで居るものが沢山ありましょう。煙や瓦斯の気の為に凧は見えぬけれども今日は凧が能く揚ったと云って悦んでおるではありませんか。凧が騰ったか落ちたか見えぬのに何にして善く騰っておることが判ると尋ねるならば答えて曰うのでしょう。君よ、凧は見えねども善く騰った時はその緒に確かと答がある。もし凧が墜落して了えば緒に答がない。との譬《たとえ》にて至誠の祈は神に徹通して神の容るる処となるとの理を説て衆人の紛擾《あらそい》を説いたとのことであります。今念仏心もそれと同じく至誠心の念仏は一心に神の凧が高く弥陀の中に騰るので称名の凧の任々《まにまに》み空高く騰る。大念は大(2)仏に小念は小仏に一心の全部を悉く弥陀の中に没入して凧緒の在らん限りを尽して能く騰る時は胸の笊《ざる》の中に残るべき余緒がない。一心不乱に弥陀に没頭して了った時の心の緒はそれを曳《ひい》て見ても堅く一杯に昂《あが》っておる。諸彦《みなさん》よ、一心に念仏する時神の緒の有らん限りを弥陀の中に投入して了えば我胸中は妄想雑念の緒がなくなって自分はもぬけ殻と為って、神はみ空高く弥陀の中に騰って居ります。その時は無我の状態となります。念仏三昧のナムアミダ仏の凧に随って神の凧が力一杯に騰った心の状態を聖善導は「神を騰て踊躍《ゆやく》して西方に入る(3)」と讃してあります如くに、三昧中に歓喜踊躍して神は浄土に逍遥する相となるのであります。

全く能く念仏三昧を修した方ならばその時の神の在る処が能く判ります。業障の瓦斯や煩悩障の煙にて自己の神が弥陀の中に合致した事は視えねども深く三昧に入って神が弥陀に合したる時は胸に何とも言われぬ霊感の答がある。もし神の凧が弥陀の中に騰らずして地に落ちたならば折角の念仏中にただ娑婆の雑念の為に紛わされて貴重な時間と精力とを空しく費やしてしまうのは実に遺憾な次第ではありませぬか。神の凧が能く騰らず胸の笊の中に緒の残りある故に種々の心緒が現われて種々の妄想雑念と為るのであります。心の在らん限り一杯に騰て心の緒が残りあらずば妄想雑念は自ずから薄らいで来る。而して神《こころ》の眼も漸々に開けて広い広い大光明中即ち如来の中に在るようになります。

諸君よ、念仏する時は神を一直線に高く高くみ天さやかなる弥陀の中に投込んでしまうことを能く修習し給え。称名の風に神の凧は歓喜踊躍しながら飛び騰りて弥陀の中に入神してしまう時は心の笊の中に心緒を残さず妄念の跡を払って三昧に入る時は身はここに在りながら神は浄土の人となるのであります。

いや高く心の凧はあがるなり御名よぶ声の風のまに〳〵
月を見て月に心のすむときは月こそおのが姿なるらん

三昧に入れ

三昧と云うは梵語にて等持、定と訳す。仏法に無量の三昧あり。念仏三昧、法華三昧、華厳三昧等何れの三昧にても三昧に入るには自己の精神全体を仏の中に没頭して余念なきに至れば我を忘れてそれと己と一体と成ってしまうこと何事にてもそこに到らざれば妙を得ることは出来ぬ。それには精神が散乱して居ってはゆかぬ。是非統一せねばならぬ。禅宗にて坐禅を修するも先ず初めに精神の統一することを練習する故に能く禅を修めたる人は何事を為すにもその方に全心を投じて余念なく事業を為す故にその仕事が完全に出来る。故にこの三昧即ち精神の統一はよく習うべきことである。それには必ず真面目でなくてはならぬ。三昧に入らざればその作す事が完全にならぬばかりでなくその業を為すに興味を感ぜぬ。三昧に入れば自己の精神がその中に没頭して余念なきが故にそれに深く入る時は深く妙趣を感じらる。卑近の例なれども劇を好む人がその劇場に臨むやその舞台に演じて居るその狂言の中に精神が没頭して我を忘れて居る所にその内心に深く興を感じて居る。その如くに何事にてもそうである。

今念仏三昧を修するも全心全幅を如来の大慈光の中に投じて心々相続して一《ひと》えに念を投じ全く我を投入し、古人の、月や我我や月とも分かぬまで秋の心は空にぞ有りける(4)という一心に物の中に我を投げ込んでしもうて全く無我の状態となりたる所の妙趣を感ぜらる。念仏三昧のみでなく朝夕の礼拝に如来を讃唱するにも讃の中に我を投じてそれに神が入る所に妙趣にいたる。

たとえば如来歓喜の光明に我らが悩みも安らぎて禅悦法喜微妙なる快楽きわなく感ずなり、と讃唱する時に唱うる声に心が誘われて識らず識らずにその霊境に入ることを得。

その霊境に入る時は言うも言われぬ妙趣を感じらる。何事にも事を為すには深く興味を感ずるに到らざればその中に生命を見出すことは出来ぬ。その実境に触れて生命と為らざればまだ三昧と言うに足らず。

念仏三昧また讃称三昧何れも自己の精神が全くその弥陀の実境に触れざれば活ける念仏にあらず。また一心に讃頌《さんしょう》を唱えて、甚深難思《じんじんなんし》の光明を至心不断に念ずれば、と頌う時に我心もこの中に没頭して称うる声に導かれて自然に弥陀の光明中に融け込んでしまう。ここに到りて弥陀の霊境の中に真の我と生れ我弥陀の霊に活くるに到る。ここにいたりて宇宙に周遍する弥陀の大霊と我が心霊との融合する所に我も活き弥陀の実在も此処に顕現す。ここを三昧の境と名づく。

何人も心霊具有せざる者はない。ただ至誠深心を以て三昧を修すれば必ず妙処に達すること疑《うたがい》なし。

三昧の練修

すべて何事にてもその業を完成し妙処に詣《いた》らんと欲せば至誠熱心に精練を要す。いかに立派な天資の良材たりとも、これを完全に発揮すべく精練するにあらざればその資性を完成することは出来ぬ。喩《たと》えば鉱物中の最貴重なる金剛石と云えども充分に琢磨するにあらざれば本性の光輝を発することが出来ぬ。人は各自本能に於て弥陀の日光を反映すべき心霊の宝石を具して居る。弥陀の霊光に融合《とけあ》うてそが霊に活き霊の妙味を感じ身は娑婆に在りながら極楽の至美至妙の快楽を感じ得らるる性を有《も》って居る。人々極楽に生れて浄土の快楽無比なるを感じ得らるる性を有って居る。故に極楽に生るることが得らるるならん。然らば必ずしもこの身の命終らずとも、心神の弥陀の中に没頭すべき念仏三昧を精修する時は必ず現身にて弥陀三昧の至美至妙の快楽を感じ得らるる何ぞ疑わん。ただ須《すべか》らく要《かなら》ず一心に勇猛精進に練習すべきである。たとえ科学やまた技芸等にても一心に鍛練して止まざれば必ず熟達することを得。殊に自己の霊性を発揮して大ミオヤの無上至霊の光明を獲得すべき修行のために何ぞ一心を献げるを惜まんや。この一心の修行に依って人は従来の非霊なる我より至霊の我に復活す。これ人生の一大事である。もし心霊復活して弥陀の光明中に永遠に活きる目的なからば人生何の価値かあらん。我同胞衆に三昧の修行を勧むる所以である。

自己の人格を無視する勿れ

君は今現に人間に生れて居ると云うことは確かに信じて居るならん。抑々《そもそも》人間に身を受けたのが宗教の必要なる所以なのでまた宗教に依って能く練習すれば心霊の光明発得できる可能性を有ってこの世に生れたのである。君何故《なにゆえ》に自己の人格を無視して迚《とて》も我々は光明発得できぬと自棄する。もしかこれが発得の可能性が具して居らねば人間に生れ来るべき筈はない。君は米を食うはそれを消化して一分は同化してその血肉と為し一分は異化して大小便にして排泄して居るではないか。その肉体がそれだけの働きを有って居る如くに君が心霊に霊の糧を与え小児の哺乳して漸々に養育する如くに霊を養育せよ。必ず君が霊に活きる人となりて人生を真に意義ある価値ある永遠の光明を得たる人と為りて光明の生活に入るべきこと何ぞ疑わん。君聞き給え。何人も人と生れたるからは大**ミオヤ**の光明に霊に活くべき可能性を有する故一方に**ミオヤ**の実在を信じ一方には自己の一心の信仰に依って霊に活きる可能性を有するを信じて教の如くに一心に念仏三昧を修せば必ず成ずること疑なし。

ただし霊の生活に復活せんに三の障害物あり。これが為めに大概は霊に活きるの資格を阻害せらる。その三の障害物は何ぞや。経に憍慢と弊と懈怠《けだい》とはこの法を信じ難し(5)と。この三は何れも霊に活きるの障《さわり》である。憍慢なるものは自ら従来の動物生活を以て自ら得々然として従来の卑賤なる動物我なるを自覚せず故に自ら謙遜卑下して真に高尚なる霊に活きんとの意志発らず。経に彼らは尊貴自大にして自ら横《ほしいまま》に道ありと謂《おも》うていかんとも降伏し難し(6)というてある。実にかくの如きの族《やから》は已に形は人間たりともその意志が修羅道に堕していかんとも度し難き徒である。弊とは六弊とて、すべて神霊の即ち菩薩の麗わしき霊に活きんと欲する高尚なる遠大なる意志の欠けたる人を言う。換えて言えば霊的人格要素の資格の欠けたる人、弊とはヤブレたる即ち心の宗教心の器のカタワ者、不具者、心の眼耳無しの不具者のことである。世に宗教心の不具物の多いのは、一はこれまで宗教が萎れて居た為めに遺伝素質としてもただ肉欲の動物的肉欲の方面のみ発達した遺伝にて霊的方面に乏しかりし為に弊族が多いのとおもう。実に霊的素質の欠乏せる人間も度し難い。また三には懈怠である。心霊の精練は金剛石の琢磨である。なま易い事ではない。従来の肉の我に死して霊に復活するのである。全生命を献げて弥陀に投帰没入して妄想我の皮殻から脱して**ミオヤ**の子たる霊性が**ミオヤ**の慈悲の光明に触れて始めて復活するのである。

懈怠の族は霊に活くる資格のない輩である。世に懈怠にして霊に活くる事のできぬものの程憫れなものはない。

起行の用心

念仏三昧——起行の用心はここに在り。三昧とは等持、定と云う、口に聖名を称え、意《こころ》を専注して弥陀を念じ、漸々に余の雑念を薄らぐ。念ずる所の弥陀に神《たましい》を投じ、弥陀が我れか我れが弥陀かと離れぬ精神状態に入りて、完《まった》き調和の成りし処を即ち三昧と云う。三昧をまた直調《じきちょう》とも訳す、直調とは対象とする弥陀の霊中に直覚的に集注して、完く能く調和し合一したる処なり。思うに人は意馬心猿(7)の如く、常に騒がしくして暫くも止まらず、然れどもただ一心に口称三昧に入りて意を用ゆる時は、自ずと直調となるなり。要する処は一心にあり。

三昧入神

三昧を行ずるには第一に入神を大切にすべし。入神とは自己の識神を弥陀の霊中に投ずるなり。真に自我を如来の霊中に入るる時は、余念全く亡じて恰も蟬の脱殻の如く、而して識神は弥陀の霊中に清き声を揚ぐるなり。我れ弥陀に入るが故に弥陀我れに在り。月や我れ我れや月かと分かぬまでに、如来に合神するを云うなり。

世の技術などに於ても、全くその妙を得んとせばその業に入神するにあり。王羲之(8)が書中に神《たましい》を入れ、呉道子が画に魂を投入せし如く、何の道に於ても魂を業中に入れざればその妙を得ること能わず。呉道玄(9)が馬を画かんとして一室に閉籠り、冥想に馬を画けるを門人が隙間より窺うに、道玄の身は見えずしてただ白馬のみ観えしと。他日また観音を画かんとして冥想に入り、観音を意に画けば、門人窺うに人を見ずしてただ観音の影のみを見ると。これ所謂《いわゆる》入神の状態なり。卑近な例なれども、好角家《こうかくか》が相撲を見る時矢張り自己の力をその中に投入して見るが如し。宗祖が一夜仏間に在りて口称三昧を行じ給えるに、弟子等がその音声を聞いて、あまり朗らかに澄みて、いみじく尊とく感じてその隙より窺うに、御身の辺り夕陽の如くに輝き居たりと。また或る時は大身の如来現前せしことを、門人らが拝み奉りけるとかや。その時には三昧の識神が仏と為りしや、仏がその人の心となりしや、この一体不二が即ち三昧なり。これを入神の境と云う。

三昧の思惟と正受

この事は『観経』の「我に思惟《しゆい》を教え給え　我に正受《しょうじゅ》を教え給え(10)」と韋提希《いだいけ》が世尊に請いし語なり。これは浄土の荘厳を観るに就いての方法なり。導師はこれを釈して、思惟とは弥陀の仏身浄土の荘厳を観ずる順序として、初めには法眼未だ開けざれば、先《ま》ず教を受けてその仏の相好等を想像に浮べる辺を云い、正受とは自己の霊性が発達し三昧も成熟せし故、法眼が開けて直覚的に、霊像が顕現する了々たる辺を云うものにして、これ凡夫の想像の及ばざる処なり。喩えば初《はじめ》には障子を隔てて皎月の有る方を想見するが思惟にて、弥々《いよいよ》障子を開きて正しく月を眺むるのが正受なり。正受と云うは正しく弥陀の相好浄土の荘厳を観見し、法眼の開けたる処なり。法眼を開かん為には識神《たましい》が弥陀の霊中に投入せざるべからず。ここを導師は、「この三昧を得んと欲せば聾盲瘖瘂痴人の如くに成って、弥陀の霊中に識神《こころ》を投ぜよ、然らざれば心識騒がしくして定意散乱し、容易に法眼開くこと能わず、法眼開けざれば浄土を見ること能わず(11)」と。

三昧入神の七覚支

念仏三昧の思惟を階級として正受に入る。その心行の順序を説明するものは七覚支《しちかくし》なり。七覚支とは、一 択法覚支《ちゃくほうかくし》、二 精進《しょうじん》、三 喜《き》、四 軽安《きょうあん》、五 定《じょう》、六 捨《しゃ》、七 念《ねん》これなり。この七覚支は植物が成長して枝葉繁り遂に花が開くに例えん。これ念仏三昧の心霊の開く状態なり。

初に**択法覚支**《ちゃくほうかくし》とは弥陀に入神の着眼点なり。正に正鵠《せいこう》を認定する、択は簡択《けんちゃく》とて、已に前方便の素養あるを云う。喩えば太陽と云えば太陽が心に浮ぶ如くに弥陀仏と言えば弥陀が思想《こころ》に現わるる如し。然る時はそれが正鵠を択びて心々連続して神をその中に入るるなり。動ずれば雑想妄念群り出でて正境を乱さんとす。意思を凝《こら》して正鵠に向わしむ。択法はこれ神を統一するの法にして、或《あるい》は仏の白毫《びゃくごう》に意を注ぎ、或は総相を想うもよし、また専ら名号に専注し、口称を以て心を統一するもよし、要は一心統一して、弥陀の霊中に神を入るるにあり。

二に精進覚支《しょうじんかくし》とは、正鵠に向って心々相続するに勇猛精進に身を責め、己を摧《くじ》きて霊性を発揮す。縦令《たとい》弥陀の日光は照せども、金剛石も未だ研かざれば日光を反映するの性徳顕われざる如し。肉性を責め理性を砕きて霊性を発揮すべし。導師は一切の毛孔より汗を流し、眼より血を出し給いしと。宗祖は極寒にも熱汗を流し給うと。先聖已に然り、後凡《われら》何ぞ傚《なら》わざらん。

三に喜覚支《きかくし》とは、一心に念仏する窓には弥陀の霊光射し来る。春風徐に吹きて和気靄々《あいあい》と流る、三昧の兆候《きざし》霊性に現ず。心益々微に入り心気弥々朗かに、未だ旭日を見るに至らざるも東天已に曄曈《あけ》をなす。この時の歓喜天地に充つ、これ喜覚支なり。

四に軽安覚支《きょうあんかくし》とは、神が確かに如来の霊中に入りて定中の喜を覚ゆるに至れば、已に神《たましい》が如来に乗り得たるなり。如来に乗りえたる意は無我なり。無我無意識に為れば心意を煩わす物なし。身心共に軽安を覚えて即ち我が有を感ぜず。

五に定覚支《じょうかくし》とは、心が漸々微に入り妙が加わり、弥々心霊の日光が顕われ来る。金剛石に日光が加われば、石は日光を我物として光を発射するが如し。月は天に在り乍ら我眼裡に在り、我が眼に在り乍ら月天にあり。如来が我れとなりしや我れが如来と成りしや。徳本行者が、徳本が仏に成ることは難い弥陀が徳本となるのは即今南無阿弥陀仏の当念なり。三昧入神の妙味ここに在り。三昧入神生仏冥合《さんまいにゅうしんしょうぶつみょうごう》、この心霊の花開く時、弥陀の霊応正しく我霊性と合体す。春日麗かなるは色美しく香馥《かん》ばしき時、雄蕊の花粉は雌蕊に入る。これがこれ聖胎と為り、真の仏子と為るの妙機なり。

六に**捨覚支**《しゃかくし》とは、捨とは任運無作とて念仏三昧の意思の用心が、初めに注意を怠るといつの間にか心が仏と離別すれども、漸々純熟するに随って竟には注意を要せずとも自ら三昧を成ずるなり。例えば射を習うにも、初めには余程注意せざれば矢ゴロを失えども、能く稽古を積む時は自から的中するに至る。三昧も熟すれば自然と仏心と相応して離るることなし。

七に**念覚支**《ねんかくし》とは、念とは一人一日の中に八億の念あり。已に仏子の核となりし上よりは、寤寐《ごび》に念々にその核が中心と為りて、恰も果実が漸々に長養するが如し。これ即ち各自の人格を形成する元素なり。もし悪人にして地獄の性格と為る者の核は、枳《からたち》の如き果を成熟する為に、日々悪業増上の働きを積で地獄の種子を造り、それが熟すれば身は人間に在り乍ら已に地獄の業識《ごっしき》が熟するなり。もし念仏三昧を以て業事成弁《ごうじじょうべん》する時は、身は此土に在り乍ら既に弥陀の種子を、その人の心霊に成熟するを以ての故に菩薩聖衆と云われ、その中心より起る三業の所作は悉く仏子仏心仏行となるなり。

三昧発得の証明

あみだぶと申すばかりをつとめにて浄土の荘厳見るぞうれしき(12)

三昧発得は冷暖自知にて自己の実験なり。然れども如何なる分斉より発得せらるやに就いてはまた証明を要す。

『群疑論』に録する所によれば、三昧を得ることは何を以て知ることを得る、頗《すこぶ》る聖教《しょうぎょう》有って能く証知することを得るや。釈して曰く、「但当《ま》さに憶想して心眼をもて見せしむ、この事を見る者は即ち十方一切諸仏を見るを以ての故に念仏三昧と名づく(13)」、とこれを以て証とすべし。行者平生に種々に修道すといえども、三昧を得ずんば見仏すべからず。遂に見仏を得れば三昧を成じたるなり。もし三昧を得ざれば見仏すべからず。故に三昧を得する証明は見仏にありと知るべし。喩えば人が目を患えば衆色を見ざるも、大医師が能く眼を療治するに金錍《こんぺい》を以てする如しと。

霊験の種々なる方面

三昧発得して見仏するとは、基教にては聖霊を感ずと云い、禅にては見性また大悟と云い、密家には悉地《しっち》を得ると名づく、これ等その名は異なれども、要は宗教意識が全く基教に所謂復活の状態に入りたる所にて、即ち活信仰と云う辺に於て同一なり。喩えば卵子が孵化して卵殻《から》を出で雛子と為りしが如き心霊の状態を云う。吾等衆生は仏性を具すといえども、孵化せし鶏とならざれば、霊の生命未だ顕動態に復活せざるべし。従来の煩悩我が死して霊我が復活することに於て、禅にこれを大死一番(14)と名づく、これ三昧発得の状態なり、名は異にして実同じ。恰も人の心が闇黒態より光明態に転化せし処なり。その方面を異にするは感覚と感情と知力と意思と云う如く、三昧を得て仏の相好光明等を知見するは霊の感覚なり。仏の相好及び浄土の荘厳は観見せざるも、心が広き天地に出でたる如き気持ちに成りて法悦に満され、感謝の情禁じ難き底に感じたるは、感情の方面に復活を感じたるものなり。また禅の見性の如く独朗天真が顕われ、本地の風光新天地に逍遥するもあり。仏智見を開示して仏の正道に悟入すると云う如きものもあり。超然たる大家に於ても澄々たる秋天に皎月《つき》さやかに照して一点の雲なき状態に入り、実に涼やかなる澄心《こころ》、湛ゆれども而も、識神《たましい》の愛に感ずるものあり。また暖かなる如来の慈悲に抱れ乍らその感なきものあり。或は温かなる春日和気の中に無上の慈愛を感じ乍ら、自性天真の空を知見すること能わざるものもあり。大霊界の至真と至善と至美との新天地に出でて、相好光明の仏及衆宝荘厳《しゅほうしょうごん》の浄土を見ながら、而も自性清浄の天は永しえに朗かなりと感ずるものあり。温かなる慈愛の中に法悦の妙味を味いながら、而も無生の法忍を悟るあり。自性は十方世界を包めども中心に厳臨《げんりん》し給う霊的人格の威神と慈愛とを仰ぐもあり。真空に偏せず妙有に執せず、中道に在て円かに照す智慧の光と慈愛の熱とありて、真善微妙の霊天地に神《たましい》を栖し遊ばすは、これ大乗仏陀釈迦の三昧、また我宗祖の入神の処なりとす。冀《こいねが》わくば識神《たましい》を浄域《じょうど》に遊ばしむることを期せよ。

念仏三昧の実(功果の内容)

あみだ仏《ぶ》に染る心の色に出でば、秋の梢《こずえ》の類《たぐい》ならまし(15)

弥陀に霊化したる心相＝我祖念仏三昧に入りて年久し、口に称うる処は六字の聖号意に念ずる者は弥陀の本願、念々如来の心光を被《こうむ》り、声々弥陀の慈愛に触れ、智慧の時雨《しぐれ》に逢う毎に、真善微妙の色を添う。黄染《きいばみ》益々深ければ美化の紅、弥々濃《こまや》かに、弥陀に染まりし功果は、即ち宗祖の霊的人格の核を為す。おもうに縦令権化の大師といえども、昔し黒谷の報恩蔵に入りて聖教に眼を晒《さら》し、鑽究《さんきゅう》に意《こころ》を集めし当時の心象は、吾人に云わしむれば、理性の範囲に於て仏教を究め、華厳を繙《ひもと》く暁は重々無尽の教義に心を注ぎ、法華を披《ひら》く日には実相十如の文句に思を潜め、般若を閲する時は一切皆空に意を留め、涅槃を見る夕には、常住仏性の味をなむ。大師の智慧徒《いたず》らに文字の葛藤に捕われて、貴重なる精力を徒費する如き愚を傚わざるは勿論なれども、然れども未だ仏教を研究の材料として、霊性を復活するの資糧とはなし給わざりしなり。後に初めて反魂の霊薬を発見し、専修一行の念仏に帰し、本より天稟に豊富なる宗教的の資材に、加うるに起行の激烈なる、寒夜に汗を流す功を積み給えり。然るに三昧の弥陀我に有り、我れ弥陀に在りて、いつしか霊化せし功果は円満なる人格の霊核となり、八面玲瓏として恰も教祖釈尊の「諸根悦予《しょこんえつよ》し姿色清浄にして光顔巍々《こうげんぎぎ》たり、明浄《みょうじょう》なる鏡の影が表裏に暢《とお》るが如し」(16)とは、弥陀の霊光に浄化せし教祖釈尊を讃美したる阿難《あなん》の語なれども、教祖を範として、弥陀に美化したる我宗祖に適用して妨げなからんと思う。教祖と云い宗祖と云い、自から弥陀に霊化したる人格を以て範を後昆《みらい》に垂れ、一切をして弥陀の大悲慈の下に摂化を被らしむる聖意なればなり。

三昧の果は人格に結ぶ＝宗教心、否念仏三昧の麗わしき花と霊き果《きよ》とは人格の聖き枝に咲き、心霊に結び、口称の功果は自己の人格に具わる。謂《いわ》ゆる究竟如虚空広大無辺際《くきょうにょこくうこうだいむへんざい》の浄土の荘厳、七宝の宮殿《くうでん》七重宝樹の花も有らゆる浄土の荘厳は、弥陀の大人格の心霊に開きたる花と云うことを得。六十万億の金色身、八万四千の相好も無量功徳の大人格に結びたる果に外ならず。弥陀の大霊格を離れて依正《えしょう》二報の荘厳有るべからず。宇宙の大なる霊格に結びたる念仏三昧の種子は、釈尊の人格に正覚の花と開き涅槃の果を結びぬ。三世諸仏の正覚と云うも、実に念弥陀三昧の心に開きたる花なり。弥陀の大霊格に結びたる果実は、念仏三昧の種子として十方世界に播布さる。この仏種子が識神に攙入《らんにゅう》すれば頓《とみ》に無量の罪消て、頓て《やが》三昧の花を開く。三昧の花開く時は大なる弥陀の霊に開かれて、広大無辺際の衆宝荘厳の浄土を見ることを得ん。弥陀の心霊に開きし花なれども、我らが心に開く処に顕われるとは実に不思議と云わざるべからず。ここを導師は「弥陀仏国能所感《みだぶっこくのうしょかん》、西方極楽難思議《さいほうごくらくなんしぎ》」(17)と讃じ給う。念仏の種子を心霊に受て最も美しき人格の花、奇しき果と熟したるは我が宗祖の霊的人格なり。これ念仏三昧より成熟したる結果なることを忘るべからず。我らはこれに倣いこれに随い、自己の霊的人格を形成すべき天分を負うものなることを自覚すべし。

人格の花と実＝植物生活に於ても、もしは草にまれ小樹にまれ、成長期に達すれば花が咲き実を結ぶ。霊的人格に於てもこれに比例すべき性を有するなり。道詠のうち初の選択名号は聖の種子にて、愛楽の道詠は花が咲かんとする準備にて、念仏三昧の二首は正しく花が麗わしく開きたる姿にて、今は正しく三昧の実を結びたる姿なり。然るに生物進化の説にも適者生存と云う語あり。植物の種類は沢山有れども、その土地に能く適当せる物は益々繁殖して成長し易く、その反対に不適当なるものは動《やや》もすればその種族までも失うことあり。春の気候を待て適地に種子を播下して、大にその植物が繁殖する如くに、我祖は時機を得て最も適当せる念仏の法種を播《ほどこ》す。その流行の益なる未曽有なりと云うべし。就中《なかんずく》、御自身の人格に咲ける霊花の美麗なる爛熳たる容色、馥郁たる香気その光景は、あみだ仏と心を西にうつせみの神識が、大霊の粋なる弥陀に投合し形骸《かたち》は此処にあれども心は咲匂う浄き御国の園に逍遥し、念仏三昧の花開く処に、浄土の荘厳は宛然《おんねん》として現前す、これ大師の人格の花と云うべし。次に弥陀に染化したる麗《うるわ》しい果皮の色最も美なる果味となり、これを喰う時は陶然として快楽極りなきを覚えん。加之《しかのみならず》、永恒不死の生命となるべき霊格の核を成熟す。これが我祖の人格に結びたる果実なり。かくの如く皮肉骨髄共に完全なる霊的人格を形成する処の各部分を分類して各方面より説明を試みん。

清浄光に美化せる感覚

身体を組織せる皮肉骨髄、精神の感覚と感情と智力と意志とに比例して、弥陀に浄化したる霊的人格の内容実質を分解して見れば、感覚は皮膚に比例す。人の感覚を美化する如来の方は即ち清浄光なり。全体我等衆生は自性に清浄心は有すれども、前生よりの染汚《けがれ》とか、また遺伝とかの汚れを有し、また後天的にも眼耳鼻舌身が外の色声香味触法の色を視、声を聞き香を嗅ぎ舌に味い身に触るるなどより自然と我心を染汚せり。美色美味等の欲の為には、衛生及道徳上の害に為ることをも顧みずして敢為し色に荒み酒に耽り美味を嗜なみ飲食度なく、或《あるい》は華美なる衣服その他化粧などの為に心を汚し、またはその奴隷と成り、或は肉欲の為に堕落の淵に沈む族《たぐい》も少なからず。感覚欲と云うものはただ一時の心を汚すのみならず、段々昂進する結果は、病的に陥いることあり。例えば喫煙や飲酒の如くすべて、感覚の刺戟に馴れるに随って、度を増さざれば感ぜず、漸々に進んで竟《つい》には習慣が病的と為るなり。古来豪傑と云わるる人も、蛾眉《がび》粉黛《ふんたい》の色魔に捉われ、酒煙の奴隷に陥れる輩の多くあるを耳にす。色と声と香と味と触との五欲は、人の心を染汚するもの故に五塵と云う。また人の徳義心や衛生思想などを賊《そこ》なう過失あるより五賊とも云うなり。

これを自覚させ而して五官の感覚を清浄美化する如来の力を清浄光と名づく。外より習慣的に汚染せしのみならず、本来の凡夫の感覚は汚れたるものなり。これを清めて美しくするのが如来の清浄光なり。

果物を以て云わば、能く成熟すれば外皮の赤とか黄とか麗わしくなる如く、宗祖の人格の高潔なる、闇夜に光を放ちて書を読み、また頭光を放ちて月輪殿を感ぜしめし如く、清浄光が念仏者の六根に映現しては六根清浄[18]となる。また大悟徹底せし心霊上に、八面玲瓏として身心皎潔《こうけつ》なる無我を感じ、また美化したる心の霊感は、天地新らしく霊日麗しきを覚ゆ。弥陀の清浄光に感ぜし心は、恰も日光が宝石に映ぜるが如くまた心の花開きて快美に妙香馥郁として霊感極りなきを感じ、心耳には天楽[19]和雅《わげ》の妙音に爽快極《きわみ》なきを覚え、心には八功《はっく》甘露の水に津々たる滋味《あじわい》を受くるなり。一度清浄光の中に融合せよ、実に八功徳池[20]に浴するが如く、調和冷煖《ちょうわりょうなん》にして自然に意に随い神を開き体を悦ばしめ心垢を蕩除し、清明澂潔にして浄きこと形ち無きが如し。こはこれ霊界に逍遥する心の状態なり。浄化したる感覚は、身は娑婆に在り乍ら神は清き園に栖み遊ぶ。唯識には一水四見の喩あり。(21) 同じ水なれども、人には水と見え魚類は空気と感じ、餓鬼《がき》の業識《こころ》には熱水身を焼くかと感じ、天人の清眼には美しき瑠璃池と見ゆと。実に人間が自分の業識にて天地万物を人間相応に感覚しつつあり。もし仏眼を以て見れば此処も清浄仏国土にして無比の荘厳を観ることを得ん。我等は宗祖の浄化せられたるを模範として一心念仏して、弥陀の光に浄化せられて六根の清浄光中に相応せんことを楽《ねが》うべし。

歓喜光に染みて歓喜に充たさるる感情

精神の肉は感情なり。また血を循《めぐ》らして人格の内容を豊富にし麗わしくするものは感情の美なり。全体人間本来の感情は、能く調《ととの》わずして人格の核も性も、主我即ち自分勝手のものなり。ただ己が肉の幸福や、または我欲にて、名誉なり財産なり権利なりのそれのみを渇望して、ただ現在のみに汲々《きゅうきゅう》とし、自分さえ良ければの主義を取るなり。人生は肉の快楽を享受すべき舞台と想い、ただ形の上の幸福のみに焦る。実は還《かえ》ってそれが不満不足を感ずる原因となり、私欲の強き為に名誉や財産を飽くまで貪ぼり、為に不足と煩悶の種を蒔《ま》くなり。元来この世界は、かかる人々の欲望を満足せしむる為に発生せしに非ず。真実に人生の幸福を得て満足に生を送らんとせば、自分の浅薄な心を且《しば》らく捨て、人類を永遠に救済さるる慈悲の福音を聞くべし。世の光なる宗祖の化益《けやく》に浴せよ。大師の円満なる人格は範を後世に垂れたり。大師が「我はこれ十悪の法然房愚癡の源空なり」と一身のすべてを献げて、大慈の懐に抱擁せられ、摂化せらるる外に道なしと、専ら本願の念仏を行じ給いしかば、大悲の懐に摂められたる仏の卵は頓《やが》て孵化して、仏の真面目となりて顕われたり。

感情の信仰には、如来の恩寵を仰いで微《かす》かなりとも光明に接すれば、従来の己が甚だ非屈なることを感ずべし。実に己は恩しらずの罪人、無慚愧《むざんき》の動物なりと罪悪観を昂《たか》むるに随って、如来を頼む心も弥々強くなるべし。大光明を得ざれば解脱し難しと想う時は、益々《ますます》煩悶の度を進めん。弥陀を欣慕するの情を深く起し、「我はただ仏にいつかあふひ草」と、その至誠熱烈なる信念を即ち煗位《なんい》とす。この暖みが心霊の孵化を被る内因《たね》にして、恩寵を仰ぐ処に大なる慈悲の温熱に抱擁せらるべし。いよいよあみだ仏と神心を弥陀の霊中に投映して、その極に達せし時に、神秘融合不可思議を感じて霊の蕾は綻《ほころ》び、爛漫と麗わしく馥郁と芳《かん》ばしく、啐啄同時《そったくどうじ》に皮殻我の中より聖き我が雛の如くに、嚠喨《りゅうりょう》たる称名の声と共に生るるなり。而してそれが大悲の憶《おもい》の裡にして、いつも歓喜の日光は麗らかに照り亘り、歌う鳥の音、笑む花の色、何かは歓こびの種ならざる。歓喜の光に融合すれば神《たましい》は常楽の園に安住する想い、如来の信受法楽をばむかしは遠き入日のそなたに望みしも、今は暁の寝ざめの床にも感ぜらる。一度び開きて永しえに咲匂う心の花をばいつも、如来と共に眺めつつあるなり。未だ霊の花は散らざれども、人格に結びたる霊の果は、はや熟しぬ。日々に味《あじわ》う処の甘美はこれぞ法悦とや名づけん、甘くも酸くも種々なる無限の妙味は、意のままに味わる、かく美味に熟せし上は、必ず髄《ずい》とも云うべき核も成就せること疑いなし、かかる美味をこの世乍ら味いつつ生活せらるるは、これ全く宗祖の人格に結びたる種子の賜ものと想えば大師の恩を感ぜざるを得ざるべし。

智慧光に照されし知力

生理学上より云う脳髄神経の働きは精神系統なり。故に髄は知力と知るべし。これは如来の智慧光に依って知見を与えらるる部分なれば、いかに皮膚も美しく肉も豊富に、筋肉も健全なればとて、脳髄神経の部分が不完全なればゼロと云うべし。人は天性の脳及び神経の発達、また理性としては世に賢明なる君子と仰がるるも、霊性の知見が啓示されざる間は、宗教より見れば未だ盲目たるを免れず。理性の鋭利なる輩は己が霊性の盲目たるを自覚せず、自負して己れ智ありと謂い、霊魂は滅とか不滅とか、人生の帰趣は甚麽《どんな》に在りとか、かくの如きの種々の見解即ち身見辺見邪見執見戒禁取見《かいごんじゅけん》などに陥りて、彼等は未だ霊性開けず、ただ理性を以て推理を下すが為に謬見《びゅうけん》を生ず。霊界の消息は理性を以て窺うことを許さず。世に己が霊の眼なきを自覚せずして、仏身や仏土の存在を疑うのみならず、還ってこの存在を認めずなどと主張せるものあり。実に愍《あわれ》むべき徒なりと云うべし。

ここに我祖は、曽ては一代の経教にも精通し、智慧第一の誉を荷《にな》いしにも拘わらず、弥陀の前には、「我は愚癡の法然房黒白をも弁《わきま》えざる癡漢と選ぶ所なしただ念仏して弥陀を頼むより外なし」との偽りなき告白は、弥陀の容る処と為って、いつか知見の眼を開き給う、「あみだぶと申すばかりをつとめにて浄土の荘厳見るぞうれしき」とは正しくその証として信ずべし。

さて仏智見開示とは、何れ霊界を知見することなるも、ただ仏身仏土等を観見するのみなるか、将《は》たその他に悟入することありやとの問に答えて、知見開きて所観の方面は幾干《いくばく》かある、先ず三種を挙ぐれば、一感覚的、二説話的、三理想的。初の感覚的、知見とは仏の相好光明、また浄土の荘厳を観見する等、または笭笛《ふえ》の声即ち天籟《てんらい》の音を聞く如き、或は種々の妙香芬烈《ふんれつ》として量りなきを感じ、または舌根に於て世に比類なき妙味を感じ、または寒風膚を劈《つんざ》く厳冬の折に、柔軟なる兜羅綿《かぶとわた》を以て身を覆わるるを感ずるが如き、これ等は感覚的知見なり。次に説話的とは、例を云わば善導大師入定して百余尺の仏身を見る。告て曰く「樹を伐らんには切《しきり》に斧を下せ、縁なきには共に語ること勿れ、家に還らんには苦を辞すること莫れ」と。また「汝が師の道綽《どうしゃく》に三罪あり、宜しく懺悔せしめよ云云」(22)の如きは、説話的にして、次に理想的とは禅の見性の如き本地の風光または天地一体の如き、なお広くは三昧を得て諸の神通、智慧、総持を得る等なり。

隋の智者大師、法華三昧に入りて、霊山に於て釈尊法華説法の会座《えざ》に列なるを観見し、後に旃陀羅尼《せんだらに》を得て弁才無碍を得たりと。

基督教にて聖霊を感じ、また黙示を被ると云うも、仏教のそれとは広狭ありといえども同一なるを信ず。

仏教の諸の大乗経は、概して釈尊が三昧定に入りて、経験されたる相状《すがた》の説明なりと云うも或は然らん。由之観此《これによってこれをみるに》、大乗仏教は悉く弥陀の智慧光が釈尊の心に映じて、仏境界の消息を説教されたりと云うに帰すべし。この段に至っても古今の高僧中に、これ宗祖の如き造詣の深きはまた有らじ。そは『元亨釈書《げんこうしゃくしょ》』等を披覧せば明らかなり、これ宗祖の髄なり。もし前の三昧発得して浄土の荘厳を観見するを以て心の華とせば、無生法忍を得、また弥陀の相好等の観見のみに非ず、宗祖の人格の核としては或は暗夜に身より(23)光を放ち、或は頭光を現じ、橋上地より一尺を隔てて歩行なさる如きは、慥《たしか》に以て霊格の余光に外ならずと云うべし。

不断光に恵れて道徳的に霊化せる意志

人格を形成する筋骨と為るものは、精神中の意志なり。精神生活の中心なる感情、我が温かな豊富なる血や肉の如きものを以て生活しつつあるはこれ筋骨の力なりといえども意志そのものが健全に緊張して気張らざれば生存の煩瑣に耐うべからず。感情我も我なれども、なお一層固き人格の柱と為る意志を鞏固にせざるべからず。意志は力にして人格の外部に於ける働きはこの作用なり。されば人間も精神の進化したる動物なれば動物性の我に活《い》きんとする気力を根本となす。然し同じ活きんとするにはただ動物的に活きんと欲するのみにはあらず。進んで理性の意志として活きんとすれば、常識を有し、人格を具備するを以て高等の生活と云うべし。なお進んで霊我と永遠の生命を基礎として活きんと欲するに至りて、始めて完全なる人間生活と云うべし。想うに人の意の善と悪とに分るるは、意志の方向が何れかに有るなり。肉欲や我欲を目的とし、我あるを知りて他人の迷惑を顧みざる如きは悪の作用なり。仏教には人格の核を為す所の意向を十界に分類して、迷と悟と善と悪とを本とし、十部の階級的に区別す。

人の意思の水は、滔々《とうとう》として不断に持続して、我意の欲する方向に流れつつ働く、もしは悪き方、もしは善き方、遂に永く持続する時にこれが習慣となる。既に地獄の性格と固定せし神識《たましい》は他より見れば恐ろしい悪業なれども本人は平気にて敢行す。我々の意が地獄とも餓鬼とも、または人間天上、進んでは菩薩の霊格とも為るは、喩えば果物の実が、甘きに酸味に、各々の持前に熟する如く、人の意志の働きは、自己の性格を形成しつつあるなり。

前に演べたる如きは、世に賢人偉人と称せらるる方も、理性の域に位置を定めたる人は、偉人と云わるるも、仏教より云わしむれば人天《にんでん》の範囲に道徳を説き、人格を形成するに過ぎざるべし。

我日本国民に心霊界の光明を宣伝して、道俗を通じて、大慈光明に摂して霊の生命としてしらずしらず聖き人格の核を為さしむる宗教を開かれしは、ただ我祖のみなりとす。

一切を摂取して平等に浄化する光明は、喩えば太陽の光の如くに照しつつあり。もし人この光明と自己の意志とを結合すれば、無限の霊力は、常に人の意志に流れてその意志を霊化す。然れどもかくの如き霊光は、肉眼を以て発見する能わず。

衆生をしてこの光明に接触するの方法は即ち光明名号なり。口に称える如く意にも憶念すれば、不断の霊力に感応して意志を霊化す。従来の罪悪我を脱して、聖我と為らんには、不断の意志を要す。不断の霊光に浴し、日に新たにまた日々に新たに、不断の改革不断の努力を要するなり。「人間一日一夜に八億四千の念あり、念々の中の所作皆是三途の業なり」と。我等もし如来の不断光と離るれば、実に然り。無明妄動の起す所の業は、悉く三悪《さんあく》ならざるはなし。もしこれを転じて弥陀の不断光を我意志に接続せば、弥陀の霊電我が意思に伝わりて、或は灯明と為り、或は温熱と為り、器械運転の力と為り、我等は三業の所作をして、快活に勇気を鼓舞して、聖意に叶う働きを為すことを得べし。

釈尊が成道の暁より臨終の夕に至るまで、不屈不撓不断の衆生済度の努力は、弥陀不断光の人格現に外ならず。我祖の人格に結びたる核は、日本の釈迦として不断の活動三業の所作、悉く弥陀不断光の実現ならざるはなし。

ミオヤの全き如く、全き人格を以て一切を化す。抑々《そもそも》これ弥陀に霊化したる人格にあらざれば、かくの如く全きを得んや。

宗祖の霊的人格の全きを以て弥陀の実在を証して余あり。喩えば太陽のエネルギーが、米を実らしむる能力ありや否やは、ただ太陽の光のみを見て証明すること能わざれども、田地に稲種を播下して萌発せしめ、苗が成長して実を結び、米と為りしを見て太陽の力を被らざれば、いかに稲実を収穫することを得んやと思う。弥陀の光明が人の心霊を養成するに於もまた然り。衆生の心地に名号の仏種子を播下し、常に弥陀の慈光を被らば、その収穫は各自の霊的人格として現われん。宗祖を範として、弥陀の光明能く人を復活するの力あることを証すべし。

なお各自各自《おのおの》に結成したる人格を以て、霊の存在を証明せんことを、切《せつ》に希望して止まざる処なり。

第六章　光明生活

「この肉体を転ぜずしてただ天然の意志を転じて弥陀の新生命に入り弥陀大我の中の自己にして弥陀を離れたる個人なるに非ざるを知り、この身は弥陀の一切処に周遍せる性能を実現せんが為めの身なるを意識して弥陀の意思実現として行動せば足るのみ。」

「如来の光明被《こうむ》りて信心開発すればこの身の上にはかわりし事これ無く候《そうろ》えども心の奥底に最霊なる光明の照すありて心は広くゆたかにして常に法悦の楽みを感じ申候。かくの如きの心の状態に相成候ことを光明生活と申候。」

「ミオヤより君に選みて授け給わりし職務なれば大ミオヤに感謝の意を以て悦び勇みて業に従事する時は非常に大なる力を以て満足の念を以て勤る事ができます。」

仏子の自覚

如来は吾等衆生の本覚の大ミオヤで在ますことを信じられた時には随って吾等は真にこれ仏の子であると云う自覚が生ずる訳である。しかしただ、仏典に一切衆生は悉く仏性を有すとの文を読だばかりでは仏子の自覚とは云えぬ。全く精神の奥底に伏在せる霊性がミオヤの光明に喚発されて恰《あだか》も鶏の卵子が謂《いわ》ゆる啐啄同時に殻の中より開裂して雛子と現れた時に初めて我は仏子であるとの自覚が生ずる。我等は仏の子であると同時に人の子である有らゆる罪悪の種子を悉く持って居る。動物性の煩悩を皆持って居る。我等の動物性は犬や馬の如くにただ本能的に素朴に正直に犬は犬、馬は馬としての本能とは違って我等は知識が発達して居る丈に非常に狡猾なる最も険悪なる行為を為す処の動物である。これを儒教には人欲の性と云って居る。この人欲の性と云うものは実に自分勝手なもので各自が自分の日々に起り来る心の云何《いかん》を返照《へんしょう》したならば如何に自分びいきの目で視ても到底善良のものとは思われますまい。人間は悪い方へ発達して居る丈また善い方へも働かすれば如何なる善事も為し得るのである。これは人の子たる動物性を有して居ると同時に法身より受け得た仏性即ち霊性をも併せ持って居るからである。しかしながら倫理の講義を聞た位では心の奥底に伏在して居る霊性は開発すべきものではない。真にミオヤをミオヤと信じてミオヤの霊光に触れ霊力に同化さるることに依って初めて仏子の自覚も出来、霊性の開発もなし得らるるのである。寔《まこと》に仏陀出世の本懐もここにあるのである。然らば我等は如何にしてこの自覚に入ることが出来るかとなればこれに就いて二方面から親と子の道がつくと思う。一面は聖道的即ち『法華経』に如来は一大事因縁を以ての故に世に出現し給う。その一大事因縁とは即ち人々本具の仏知見を開きて仏の正道に入らしむることである。換言すれば各自の奥底にある仏性を開きて仏子の自覚を与んが為に仏は世に出現せられたと云う。また、『梵網経《ぼんもうきょう》』には人の仏性を開きて仏子の性徳を働かせんには仏の憲法に基きて父の家督を相続させんとの聖意にて説き明されてある。経に(1)衆生仏戒を受くれば即ち諸仏の位に入る位大覚に同うし已《おわ》りぬれば真にこれ諸仏の子なりと。ここには全く父の憲法に基けば家督を相続させると云う意味である。前の両法共に道理の上には子として父の相続は出来易いようなれども、動《やや》もすればただ理論の上にのみ我は仏子なり否我已に仏なりと、いかにも自覚に達したる如くに云うけれども事実は却々《なかなか》許し難い。故に一方の宗教的方面よりすれば、事実の上に還って入り易い。それは如来は慈悲深き母としての恩寵を以て子たる吾々の霊性を養育して頂くと云う意味を以て親子の自覚に入るからである。また、云何にして慈母の恩寵を被るかと云えば如来は慈悲のミオヤと聞き、ミオヤは我等衆生の迷子を愍《あわれ》み南無《なむ》阿《あ》弥《み》陀《だ》仏《ぶつ》と我が名を呼び我れを頼めと恰も初めて産れし児が未だ母の面《かお》だに見ることは出来ぬけれどもただ啼《な》く声を便りに乳房を哺《ふく》ましむるように我等が未だ如来の慈悲の温顔は瞻《み》えぬけれどもただただミオヤの慕《したわ》しさに一向《ひたすら》御名《みな》を呼ぶ時は漸々に信心増長して縦令尊顔を拝むには至らざるも頓《やが》てミオヤに親みて現にここに在ますことを信ずることを得。経に如来の威神功徳を聞きて日夜に称念して至心不断なれば、光明に遭うことを得て三垢消滅し歓喜踊躍して善心生ずと。また『観経』にはもし念仏するものは当に知るべしこの人はこれ人中の白蓮華である観世音大勢至その勝友となる当に仏の位に坐すべきなり故いかんとなれば如来の御子と生れたからであると。[2] この意《こころ》はもし真にミオヤを憶念して離れざるものは身は人間にありてもその心神は清き仏子である。白蓮華は淤泥《どろ》の中より出でてもその潔白なること世に比ぶべきものなき如く凡夫の汚き心よりも聖き仏の心が生ずるのである。実に希有《けう》である即ち如来を念ずるが故に能念の心も仏となる。世にこれほど聖き霊なる人はない。されば心の聖き聖者観世音大勢至共に我が友達として愛し給う。已に如来の子と生れたのである故に頓て諸仏と同じく無上正覚を得べしとの意である。然らば御子としての自覚のみでなくその内容に於て最も親と子との親密なる血が通って居る。聖善導は念仏者と如来との間には凡《すべ》てよりは親密なる愛と最とも近き縁とまた強き力とを以て固く結んで離れぬ関係を為して居ると明されてある。かくの如きの因縁を以て仏子の自覚と共に親子の親密なる愛を以て繋ぐことを得る内容までも御子となり得られるのである。(3)

光明

この光明は我等衆生の心霊を復活し霊に活かす処の**ミオヤ**の霊力にて恰も太陽の光に依って我等が肉体の生命の活かさるる如く光明とは衆生の信仰に対する**ミオヤ**の恩寵にて一大霊力とも不可思議功徳とも名づけらる。如来の光明は眼には見えぬけれども一心に念仏する時はその光明に触れ自然と心が一変して苦を抜き楽を与え悪心を転じて善心となり迷を除きて悟を得せしむ等の不思議の功徳が備って居る。喩えば太陽の光りは地球上有らゆる生物の生命より一切のもの悉くその光りを被らずして活きることは出来ぬ。地上の万物が太陽の力を離れては凡ての働きを失うが如く人の精神は大**ミオヤ**より受けたる不思議の霊能《はたらき》を有《も》って居るもの、更に**ミオヤ**の恩寵を被りて聖意に契《かな》うように働きて人生の天分を全うし使命を果すことを得るは如来の光明を享くるが故である。故にミオヤの光明は実に無量無辺の種々の方面に亘りて照す徳用である。要を取って云わば一切の諸仏聖賢の有らゆる心の働きはミオヤの光明に照さるるに依る。恰も万物が太陽の光に依るが如し。種々の方面に亘れる光明を詳《つまび》らかに十二光に依って説明せば明らかにその不可思議の徳あることを信知されるのである。そは追々に説くことにして今は如来の光明と太陽の光りとに比例して三方面より光明の作用を説明したいと思う。通じて太陽の光と云うとも物理学には光線と熱線と化学線との三つの能力に分ける如く如来の光明もそれに例して三種に分けて智慧と慈悲と威神とを以てその作用を説明せん。

一、智慧光を太陽の明線に比すれば太陽の明線は肉眼に見ゆる山河大地一切の動物植物に至るまで明らかに見ゆる如く、如来の智慧光は一切衆生の智力を照らして万物の真理を明らかに知らせる作用で万物には何一つとして理の具わらぬはない、けれども人、智慧がないから解らぬのである。有為無為《ういむい》と申して有為とはこの世間の理科学にて研究して居る物理や生理植物などの凡ての理を明らかに知るを有為の智と仏教では名づけて居る。仏教で云う諸仏菩薩等の理想界の玄深の真理を悟るを無為智と名づく。有為無為一切の真理を照すのが智慧光なれども今は宗教の必要なる我等が信仰上の真理を覚らして下さる方を主とす。一心に念仏して光明に遇う時は縦令学問なき人にても自然と能く仏智に相応する智慧が開かれて正見となり、世間門には善悪因果の理を信じ進んでは仏智不思議の理に於て疑わず、その信解する処が大悟徹底した人と同一に帰する如くこれミオヤの智慧光に照さるるからである。世間の学問ある人は絶対界の真理を相対的人間の智識を以て解せんとするから還って誤謬に陥り易い。正直に一向に知識の教を信じて一心に念仏して如来の光明に自己の霊性が照らされて信心の眼《まなこ》開くる時は自然と仏智に相応して甚深の真理も自ら解せらるるに至る。光りに照らさるる範囲は甚《はなは》だ広い大般若六百巻の如きも智慧光に照されたる真理の説明に過ぬ、この事は漸次に説明せん。

二、慈悲と太陽の熱線。太陽は明るいと共に熱い熱を放って地上の万物を暖ため有らゆる生物を活かして居る。如来の慈悲は温暖なる霊力を以て衆生の心霊を温ため活かして居る。慈悲と云うものは温暖なる心の作用である、世間には慈悲も同情もなき者を冷酷な人と云う慈悲心とは人の苦を我が苦とし人に楽を与うるを己が楽みとなす。世に如来《みおや》程一切の人類に対して最も慈悲の深い御方はない。我等一切衆生に無限の同情を以て苦を抜き楽を与え給うのが即ちミオヤの慈悲である。春和の温暖なる気候を被れば百花爛漫と咲匂うが如く如来の恩寵に触るれば衆生信心の花開きて麗しきを呈し芳ばしきを流す。如来の慈悲の存在することは一心に念仏して信心の花開きし人の心に証明せらる。理屈では分らぬ、全く光明に浴すれば法悦とて言葉には云われぬ歓喜と妙楽とに充され神聖なる幸福を感ぜらるる様になる。これが如来の慈悲を太陽の熱線に例する所以である。

三、威神力と太陽の化学線。(4) 太陽には化学線なるものありて地上の凡ての物に化学作用を起して生物を育てて居る。如来の威神力は人の意志の煩悩の悪質を霊化する能力を有って居る。喩えば渋柿の果も日光に照されて遂に甘干になる如く人間には貪欲瞋恚《よんよくしんに》愚痴嫉妬等の諸の煩悩の渋《しぶ》を有って居る。これが為に自ら悩みまた人に憎悪せらる。その他種々の気質または習慣等の悪質を以て人間の心と気を固めて居る。これが抑々《そもそも》人間の弱点である。然しこの悪質があるから如来の恩寵を仰ぐ必要も感ずるのである。かかる人間の苦味も渋味も如来の光明に遇う時は何時か心の渋味が脱けて最も賞すべき甘味と変わる。悪にも強きは善にも強く煩悩が菩提となりて人格も一変して聖き人となる。如来光明中にありて聖意を己が心とし清き正しき生活がなし得られる様になる。これまた理屈でなく一心に念仏して光明に接する時は悪を廃して善に進み邪を捨て正《ただしき》に帰し人生を価値ある光栄ある人とはなし給う。

願わくば諸士よ大**ミオヤ**の光明は天地に充満す。一心に念仏して霊光に接せよ。初めて人生の真意義を覚ることを得ん。

光明生活

教祖釈尊がこの世に御出ましなされた聖意は、一切衆生**ミオヤ**の光りを識らず無明の闇に彷徨うて、何れより生じ何れに帰趣すべきを知らず盲目的に生活して居るは実に憐《れん》愍《みん》の極みである。かかる衆生をして如来の実在を知らしめ秩序あり意義ある有終の美ある光明生活に導かん為めである。然るに世間五悪五痛五焼《ごあくごつうごしょう》の曚冥《もうみょう》の衆生を教化して五悪を捨て五痛を去り五焼を離れしめて正と善との光明生活に復活せしむるには、実に容易のことでない。けれども世尊は懇《ねんご》ろに衆生に五悪五痛(5)の人生の暗黒面を認めさせ飽くまで永遠の光明に導き給うことに奮闘努力されたのである。

精神生活に二類あり。一類の衆生は**ミオヤ**の光明に遇わず人生を暗黒の裡に葬り去るもの。実にかかる族《たぐい》は人間として罪悪のみでなく天心に逆い人道に戻る曚冥抵突《たいとつ》にして難化《なんけ》の類である。彼等は肉欲我欲の奴隷として精神が現在より永遠の苦境に堕落する族である。経に「悪人は悪を行じて苦より苦に入り冥《くら》きより冥きに入る(6)」とはこの類である。また、一面教祖の教に基づき**ミオヤ**の光明に活きる者は常に**ミオヤ**と共にありて聖意を我が意とし、意義あり価値ある生活をなし今日一日の勤めは永遠の基礎となることを信じ永しえに希望の光りは前途に輝き現在を通じて永遠の楽土に安住する者である。これ等は失敗の内にも成功の秘密を発見し、苦境の究《きわま》りに楽土を見出し艱難に遇わば己れを研くの砥《と》石《いし》と意得《こころえ》困苦《こんく》に対しては人格を鍛練するの器となすかくの如き光明の前には一切の事業として悉く仏道ならざるはない。経に「善人は善を行じて楽より楽に入り明るきより明るきに入る」とはかかる生活の類を云う。これ人生が永く光明と暗黒との何れかに岐るる分岐点である。

教祖は凡ての人間が染汚と苦悩と無知と罪悪とに覆われて堅く業に結び付けられあるを愍れみかかる輩《やから》を救済せんには独り**ミオヤ**の慈悲の光りに温められて救わるる外に道なきを覚り給い、『寿経』に懇ろにかかる罪悪の凡夫をして**ミオヤ**の光明に依って心霊復活して光明の生活に入るは無上の光栄なることを御示しになった。

『無量寿経』は教祖釈尊が大宗教家とし宗教の真面目を顕示されし経典である。然ればこの経を説かんとする会上に於て先ず釈尊自ら弥陀の光明に充満されたる身心の相を現《あらわ》して光明生活の模範を示しなされた。暫く経の文を以て弥陀の光明に充される教祖の相状を明さん。「爾時《そのとき》に世尊諸根悦予し姿色《ししき》清浄にして光顔巍々《こうげんぎぎ》たり。時に弟子の阿難尊者がこの霊相を瞻《み》て長跪合掌して御問《おんとい》申上た。今日世尊の諸根悦予し姿色清浄にして光顔巍々たること明浄《みようじよう》なる鏡の影が表裏に暢《とお》るが如し、威容顕曜《けんよう》にして超越し給うこと無量なり未だ曽て殊妙《しゆみよう》なること今の如くなるを覩上《みたてまつ》らざりき」と。

教祖がこの経を説かんとして序分にこの相状を現わしなされたのは深き意義あり。その所以はこれより説示する教に依りて弥陀の光明を被りて心霊復活する時は心が弥陀の慈悲に充され霊妙なる感応に依り身心全体が弥陀の霊徳に充さるる故に眼根耳根より乃《ない》至《し》身の全体が弥陀の霊徳の容物《いれもの》となり法喜と禅悦に盈《み》ち溢れて内部に充さるるのが悦予の相と現わるるのである。また弥陀の光明に反映したる徳が姿色清浄の相と現わる。弥陀の威神力が精神統一の力となって引き締まって来るから光顔巍々と現れ威厳が備わる。これが教祖世尊が我等衆生ミオヤの光明を被れば器の大小に係《かかわ》らずその分相応に被りたる光明を以て生活活動の上に現すことが出来るとの人格的模範を示しなされたのである。

人生は修行に出されたのである

仏教に積極方面と消極方面とありて、消極面より見れば現世界現人生はかく人間になど生れ出ざればよいものをそもそも六道に迷い出したのが生死の苦を受けねばならぬ運命に陥ち入ったのである、故に是非この迷《まよい》から出でざれば真の永恒の生命に入ることはできぬと。

積極の方より云わば、法身の大ミオヤより必然的に修行に出されたので天にも地にもこの五体五根六識にも本より罪はない。大ミオヤの聖旨に随わざるのが罪である。

無論人の身心は完全ではない。されども報身の光明を被りて霊化せらる可き性能を有っている。即ち仏の子として光明生活に入らるべき可能性を有っている。

人類は高等生物の故に宗教の要あり能あり。鉱物でも劣等なる石は琢磨の要はない。人類巳下の動物は宗教を以て脱却すべき要はない。人類は金剛石の如くに琢磨せざればならぬ性を有っている。是非とも報身の光明を被りて霊化せねばならぬ。それが即ち法身の大ミオヤより産み出されたる仏性の卵を報身の慈悲と智慧の光明によりて霊化せらるべき性を有っている。折角に人間と云う学校に選み入らされて十二光の光明に依って信心開発の生活に入って大ミオヤの子としてこの学校を及第せねばならぬ。

現在の生活は日々の二、三万の米が生命を献《ささ》げて我等に食と成ってくれるのでこの人間の肉と血となって大ミオヤの光明生活に入るべき身に成らん為めに米は犠牲と成っている。もし日々二、三万の米の生命を己が血肉と為して居って日々に餓鬼の精神生活を為せば食われたる米まで餓鬼道に堕ちてしまう、我が責任は重い。この重い責任はとても自分の力では担われぬ。無限の力ある大ミオヤの光明を仰ぐ外はない。
進めよ進めよ大ミオヤの光明を被りて。働けよ働けよ聖旨のまにまに。

如来の光明と日光

如来の光明は何なる相と能とを有っておるかなれば、この私共の身体は太陽の光明に活かされておる。もし太陽の光なかりせばこの身体は活きること出来ぬ。私共の心霊は如来の光明を受けて霊的に活きることを得る。如来の光明に対する観念は太陽の光にて万物活ける如く如来の光明に依って清き信仰心が活きる。即ち永遠の霊的生命は如来の光明に依って活きることである。一切の生物が太陽の光明に依って動物的に活かされておる如く、如来の光明は人を聖霊的に活かす能力を有っておる。

太陽と如来光

如来の光明は超日月光と申して太陽の光よりは高等である。世には太陽に超えたる光明何《いず》れに在るかを問う人がある。けれども如来の光明は肉眼に認むることができぬがその光明を被りたる人は精神的に霊的に活きて、ただ太陽の光にて動物的に活きている計りでない。如来の光明が太陽の光明に超えて高等であることは何に依って証明せらるるとなれば日光と如来の光とは物質的肉眼を以て比較することは出来ぬ、けれどもその光明を被りて養成せられたる人の精神に於て証明せらる。日光は人の動物的の形骸を活かすけれども人の精神を霊化して高等なる信仰の生活に入れて清き人として活かすことはできぬ。古今に亘り霊的偉人の最も円満なる人格は如来の光明に依って霊化せられたる結果に外ならず。

光明は見えねども触るる

春の気候は天より来《きた》るは見えねども春来れば暖温なる和気が徐《おもむ》ろに到り新緑萌発した蕾《つぼみ》の芽生《めばえ》して花開くが如く如来の光明は眼には見えねどもただ如来は実に在すことを信じて一心に念仏して至心不断なれば漸々に光明に触るることをう。然る時は自然に自己心中に発現し来る霊的気分は春の気候に萌発する芽生の如くに一種云うべからざる霊的気分有り難いと云わんか歓喜と云わんか、この喚起し来る心を信心喚起と云う。故に経に「それ衆生ありてこの光に遇う者は三垢消滅し身意柔軟に歓喜踊躍して善心生ず(7)」とはこの如来の光明に触るるときは人の心が一転して霊性の生れ来る心理状態を説き給いしに外ならず。

古人が、「秋来《き》ぬと目にはさやかに見えねども風の音にぞ驚かれぬる(8)」と詠《よみ》し如く如来の光明とて眼には見えぬ。然れどもただ如来の大悲を憶念して一心に念仏して心々相続至心不断なる時は、天地に漲《みな》ぎる如来の霊的光明に自己の奥底に伏する心霊に一種の霊的気分が響きて秋風の寂蓼を感ぜし如くに実感し来るのである。

清浄光

念仏の一行と十二光。行は一心に弥陀一仏を念じ自己の一心統一してまた能念所念《のうねんしょねん》となて自分の心が弥陀を念じて弥陀の外に我念なく我念が即ち弥陀にて弥陀が即ち我心となるように、一心一行漸々深く進むに随って我心と弥陀と離すことのできぬ心の状態である。喩えば炭に火が燃《う》つりし時炭全体が火となり火即ち炭を燃《も》やす如くに我心の闇、煩悩の炭も弥陀の光明を念じて念々弥陀に相応する時は煩悩の炭も如来光明の心と化す。これを念仏心と云う。然れば即ち一心念仏一行なれども一行の念仏によって心が弥陀の光明化する時は心の体は本一なれども光明に化したる心の相は種々の方面に観ぜらる。人の心は本一体なれども四類に分類することができる。感覚と感情と知力と意志とである。感覚とは眼で視、耳に聴き、鼻に嗅ぎ、舌に味い、身に触れて起る処の心の相にてこれを仏教にて眼に色を見わけるを眼識界《げんしきかい》といい耳に声を聴覚するを耳識界《にしきかい》といい鼻にて嗅覚するを鼻識界《びしきかい》と名づく。すべてこれを五根と云う。一体凡夫の心はこの五根の為めに、眼にて嬋妍《せんけん》たる蛾眉《がび》紅顔《こうがん》を視れば忽《たちま》ちに執着《しゅうじゃく》の念が生じ、即ち眼の欲耳の欲口腹の欲などの為めに惹かれて、この色と声と香と味と触との五境に対して六根が常に染《そま》さるる故に六境を六塵と云うは人の五根を通じて心を染汚する故に六塵と云う。日々の見聞覚知から心を汚すことは常に断《つき》ぬ。

例えば人の身体は活きておる限りは、肉の分泌物が毛孔から分泌するのとまた外から塵埃が附着するのとて垢穢《あか》が常に身につく故に清き水または温湯を以て垢を洗濯するの要あり。

また衣服にても敢えて能く垢を附着せざるとも自ずと着物に垢がつく。故に洗濯してこの垢穢を除きて清潔になれば気持よくなる。外の垢は感じ易きが故にこれを洗濯の必要を感ずるけれども心が常に六塵から染汚《けが》さるる垢は中々に強くして、また啻《ただ》に身体や衣服の垢よりは人間の最も貴重なる人格の上に及ぼすことなれば実には最も心の垢を浄めて六根清浄にして人格の光輝を発すべきなれども、そこが凡夫の浅ましさである。顔面や外皮膚の垢つくのが他見を憚ることは感じ易きなれども己が心の垢が自己の本人に対して慚愧の感が少なきはこれ人の心の浅間敷《あさましき》ゆえなり。ここが凡夫と聖人との異なれる処なり。

常恒に眼前に在します如来は我等が肉体の面を見給わず我らが心を照らし給う故に我等は如来の御前に慚《は》じまた己が心霊を愧ず。ああ実に我らは浅間しき凡夫である、自ら人格を高等に進ませんとはせで自ら肉欲の奴隷となり六根より六塵の為汚されてそれに愛溺して自ら清浄高潔の心をたもつこと能わざるは実に野卑である。

されば『遺教《ゆいきょう》』(9)に当に五根を制して放逸にして五欲に入らしむること勿れと。五根とは眼耳鼻舌身にて五欲とは眼に色を視、耳に音を聞き、鼻は香を嗅ぎ、舌は味をしり、身は物に触る、この眼や耳より肉の快楽を貪ぼるを五欲と名づく。平生に慎みて能く五根を守りて能く制裁せよ。譬えば牧牛者が杖を執ってこれを視して縦《ほしいまま》に人の苗稼《つくりもの》を犯さしめぬようにせよ、もしこの眼の欲耳の欲を縦にせばただ五欲の将《ま》さに崖畔《はて》なくして制す可からざるのみでない（五中一例を挙ぐれば口の欲、酒飲の如きはこれ酒が始めは少量にても酔うて愉快に感ずるも刺激に抵抗する性が有る故に漸々に発達して終には多量に飲まざれば酔わず、段々に昂進して屢々《しばしば》飲酒する時は習慣性と為りて必需とて無くてはならぬように為りまた病的となる而《そう》するときは酒の気がなければ体も持たぬように為る。その害は身体の機能を毀損《きそん》して病気となりまたその毒を遺伝して子孫の体質を病的にするが如き）遂いには如来より稟けし自己の霊性を滅亡《ほろ》ぼして再び霊に活き更えると云う時期を失うて仕舞うのはまことになげかわしき次第である。

如来の清浄光は人の五欲の為めに汚さるるを救済する大なる力を有って居る。

凡夫の習いとして五欲の為めに自己の人格が堕落しまた衛生等にも甚だ害あることを知り乍ら自らの力でこれを改正することが出来ぬ。また概《おお》くは自暴自棄に為って迚《とて》も自分で人格の改造ができぬ。それは自己の霊性が永遠の生命を信知せぬ故に自分をただこの動物的生活の方面から計り認めて居るのである。

自己は尊き霊性を有っておる。清浄光に依って清められて日々に六塵に汚さるる六根を清浄にして自分のこの眼に来たり与えられたる清き眼である。眼の欲の為めに惑わされていかに翠黛《すいたい》の蛾眉の為めに惑わされて人格堕落してしまう如きは汚らわしいことである。

清き光よ我らが眼を浄めてあなたの眼の如くに清くして給え。

清浄皎潔にして満月の如き人格たれ

人はこの人品即ちこの形骸の上にはいかに立派なる、即ち在原業平、平井権八などと形骸の上から世に称せられたるもその品性に於て皎潔《こうけつ》にして球《たま》の如くに光彩を放つべき人格にあらざれば何んぞ云うに足らん。実に現代の青壮年の志気は明治の物質の文明進歩がただ物質の方面にのみあせりて、品性の内的改造するに遑《いとま》ない程であった為めに内部の道徳的人格を造る方は外部の進歩発達には比較にならぬほど劣っておる。

人格改造の清浄光

如来の光明獲得《ぎゃくとく》の目的は自己の人格を改造する処にあり。人類は他の動物と異にして必ず**ミオヤ**の光明によりて自己を覚醒してあるべきように自己を指導し改造して光明の中に生活すべきものである。否《いな》光明の中に入るが故に人格が一転するのである。

他の動物は本能的に眼の欲耳の欲また色食の欲でも本能的で、換えて云わば天から与えられた丈を正直に守りて食物でも飢うれば食うて飽けば止めて敢て人間のように貪らぬ。また生殖の本能にても春期が至ればたとい狂い争って色欲を逞《たくま》しゅうせんとするもその期過ぐればその欲も止む。人間は天の特寵《とくちょう》を得るとも云わんか自由を得るが如きまた智恵も進み意志も自由にてすべて心の作用が発達しておる丈《だ》けに自《みずか》ら能くあるべきようを覚りて色食の欲にしても清浄に自ら分を守り節を保ちて清浄にせざれば天賦の体質を傷《そこな》い動《やや》もすれば生命をも促《ちぢ》むるに至る。

自己の身体及び五根及び一切の生理機能は即ち口腹の欲を恣《ほしいまま》にする為めに胃腸を傷い消化器を害するようなことをせぬように自ら能く覚りて清浄にせよ。一切の食物は生命を養い自己に賦与せられたる天職を全うする為めに与えられたる身体及び一切の機能を完全にして而してこの世に出たる天分に叶うよう力の有限《あるかぎ》り努力して清浄自活してミオヤに報い奉《たてまつ》るべき使命に用うる身をただ美味を貪り酒に耽りて飽くことをしらず、闇黒の中に沈淪して不浄不潔の身となり病を求め命を縮む如きは実にミオヤに対する仇《あだ》という外なし。人類にはそれが為めに理性と云う智恵を以て生理上の智も道徳上の智も能く明らかに識らるるように智力作用を賦与せられおるにも拘《かかわ》らずただそのミオヤの使命を果すべく人格を高尚に殊勝に進ません為めに与えられたる智恵を還って悪用してただ智恵を以て動物欲の本能を逞しゅうせんとするが如きはミオヤの聖意に叶う筈がない。

清白皎潔にして生活せよ、これ清浄光裡の生活である。

人は改造すべき精神的生物

犬馬の如き動物は本能的にして自己の本能のままに発達してゆけば犬は犬の本能の働き馬は馬の本能あり。人間も動物であるから一方より見れば動物的の本能の性を有っておる事に異ならざれども、人類は食物にしても料理をして食うごとくこれを消化する機能に於ても人間的に習慣性を為しておる故他の動物と同じからず。人間は生れたままの本能計りでなく終《つい》には理性の如く学修によりて修業の結果として高等なる知識の働きを為す。他の動物には理性が発達して居らぬ故に人間の如くに学業を以て知識を磨く必要がない。人類は動物と異にして学業を以て修練せねばならぬ理性を有っておる。

例えば鉱物の類にても素朴なる石の如きは天然に自分に有てる朴質のままにて還って風致の見るべきあり。朴石を琢磨するも光を放つべき性なきのみならず還って天然の風致を破壊して了う。然るに高等なる宝石や珠玉に至っては充分に琢磨して始めてその有せる最も貴重なる性質を発揮して光輝燦爛《さんらん》として光を放つ如く、人類の頭脳に潜伏せる宝石はこれを琢磨して実に尊重なる本性の光が発揮す。人はただ教育を以て理性の知識を研《みが》くべき斗《ばか》りにあらずしてその奥底に有せる霊性は人類の頭上の王室にしてこれを開発しその霊性の光を発揮して始めて人に万物の霊長の徳性が顕わるるなり。

天より賦せられたる人の頭上の玉座に厳臨すべき霊性はこれを仏教にて仏性と名づく。人は仏性を開きて、この光を以て自己の動物性を自から制裁し指導して光明の大道を如実に行為すべきである。

念仏とは仏と離れぬこと

念仏は大乗仏教の宗教的意識《しんこう》の最大事である。一切万行はこれより出る。一切諸仏はこの念仏に依って成仏せしと経に示されてある。念仏とは念ずる人と如来と共にして離れぬ意義である。念と云う文字は人と二と心にて即ち二人離れぬ心を云う。世に念頭に繫《かか》ると云うは、自分の外に他に或る物に対してその胸臆《きょうおく》に往来して離れぬことである。

例えば孝行の子が常にその父母を憶うて念頭に捨てざる如く、人は本心に愛する人をば忘れんとしても忘れられぬ。詩経に衷心これを嘉《よ》みせば何の日かこれを忘れんと云うような工合に終始その念頭に在って離れぬを念と云う。今念仏とは自己の心裡《こころのうち》に今世後世を通じて生命を献げて信愛する、弥陀尊を常に念頭に戴《いただ》きて、離れぬを念仏と云う。即ち仏念《おも》いの心である。絶対的に尊きすべてに超えて信愛する如来を、常に頭に戴きておることである。観世音菩薩が御頭《おつむり》にいつも弥陀尊を戴きて在すのは、その意味を表徴《あらわ》したのである。故に観世音はすべての念仏者の先達にて念仏する人は誰人もかように為れとの模範を示しなされたのである。観音菩薩の頭(精神)には弥陀如来が威神光明赫々《かっかく》として、照鑑《てら》し給うことを信じなされておる。その胸の裡は常に弥陀の慈悲に充たされておる。何人も弥陀の慈悲に満たさるる時は大小はあれ観音と為るのである。観音の念頭に永しえに弥陀如来が離れぬ。弥陀の光明に霊化せられた人格が即《たっ》ち観世音である。今の念仏者は生れた許りの観音である。念仏者の心頭には最も尊とき弥陀尊が常に真正面に在ますことを念う時は、縦令肉眼にて人の面貌《かお》を見る如くに視えぬからとて、心眼の前に威神光明の如来が実在するを念ずる時は、肉の形に見ゆる人よりは優に尊とく有難く想わるる。本より真の如来は肉眼にて瞻《おが》めるものでない。『観経』に如来はこれ法界身にて一切衆生心想の中に入り給うと。(10)それを聖曇鸞《どんらん》は法界身とは肉眼にて見るべきものでなく意識の対象にて即ち心眼にて観べき尊体であると釈された(11)。

如来は本来大霊体にして実に一切の処に何れの処にも在まさざる処はない。但し人の信心《しんじん》の鏡が明らかならざる為に影現せぬ。如来は霊体にて色心不二である。一方より見れば、大智慧の光明として偏《あまね》く照り渡れり。また一面よりは何とも云われぬ麗わしき妙色相好身と現われたまう。故に衆生の一心に念仏して信心の鏡だに明らかになれば、或は麗わしき相好身と現われ、或は大慈悲として有がたく感ぜらる。経に衆生信水澄む時は仏日の影映ると。如来は常に念ずる人の真正面に在ます。ただ自己の心水が濁りておる故に分明に現われぬ、信心の水さえ澄浄《きよくす》む時は必ず明らかに映り来る。然らばいかにせば信心の水が澄むように為ることになる哉との問題が起る。そは他なし、ただ一心に念仏して心々相続し、念々に仏を念じて不断なる時は、必ず信心の水澄みて如来は我心水に宿り給うに至る。経に如来光明威神功徳を聞て至心不断なれば心の所願に随いて光明の中に生ずと云う(12)もその意義に於ては同一である、読者諸君よ諸君の日常の胸臆に多く往来しておる物は何物であろう、どう云う事が常に念頭に繋って居ります。あなたの心を誘《いざな》うて高く高く清く仰ぐも畏《かし》こき計りに向上させるような事は有ますか。もし念頭に弥陀を離れたならば貪瞋五欲の想《おもい》のみでは有りませぬか。経に一人一日の中に八億四千の念ありて、念々の所作皆なこれ三途《さんず》の業と説き給うてある。そこで未だ信心の光明を得ぬ間は日々に闇の裡に三途の業を造りつつあるもそれが分らぬのである。いかがでしょう諸君、元来人間の生れたままの心は本劣等な本能的な動物性なのである。これに加うるに五塵六欲の塵埃に惹れた心は実に浄いものでない。毎日胸の中に往来する念は貪欲の餓鬼瞋恚の地獄愚痴の畜生の心を以て塞がれておるでは有りませぬか。宗教上より云わば人間の最とも貴重なものは自分の心念の向け方と働き方のいかがであります。地獄を造るも仏を造るも、日常の心頭《こころ》の働きを本と為るのであります。そこで衆生は本来心の奥底に仏性を具有しておるけれどもそは未だ鶏卵の如《よう》な物なのである。ここに於てこの仏性の卵をあたためて仏子と為るのに唯一の法は念仏ばかりである。念仏とは仏を念う心なのである。我等が口にナムアミダブと御名を呼ぶ時に、心の真正面に最《い》と尊とき弥陀尊が威神の光明赫々と照らし慈悲の尊容《おもかげ》我を見そなわし給うと想う時は、いかに我らが浅間《あさま》敷《しき》心も、自ずと正しくせざるを得ぬ、実に我らは弱き物、自分の心のみでは闇の中に罪を造る外はなき物である。ただ神聖なる如来を念ずる時にのみ初めて仏心我に来りて我心と為り給う。如来は念仏者に対して増上縁《ぞうじょうえん》と申して非常な大なる力を以て助け給う。例えば我らは或る縁に触れて勃然として忿《いかり》を起す時にフット気づきて仏を念ずる時、尊とき如来は大悲の笑顔を以て我面前に在ますと念わるる時はいかに我らが忿怒《ふんぬ》も、自から和らがざるを得ぬ。また我等が事に依りて悲しみに耐えぬ寥《さび》しさにたまらぬ折も口に御名を称えて大悲のミオヤを想い奉つるとき何とも云われぬ有がたさと歓びとが胸の中より湧出し、無限の慰安を与えられる、実に何なる事にも増上縁と云う強き力を以て助けて下さる。我らは弱き凡夫である。必ず大悲のミオヤを離れてはならぬ。その大悲のミオヤが我らが念頭に往来して我を助け給うその心の表現《あらわれ》が即ち称名の声である。その称名の声を発する心の奥には大悲のミオヤが在ます。これを念仏とは仏と自己と二人にて自己心中にいと尊とき一りのミオヤが在ますことを申すのである。

火と炭との喩

時は厳冬の寒さの極みなる頃に、座敷の隅の火鉢の中に火がカンカンと燃えておる。而《そう》すると誰人も寒さに耐えぬから遠慮なしに両手をその上にかざしておると、自ずから全身が暖かになる様な気持がする。あの火鉢の中に真紅な熱い火がいかがでしょう、未だ火鉢の中に入らぬ前炭箱の中に真黒なそして冷たい炭で在りし折は、何人も顧みる者もなかった。もしこれに手を触れば意地悪に手に黒く染《しみ》つく、されば誰人にも嫌われる性質を持って居た。然るにそれが一旦火鉢の中に入りて火と結婚して相互に抱擁して同体一心とも為った後には不思議では有りませぬか性格が丸で一変して忽ちにアノ真黒な面は変じて春の弥生の桃の花よりももっと紅《くれない》の色と為り、元は愛嬌のない冷たい炭が今度は非常な燃えつく様な愛嬌者と為りて、而していかに高位な方にもまた卑賤な者にも分け隔てなく同じように暖めてやる。されば何人もその温かなる愛嬌と同情とには引つけられて、手をかざしておるとそうすると不思議な事には今までは蒼白な顔をして指先のかじけて居った人も忽ちに元気が復活して顔は紅を催し指は自由の働きを作すように為る。また元は炭には冷水を沸す力は無かった物が今は冷水をも忽ちに沸湯《にえゆ》と化し飯をも有らゆる料理をも勇ましく煮あげる能力を持つようになる。されぱこそすべての人に歓迎せらるる物となる。諸君《みなさん》よ、私共の胸の全部を占ておる煩悩は炭である。直に腹を立てるネヂクレル、ヒガム取越苦労をする。また貪ぼる、実に有らゆる弱点を持って居り而して我れが我れがとガン張りておる。自分が意地の悪い癖にもしも他人が自分に対して誉《ほめ》もせぬとかまた親切にせぬと直に不足に想い、自分は他人に対して毫《ごう》も親切や同情の暖かみのない冷たい私共の心の炭である。もしも手を触れば直に黒く染つく如くに私共は他人の悪い事を人に聞かせ悪影響を他人に染つけようと為る気分を持っておる。実は私共の心は煩悩の自分勝手な仕方のない奴で在った。然るに私共の煩悩の炭に、弥陀大悲の火が燃えつく時は忽ちに心が一変して心の色が紅蓮華《ぐれんげ》の如くになる。されば経に念仏する者は人中の妙好人最も美しき蓮花と誉たまう。(13)念仏して弥陀の大悲が我らの胸中に燃えつく時は有がたさと歓喜とがカンカンと燃えあがり、実に歓喜踊躍の状態と為りて燃ゆる心念の能力である。経にこの光に遇う者は三垢消滅し歓喜踊躍を得るはこれである。また炭の働きにて煮焼《にやき》の働きを為す如くに如来の恩寵に充され感謝の念に動かされて日々の所作も勇ましく働けるようになる。火より蒸気を発して非常な力を為す如くに、弥陀の恩寵の火が我らが心念に燃えつつある時は人格が一変する。身も心もすべての形気の悪質が霊化して如来の聖意を自己の意と為し、慈悲に同化し親切な心を以て他人に待《たい》し得らるように為る。然して見れば我等が煩悩の炭が有ればこそ如来の御慈悲が燃えつきて、如来の恩寵を現わす機会と為るものとすれば、我等が煩悩とて決して捨べきものでなくただ慈悲の光を得て慈光の燃ゆる心念と為ればよいと信じます。

如何にせば慈悲の火が燃えつくぞ

我等が煩悩の炭に慈悲の火が燃えつきさえすれば、忽ちに心が一変して、昔に換《かわ》りて悪にも強きは善にも強きとの諺の如くに人格は一変するとのことは今は疑わじ。然らばいかにせば我等が煩悩の心に慈悲の火が燃えつくべきぞとの問に対しては、ここが諸君に御勧め申す肝心な事である。もし火鉢の炭に火を熾《さか》んに燃えつかせんとする時は団扇《うちわ》とか火吹筒《ひふきだけ》を以て酸素の風を輸《あお》りつける。而すると初めは微小の火が漸々に燃えつきて熾んに為りゆく如くに、念仏とは如来の慈悲の火が我等煩悩の心に燃えつくのである。如来の慈光の燃えつくのは我等が心である。それに口に称名を唱うるのは何の為であるとなれば恰も火吹筒で煽《あお》り立て、酸素の風を輸《おく》り込むようなものである。ただし煽り立てるのも炭に火の燃えつかせる如くに仏念いの心を発す為である。弥陀の慈悲の光が我等の心に燃えつく処に念仏の真意が存す。例えば幼稚な子供が親より命ぜられて汝この火鉢の炭を火吹筒にて吹けよと云うので頑是《がんぜ》ない子供は火を燃えつかせる為とはしらぬ。ただ吹けばよいと思うて火の消え失ておる炭を吹立ておる如くに念仏さえ申せばよいと思うて口に称名を唱えて居ても、心には弥陀の慈悲を離れて居ては無意味である。念仏は仏念いの心にて常に心仏を念じて離れぬことである。されば何人も決して救いを受得られぬ者はない。世に私共の如き煩悩の強き者は念仏しても駄目である、救いを受得られぬと自暴自棄し給うこと勿《なか》れ。真黒な煩悩の炭なればこそ慈悲の火が燃えつくのである。灰の如きはいかに白く浄いからとて灰には火が燃えつかぬ。私共の煩悩の炭は本より弥陀の慈悲の火を燃やす為のものと思えば還って頼母敷《たのもしく》感ぜらるるでありましょう。

念の字[14]が二人の心とは炭が独りではなく火と一体と為りてこそこれは大きな働きを為す。我等が心は一人でなく弥陀の慈悲と一つに為りてこそ非常な力をも得、そして勇ましく有難さと歓こびとの燃えたつような信仰心と為る。日々熾んに燃やす石炭の火力なる念仏にて日々に真善美の浄土に向って進行する。かくの如きの人生の行路は楽しくして且つ前途の光益々《ますます》明らかである。

帰命と念仏

帰命《きみょう》と念仏と云うことに就いて宗教の真理を説き示さん。南無《なむ》[15]の梵語を帰命と訳す。帰命の解釈に二義あり。帰本と帰依の中に帰依の義に就いて帰命の義を明さん。帰依とは、衆生は心が無智無力なれば絶対大なる大威神者大慈愛者に帰依(トッグ)の義である。帰とは世の女子が夫にトッグと云う義。詩経に「桃の夭々《ようよう》たるその葉蓁々《しんしん》たり　この女于《ゆ》き帰《とつ》ぐ　その家人に宜しからん」[16]。一体女子は独りで家庭を成し子孫を成すことはできぬ。必ず男子にトツガねばならぬ。夫に帰ぎて初めて家庭を造り子女を挙げて家室をグワイ能く為すものである。故に男子に嫁すことを(トッグ)と云う。即ち(トツク)と云う義である。然して女子が男子に帰ぐに就いては最良の配偶者を選ばねばならぬ。もしも生涯の運命を一任する夫《おっと》にして或《あるい》は放蕩者或は無頼漢の如くならばまた奸邪悪性漢に帰ぐときはいかに悲運の酸苦《くるしみ》をなめなければならぬ。世には奸邪色魔の毒手にかかりて悪魔に身を委ね竟《つい》には身を醜業婦に酤《う》られまたは破鏡の悲運を招くに至る如きは概して女子の智恵なく一時の迷《まよい》の為に竟に生涯を誤るに至るは即ち帰ぎ所を誤りたるの致す処である。これは一生六十年の損失なり。まして況《いわん》や永遠の生命を一任する心霊の帰ぐべき宗教上の帰命信頼すべき信仰の対象たる本尊(神)を撰定するに於ては最も大事なり。

今仏教には一面は一神教、他面は汎神教なれば、一神教の真宗の如きは弥陀一仏の故に真の本師本仏はなきと云う宗風なれば本尊を撰定するの要なし。また汎神的の禅天台等の如きは自己是仏なれば他仏を本尊とするの要はない。我国の如きは宗教の教不完全なるが故に迷信多く邪教淫祠甚《はなは》だ多し。また種々雑多の神を拝し何《いず》れの神が最高等なるまた真理なるかを覚らず実に愚人の浅間《あさま》敷《しき》現世祈りの信仰、いかなる淫祠邪教でも選ばざるに至る。それらの邪神魔鬼は衆生の心霊を完全に円満に成就せしむべきの神にあらず。然るに浅劣なる愚夫野人の信心の帰する処恰も愚なる女が色魔の為に魅せられて生涯を誤るよりも甚《はなはだ》し。これ宗教が信仰の対象たる帰ぐべき本尊を選ばなくてはならぬ所以である。然るに大乗仏教に教うる所の信仰の本尊は最も勝れ最も完全なるもので、宇宙の真理はもと一なれば真理の主なる神格は唯一ならざるべからず。この唯一の本尊を教祖は教え給えり。仏教に十方三世の無量の諸仏を説き給えども、その中心本尊は無量寿如来なりと。経に「無量寿仏《むりょうじゅぶつ》の威神光明最尊第一にして諸仏の光明及ぶこと能わざるところなり」と。而してまた弥陀は諸仏統摂《とうしょう》の独尊たるのみにあらず。無量の行願を以て一切衆生の為に衆生の霊性を成就せしむべき誓願あり。聖善導は、この誓願は衆生の為なりと(17)。故に衆生信仰の帰命信頼すべき尊を求めんと欲せば独り阿弥陀仏に帰せよ。即ち弥陀に帰げよ。弥陀のみ独り無上の愛を以て衆生を摂受《しょうじゅ》して衆生を我有《わがもの》として、我(衆生)を成就せしめ給う。

　例せば女が夫に帰ぎ既に結婚するに及びては、独身の当時とは異なれり。また男も然り。独身の折には縦令《たとい》いかなる事を為すも災《わざわい》を妻に及ぼす憂《うれい》なきも既に結婚の後はもしも我身を過った事を為さば禍《わざわい》を妻にまで及ぼすとの懸念あるが如くすべての事に心の妻にかかる故に女を称してつまと云う。即ち心の妻にかかりあるの謂《いい》なり。妻もまた処女の時代とかわり夫は常に離すことのできぬ心の結べる配者なり。国語に背子《せこ》また背と云う常に夫が背にあるの謂なり。彼《か》の衣通姫《そとおりひめ》の「我が背子が来《く》べき宵なりさゝがにのくもの振舞こよひしるしも」と。我が夫君を背子と云うの心にて結婚して後は心の妻に在るの背にある如く、独身のそれとは異なりて義に於て二人同身の理である。心霊に於てもまた既に帰命の神格は唯一でなくてはならぬ。これを帰依仏という仏に帰ぎて爾後《じご》は余の外道の神に帰せぬなり。これを儀式的に表せば、正しく心霊の帰結、即ち結婚式を帰敬式《ききょうしき》と云う。縦令儀式を以て帰敬の意を表せざるも正しく自己の信仰が唯一の神尊に帰して云何なる事情の下にも帰依信頼の心意が動かざるに至りまた他の宗教の為に帰命の神尊を変更せざるに至れば正しく帰命の実を成したるなり。然る時は即ち心霊的に結婚したるなり。爾後は心の妻に如来は常に在ますなり。されば従来の無頼《たよりなき》独身のそれとは同じからず。神聖なる如来は心の奥宮に光明赫々《かっかく》と輝けり。大慈悲の弥陀は慈悲の面を注ぎて永えに向い給えり。赫々たる威神の前には自から正粛ならざるを得ぬ。愛々たる慈愛の温容を想えば心の悩もまたは怒も和らぎて平和と歓喜とに満されん。かく如来が常に心の妻にかかる時は、自己の精神生活も理想も高尚になり向上の光明をも得るに至らん。これ聖霊なる如来との結婚、これ彼が齎《もた》らし来る持参財産なり。我れ彼に帰ぐが故に彼は我と離れざるなり。我があなたの有なり。我は全く全幅を彼に献げて而して彼が我を容るることを悦ぶなり。我全部が彼の所有と為る時は彼は我有であるなり。然れば彼は常に心の妻にかかりて捨てることができぬ。聖法然が「我はただ仏にいつかあふひ草心のつまにかけぬ日ぞなき」と。この道詠の意こそ、聖法然が如来の霊と結婚したる上の心理状態なり。

念　仏

念仏の念と云う文字は、人二心即ち二人相共したる心なり。念は念頭にかかる何か自分の外に、或る物が常に心にかかること。例えば金に執心《しゅうしん》する人には常に念頭に金と云うものが執して離れぬ。また一人の子に愛執する人の念頭には常に子を念うておる。然る時は自分の心の中に子と二人を為しておる。人物もしくは財物とか何物か心に懸る物無き時は念頭になきなり。念頭に阿弥陀仏が在まして離れぬ様に為りしは即ち念仏仏おもいの心である。従来の明記して忘れざるを念と為すと云うはただ記憶の心理状態の如くにして、感情的、執意的になって居らぬ。故に仏を念《おもう》の心理としては未だ完《まった》からず。宗教心はただ仏を記憶に存するのみならば未だ活きた信仰と云うに足らず。弥陀の絶対的人格に対して愛慕恋念して情感的に内心に活躍して暖温《あたたか》なる活気に血湧き、有難さに涙こぼれすべてに超えて弥陀を愛楽《あいぎょう》して止まず、悲歎に沈む折柄《おりから》も弥陀を念ずる時は心の奥底より衝動する有難さに心気一転、忿怒に耐えざる場合にも称名によりて念い出ずる慈悲の面影に接する時は却って己が到らざるを謝するに至る。念仏とは常に如来を憶念して離れざるの謂、一度絶対の人格者に結びて念う心に離たず憶念し愛慕して捨てること能わざるは念仏なり。二人の結びたる心が即ち念である。能念の心に所念の弥陀と一体心に結合したるの心が念なり。

念仏に安心と起行

安心(18)とは安置心、即ち心の安置すること。自己の宗教の主とする処の己が帰《とつ》ぐ処の神尊は唯一無二独りの神に帰ぎて二つとならべておかぬこと。例えば、貞女両夫に見《まみ》えずと云う如く独の神尊の外に併《なら》べて帰ぐべき神なきなり。独一の神に心を安置《すえ》ていかなる事情の下にもその帰命の心を変更せざるなり。命にかけて帰するなり。いかがなれば宗教心の帰する処の主尊は宇宙唯一無二の真理の源に在まして、いかなるものも変えることの能わざる尊霊に在ます実在者なればなり。

唯一の尊霊なる如来が満腔の慈愛を以て我を愛したもうことを信ずる時は我も満腔の愛を以て如来を愛念せざるを得ぬ。如来は絶対無限大威霊と大自在と大慈愛とより我らを愛したもう慈悲からして、いと麗わしき慈悲の面を表わして我を愛し給うことを示したもうその慈悲の表現に対しては実に我等は愛慕恋念せざるを得ぬ。真実に宇宙間唯一無二の霊的人格現に対しては我らは愛念せざるを得ぬ。宇宙全体の大霊より表現したる人格表現なればその所現の身の大小に拘《かかわ》らず絶対の表現なり。この霊的表現の弥陀より外に自己の絶対的に帰命信愛《きみょうしんあい》するものはなし。この如来に全身全生命を献げて仕え奉る程自己の希望なし。弥陀に帰ぎて余念なき態《さま》が即ちこれ正しく自己の安心決定《あんじんけつじょう》なり。我全生命を献げて弥陀に帰する所に我は既に是如来の所有なり。我既に如来の所有となる時はまた如来は即ち是我有なり。真実に弥陀を信愛して献げたる我生命なり。弥陀を離れて我生命はなきものなり。故に云何《いか》なる事情の下にも自余の神に信愛の念を移転することなきなり。恰《あだか》も貞婦が夫に対する情操が、命にかけて夫に献げたるよりは堅き弥陀に対する信愛の情操なり。

或る光明会員の内に表榜せらるる如き善女人あり年久しく弥陀に帰し念仏をつとむ。予は曽てこの婦人は最も情操の全《まった》き信仰家なりと想いたりき。偶々《たまたま》或る人の説を聞くに某善女人は近頃或る種の神を尊崇し信仰しおれりと。予はこれを聞いて彼の善女人にしてかかる迷信に惑わさるる如きは有ることなからんと或る日某女人に訪問し徐ろに問う。「或る人の説によれば貴姉《あなた》は近頃或る某神を信ずると聞けり、実に然るや、予は貴姉の如き堅固なる安心を立て唯一の弥陀を信奉する善女人にしてかくの如きの信仰に入るとは恐らくは然らざらんと。而《しか》し乍《なが》らまた何かの事情の為に止を得ざる故ありて他の神を信ずるに至りしものなるか願わくは実を以て貴姉の信仰の状態を聞かしめ給えよ」と。某女人答えて曰く「妾は弥陀に帰して他の神に仕えずまた他の教会にも出席せしことなかりき」と。なお更に問うて曰く「然し貴姉の安心願くは一大事の事なれば、如実に貴姉の安心を告白し給えよ、予は実に貴姉に満腔の同情を以て或は万止を得ざる為に他の神を信じたるなれば実の如くに答え給えよ。正直の頭に神宿る貴姉の正直なる処に神は感応し給うべければなり」と問ければ女曰く「もし信仰の安心が未だ曽て決定せざりし時に他の神を信じたりしに、のち弥陀に帰し奉ることを得たり。然るにもし旧来の神に対する信仰を廃する時は、その神の怒りに触れて生命を奪わるると云う場合は云何に候や、縦令《たとい》生命を奪わるるともその神を信じてはならぬものに候や、生命には替えられぬ故にその神を信じても弥陀はゆるし給うものにて候や」と。その女の問われしにより予は答えて「それは弥陀に一任したる帰命の信仰が貴女に安心決定したる上は既に弥陀に帰したる身なれば縦令旧来の信仰を廃したる為にその神の怒りに触れて生命を奪わるるとも、そは弥陀に任したる上はいかに決心すべきやは貴女自己の情操に存する処を以て決すべきものにて他人に問うて後に決すべきものではない。その安心の決定は貴女の一心の決定である。もし例を以て云わば貴女《あなた》が夫の家に帰ぎたる後自己の運命は已に夫に任せ而して夫は最も自分の理想の良人《おっと》、家柄と云いすべてに渡りて自己の希望を満足せしむるに足る家に嫁したることを実に自己は幸運なりと内心常に悦びたりしに、自己の夫はこの良人の外に在る無しと決心したりしに、他にある男子が貴女にせまるに、我妻に為りて給えよ、もし我意を容れざりせば我は貴女を殺害せんと脅迫せらるる時は貴女その時に当って云何に答うるや。縦令生命を害せらるるともその仇し男に随わざるべきや、将《は》た生命には替えられぬ故にその男性にまた一身を帰任《まか》すべきに決定すべきや。貴女はこれを自ら決定すること能わざる故に他の同意を得て後何れかに決すべきや云何。もし自己の情操に決定すること能わず、他人の同意の下に初めて決心すべき如くならば、かくの如き不貞の婦女、その情操の美として取るべき無きものなり。かくの如き貞操なきものはそれに先だちて貴女の夫は貴女に離婚状を与うならん。肉体の結婚已に然り。況《いわん》や心霊上の最神聖なる帰命の婚に於ておや。自ら反省したまえ。無智無力罪悪深重の凡夫、堕獄必定《ひつじょう》の身が遇難くして弥陀の本願に値い生命を献げて大悲の救済を仰ぐべき身、一度弥陀の容るる処と為り身の幸《さいわい》を悦びいたりしにあらずや。縦令生命を奪わるるとも、決して不動の信念を立て全生命を帰献《ささげ》したる上の情操に於て始めて真実に麗わしき信が加わり、智慧もなく徳もなく何一つ選取すべき無き身が弥陀の容るる処と成りしを意《おも》えば生命何の惜きことあらん。貴女が信仰の貞操いかが、情操は貴女自身の情操にあらずや。貴女の人格が弥陀に選取せらるるや、捨てらるるやは、貴女の弥陀に対する貞操の云何に存すにあらずや。また貴女が信仰の価値の真と偽とは貴女の情操の云何によって決定すべきにあらずや。この弥陀に対する安心と云う心の安置《すえお》く処を確乎と決定すべきなり。貴女自から決せよ。これ貴女が弥陀に対する貞操なるか不貞腐《ふてくされ》の安心なるか二つに分るる分岐点である。」かくの如くに一度弥陀に結婚したる爾降《のち》の情操と意志決定とはいかなる事情の下にも動揺せざるを安心決定したる念仏、即ち如来と二人一つになりし心なり。

起行の念仏

起行の念仏とは、前の安心を成立せしめんが為に弥陀の恩寵を獲得《ぎゃくとく》し真の信仰生活霊的生活に入らんとし、また霊的生命として活動行為するの実行方面なり。真実に弥陀と結合して我は弥陀の子、弥陀は全く我父また我夫としてその大なる恩寵にまた光明に依って自己の霊的生命が成長せらるる増上縁となる。光明が即ち弥陀なり。弥陀の恩寵また光明を獲得するの方法は即ち念仏なり。

弥陀より衆生の信仰心に与ふる霊妙なる力を光明と云いこの光明を仰ぐ心を信念とす。光明とは例えば太陽の光の如し。如来の光明霊力を獲得する人の心を念仏と云う。もし光明を獲得して健全なる霊的生命を得んと欲せば先ず念仏三昧をつとむべし。

一心に念仏して心霊の生活に入れば、植物が始め種子より萌発して根茎を成し開華《はなひらき》竟に実を結ぶが如く、また人の子が初め胎児より胎内に発育せられ分娩出生し漸次に成長する如くに心霊的生活の生命が向上し発達し霊的生活の養成する起行を念仏起行と云う。一心念仏して向上する過程は弥陀の種子の播して種子に具有する性能が開発して竟には諸仏と同じく無上正覚の結果を得る。この種子を成就せしむる増上縁が即ち念仏三昧である。この時に種子を播布するは即ち安心である。即ち如来を信楽して欲生の心を増長せしむるは起行念仏である。

仏を念じて仏の増上縁を被《こうむ》らんに初めは未だ信仰の如来の実在を認信するの意識もなく、胎内の子が血に養わるる如く、次ぎに嬰児の乳汁《ちち》を呑む如くまた信念の中に霊的法悦等の妙味あるを覚えず、家庭に於て父母に誘われる朝夕の礼拝式をつとめまた讃歌を歌い称名を称う如くまた如来の真理を教典によって知り得る如く、念仏三昧及び礼拝讃歌等は信仰心を養う資糧なり。中に就いて念仏三昧を正中正《しょうちゅうしょう》の妙行とす。

もし念仏三昧を以て霊的生命を長養するの妙行なりとするにあらざれば我等が霊性の

開発は得て望むべからず。念仏は太陽に向う如くに如来と云う心霊の太陽に向って向上す。如来は真善美の極にしてこの光明に向いて念ずる時は信念の心も益々向上す。念々弥陀を念ずれば自己の心も漸くに弥陀に同化す。要する処は弥陀は万徳円満にして欠ることなき霊体にして、無量光明の発源体なれば、念ずる衆生の心の程度に随って不思議の力を得て信念漸く増進す。始めには信心喚起の増上縁と為って念仏するに随って心霊喚起する起行と為り、次に念仏三昧の如来の光明は、信心開発の増上縁となる。次に念仏三昧は心霊的人格の果を結ぶに如来の光明が増上縁と為る。

南無の二義（一）

南無と云うは仏教にて自己は罪悪苦悩の凡夫、自己の力にては解脱も成仏もできぬ者なればこれを救済して下さる自己《おのれ》の信ずる神尊に対して我全生命を献げて信頼する至心《まごころ》を表わす言であります。今は我らが一切の神明に超えて最尊たる、大慈悲の父なる阿弥陀尊に対して己が全生命を献げて救度《すくい》を請求《おねがい》する至心を表わして南無阿弥陀仏と云うのである。ここには自己の最大の要求ありて、すべてをあなたに投込でしまって救いを仰ぐのである。南無とは梵語にて種々の訳があるけれども今は先ず二義を以て阿弥陀仏に命を帰《ささげ》して信頼する意義を述べんとす。

一、我を救い給え

二、我を度し給え

この二義である。前のは自分は苦で、空で、無常、無我なる生死の苦を生れ乍ら有《も》っておる凡夫にて自分の力では解脱できぬ者なれば、如来《みおや》の大悲の力を仰で常住安楽の中に救い下されと云うことにて、後のは、我は罪悪深重にて弱点のみの自己にて、自分の力にては至善円満なる仏に成ることのできぬ者なれば願わくは如来よあなたの御力によりて我をあなたの御子としての霊徳を成就さして下されと云う意である。また前のは自己の生命を全く如来の中に投込でしもうて、永遠の生命の光明中に生れ更《かわ》らして戴くこと。後のは既に如来の救《すくい》を被り心が生れ更りて光明中の我として光と力を被りてあなたの聖意《みむね》をばこの身を以て働きに現わしてゆくことである。即ち人格向上を仰ぐ意義である。この二者の要求は哲学者のカントが謂《いわ》ゆる最幸福と、最高徳を要求することである。カントがこの世では最幸福と最高徳との両方を完全に備えることはできぬ。最幸福と云わば健康で富豪で名誉ありすべての物質的の満足を得る者を云う。ここに至て幸福な人とても必ずしも人格の円満なる道徳家と云う訳でなく、また最も人格の高い道徳家とても必ず富裕な長寿な幸福な者と云う訳にゆかぬ。神の国に於てのみ最幸福と最高徳とが完全に具備することが得らるる。神に於てのみ得らるると。南無の二義なる、救《く》我《が》と度《ど》我《が》とはこの二者の要求を意味す。救我はこの生死の苦に沈むべき不幸な我を救うて永劫の光明中に最幸福な我にして戴きたいと云うこと、度我とはこの弱点の甚しい罪悪の我をあなたの御力にて聖意にかなう人格に御育てを仰ぎますと云う意味である。

ミオヤなる如来の、衆生(子)に対する思召《おぼしめし》は最幸福にして而して最も高徳な、福徳円満な身にしてやりたいと云う処にある。そこで南無と云う子の方より我を生死の苦を離れて最も幸福なる極楽の人として戴きたいと、また最高徳なる仏に成りたいからあなたの光明を以て無限に向上させて戴きたいと云う義である。而して今如来の光明の中に心の生れ更りたる時は必ずしも命終《いのちおわる》を俟《ま》たずとも精神的にその分に応じてこの二者の要求を満足して下さるのが如来が私共の信仰に報い下さることである。その意味をこれから説明《ときあか》します。

　我を救い給え(我に最幸福を与え給え)

　我を救い給えとは大悲の父よ、私は今罪悪深重なる者にて現在にも未来《のちのよ》にも、身心共に苦しみ悩み、種々の憂愁恐怖煩悶《なげきおそれもだえ》のついに止むことなきものであります。未来も地獄の炎に焼るる外なきものなれば絶対大たるあなたの御力によりてあなたの大悲光明中に救うて戴き永遠の生命として活かし下され。私は全生命をあなたに献げて投込でしまいます故にあなたは我をあなたの所有として助け下され。この罪と悩とにて永劫浮ぶ瀬なき我をあなたの聖意に投帰《うちまか》してしもうてからは、今までの自分と云うものは認めませぬ。ここに於て有らゆる罪も業も悉く大悲の光の中に融込《とけこん》でしもうて全く救われた身となる。

救我の我に、未だ救われざる我と救われた上の我とは天地雲泥の差がある。生れたまの我は、肉の我動物的の我にて、人間と云う狡猾な罪を造る我、神心《たましい》を煩悶し悩乱《とりみだし》する我である。有らゆる動物中に最も精神の煩悶や苦悩の多いものである。而して世の文明に進めば進む程心の煩いが重くなるのである。世の凡愚の人はただ物質欲の満足を得れば幸福はその中に在るものと思うておる。人生自覚のなき者の物質の満足は還って己を苦しめる本であることを知らずしておる。金銀財宝必ずしも人生を幸福にするものでない、凡愚物質欲に満足を得てこれを以て至て幸福と自からきめておる。動物性に甘んじておる族《やから》の如きは人生の意義を語るべきものでない。苟《いやしく》も人生の意義に対して心意を注ぐに到らば、必ず人生を精神的に価値を発見せんとすべきである。

我教祖釈尊が若くして王宮に在りし時、人生問題に痛く煩悶したまい縦令王位を履《ふ》むとも老病死は免るること能わず。いかに富四海を保つとも、無常と苦空とを遁るに由なし。人生の苦、生死の悩はいかにしてこれを解脱すべきものぞと、ここが皇太子をして、尊き王位を破沓《やぶれくつ》の如くに捨て上無《またな》き栄華を価値なきものとして入山学道してついに臘月《しわす》八日の晩に、人生生死の重荷を捨て常楽永恒《たのしみつきぬ》の光明界に入りなされた動機であった。釈尊が人生の重き苦悶を解脱して、弥陀常楽の光明中に神《たましい》を安住するに到りしは、これ宗教的に云わば、弥陀の光明に救われたる状態である。

何人も未だ救済の実を得ざる間はよしや物質に満足を得ようとも精神には真の満足と真の幸福を感ずることはできぬ。

先日或る求道者に問うた。あなたは自己精神中に総てのことを暫らく放棄してしまって全く赤裸々《はだか》の我に為って見た時に何の感じがしますと。その人の曰くそう云う時に何となくただ不満と不安とが感じられますと。どなたでも正直に告白したならば、これに帰するものであると思う。赤裸々の我に不満と不安との感じのないと云うは外部のことに紛れておるからで、自から知らずしておるのである。

赤裸々の我に不満と不安の感じあるはこれ何人も宗教を要求する性能が具わっておるからである。人間の思想や感情と云うものは世の外界の事に紛れ易いものである故に、是非宗教を求めて、**ミオヤ**の救《すくい》を受て始めて真の赤裸の我に満足と安心とが得らるるのである。先年ある村の村長に対して宗教を求め給えと勧告したけれども、村長氏は自分はどう考えても宗教の必要を感ずることが出来ないと答えた。漸く一年経た翌年再び会うた時は、前とは全然替って自分の方から切りに道を求むる心が熾《しき》に起ってきた。それは最愛の女《むすめ》に先だたれた為であった。もし全く人の性情に欠処《かけめ》なくば最愛の乙女が死のうとも自分が死の宣告を受けようとも或《あるい》は驚怖《おそれ》、或は悲傷《かなしみ》する筈は無かろう。然るにかかる場合に臨む時は何人も忽ちに感情に欠陥の現われ来り、或は恐怖し或は哀悼に耐えぬ感が起り来るに相違ない。これ何人も、**ミオヤ**の救いを求むべき性情を具有る《そなえ》兆候である。未だ救われぬ我には、外界の眼前に自分を眩惑するところの眼や耳また口腹の快楽などをさけて赤裸の我と為た時は何にも我に慰安《なぐさめ》するものもなく内容を豊富に楽しましむるものもなく、ただ不安や寂寞《さびしさ》の感のみであろう。而して過去を顧み将来を慮り《おもんぱか》取越苦労や種々の憂愁や、恐怖は常に襲い来りて我を悩ますであろう。かかる時に天にも地にも彼が心に入り来りて彼が総ての悶や悩を取り去りてえも云われぬ天上界の歓喜と妙楽とを齎らし来りて慰むるものはない。故に未だ救われざる我は実に不幸なもの惨《みじめ》なものである。

救われた上の我。先の我は人間の子としての我、煩悶や苦悩を集めて我としておった故に、外界の僅《わずか》の刺激にも直に破裂して、自ら苦しみ悩む性質を以て充満しておった。今度は従来の生れたままの我は実にあてにならぬもの、また苦しい我なるを自覚して始めて大悲の**ミオヤ**に帰命して永遠の救いを求めた訳である。いと狭い悩の我を絶対無限の大悲の光明中に、投込でその光に融合うて全く救われた身となる時は、今までの罪と悩の我でなくて尽十方無碍の光明中に天地広く日月永く常楽我浄の園には真善微妙の花匂い、法悦の楽しみはこれ如来他受用の妙用にて禅悦の歓びはこれ**ミオヤ**と共に受けるミ子の情となり、永遠の生命と常住の平和は**ミオヤ**の中に一切の子等と共に享受する真の霊福と感じらるる。

已に救われてからは身はまだ娑婆に在るも神《たましい》は浄土に栖《すみ》あそぶ。肉眼では昨日に替らぬ憂き世の中も、心眼を以て見る時はここも即ち安楽の都、蓮華蔵の世界なれども我等は生々の習慣世々の余習気に食わざれば忿《いかり》も発せざるを得ぬ。然しいかに忿の炎の中にも心の前に大悲の面影笑を含みて在ますと想う時は怒の炎も自ずと消ゆる。或は悲哀に襲わる時も、口に我を救い給えの南無の前には、阿弥陀大悲の親様が無限の慈悲を以て慰安《なぐさめ》て下されば、有難さに充されて悲しみも転じて菩提《さとり》の縁となる。すべて何なる苦しみも悩みも如来の慈悲の中に融合うからは永生《いきどうし》の楽と化す、已に救われし上は無限の光明中に無上の幸福を感じらるる。されば形は娑婆に在り乍ら神は常楽の光明中に安住す。その光明にただ自己一人のみではなく大**ミオヤ**の中に世の総ての同胞と幸福を共にするのである。

何にせば救わるるか

諸君は上の如くに已に救われた上には身は此土にあり乍ら心は常楽の光明中に真の幸福の日暮しが出来うると聞く時はどなたもその希望《のぞみ》が発るであろう。然らば如何にせば救われることが得られようと、問いなさるでしょう。この救を得る道に二通あります。

一、聞信　二、修信

聞信と云うことは、実には健全なる信仰の道ではないが、真宗などには連《しき》りに唱えておる故に暫くこれを許して信を得るの一端とす。聞信とは即ち知識の教を聞て能くその安心の趣旨を徹底して全く光明を獲得《ぎゃくとく》すること。二に修信とは一心に念仏して直に弥陀の光明に触れて慈悲の中に融込で光明中に安住すること。初めの聞信は真宗にては能く弥陀の慈悲を聞て、信心の真を得る時は歓喜の一念に無為金剛の信を得ると云う。また信心は凡夫の心に非ず、仏心である。その仏心が凡夫に授けられ給う時に信心獲得したるものである。また信心獲得とは第十八願を心得ること、即ち南無阿弥陀仏《なむあみだぶつ》を心得るのである。南無と帰命する一念に発願回向《ほつがんえこう》の心、如来より凡夫に回向し給うのである。この時凡夫無始の悪業悉く消滅し正定聚に住し煩悩を断ぜずして分に涅槃を得ると。もしここに到れば既に救われたる相とす。救我の方面をのみ勧むるのは真宗の伝道である。如何に口に称名すとも全く自己を献げて如来の真《まこと》を得ざれば無効に帰すと。已に信心獲得してよりはただ報恩のために称名すべしと。救我の方に就いては浄土宗の主張よりは真宗の方が勝れたるやに思わるる。

浄土家《じょうどけ》の勧むる処に依れば、もしこれを剣道を学ぶに、例えば平常の念仏は剣道の稽古やまた試合にして、臨終の念仏のみ真剣である。たとい平生いかに習練を積むともも し臨終の真剣にして敗を取る時は平生数十年の念仏も悉く水泡に帰す。真実の救を得るの事実は正に臨終の一刹那に在りと、これ浄土家の安心であると。かかりければ今現に浄土家の伝道家といえども、自分は平常、念仏するものの往生を得るや否《いなや》は臨終の後でなくては未決定である。臨終の往生が即ち救済《すくい》の実であると。故に浄家の伝道家謂《おもえ》らく、平常はいかに念仏するも救わるるや否やは未決定であり、それが信心歓喜とか、また感謝念仏と云うことは謂れなきことである。故にもし偶々念仏者にして歓喜とか感謝と云う語を聞く時は彼等はこれを異安心《いあんじん》として排斥する。また甚しきは念仏はただ死後の為にのみ唱うべし。現に如来在ますとし直接帰命の想を以て念仏する如きは宗の本意に非ずとかかる訳なればある浄家の勧方《すすめかた》にては我を救い給えと云う念仏にて救を得るは臨終に拘わるものとす。

教祖釈尊聖法然の精髄を仰ぐ吾人が我を救い給えとの念仏はその趣を異にす。我等は必ずしも、臨終を待たずとも今日より疾《と》く救われて光明中の人となるべきことを勧むるものである。

南無の二義(二)

我を救い給えとの要求はかようである。我等は本《もと》如来より受けたる仏性を具えておると共に衆生の煩悩の皮殻を被って居る。仏性は鶏《にわとり》の卵のようなものにて自ずと独りで孵化《かえ》るものではない。生れたままの我は煩悩の張本にて罪悪の源にて諸《もろもろ》の苦悩の我である。煩悩の我のみ勢力を持って居る故に常に罪を造り苦《くるしみ》を感じて生々世々永劫に安き事は出来ぬ。そこで今は従来の我を弥陀の**ミオヤ**の慈悲の中に投込で摂取の光明に同化せられんが為に、南無阿弥陀仏と言《ことば》の如くに心を**ミオヤ**に帰し奉りて念々相続して至心不断なる時は、喩《たとえ》ば鶏卵の孵化して皮殻を開き裂って雛子と為る如くに仏の子と生れ更る。これが救われた我である。

救いを得るとは信心獲得と同じ心である。弥陀の慈光に融合て卵子が卵殻《から》より出でて雛と為る時は広き天地の空気を吸い明き光の中に出たる如く、已に信心開く時は得も云われぬ霊感や有難さを感じらるる。釈尊が六根常に清らかに光顔永しえに麗わしく在《いま》せしは、弥陀の光明中に心の生活をなされ給うことの現われなので、聖法然の如き、その他の弥陀の光明に触れて霊に生ける人は、本の生れたままの我でなく弥陀の霊光に復活した我である。これを救われた我と言う。かように本の動物の我を献げて御子の霊徳の我とならんが為めに我を救い給えと阿弥陀尊に要求するを救我《くが》と云う。

真宗の信者が已に信心得たる上は夜を昼に紹《つ》ぎて幾度となく我の救われたるを喜びてこれを思い出しては有難うございますナムアミダ仏と感謝す。幾度び感謝しても幾度び感謝しても尽くる事なき有難さである。已に救われた上は、三悪道に落つるにきまって居ったものが慈光の中に救われたのであるから実にこれを思い出てさえ感謝の称名《しょうみょう》を禁ずることが出来ぬ。この段になると従来の浄土家の信者が現在では救われる事は不可能である。全く死後ならでは救われぬと言う流義は、真宗の現在より救済を蒙《こうむ》りて光明中にいと幸福な感じの中に報恩の称名唱うる信者の方が幸福と云わざることを得ぬ。されば彼《か》の門徒はアア幸福ものよと自ら感じて報恩の称名を洩しておる。

真宗の念仏《ねんぶつ》は救われた上の仕合せを感じて称名する身となりしは実に幸福である。然れどもただ念仏を救我の方のみに偏して更に進んで信後に我を度し給えとの向上の大菩提心の信仰なきは大なる欠点である。信仰に依って真の幸福を得るは可なり。然れども積極的の宗教生活として人格の向上を求むるは信仰の真価値なるものである。人生の真意義は人生は最終至善の極所に向ってその光明中の向上の一路として意義ありまた価値あるのである。もし宗教をただ生の苦、死の怖《おそれ》を離れて永恒の常楽即ち幸福を求むるのみならばいかに信仰を得て精神的に幸福を得たからとて身体生活の苦は免がれぬ、寧《むし》ろ疾《はや》く死して浄土に生れんには如かじ。左《さ》はなくして人生には積極的の意義あることは救《く》度《ど》なる人生向上の大道に於て信知せらる。大乗仏教の真意を得ざる或る念仏者の現在に於ては救わるる事不可能であると偏する信者やまた、真宗の如き弥陀の光明に人生向上の無上の力あることを解せざる欠点ある教より進んで吾人は**ミオヤ**の真意を信じて如来を念ずるものである。

我を度したまえ(我を仏の子として円満な人即ち仏として下さい)

既に救われた我は心霊が生れ更った精神生命となる。然る後は我を度し給えとの大菩提心を発せる仏子である。仏子は上は**ミオヤ**の円満なるを理想として向上を旨とすべき意志でなくてはならぬ。度とは梵語の波羅蜜《はらみつ》の事にて到彼岸とて現在此岸の我より人格が向上して最上至善の円満なる道徳の究竟《くきょう》せる仏の位なる彼岸に進んで行くことである。度我の念仏は如来よあなたの聖意《みむね》を被りて恩寵の光に依りて私の道徳心を育てて円満なる人格即ち仏にして戴きたいとの希求《もとめ》を南無阿弥陀仏とす。真宗では救わるる目的はただ仏の中に無上の幸福を享受することである。それを得ざればただ感謝する外はない。この外に如来に対してもう要求する所はないときめ込んでいる。如来をただ慈悲の深重な母親とのみ信じておる。なお進んで如来は神聖と正義とをも有しておる大慈の父である。母として子に対する願望は我子はすべての苦悩を脱して永遠の生命常楽の幸福を得させたいと言う所にある。父としての弥陀の我らすべての子に対して望む処ただそれのみでは満足できぬ、父なる如来は我らを人格向上させて仏子の働き、世嗣《よつぎ》の天職（菩薩）を志し、無上の願行を成就させて円満なる人格、善き人となしたいと言う望を以て子を育《はぐく》み給う。ただし世の親として我子に幸福な身、安心のできる身にしてやりたいと言う望は勿論なれども更に進んで人格を高等にしてすべての人に愛敬《あいきょう》せらるるように尊き人格にいたしたいという望を持っておる。

　されば『往生論註』に曰く、もし人ただ極楽の受楽無間なるを聞て楽を貪ぼるが為に往生を願うは不可である。[19] 抑々《そもそも》往生を願わんものは願《ねが》くば仏に成りたいとの心を発すべきである。その仏になりたいと言うは仏に成らねば一切衆生を度す事ができぬ。衆生を度したき故に我仏に成りたい。そして一切衆生と共に普遍的に安楽を得たい。即ち一切と共に永恒の安寧を得たい。これが願往生の菩提心である。これが如来の聖意に合う志であると聖曇鸞が釈し給うておる。我を度し給えと私を向上させて戴きたいとの望は全く慈父の聖旨に対する子等の志願である。諸の菩薩は波羅蜜万行を以て益々向上して一切の善を修して無上の仏果を期す。

願わくば我如来の御子として諸仏の如くに円満なる人格仏になりたいとの最上高尚なる最上遠大なる希望とは阿弥陀仏と言う最上極致の至善の都に在ますミオヤの御許に到達すべき心意である。然るに聖道家の菩薩六度万行はミオヤを離れ自らこれを遂行せんと欲するが故に甚だ至難な事である。今念仏の度我の波羅蜜は大慈父の恩寵の光を被りて向上するが故に至易である。

私共にミオヤの光明の道徳的霊化の御育《おそだて》を被る次第は例を以て言わば天の月と日との関係の如くである。月自身には元光なき物である。日光の反映即ち冴《さや》かに照る月光と為っておる。月が初め二、三日の新月より十四日に至るまでに漸次に月の光に盈《みち》てゆく。我を度し給えとの念仏は私共の菩提心の月が弥陀の日光加わる毎に一夜一夜に光を増すべく道徳の向上を期することである。次第に光が加わりて十四日夜に至ることを菩薩の満位とし既に十五の満月と為りしはこれを菩薩の地を超えて仏位に到ったのである。

人生の最終希望

人生最終の希望は我を度し給えと言う念仏に依って満足することを得。念仏は人生の生命である。無量寿と為るは**ミオヤ**の賜《たまもの》である。また念仏は人生向上の大光明である。霊の生命の源泉である。もし弥陀の光明に指導され霊化される人は必ず無上仏位に到ること必せり。人生の最終目的は那辺に在るぞとなれば二方面より人生の帰趣する真理を信知することを得。一方は宇宙の大法に随順して最終至善の極に到達す。一面は自己の心の奥底に潜伏する霊性を開発して円満なる人格を実成《じつじょう》す。人は宇宙の大法を離れて活きることは出来ぬ。また宇宙の根元に還ることもできぬ。故に宇宙の大法に則らなくては至善の極に到ることできぬ。また一方の自己の奥底に伏在せる本能性に具有せるものを発揮する事は不可能である。宝石の資材でなきものをいかに琢磨すとも光輝を発するものでない。

阿弥陀仏は宇宙の大法より一切衆生を最終の至善なる無上仏地に摂取して、円満なる仏と為さしめん為の大光明者である。もし、弥陀の光明を離れて一切衆生の成仏すると言う理あるべからず。太陽の光を離れてこの肉体の生活し能わざると同じことである。されば過去の一切諸仏もまた現在の善逝も悉く念弥陀三昧に依って正覚を成ぜりと経に示されておる。

弥陀の無量無辺の光明また清浄歓喜智慧不断等の光明は徧く法界を徧照して在ますは一切衆生の心霊を開発して円満なる人格即ち成仏させんが為の大光明である。また一面吾人一切衆生には元より法身仏《ほっしんぶつ》より受たる仏性を具有す。これを霊性とも言う。この仏性が即ち吾人の仏となり得らるる性能である。法身より受けたる吾人の仏性は必ず報身《ほうしん》の光明に摂取せらるるにあらざれば霊化して仏となる事が出来ぬ。吾人が人生の最終目的は**ミオヤ**より賦与せられたる霊性を発揮して円満なる霊格即ち仏と為って始めて完成したのである。

この目的を達せんには宇宙の大法なる一切衆生の心霊を摂取し霊化し給う弥陀の光明を仰がざるべからず。弥陀の光明には一切衆生の心霊を霊化し給う不可思議の霊徳を具備し給う。その如来の神聖と正義と恩寵との光明を以て我ら子らの心を道徳的に向上さして下さる。我等が御育てを被る万徳の中に於て三、四の徳目を挙げて述るならば一心に念仏して弥陀の慈悲心に同化する時は他人に対して親切の心と為り、悲しみ悩める人には同情心に富みて他人の苦みが我が苦の如くに感ぜられこれを安からしむるようにする。他人の喜びをば我が喜びと感じらるるはこれを布施波羅蜜《ふせはらみつ》と言う。初めには人間の心ばかりが働きて仏子の心は現れて来ぬけれども此処《ここ》が我を度し給えの念仏なりと思うて如来の加被《かび》を仰ぐ時は道徳心が力を増すようになる。すべてに渡って波羅蜜とは向上進歩することである。正義波羅蜜は戒度とも言う。如来神聖の光明に照らされて自己を反省する時は自らの邪《よこしま》や悪きことは全く聖旨《みむね》に契わざるが故に矯正して正直な善き心に成りたいとの向上心が増進するようになる。人生は全く円満なる人格に向上すべき修行の道場と信ずる時は縦令《たとい》他人より罵詈讒謗《ののしられそし》らるるともこれミオヤより我が鉱鉄を鍛錬して菩薩の名刀と為さんがための御方便と思えば何なることも安忍せらる。経に菩薩に常の師はない。(20)もし己が欠点を指摘し非難を加え己が短所を能く見出して謗る人こそは我を矯正し給う恩師とせよとの御聖訓辱《かたじ》けなく感じらる。また経に縦令悪人の為に骨々相《あい》挫《くじ》かれ節々支解《ちりぢり》にされても甘露を飲む如くに忍べよ(21)と教え給う。

初めにはなかなかに忍び難き事をも歩々に進むべく御育を被るのちには安《やすん》じて忍ばるるようになる。

人生はミオヤより受けたる鉱鉄の心性を報身の光明を被りて鍛錬すべき修行の為に遣わされしものと想えば益々勇猛に進みて何なる難事にも勇気を鼓舞して当ることを得るのである。また各自の職業はミオヤよりの使命なりと信じて業の貴賤に拘わらず念仏の光明中に勤勉努力《つとめはげみ》する時はいかなる業務も波羅蜜なりと自覚せらるる。

一心不乱に念仏し如来神聖の光明に琢磨せらるる時は金剛石の如き玲瓏たる人格の光彩を放射するに至らん。また一心に念仏して一心の明鏡研磨《みがく》する時は如来神聖正義の光が自己の意志に反映して尊とき人格の光を放たん。

もし念仏はただ救我の一面にして真の幸福を得るのみを以て目的とする時はこの娑婆

即ち忍土《にんど》に処して空しく生活の苦を受くるよりは疾く浄土に往きて法性の常楽を受くるに如かじ。その反面なる度我の念仏即ち人生を光明中に向上の行路として始めてこの忍土の精神生活の真意発見することを得。衆生が向上して成仏を期せんにこの世界には寒熱の気候、水火風雨等の災禍あり。また人為的にも悪人の為めに逼悩《せまりなやま》せらるるの難あり。かかる処に於て修行せば吾人無始以来錆《さび》つきたる仏性の名刀を磨くに、荒砥《あらと》を以て荒錆を去ること還って疾き如くである。されば経に此土の一日一夜の精練修行は彼の浄土に於て百歳するよりは勝れたりと。もし此土は吾人が仏性を鍛錬すべき修行の道場なりと信ずる時は吾人の心霊を琢磨し鍛錬するの道具能く備われり。度我の念仏我を今の不完全より完全に趣《おもむ》かしめ給え。現在の未成品より仏子の品性を成就せしめ給え。我が此土に遣わされし使命を果させ給えとの度我の志願《ねがい》を成就せんには寧ろこの忍土生活の価値あるを覚らるるのである。

信心喚起の因縁

因とは人の先天の心である。人の心の大本は一切悉有仏性とて皆仏と成り得らるる本性を有って居る。それは衆生心地《しんじ》と云って土地の様な物で全体土地が荒蕪《こうぶ》して悪草が蔓延して居るのは土地が悪いと云うので無い。良き土地でも耕して良き種子《たね》を播下せざれば良き植物の実を結ばせることは出来ぬ。人の心性も本仏性と云う田地がついに荒蕪して煩悩の悪草が茂って居る。これを開拓して「仏種縁より生ず」と云って仏種子を播かねばならぬ。仏性の田地に喩えば硬地と沃地とある如くそれを宿因として居る。宿善とは前生にて已に信仰の基礎が出来てある者は沃地に種子を下す如くである。無宿善の人は硬地の如くである。仮令良田有っても好種子を播き培養宜しきを得て豊富なる収穫がある如く師友善知識等の縁によらざれば信心成熟できぬ。

下種懺悔

信仰を得て光明の生活に入らんには先ず土地の開拓を要す。人の天然性は動物性の欲と悪意地不正見の方計り発生して土地に悪草が蔓《はびこ》って居るが如き物である。我見我慢我愛の我儘《わがまま》が仏性の心地を荒して居る。これを三障《さんしょう》の源として貪欲瞋恚等の諸の煩悩が群り、業障《ごっしょう》と罪障と煩悩障との三障ありて心地を荒して居る。業障とは人が先天的に有って居る個々《まちまち》の動物的本能の貪瞋《とんじん》等の煩悩の外に特殊的の形気気質を有って居る。それは或は吝嗇《りんしょく》とか執心深いとか勝負を好むとか突飛《とっぴ》な事を為しまたは浮気であると云う如き、これは先世《さきのよ》の宿業から生れ乍ら有って来て居ると云うこと、世間で云わば遺伝的の性癖等である。罪障とは現世に於て自ら身と口と意に造った罪が障となること。煩悩障とは貪欲瞋恚愚痴を始としすべての弱点それ等が即ち罪悪と云うのである。自己の罪悪を懺悔するが信心喚起の動機と為る。然れども宗教上の真理を聞いて微《かす》かなる光に依りて始めて自己の罪悪を感じらるるのである。

聖　種

人の心性は土地にて宗教心の種子を播《お》ろすとは仏教に種々の種子が有る。五戒を全く持てば人道となり。四聖諦を種子としてその結果は阿羅漢と成る。菩提心を種子とせば無上仏果を得る。喩えば梅の果種から梅樹が生じ杉の種子は杉樹と成るが如くして今阿弥陀仏の名号を種子として信念を修養せばその結果は阿弥陀如来と同体の覚りを得て無量の光を以て普《あまね》く一切の真理を照見し寿命無量にして永遠の生命と為るを結果とす。名号の真理を聞いてこれが信仰の種子と為るのである故、名号とは如何なる真理かそれを能く了解すべきである。名号とは名は体を徴すとて阿弥陀如来をば経にその仏の光明無量にして十方の国を照して障碍《しょうげ》する事無き故にアミダと名づく。またその仏の寿命及びその人民の寿命無量の故に阿弥陀と名づくと。アミダ仏は喩えば天体に於ける太陽の如くに心霊界の太陽である。故にその名を称うる時は即ち如来の光明不可思議なるを念い阿弥陀の名に依って体を徴するのが即ち名号を呼ぶので如来の万徳円満なる如来を念ず。即ちこれ信仰の種子である。要する処阿弥陀の名と体とは同一なれば名を称うれば意に仏を憶う。この心念が増長したる終局には弥陀同体の覚者と成ることが出来る。阿弥陀の名体不二の名を以て種子とすれば必ず結果は如来と同体となる。念仏を本として仏の心と我等が心と合致してなお進んでは仏心仏行を為すのが目的である。如来は心霊界の太陽にして常に無量の相好光明普く十方を照し給う。この光に依って我等が心と仏心と相応《そうおう》するのである処に信仰が出来る。

五種正行

唐の善導《ぜんどう》大師は五種正行《ごしゅしょうぎょう》を以て心霊を養い信念を長養する資糧と定められたり。五正行とは一　礼拝《らいはい》、二　読誦《どくじゅ》、三　観察《かんざつ》、四　称名《しょうみょう》、五　讃歎供養《さんだんくよう》の五行である。

（一）礼拝とは自分は已に弥陀の聖子である。この聖き心を養うことは恰も食物を以てこの身体を養うのと同じことである。礼拝とは或《あるい》は教会にて衆と共に礼拝しまたは朝夕礼拝式によりてこれを行うことは朝夕の食として聖き心を養うのが目的である。故に至誠信楽《しじょうしんぎょう》の心を以て行うべきである。礼拝の時は親しく如来の慈悲の温容に接し如来の大慈愛が我心に充ちたもう事を念じ要する処は如来の聖意《みこころ》と御力とを我心に充実せしむる処にある。己がすべての汚れたる心を捧げて如来の清き聖心に換えて戴く処にある。

（次）に読誦正行とは聖経を読みて自己の心霊を開発するにある。浄土経は釈尊が自己の心霊界の実験を啓示したる物なれば数々《しばしば》読む時は自己の心が開かれて霊界に導かるる。例えば彼《か》の仏の光明無量にして十方の国を照し給うに障碍する処無き故にアミダと名づく。また極楽国土には常に天楽を作す黄金を地とせり昼夜六時に曼陀羅華《まんだらげ》を雨《ふら》す等の言に此方《こちら》の心も矢張り如来の光明の中に安住するの想また極楽の園林に逍遥するの想を起す。または是心仏を作り是心是仏なり諸仏正徧知海《しょぶつしょうへんちかい》は心想より生ず等の金言に誘われて我心も仏心に相応せしめんと想う様に為る。経を読むもまた師友知識から如来の真理を聞き得て信を取るも要するに自己の信念を開発し成就せしむるを目的とす。

(三) 観察正行。冥想観念を以て或は仏の相好光明を観察し、または浄土の荘厳の相を憶念し、行住坐臥に観念する時は始には想像に見えまたは常に如来と共に在て離れざる事を想い、水を静めて月を浮べる如く明鏡に面像をうつし見る如くに仏の慈悲の御姿を映現せしむるのを観察正行とは云う。

(四) 称名正行。称名にも三の意がある。請求《しょうぐ》と感謝と讃歎とである。請求と云うは如来の救霊を仰ぐ事、また光明の摂取を求むること。感謝とは如来の本願力に救われて御慈悲の懐に抱かれあることを有難く感じて謝する事、称名また念仏三昧とも云う。衆生一心に仏を念ずれば仏心が我心に入り給う。我心は仏心の中にあり。衆生心と仏心と融合して三昧の妙境に入る。

(五) 讃歎供養正行。新らしき讃歌を以て如来の聖徳を讃歎し讃歎するに自己の心も如来の妙境に自ら逍遥するに至る時に情調に於て不思議の霊感を得らる。供養とは珍膳美味及び香華《こうげ》灯明等の供養最上なり。供養は自己の身心をすべて献げる心を以て仕え奉るにある。

上来の五種の正行は心霊を養う糧である。真実の信を得んが為には至誠心でなければならぬ。

初の程は自己の心と法と能く調和が出来ぬ故に左《さ》までに妙味を感ずる事が無い。そこが修行である。益々進むに随って深く深く信心増長して霊感極りなきを覚ゆる様になる。この五正行は信心喚起の為計りで無く心霊を養う糧となれば終身捨る事は出来ぬ。否自ら好んで止《とどま》ることは出来ぬ様になる。

五　根

(一)　信根とは如来の真理を聞きて如来の恩寵を被る時は必ず自己はもしくは解脱もしくは救霊せらるることを信じて疑わず。如来は我親にて我はその子たりと信じてこの信が基礎となり信の根底が確乎としてまたこの信を発達せんが為めに次に精進根《しょうじんこん》となる。

(二)　精進根。即ち精進は信仰を増進せんが為めの勤勉である。例えば米に糠垢《ぬか》あれば力《つと》めて搗《つ》く時は精白と為る如く一心専精に不断に大光明者を念じて勇猛精進して時々心々連絡し念々専注して進む時は霊性益々発達す。

(三)　念根《ねんこん》。弥々信念を専《もっぱら》にする時は薫染《くんぜん》身に功成じて常に如来を恋念葵慕して忘るる事能わざるに至るを念根と云う。

(四)　定根《じょうこん》。一心に如来を念じて慈悲がその心念に薫染して久しければ遂に自己の心が如来心と成り如来の心自己の心と成る如くに感じらるるこれを定根と云う。（五）慧根《えこん》。これ信念の根が益々発達して信心の喚起の明至りてわが如来の霊光に触れたる事を自覚してその真理を身に実験し得て始めて霊の覚醒となり、朝夕の讃美礼拝また知識の指導が心霊を養い、至心不断に念じ信念内に増長して如来の恩寵の和気に催され、信仰の曙光を見心霊の曄曈となるこれ喚起の満位とす。

心霊生活の衣食住

例えばこの身体の生活にも衣食住(22)を要する如く如来の賜物なる応法妙服《おうほうみょうぶく》(23)を着る。応法妙服とは自己の如法なる道徳秩序の正しき生活を云う。俗に云わば常識に応《かな》う様なる生活である。人格を荘厳する処の品位を完全に為《なさ》なくてはならぬ。恭倹《きょうけん》以て己を持し仁譲《じんじょう》以て他に待するは先ず王の法服に非ざれば敢て服せずと云う如く、法に叶う行為を以て自己を律するなり。

また経に応法の妙服が自然に身に在りとは信心誠に得る時は自然に人格が具備して道徳秩序の正しきが身に自ら備って来ることである。

衣に恥衣と云う[24]は心光身を照し己が行為が返照《へんしょう》して神聖なる光明の中に廉恥《れんち》の服を身につけてあれば破廉恥の行為は自ずと慎しみ、如来照鑑《しょうかん》の前に常に屋漏《おくろう》に愧《は》じずと云ように己が身に備わるのを慚恥《ざんち》の服と云う。

また柔和忍辱《にゅうわにんにく》の衣とは慈悲の光に触るれば身意柔和となりて苟《いやしく》も私に瞋《いか》らず他人より罵詈謗訾《ばりぼうし》を被るも忍辱の衣厚ければ快く忍耐が出来る。経に「仮令骨節支解《しげ》せられても甘露を飲む如くに悦べよ」と。

食は霊の糧。身体が滋養に富む物を摂取する如くに霊にも営養分が要用である。朝夕の礼拝讃唱の中にもまた三昧行中またもしくは冥想中に三昧の妙味を感じ常に念に随って法喜として内心の霊感極まりなく覚らるる故に自ら身心軽安にして歓喜究りなきに至る。また「仏法の味を愛楽し禅三昧を食とす[25]」とは、この霊の食である。また仏陀は一《いち》餐《ざん》の力を以て無量劫飢えず衰えず姿色も清らかに光顔も異なる事が無いと。この妙味は法悦と云う霊の妙味を味いし人にして始めて語るべきである。

住。心霊の安住する処即ち平生心の安ずべき処、この身体にも住家なきは乞食非人の如くである。また仮令身は金殿玉楼《きんでんぎょくろう》に住すとも精神の安住処なきものは霊の非人である。共に天を語るべき資格はない。霊は如何なる処に住って居るかとなれば、吾人は常に如来と共に大光明中無比荘厳の心殿に住して居る。慈悲の懐《ふところ》に安住して居る。心霊の常恒安住する心殿また大悲の堂とも云う。自己が如来大悲の室に安住して居る時は自己もまた慈悲化して他に対して同体大悲の同情心に富んで来る。心を如来大我の中に安立するが故に娑婆種々八風の為に動揺せられぬ。

人は衣食住を全うして礼節も成る。心霊の衣食住にしてまた完全せざる者にして道徳行為が出来る筈がない。心霊の衣食住は如来と共に在る事を得れば自ら具備して居る。

聖意を己が意志とす（神聖正義恩寵）八正道

人生の価値は大なる物と連絡したる心意が終身全力を尽して努力する処に真価あり。已に如来の中に安住し心霊生活の衣食住を要する者は働く為である。

聖意とは神聖と正義と恩寵との三徳を云う。如来の神聖は即ち行為を鑑照し給う智慧である。如来の神聖は世の道徳秩序の光明である。如来は一切衆生を有終の全《まった》きに至らしめん標準として神聖の智光悉く衆生の道徳界を照したもうことは恰も太陽の自然界を照す如くである。もし太陽の光微《なか》りせば世は闇黒である。

衆生の道徳界の神聖の光明微りせば道徳秩序は闇黒になる。神聖の智は吾人の心意には正智見と云う真理の標準に称う正しい意志と現われて自己の道徳を指導する光となる。即ち如来から自己に現ずる意志である。最高理想の道徳意志である。これが即ち正智見と云う最も高等なる良心である。その神聖は真理であるから侵す事が出来ぬ。その正智見から出でる行為は即ち正義であり邪と悪とを捨て正と善とに向って努力する事である。

如来の本願捨悪選善と云うは正義の事である。正義には八正道《はっしょうどう》ありこれ聖意に称う行為である。光明行為の標準である。八正道とは正見《しょうけん》、正思《しょうし》、正語《しょうご》、正業《しょうごう》、正命《しょうみょう》、正精進《しょうしょうじん》、正念《しょうねん》、正定《しょうじょう》を云う。正見の意志の光から思惟《しゆい》する事は正しい。人正見が欠乏すれば邪《よこしま》の思考が頭脳中に充実する。思想が正しければそれを外に発表する言語も虚偽両舌《りょうぜつ》等なく真面目に正直に出ずる。また身に於て行為する処も正しくなる。殺生偸盗奸婬《かんいん》等を始めすべて不正の行為を避けて正善に就く。正命とは正しき生活のことである。人の生命生活を正しくして邪の生活を避けて衣食住を得。

光明的行為の模範

信仰の結果は如来の聖意を自己の意志としてそれを身の行為と口の言語と意の思想と

によりて働きの上に現わすのが目的である。即ちこれが光明の行為と云うのである。その光明的行為を『無量寿経』に示されて居る。暫《しばら》くその大意を録せば、

聖きに生れ更りたる聖徒はもし講説することあれば聖意を承けたる思想の発表として常に正しきを宣《の》ぶ。正しき智慧の明きより出ずる言は道に契《かな》うて違うこともまた過まる事なし。衣食住等の総ての物に於ても全く我物と謂いて執着《しゅうじゃく》するような事なく、去るも来るも進むも止るも情に係わる所なし。自由意志能く発達しあれば此には適《ちゃく》に彼には莫《まく》すと云う如き事なく如何なる境遇にも自ら満足を感ず。公平無私にして彼と我との隔なくまた他と競いまた訟《うった》うる事ない。凡《すべ》ての人に対し彼を見る己の如く恕《おもいや》り同体の大悲を以て己よりは先ず彼等を饒益《にょうやく》せんと想えり。能く、円満に調え、能く柔軟に己を調伏《ちょうぶく》してあれば、他より罵詈譏謗《ざんぼう》せらるるも或は忿り或は恨む心なく、却ってこれを己を研磨するの砥《といし》と為す。

貪り瞋り掉挙昏沈《さわぎたちくらくしずむ》等の心を蓋《おお》う物なく、心意清浄の故にその為す事に厭《いと》いやまた怠《おこたり》の心生ぜず。

公明平等の心、高尚なる理想、深遠なる情操、統一せる意志を以て己を持しまた真理を愛し真理を喜び真理を楽《ねが》う心のみなり。諸の煩悩を滅するが故に悪道に向う意志が離れたり。一切の聖き人の行為すべき道を究めて無量の功と徳とを具足し成就せり。深き

禅定と諸の神通と妙慧とを得て志を七覚《しちかく》に遊ばしめ、すべての理を覚らんと力行《りっこう》しつつあり。肉眼清徹《にくげんしょうてつ》(26)にして常識に富み天眼《てんげん》通達して天の理に暁通《ぎょうつう》す。法眼《ほうげん》の観察よりして人《にん》天《でん》五乗の道法を究め慧眼《えげん》は万法の実体を見て極に達し仏眼《ぶつげん》具足して真諦《しんたい》と仮諦《けたい》とを双つ乍ら照す。無碍智《むげち》を以て公衆の為に真理を説いて暁らす。等しくこの三界《さんがい》は実体としては空にて現象の万物は仮和合《けわごう》の物と観じながら而も一切の事物の真理を覚らんとす。自ら智慧の明《あかり》を以て説諭して彼等が心の煩悶を除かしむ。

真如の光が自己に照しあれば一切万法も実には一如と解し得る。能く善を習い悪を滅するの声教は真理に通達するの方便なりと知るが故に苟初《かりそめ》にも世俗の無義語を欣ばずして一途に真理を論ずる事を楽う。諸《もろもろ》の善の本は自ら意を浄くするに有りと知りて志し自覚の道を崇《あが》む。

一切の法の本源は迷の雲霽《は》れたる寂静《じゃくじょう》真天なりと知りて身の累《わざわい》と神の累との二余を倶に尽せり。自ら真理を究めんと欲する者は甚深第一義を聞くも敢て疑わずまた懼《おそ》れを抱かず還って進んでこれに達せんとす。

彼等は慈悲の心遠大にして天の覆う如くに一切に及ぼし、また大悲の深厚なる地の載《の》する如くに衆生を想う。一切の衆生は自己と共に同じく如来の子なれば一切と共に同じく仏道を成ぜんと願う。真実に疑の網を断ずるは自己の慧より出ず。他より教られたるは唯知識を得るのみ。喩えば日出ずれば万物明なる如く自己の智慧の光が顕われるれば一切の法を照して遺す事なし。如来の智慧が自己に照りて広く且深きこと大海の如く。如来と合一せる三昧の意は動揺せざること山王の如し。慧光明なること日月に踰《こ》えたり。何となれば日月は物を照せども真理を照すことなければなり。霊格清白に円満に具備し志節の清廉なる雪山の如くなり。諸《もろもろ》の功徳を照し等一にして浄きが故に大地の如く平等なる心には浄と穢と好と悪とに於て異心なきが故になおし浄水の如し。六根の塵と諸の垢染とを洗い浄むるが故になおし火王の如し。智を以て煩悩の薪を焚き尽すが故になおし大風の如し。自由意志障碍なく己を剋《こく》すが故になおし虚空の如し。一切の有に執着して意志が囚るることなし。故に自ら霊格具足して己を荘厳するのみに非ず進んで他のすべてに過を離れ徳に進ましむ。

なおし蓮花の如し、世の汚染の中に在るも清白の志は染まざるが故に。大なる列車の如し世の群迷を運載して生死を出すが故に。重雲の如し、大法雷を震て未覚の物を覚するが故に。なおし大雨の如し、甘露の法を雨《ふら》して衆生を潤すが故に。金剛山の如し、衆魔外道も動かすこと能わざるが故に。梵天王の如し、諸の善法に於て最上首なるが故に尼拘類樹《にくるいじゅ》の如く化他《けた》の志を以て一切の衆を覆うが故に。優曇鉢花《うどんはつげ》の如く容易に得難き知識として遇せらるるが故に。金翅鳥《こんじちょう》の如し、外道を威伏して正道に帰せしむるが故に。諸の遊禽の如し、己が所有として金財を蔵積せざるが故に。牛王《ごおう》の如し、衆生を調伏して象王のすべての獣類を調伏する如くに衆生を調伏す。

獅王《ししおう》の如く智徳兼備して畏るる事無きが故に。虚空の如くに大慈等しく嫉心《ねたみこころ》を滅して勝れたるを忌《ねた》まざる故に。自ら真理を楽求《ねがいもとめ》して心に厭足《あきたること》なく。他に広説を施して志疲倦《ひけん》せず。法鼓《ほっく》を撃て衆の為に法を聞かしめ、法幢を建て自寂として思慧を発し、実修の慧《え》日《にち》を以て真理を照らす。私を離れ、真理を以て自己とする故に身と口と意と戒と見と学との六和敬《ろくわきょう》を修めて他と共に法につとむ。

真実に道に志す者は勇猛精進して如何なる失意に遭遇すとも志退弱《たいにゃく》せず。世の灯明と為りて衆生の為めに真理を明す。最勝の福田《ふくでん》として衆の為に善を生ぜしむ。

常に導師となりて等しく憎愛の念なく人を導く。ただ正道を楽うて余の欣戚《ごんしゃく》なく衆生の為に欲の刺を抜きてその心を安らかにす。功徳と智慧と共に勝れてあれば、世の為めに愛敬《あいきょう》せらるる。云々と。

今日晨朝に仏の救世大慈の父を念ぜよ

仏教の通法として毎朝必ず六念を誦す(27)。六念の中先ず第一に仏の救世大慈の父を祈念せよと教られてある。仏を念ずれば他の五念はその中に摂《おさま》りておる。仏教信者は、今日一日は**ミオヤ**の賜《たまもの》たる貴重の時間を空しく費さぬように、聖旨に契う務めを果すべきように深く心に懸くべき為に朝起きて直《ただち》にこの祈念をなせよとの御示である。先ず朝起きたならば澡浴《そうよく》清浄にして**ミオヤ**の在まさざる処なきが故に今現にここに在《まし》ますことを深く信じ、

恰も朝日の輝く如きの**ミオヤ**の威神と慈悲との光明を以て今現に照さるる我身たるを信じて真正面に在す**ミオヤ**を敬礼《きょうらい》し奉り即ち

南無阿弥陀仏の尊き御名を称《たた》えてアナタの御力と御恵みとに依りて活き働くことを得たる我等は都《すべ》てを献げて仕奉《つかえたてまつ》らん。願《ねが》わくはアナタの聖旨に契う務めを果さるるように加被力《かびりき》を垂れ給えとの意を以て我は同朋衆と共に祈り上《たてまつ》らん。

此身は全くアナタの者と信じて一日勤むる時は我等が我儘ものも光明の中に敬う処の

念を以て己れを制裁する力となりて聖旨に契う務めを為し得らるるなり。依って朝に祈るは、今日一日の慎しみを盟《ちか》うためである。

仏の救世大慈の父を念ず（一）

大慈悲なる**ミオヤ**よ、あなたが法身の徳を以て天地万物の設備にて我等を育くみ給う所以は更に報身の智慧と慈悲との光明を以て我等衆生の心霊を養いこれを聖旨に称《かな》うみ子の徳を顕わし、現在を通じて永恒の常楽に摂取せんが為なりと信ず。

我等はあなたの本願に順じて至心に信楽して**ミオヤ**の光明中に復活せんと欲して慕わしき聖名を称《たた》えて念じ奉る時は、**ミオヤ**は子を愛し給う大慈悲を以て我が心霊を育み給う。本より罪悪深重の我れが**ミオヤ**を至心に信楽して清められたることは全く恩寵の光に依ればなり。

顧《おも》うに世の同胞の中に未だ**ミオヤ**を信知せざるものは闇き胸の中に諸の悪魔のために襲われて現在より未来まで闇憺《あんたん》たる獄に堕ちて苦を受け罪を造ること窮まりなし。大慈悲の父よ、かかる人々をば殊に憐れを垂れて、光明の中に摂取して霊化し給え。已に清められたる人々は益々信念増進して大道を進趣するように、未だ入信せざる人々は光明を被りて信芽萌発して清き生命と為りて御子の徳の顕さるるように恩寵を垂れ給え。

仏の救世大慈の父を念ず(二)

大慈悲なる**ミオヤ**よ、あなたは光明偏く十方界を照して念仏の衆生を摂取し給う我等衆生の愚蒙なる、**ミオヤ**の聖旨の在す処を知らず自ら闇きに迷いて苦を受くること極まりなかりし。**ミオヤ**の大慈悲子等を愍《あわれ》み給いて昔、法蔵菩薩として世に出で給い深重なる慈悲を以てもしも苦海に沈む子等を救わん為にはたとえ身を阿鼻《あび》極熱の火に焼かるとも寧ろ甘受して忍んで終《つい》に悔《くい》じとの子を愛する聖意を現し給いぬ。また近くは**ミオヤ**の子を愍れむ聖意を示さんが為に釈迦牟尼仏としてこの世に出まして、世は悉く我が有にしてその中の衆生は皆これ我が子と云い、凡ての子等が為に**ミオヤ**の慈悲に便《たよ》るべき真理を教え給う。即ち昔し法蔵菩薩と現れ給いし時の誓願なり。

十方衆生よ至心に**ミオヤ**を信楽して聖意の中に生れんことを望みて聖名を称えて専ら念ずる時は光明中に生るべしとの聖旨を示し給う。

我等は深く聖意を信じ、光明中に生れて日々の霊の糧を与らるるように聖名を称えて**ミオヤ**の恩寵を仰ぎ奉つる。

釈尊を通じて弥陀を信ず

東の空に昇りて冴《さや》かに照らす満月の皎々たるは、西の天に入りて人の目に見えぬ日光の反照である。

この地上に出まして、人類の心の霊を照す釈尊の覚りの光は、即ち西天の浄界に在して光明偏く十方を照し給いし弥陀無量光の反映である。釈尊は人の身を以て斯土《このど》に御出ましなされたものの、御本身は常寂光の都に在ます無量寿尊なので一切衆生の大慈父である。故に宇宙は我が有にてその中の衆生は悉く我子と啓示《しめ》しなされた。常に絶叫して一切の子等が為に教うるに、一心に念仏し慈父の光明に触れて霊に復活して現在より永恒の光明に入るべき真理を宣伝し給うた。

娑婆の舞台に出ては釈尊なれども浄界の楽屋に入りて見れば即ち無量寿如来である。我等は釈尊の教に随い、弥陀の光明に触れ清められたる人となり、身心共に安らけく歓喜踊躍の日暮しを為し、与られつつある霊力を以て聖旨に契うよう努力し、弥々命終れば釈尊の御跡を慕うて光明永えに輝く大慈父の御許に帰り、常時常恒の慈恩に報酬し奉らん。

これ釈尊を通じて弥陀を信じ一切の同胞衆《はらから》と共に現在より永遠の光明に入らんと欲する所以である。

本真の慈父を恋い慕う

「闇の夜に鳴かぬ烏の声聞けば、生れぬ先の父ぞ恋しき(28)」この道歌は一休和尚の歌と伝られておる。この意は我等は今、人間に生れ出しも、我が心霊が何れより来りしとも知らず、また死して何れに趣向すべき哉を識らず、闇《くらき》より闇に彷徨う凡夫である。然るに先覚者なる釈尊の教たる経文を閲《み》て初めて、我等は無明を父とし煩悩を母として生を受けたるもの、その先きの迷い出でぬ昔の本覚真如《ほんがくしんにょ》の都に自性天真如来と云う真の父の在ますと聞てより心の奥底に潜める霊が喚起されて連りに天真の**ミオヤ**が恋しくなりしと云う事である。

読者諸君よこの冊誌が即ち鳴かぬ烏の声である。諸君《みなさん》は久遠劫来《くおんごうらい》御別れ申たる真の慈悲のミオヤが恋しくは有らぬか。『法華経』に一心に仏を見んと欲して身命を惜まずその心の恋慕するに依って仏は出でて為に説法すと。真の慈父に値《あ》い奉らずば成仏は得られぬと云うことを聞く時は弥々《いよいよ》慈悲のミオヤが慕わしくなる。然らば云何にせば信認することを得らるるとなれば、もしくは冥想に神を凝らして真のミオヤに相見せんと欲し、もしは聖名を喚《よ》んで観《み》奉らんと欲して至心不断なる時は、自己の奥底に潜める霊性が喚起されて微かにも霊光に接することを得ん。もしもここに至らば弥々ミオヤを恋しく想わざるを得ぬ。実に慕わしき哉、大ミオヤ。

一りの大ミオヤを戴く処の世の同胞衆に告ぐ

我等は人の子であると共に如来のミ子である。人の子であるから一切動物欲の上に我欲を以て有らゆる罪を造る。即ち地獄を造り餓鬼道を造る動物である。日々の己が身と口と意の所作を反省する時は、地獄の火に焼れ餓鬼道の苦を受べき外にゆく道なきものである。

然れどもその心の奥底に潜める霊性の具うるあり。また大**ミオヤ**の大悲この迷子を愍れむの慈悲心より教主釈迦と現われ、本地の慈悲を示して曰く、世のすべての子等よ、至心に我を信じ我を愛し我許に生れんと欲して只管《ひたすら》我名を喚びて我を頼めよ、必ず光明の中に生れ更らん、との聖意かたじけなし。例えば人の子たるこの肉体が生れて初めは母の顔さえ見えぬものなれども、ただ啼声《なきごえ》を便りに母の乳房を哺《ふく》められて成長せし如く、仏の子たる我等は**ミオヤ**の慈悲の面影《おもかげ》さえ見えぬ赤子である。ただナムアミダ仏の啼く声に如来《みおや》の慈悲に育まれて霊に活き御子の徳を成長《やしな》われる終りには必ず仏に成るものと信じて一《ひたす》ら念仏する時は必ず如来の御育てを被りて、光明の中の人となるを得べし。

仰ぎ願わくは世の同胞衆よ、共に**ミオヤ**の慈光を被り、同胞共に相携えて**ミオヤ**の道に向上せんことを祈る。

○

「空海が心のうちに咲く花は弥陀より外にしる人ぞなし」(29)世にこの歌は弘法大師の道詠と伝えられておる。何人の歌でもよいこの道詠の如くに信心の花が開く時は**ミオヤ**の弥陀に知らるる人と為る。そうなれば此方《こちら》からも真に**ミオヤ**を信じて衷心《こころ》から弥陀を慕わしく感じらるるようになる。宇宙は本より大**ミオヤ**の所有《もの》である。総ての生る物は皆その子である。然れども生れたままの人は仏の卵である、卵のままではミオヤの在ますことを知ることはできぬ。ミオヤの慈悲の懐にあたためられて信心の心が孵化《かえ》る時初めてミオヤの愛護《おまもり》を被るように為得らるる。然らばいかにせばミオヤの慈悲にあたためらるやとなれば経にミオヤの慈悲の光は偏く十方の世界を照せども念仏するもののみを摂取して捨てたまわぬと。我ら念仏してミオヤの光にあたためられて信心開けて仏の雛子と為ることができる。已にそうなる時はナムアミダ仏と啼く声にミオヤの慈愛はいつまでもうけておる雛がピヨピヨと鳴く音に親鶏はコッコと呼びかわすようになる。かように我等信心開く時はミオヤに知られておる人となる。卵のままでは親の愛のうけようはない。願わくば我同胞《はらから》の衆《みなさん》よ。疾く信心の心を開きて仏の雛となりて弥陀より外に知る人はなしと自信の立つように為ってミオヤを慕う子としてミオヤの愛護の下に価値ある日ぐらしを為すようにならまほしきに御すすめ申すにぞ。

仏とは覚者

仏とは梵語にて訳すれば覚者(30)と云う。真実にすべての真理を諦らかに自覚したる人と云うことである。真実自己を自覚すれば、自己の本源を知り得らる。自己と云うものは本がなくてはならぬ。本源の自性を覚りたる者を覚者と名づく。これを宗教的に表わす時は、真の自己の本の大**ミオヤ**と云うことになる。本の大**ミオヤ**を先ず第一に能く信知しなくては宗教心は成り立たぬ。私共如来の大**ミオヤ**の恩寵に浴しなくては有難い信仰心ができぬ。然らば何にしてこの世に最も尊き大**ミオヤ**の在ますことが初めて知り得られたのでありしやとなればこの世界には釈迦尊が御出世なされて教えて下されたので**ミオヤ**を信知することができたのである。釈尊も本は実には大**ミオヤ**より身を分けて此《こ》の土に出でましたのである。然れどもこの肉体を受けるにつけては父母がなくてはならぬ。故に父を浄飯王《じょうぼんおう》と云い母を摩耶夫人《まやぶにん》と名づけ、王の家に生れて幼名を悉多太子《しったたいし》と申し上げた。国王の位を得て無上の光栄ある御身の上なれども本々一切衆生を救度せんが為の御出世なれば王位を避けて山に入って御修行なされた。而して勤苦《ごんく》六年の御修行の結果、終に師走八日の暁に無上正覚を得たもうたのである。願わくは世の同胞衆よ、範を教祖に取り、御教えを信じて念仏三昧を行じ、自己の本源たる大**ミオヤ**を覚知したまわんことを。

○

「あみだ仏に染る心の色に出でば、秋の梢の類ならまし」とは、聖法然上人の自から弥陀の霊光に薫染して麗わしく美化したる内容の消息を洩し給える道詠である。頃日《このごろ》秋の末到る処野に山に黄に紅に、錦染《にしきそめ》なす光景を眺むるに就いても、聖人の道詠《みうた》を偲ばざるをえぬ。かくは秋の興感を与うる山野の紅色は、孔夫子の天何と云うことぞ四時行われ百物生ずと曰いし如く、彼らは天真爛漫に毫も私なく、天の与え給う任に染なさるればこそかくは麗わしき色を為しておる。大**ミオヤ**なる如来は、我ら一切衆生の心霊を麗しく染なされんが為に、清浄歓喜智慧不断《しょうじょうかんぎちえふだん》の光明を以て永しえに照し給うも我らはその霊光中に在り乍ら、ただ世の五塵六欲に眼に耳に染汚《けが》されて幾年月を経ても、弥陀の霊光に浄化せらるる光栄をなすこと能わで、来る秋も来る秋も空しく過ごし、再び得難き今日を徒らに暮しゆくこと、実に慚愧《ざんき》に耐えざる処、彼らは年毎に有終の美を呈して天の**ミオヤ**の恩恵に報い奉つるに、清き同胞衆よ我らはいかにぞ受難き人身を受たる甲斐として、実に有終の美なる人生を剋果《こくか》すべきや。自から反省して自己を照察し給え。而してまた我らは何にして大**ミオヤ**の大悲に報うべきぞ。弥陀は霊光赫々として我らが心霊を照らし給う。我らは聖名を称えて聖旨の現われを仰ぎ霊光に触れて初めて霊に活きることを得ん。而してのち霊化の光栄を身に口に現すように為って、**ミオヤ**の聖寵に報い奉るべきものと自ら信じて世の同胞衆に御すすめ申す所以である。

和　歌

こゝをぞとさやかに今は見えねども月のかたにぞあくがれにける

すゝみゆく道の遠きをおぼゝえじたかねの月の見まくほしさに

待ちいづるほのかに山の端《は》に匂ふ月みるときはうれしかりけり

おぼろ夜《よ》のさやかに月は見えねどもこよひは心のどけかりけり

月をみて月に心のすむときは月こそおのがすがたなるらめ

月影に我を離れてすみぬればこゝろにかかる浮き雲もなし

さゞなみにすがたは千々にくだけても月のひかりのうつらぬはなし

みほとけの光し来れば己《おのれ》てふやみの心もはれざらめやは

あみだ仏《ぶ》をおもふ心のますかゞみかぎりなきまで照りわたるかな

今はたゞ我が物《もの》とてはなかりけり阿弥陀ほとけにさゝげてしかば

今はたゞ我こゝろとてなかりけり阿弥陀ほとけのみむねのみにて

みなをよぶ声に心のあらはれてあみだほとけのすがたとはなる

身と口とこゝろのわざにあらはるれきよきみむねにあへるこゝろは

つゝむともおのづとおもにあらはるれじひのみむねにあへるこゝろは

ゆくすゑのみ国とのみなおもほいそ今のこゝろのすまひなりせば

いづこにかみのり説かざるとこやある心してきけ松かぜの音

あみだ仏とともにすむ身は法界《ほうかい》がわが胸なるか胸がみそらか

あみだ仏《ぶつ》みおやにませば子の為めにすべてを挙げてゆづりますなれ

みほとけをおもふほどこそ仏なれ光の中に闇ははれけり

十万の億のかなたに引き出されます〱遠き心をぞしる

あみだ仏とたふときかたをおもほえばおもふこゝろぞいやたふとけれ

オミトフ(1)のとはのロゴスはひたすらに念するこゝろにあらはるゝなり

かたちなくすがたもあらぬ我こゝろおもへば仏のすがたとはなる

親と子の心にへだてなきときはいづこも無為のみやこなりけり

うす絹につゝめるごとく春の夜のおくゆかしくもにほふ月かな

いさぎよきこゝろざしよりなすわざはくるしみさへも楽しかりけり

寝ては夢さめてはうつゝ面《おも》かげをおもふたえまのなむ阿弥陀仏

忍ばれぬ念《おも》ひの声はいくたびぞ日に六万遍《まべ》の御名《みな》をよばひて

我がものと物に着《ぢやく》することなくば宇宙全体わがものにこそ

ふところの中とも知らで眠り子は生死の夢にうなされにける

さやけさを何にたとへん雲はれて静かにてらす秋の夜の月

君と吾ふたりとだにはおぼゝえじ一つみむねを心とはして

いまはたゞ心にかかる雲もなしきよきみむねのまゝにまかせて

日にあらたひゞにあらたに改めんたえぬ光にてらさるゝ身は

灯台のたづきもなくて闇の夜に浪路を走る船のあやふさ

あたゝかな慈悲のふすまをかさねきてほとけのなかに臥《ふ》するたのしさ

あやにしき身にまとふとも心にはふすまなき身の夜寒《よさむ》あはれさ

たましいを受けたるかひやなかるらむつきぬいのちのかてをうけずば

今はたゞよに恐ろしきこともなし大御《おおみ》ふところにすむ身なりせば

常に照る光の中に栖む人のこゝろはとはにのどけからまし

あめつちのおなじめぐみにつながれしほそき小虫の玉の緒なれば

つゝむともおのがこゝろのそのまゝはあみだほとけのしろしめすらむ

ねてもまたさめてもおもひ忘れえぬあはれ夢にも見たや阿弥陀仏

いまは早《はや》こゝろもやすうあま小舟《おぶね》つゞうら〳〵の風にまかせて

あふぎみれば数かぎりなき星はみな一のひとみのなかに入《い》るなり

青柳のみどりの糸のみだるればみぎはの水もうかれぬるかな

白露をとめおく夜には女郎花《おみなえし》ひとしほ色の添ひまさるらむ

七重八重さけるも冬のはだか木もおなじみやまのさくらなりけり

南無あみだひと声ごとに十万億《まおく》なに遠からむゆきかよふなり

思ひでゝ日にいくたびかそでぬるゝすてぬちかひときくぞうれしき

後の世は日々《にちにち》ちかくなりにけりあはれたのしきかの国のたび

そなふべき三つの心は南無阿弥陀仏たすけ給へとねがふばかりぞ

迷ひぬる雲にかくれて見えぬなりわしのみやまの有明の月

花のうへにこゝろおくこそうれしけれきえなばきえよ露のいのちは

いかばかり人のいのちをやしなはむ木の下《した》闇の夏の夕かせ

なやましき心一つをすみかへてたのしき親のふところに居《を》れ

まごゝろに御名よぶ人はおくゆかしこゝろのそこに弥陀はましします

かぎりなきめぐみの中にすみぬればねてもさめてもうれしかりけり

後の世につなぐおもひの珠ごとになむあみだ仏とくりかへしいふ

みなをよぶ声にいつしかすみわたるこゝろにやどる月のおもかげ

ふるさとを雲のあなたときゝしより入り日のかたぞこひしかりける

きのふまで長夜の春と思ひしにしばしむすびしみぢか夜の夢

浜千鳥あとをみてよりあくがるゝなくねを今はきくよしもがな

大ミオヤのなさけこもれるよぶ声にふかき眠りも今はさめける

あめつちのよろづのそなへたまはるは子らをはぐゝまんみむねとはしる

大ミオヤは子等を摂《おさ》めて自《みづか》らとおなじさとりに入らしめんため

ひきしめてむすぶ戸ぼそのひまよりもしづかに照らす秋の夜の月

奥ふかき心にのみと思ひしに庭の花さへさとりひらきつ

永《とこし》へに照るみひかりの中ながら知らぬは己がやみにぞありける

あみだぶにとはにてらさるこゝろにはわれてふものゝ影もとゞめず

のりのためつくす心にくらぶればまだ浅かりし雪の山越

あきらかにみむねの照すみかゞみに日にいくたびかうつしてぞみん

私《わたくし》のおのがはからひうちすてゝたゞみこゝろにしたがへよかし

むだやこゞとを云ふ口いらぬたゞその口で南無阿弥陀仏

南無のかんのと言ひわけよりもやはりかはりに南無阿弥陀仏

感謝の歌

天は何ともいはねども
四時は常を過《あや》まらず
春は芽生て夏しげり
秋は実りて冬収さむ
ミオヤのおきては意《こころ》なき
草木も守りて違《たが》はじを
まして心の有る身より
仰げば弥《いよい》よ尊しな
万《よろず》のものをいつくしみ
心を照す霊光《みひかり》は
神聖正義をしめします
罪にほろびし我等には
恩寵を御名《みな》に表はせり

感謝の歌

（ハ調四拍子）

てーんは なんとも いわねど も
よときは つーねを あやまら ず
はーるは めばえて なつしげ りーー
あーきは みのりて ふゆおさ む

称《たた》へて聖意《みむね》を信頼《たよ》りなば
救ひの御手《みて》に摂《おさ》められ
光の中に潔ぎよく
常恒《とわ》に閑《のど》けき心地して
安くぞ此世を暮さるれ
もはや此身《このみ》は終りなき
寿《いのち》の中の生命ぞと
悦び勇みて日々《ひゞ》々々《ひゞ》に
聖き御むねを畏《かしこ》みて
常に感謝の心もて
命《おお》せの職《つとめ》をはげまなむ

念仏七覚支

一　択法《ちゃくほう》覚支《かくし》

弥陀《みおや》の身色紫金《しんじきしこん》にて
円光徹照したまへる
端正無比の相好《みすがた》を
聖名《みな》を通して念《おも》ほえよ
総《すべて》の雑念乱想《みだるるこころ》をば
排《ひら》きて一向如来《ひたすらみほとけ》に
神《こころ》を遷して念ずれば
便《すな》はち三昧成ずべし

二　精進《しょうじん》覚支《かくし》

声々御名《しょうしょうみな》を称《とな》へては

念仏七覚支

(ハ長調四拍子)

慈悲の光を仰ぐべし
身心弥陀を称念し
勇猛《ゆみょう》に励み勉《つと》めかし
金剛石も磨きなば
日光反映するが如《ご》と
三摩耶《さまや》に神《こころ》を凝《こら》しなば
弥陀《みおや》の光は輝《かがや》かん

三　喜《き》　覚《かく》　支《し》

偏《ひと》へに仏《みおや》を見まほしく
愛慕の情《なさけ》いと深く
身命《しんめい》惜まず念ずれば
即ち弥陀《みおや》は現はれん
念々仏を念じなば
慈悲の光にもよほされ
霊《きよ》きめぐみに融合《とけあ》うて
歓喜《よろこび》極《きわ》なく覚《おぼ》ほゆれ

四　軽安《きょうあん》　覚《かく》　支《し》

御名に精神《こころ》はさそはれて
心念ます〳〵至微《しび》に入り
三昧純熟する時は
清朗《ほがらか》にして不思議なり
我等が業障《ごっしょう》ふかき身も
慈悲の聖意《みむね》にとけあふて
身心あるを覚ほえで
定中安きを感ずなれ

五　定《じょう》　覚《かく》　支《し》

弥陀に心をうつせみの
もぬけ果《はて》たる声きよく
三昧正受《さまやのおく》に入りぬれば

神気融液《こころはきよみ》不思議なり
慈悲のみ顔を観《み》まつれば
尽《すべ》ての障礙《さわり》も除《のぞ》こりぬ
入我我入《にゅうがかにゅう》の霊感に
聖き心によみがへる

六　捨《しゃ》覚《かく》支《し》

絶待無限の光明の
中に安住するときは
此処《ここ》に居ながら宛《さな》がらに
神《こころ》は浄土《みくに》に栖《す》み遊ぶ
夜な〳〵仏と共に寝《い》ね
朝な〳〵も共に起き
立居起臥《おきふし》添《そい》まして
須臾《しばし》も離るゝことぞなき

七　念《ねん》覚《かく》支《し》

聖寵《めぐみ》に染みし我心
秋の梢《こずえ》のたぐひかも
聖旨《みむね》の光に霊化せば
光栄《さかえ》あらはす身とぞなる
聖意を意《こころ》とするときは
八億四千の念々も
みな仏心とふさはしく
仏子の徳はそなはるれ

注　解

藤堂俊英

第一章　人生の帰趣

(1) **ミオヤ**　仏陀に対する伝統的な呼称としては十号(如来・阿羅漢・正遍知・明行足・善逝・世間解・無上士・調御丈夫・天人師・仏世尊)がある。十号には第一義的な覚醒者像に加えて、調御丈夫や天人師のように教師像も含まれている。慈悲を強調する大乗仏典では仏陀が慈父や慈母として仏子たる衆生を育む養育者像が加わる。「今この三界は皆これ我が有なり。その中の衆生はこれ吾が子なり」(法華経譬喩品)、「一切衆生の帰依する所にして猶し父母の如し」「一切衆生の唯一の上親なり」(正法念処経巻一)。このほか慈・悲のはたらきがそれぞれ抜苦・与楽と説かれるところから「仏は医王の如く能く一切の諸の煩悩の病を治し、能く一切の生死の大苦を救う」(華厳経入法界品)という応病与薬の良医像や、「譬えば大船が海の此岸より彼岸に至り、また彼岸より還りて此岸に至るが如し。如来応正遍知も亦また是の如し。大涅槃大乗の宝船に乗じて周旋往返して衆生を済度す」(涅槃経如来性品)という無上船師像もある。ミオヤ、大ミオヤという仏の呼称にはこうした大乗仏教の仏陀像が集約されている。

（2）**聖なる徳**　義浄の南海寄帰内法伝が修行僧の文章読本として伝えるマートリチェータ（摩咥里制吒）の一百五十讃仏頌では如来の身に集まる無量の勝徳を「聖徳」と表現し、身と徳との相関を「所依の徳体、能依の徳心、性相二つながら倶に融し、能所初めて異なることなし」という。成唯識論巻十や仏地経論巻七では「身」に体（本性）・依（徳の依り所）・聚（徳の集まり）の三義があるという。徳を具足した仏身への信には心を清浄ならしめ、その徳を受用する楽欲を喚起するはたらきがある（大乗阿毘達磨雑集論巻一、成唯識論巻六など）。無性の摂大乗論釈、所知相分では徳を「已に在ることを得て已に円満し饒益するが故に名づけて徳と為す」と規定している。元照の阿弥陀経義疏巻下には経の「執持名号」に関して「弥陀は名を以て物を接す…耳を以て聞き口に誦すれば無辺の聖徳識心に攬入し永く仏種と為り頓に億劫の重罪を除き無上菩提を獲証す」とある。

（3）**帰趣**　庇護や救済というはたらきを円満に具足した最勝の帰依処という意味。例えば人々は恐怖や不安にかられて山々や叢林や園苑を帰依処とするが、それらは勝れた帰依処とは言えない。人々を無辺の生死の苦しみから解脱させるものこそが最勝の帰依処であるといわれる（倶舎論業品）。如来が最勝の帰趣であることの因（調伏の方便を善解していることなど四因）、帰趣のための正行（正法を聴聞することなど八種）、帰趣によって得られる利益（歓喜や清浄を得ることなど八種）については、顕揚聖教論巻六に説かれている。また菩薩の徳に関しても「能く衆生の為に大導師となり勝導師となり普導師となり、大照炬となりり趣となるなり」(宝積経菩薩蔵会)と取り上げられている。

大梯隥となり、橋となり船となり済度者となり彼岸者となり、舎となり救となり、帰とな

(4) **聖意**　善導は観経疏玄義分で観経が凡夫の為に説かれたことを十句の経文を以て示す際に世尊の「聖意は弘深」と前置きする。法然も仏の「聖意は測り難い」との前提のもとに第十八念仏往生の願を試解し(選択集第三章)、無量寿経が流通分において念仏の功徳のみを讃嘆する所以を明らかにしている(同五章)。後に本書が取り上げる中国華厳宗第五祖宗密の原人論序では、孔子・老子・釈迦三聖の教導感化の心を「聖意」と表現している。

(5) **有仏無仏性相常住**　仏の出世・不出世にかかわらず一切の存在が因縁生起であることをいう縁起の道理を表明する初期経典以来の定型句(雑阿含経巻十二)。涅槃経では涅槃の体や十二因縁に関して、如来蔵経では一切衆生有如来蔵に関して用いられている。

(6) **法華経に…出現し給う**　諸仏がこの世に出現する唯一の使命を、衆生に清浄を得さしめる仏知見の開・示・悟・入を以て説く法華経方便品の説。善導の観念法門はこれをふまえて「釈迦出現して五濁の凡夫を度せんが為に即ち慈悲を以て十悪の因が三塗の苦を報果することを開示し、又平等の智慧を以て人天廻して弥陀仏国に生ずることを悟入せしむ」という。

(7) **霊性**　人間のみなもとを尋ねる原人論は、天・地・人の三才の中でも人は最勝殊特の覚知を備えているから「最霊」と言う。宗密は人間論の総括として、粗野な妄念が尽き微細な無明も除かれれば「霊性が顕現」して、どのような真理にも通達できる仏の境地が開かれると述べている。道元の正法眼蔵弁道話でも「霊性」を霊妙不思議な心の本性として用い

ている。なお「霊」という漢語には神妙・精誠・命・英俊・善・巧・威光・福・験・寵・祐などの意味がある。

(8) **孵化**　仏が衆生の無明の卵殻を「時に随いて念じ時に随いて覆い時に随いて暖め時に随いて擁護す」という説相は中阿含経所収の黄蘆園経などにみられる。禅仏教では師と弟子との心が同時に呼応することを卵殻啄破に譬えて啐啄同時という。元照の阿弥陀経義疏巻下では往生浄土を仏と衆生の「父子相遇啐啄同時」と説いている。

(9) **華厳経に仏子一衆生として具する**　華厳経如来性起品(如来出現品)では、一切衆生の身想中に衆生の生を饒益し資助する如来の智慧が浸透しているにもかかわらず、誤った想念に縛られている者はそれに気づかないでいると説いている。この経説を継承して如来蔵経は全ての衆生に仏性・如来蔵があると説く(究竟一乗宝性論僧宝品、仏性論如来蔵品)。宗密の原人論は仏性・如来蔵が「霊覚の真心清浄なること全く諸仏に同じきことを開示」しているとして、この華厳経を引用している。宗密は円覚経大疏巻上二でも仏性を「霊覚の真心は本来清浄にして円満」と述べている。

(10) **親子的関係**　阿毘達磨大毘婆沙論巻二十九に「非善士の法とは一類あり。愛すれば則ち敬を妨げ、敬すれば則ち愛を妨ぐることあるを謂う。愛して敬を妨ぐるとは、有る父母の子に於いて寵愛極まるとき子、父母に於いて愛あるも敬なきが如く師の弟子に於けるも応に知るべし亦然ることを。これらを名づけて愛すれば則ち敬を妨ぐと為す。敬して愛を妨ぐるとは、有る父母の子に於けるや厳酷なるにより子、父母に於いて敬有あるも愛なきが如く師の弟子に於けるも応に知るべし亦然ることを。これらを名づけて敬すれば則ち愛を妨ぐと為す。是の如きを倶に非善士の法と名づく。善士の法とは一類あり、愛すれば則ち敬を加え敬すれば則ち愛を加えるを謂い愛と敬を倶に行ずるを善士の法と名づく」とある。山崎弁栄は『無礙光』（弁栄聖者光明大系）の「恭敬と愛慕」の中でこれを取り上げている。

（11）**華厳経に…感合することが得らる**　兜率天宮菩薩雲集讃仏品に「眼有り日光ありて能く細微の色をみる。最勝神力の故に浄心に諸仏を見たてまつる」（六十巻本）、「譬えば明浄眼の日に因りて衆色を観るが如く、浄心もまた復然り仏力にて如来を見たてまつる」（八十巻本）とある。

（12）**血脈**　大乗仏教では令法久住のために如来の種姓を絶やさないことが菩薩の使命とされる。仏教者として仏祖宗祖につながる系譜を血脈《けちみゃく》という。

（13）**原人論**　華厳原人論ともよばれる。宗密（七八〇―八四一）が儒教道教と対比しながら華厳思想の立場から人間の本性を探求した書。註釈書としては宋代の浄源が霊覚の真心を大乗起信論の如来蔵として捉えた原人論発微録が知られている。近代日本では江戸中期増上寺第三十九代冏鑑が元禄十一年（一六九八）に出した華厳原人論続解が明治十九年（一八八六）まで版を重ね、明治の仏教伝道に大きな影響を与えた説教帷中策の著者岸上恢嶺（一八三九―一八五）の科註原人論講義（明治十四年刊）がでるなど、山崎弁栄（一八五九―一九二〇）の近辺でもこの書が盛んに読まれていた時代背景がある。『ミオヤの光』原人の巻には原人論の概要紹介がみられる。

(14) **権大乗**　権は権仮とか権方便と熟字されるように、権教は真実に導くために時と人の資質に応じて説かれる教えで、真実了義の実教に対していう語。摩訶止観巻三下では「権はこれ権謀、暫く用いて還りて廃す。実は謂く実録究竟の旨帰」という。天台宗などでは法相や三論を権大乗とみる。

(15) **自性清浄**　心の本性は煩悩を離れた清浄なものであること。心性清浄・客塵煩悩ともいう。仏性如来蔵思想の淵源の一つ。

(16) **ヘッケル**　一八三四―一九一九年。Haeckel, Ernst　ドイツの生物学者。エコロギーなどの用語の提唱者として知られる。山崎弁栄の時代には『生理学』、『進化要論』、『宇宙の謎』、『人類の祖先』、『生命之不可思議』などの著作が翻訳出版されている。

(17) **四有**　倶舎論分別世品などに説かれる説。本有は先有ともいう。ここでの四有の列挙順序は阿毘達磨大毘婆沙論巻一百九十二と同じ。倶舎論では中有・生有・本有・死有の順。

(18) **十二因縁**　十二因縁をめぐって阿毘達磨論書では刹那縁起・連縛縁起・分位縁起・遠続縁起の四種の解釈が示される。ここでは三世両重因果の立場で苦の生存が成立する十二の支分を五蘊の上にみる分位縁起を踏まえている。大毘婆沙論巻二十三、倶舎論巻九。

(19) **雑阿含に…かくの如し**　雑阿含経巻六、第一二六経。

(20) **四大智慧**　仏にそなわる四種の智慧。眼・耳・鼻・舌・身の五識が質的転換して得られる成所作智、第六意識が転換して得られる妙観察智、我執心である第七末那識が転換して得られる平等性智、第八阿頼耶識が転換して得られる大円鏡智をいう。

(21) **起信論に…染心と成る**　心生滅門に「大海の水の風に因て波動するとき水相と風相とは相捨離せざるも、しかも水は動性に非ざれば若し風にして止滅するときは動相は則ち滅するも湿性は壊せざるが如し。是の如く衆生の自性清浄心も無明の風に因て動ずるとき心と無明とは倶に形相なくして相捨離せざるも、しかも心は動性に非ざれば若し無明にして滅するときは相続は則ち滅するも智性は壊せざるが故なり」とある。

(22) **宝性論に…果を証する**　無量煩悩所纏品の文。「無始世来の性」は宝性論では如来蔵を、摂大乗論などでは阿頼耶識をさす。

(23) **円教に依れば…顕わすと云う**　法蔵の華厳五教章巻二があらゆる事象の根本である心識を小乗・始教・終教・頓教・円教のそれぞれに即して述べる中の円教に関する文。円教とは円満完全な教えという意味。華厳宗では華厳経を天台宗では法華経を円教とみる。山崎弁栄は碩学歴訪の遊学中（二十四歳）、吉祥寺学林において卍山《かずやま》実弁老師の華厳五教章を聴講している。

(24) **重々無尽**　因陀羅（帝釈天）の宮殿にある宝網にはその結び目に互いが主となり伴となって反映し合う無量の宝珠が置かれている。そのように一切のものが相互に際限なくつながっている世界の様態をいう華厳経の教え。

(25) **四聖法界**　心が造りだす十界のうち仏・菩薩・声聞・縁覚を四聖、天・人・阿修羅・畜生・餓鬼・地獄を六凡という。

(26) **起信論には…阿梨耶識と名づく**　心生滅門に「心生滅とは如来蔵に依るが故に生滅心あり。

いわゆる不生不滅と生滅と和合して一にも非ず異にも非ず。名づけて阿梨耶識となす」とある。

(27) **八億四千の念**　道綽の安楽集第九大門に「彼の経に云わく、人世間に生まれて凡そ一日一夜を経るに八億四千万の念あり。一念悪を起こせば一悪身を受く…悪法既に爾なり善法もまた然なり」とある。道世の法苑珠林摂念篇や祭祠篇は「惟無三昧経に云わく」として類似の文を引用する。

(28) **業識**　大乗起信論の心生滅門で生滅因縁の五位(業識・転識・現識・智識・相続識)を説く中に「一には名づけて業識となす。謂く無明の力にて不覚の心が動ずるが故なり」とある。

(29) **大我**　仏にそなわる偉大な威力をいう。涅槃経光明遍照高貴徳王菩薩品では八種の自在力を以て大我が説かれている。大乗荘厳経論菩提品では仏の清浄なる我を、教授品では一切衆生を自己とみなす知見をそれぞれ大我と説いている。

(30) **地水火風空**　五種の物質構成要素で五大といわれる。

(31) **天台は実相論**　すべての存在の如実の姿をいう諸法実相を空・仮・中の三諦円融観をもとに見極める天台の教理をいう。

(32) **一念三千**　日常の一刹那の心にも十界それぞれを互具しているので百界、さらに諸々の事象は十如是(相・性・体・力・作・因・縁・果・報・本末究竟)という在り方をするので百界に乗じて千如となる。さらに人の生存は五陰世間・衆生世間・国土世間の三種にわたっているからこれを乗じて三千世間となる。摩訶止観巻五上に説かれる天台宗の観法の一つ。

(33) **法界等流**　苦を除滅し心を清浄化する方法(道清浄)を生む教法(所縁清浄)は万有の本性である真如(本性清浄)が衆生界に流れ出たものであること。摂大乗論所知依分・所知相分や成唯識論巻二などに出る。

(34) **直指人心見性成仏**　被制約的な言葉や文字によらず端的に自己の心性におもむき、そこに仏性を自覚することが成仏であることをいう。黄檗希運の伝心法要に出る。

(35) **正定聚**　悟りや往生の可能性に関してそれを可(正定聚)・不可(邪定聚)・未定(不定聚)の三類に分けるうちの一つ。三聚の内容規定については諸説がある。無量寿経巻下では浄土に往生した者は「皆悉く正定聚に住す」という。

(36) **如来智慧**　「若し妄想を離れれば一切智自然智無礙智即現前すること得る」は原人論の文。

(37) **寿者、命者**　我・人あるいは霊魂を意味する補特伽羅の同義語として般若経や倶舎論は有情・養者・命者・生者などをあげる。大智度論巻三十五では「命根を成就するが故に名づけて寿者命者と為す」とある。

(38) **心を四位に**　人の身中の心臓あるいは肝・心・脾・肺・腎の五臓心をさす肉団心、心外の対象を縁として思慮する八識に通ずる縁慮心、多くの種子を集めそこから諸々の事物が現れ出る阿頼耶識をさす集起心、衆生が本来具えている真実心で如来蔵をさす堅実心をいう。円覚の華厳原人論合解、子璿の大乗起信論筆削記巻一などに出る。

(39) **蓮華蔵世界**　華厳経に説かれる毘盧遮那仏の世界。

(40) **世眼**　無量寿経巻上に「今日世尊奇特の法に住し、今日世雄諸仏の所住に住し、今日世眼導師の行に住し、今日世英最勝の道に住し、今日天尊如来の徳を行じたまえり」とある。

（41）**華厳経に…五蘊**　夜摩天宮中偈讃品に「心は工画師の如し能く諸の世間を画き五蘊は悉く従って生ず」とある。この後に破地獄偈といわれる「若し人三世一切の仏を了知せんと欲せば応に法界の性を観ずべし一切は唯心の造なり」が続く。

（42）**生死の迷郷**　善導は六道を魔郷（観経疏定善義水想観）とか他郷（法事讃巻下）と呼ぶ。曇鸞は無量寿経論註巻上で浄土を浄郷と呼んでいる。

（43）**正法念経**　正法念処経巻十三―十五、地獄品。

（44）**経に…降伏す可きこと難し**　無量寿経巻下、五悪段中の四悪に「讒賊闘乱して善人を憎嫉し賢明を敗壊し（中略）誠実を得難し。尊貴自大にして、己、道ありと謂うて横に威勢を行じて人を侵易す。自ら知ること能わず、悪を為して恥じることなし。自ら強健なるを以て人の敬難を欲す。天地神明日月を畏れず。肯て善を作さず。降化すべきこと難し」という。

（45）**ヴント**　ヴィルヘルム・ヴント（一八三二―一九二〇）。Wundt, Wilhelm ドイツの心理学者・哲学者。蟹江義丸著、倫理学書解説第十二『ヴント氏倫理学』（明治三十四年刊）に依る。

（46）**本有法身無量寿仏**　康僧鎧訳として伝わる仏説無量寿仏名号利益大事因縁経に「久遠実成本有法身常住無量寿仏」とある。山崎弁栄は『ミオヤの光』指帰の巻などでこの経をあげる。

（47）**聖善導は…示されてある**　観経疏定善義では経の「光明遍照十方世界念仏衆生摂取不捨」を衆生縁・法縁・無縁の慈悲の三縁ではなく、親縁・近縁・増上縁という摂取の三縁で説明する。

第二章　大ミオヤ

(1)　**独尊、統摂、帰趣**　戒度の霊芝観経義疏正観記巻上は宗の規定に関して「一には独尊の義、天に二日なく国に二王なき故に。二には統摂の義、網の綱の如く裘の領の如き故に。三には帰趣の義、星は必ず北に拱き水は必ず東に朝うが故に。今経の主この三義を備なう」という。良忠の観経玄義分伝通記巻四は経の宗旨に関して他説と共にこれを引用する。

(2)　**水月感応の喩**　智顗の法華玄義巻六上では感応道交の妙を「一月降らず百水升らずして河の短長に随い器の規矩に任せて前無く後無く一時に普く現ずるが如し」という。阿弥陀仏と凡夫の聖凡会遇に関してこの譬喩を用いる例は宗暁の楽邦文類巻二所収の楊傑の文に見られる。法然の選択集第十六章では「念仏の行、水月を感じて昇降を得たり」という。

(3)　**天何と言わんや…天何と云わんや**　論語の陽貨篇「天何をか言うや。四時行われ百物生ず。天何をか言うや」の文。

(4)　**罪を天に…祈るに所なし**　論語の八佾篇。

(5)　**天徳を予に…我を如何**　論語の述而篇。

(6)　**経に無量寿如来の…所なり**　無量寿経巻上に出る。この後に十二光が説かれる。

(7)　**死生命…天に在り**　論語の顔淵篇。

(8)　**鳶飛んで…淵に躍る**　「鳶飛《えんぴ》魚躍《ぎょやく》」。詩経の大雅、旱麓の文。

(9)　**四時行われ百物生ず**　第二章の注(3)と同じ。

（10）**法爾の理**　法然の法語に「法爾の道理という事あり。焔は空に上り水は下りざまに流る、菓子の中に酢き物あり甘き物あり。これらみな法爾道理なり。阿弥陀仏の本願は名号をもて罪悪の衆生を導かんと誓いたまいたれば、ただ一向に念仏だにも申せば仏の来迎は法爾道理にて具わるべきなり」（黒谷上人語灯録巻十五）とある。義山は宋代了然の大乗止観法門宗円記巻四を引いて「宗円記に云く、法爾とは爾は此なり、謂く其の法を構造せずして自ずから此の如し猶自然と云うがごとし。巧マズシテ自ラカクソトナリ」（円光大師行状絵図翼賛巻二十一）と註解している。延寿の宗鏡録巻六十九には「一切は皆法爾を以て依と為す。一切は皆法爾道理に帰す。心安住せしめ心暁了せしめる。是の如きを名づけて法爾道理と為す」という。瑜伽師地論巻二十五声聞地は正法聴聞の一形態である正法思惟の中に、諸法の本性を意味する「法爾道理」の観察をあげる。

（11）**起信に…行ず**　大乗起信論の分別発趣道相が三種発心（信成就・解行・証）を説く中の第二解行発心に関する文。

（12）**煩悩賊**　倶舎宗の五位七十五法では小煩悩地法としてあげる十種の心所法にほぼ相当するが、ここでは内容からみて法相宗の五位百法中の随煩悩二十種の内の数種をあげている。

（13）**愛育**　大乗仏典では仏菩薩の衆生利益のはたらきが「常に慈を楽って愛育し悉く能く衆生を長養し恒に無量の勝利益を為し衆生の闇冥を除く」（月灯三昧経巻七）などと表現される。

（14）**養育**　道綽の安楽集第十一大門では善知識のはたらきについて法句経の「善知識は是れ汝が父母なり、汝等が菩提の身を養育する故に」を引用する。宝積経浄信童女会では菩薩の平等心を地水火風空五大の作用を以て説く中「等心は水の諸の垢穢を洗うが如く世間を養育して煩悩の渇きを除く」という。大智度論巻十八や十住毘婆娑論入初地品では般若のはたらきを母の養育のはたらきに譬える。

(15) **寂光土**　天台宗が立てる四土(凡聖同居土・方便有余土・実報無障礙土・常寂光土)の一つ。観普賢菩薩行法経に「釈迦牟尼如来をば毘盧遮那遍一切処と名づけ其の仏の住処を常寂光と名づく」と出る。智顗の妙法蓮華経文句の釈従地涌出品では常・寂・光を常徳・楽徳・浄我の四波羅蜜で解釈する。

(16) **有余涅槃と無余涅槃**　有余涅槃は解脱して生死を離れながらも現身のままの境位をいい、無余涅槃は現身をも捨した究極の境位をいう。

(17) **選択**　法然は選択集第三章で大阿弥陀経と平等覚経にもとづいて阿弥陀仏が「二百一十億の仏国土の中の諸天人民の善悪国土の好醜を選択し為に心中所欲の願を選択す」と選択の語の出典を示し選択には選捨の意味があるという。これに関して大智度論釈往生品は「阿弥陀仏は先世の時、法蔵比丘と作りしに仏は将に導きて遍く十方に至りて清浄の国を示し浄妙の国を選択して以て自らの国を荘厳せしめたまいし」という。

(18) **大日経に…と説く**　大毘盧遮那成仏神変加持経巻三に「我は一切の本初なり号して世の所依と名づく、説法等比なく本寂にして上あることなし」とある。

(19) **無量寿経の…と云う**　善導は観無量寿経疏玄義分で道綽が安楽集巻上第一大門において大乗同性経に依って阿弥陀仏を報仏とみるのを受けて酬因感果の仏と規定する。法然の無量寿経釈も同じ。

(20) **仏身** 法蔵の華厳一乗教義分斉章三では仏身を一身二身三身四身十身にわたって述べる。ここに云う二種法身は曇鸞の無量寿経優婆提舎願生偈並註下、四種法身は金剛頂経瑜伽十八会指帰、器世間・衆生世間・智正覚世間の融三世間の仏身は天親の十地経論巻八不動地や澄観の大方広仏華厳経疏巻一序に出る。

(21) **一仏成道…悉皆成仏** 安然の斟定草木成仏私記に「中陰経に云う。一仏成道観見法界、草木国土悉皆成仏、身丈六、光明遍照、悉能説法、其仏皆名妙覚如来」とある。日本天台の諸典や謡曲等で引用されるこの経文は現存の中陰経にはない。法然の逆修説法第五七日では浄土の依報が阿弥陀仏の願力所成であることをいう中でこの文を引用している。

(22) **楞伽経に…より出ず** 大乗入楞伽経の偈頌品に「所有ゆる法報仏化身及び変化、皆無量寿の極楽界中より出ず」とある。

(23) **頌** 頌の一節は「如来光明讃の頌」の無量光(体大)を指すのであろう。『ミオヤの光』の玄義の巻にある。また、如来性、世界性、衆生性の三性については、「諸教の精要＝諸教の大観」の頌中に説かれている。後述の第二章の注(37)参照。

(24) **寿経に此土の…勝れたり** 無量寿経巻下に「正心正意にして斎戒清浄なること一日一夜すれば無量寿国に在って善を為すこと百歳するに勝れたり」という。

(25) **起信論に…相応する** 解釈分顕示正義の心真如門では衆生心の真実のすがたをいう心真如を言葉では表現できない離言真如とそこを言葉で伝える依言真如の両面から説く。青目釈の中論三では実相に関して「心相寂滅言語道断」、吉蔵の維摩経義疏巻四では「言語道断心行所滅」という。允堪の浄心誡観発真鈔巻下末はそのほか維摩経、首楞厳三昧経、信力入印法門経などから関連する経文をあげる。

(26) **ポールゼン**　フリードリヒ・パウルゼン(一八四六—一九〇八)。Paulsen, Friedrich　ドイツの哲学者。蟹江義丸他訳『倫理学大系』(明治三十七年刊)の翻訳紹介がある。

(27) **密厳浄土**　華厳宗や法相宗で依用する大乗密厳経に説く浄土。法蔵の密厳経疏巻一は「密厳浄土は是れ根本土にして諸方の浄土は皆密厳による」という。

(28) **去此不遠**　観無量寿経に「汝今知るやいなや。阿弥陀仏此を去ること遠からず。汝まさに念を繫けて諦らかに彼の国を観ずべし」とある。

(29) **寿経に…に次げり**　無量寿経巻上に「国、泥洹の如くして等双なからん」、巻下に「無為自然にして泥洹の道に次げり」という。善導の法事讃巻下には「自然は即ちこれ弥陀国なり」、「極楽は無為涅槃界なり」という。

(30) **須摩提**　無量清浄平等覚経、般舟三昧経行品。

(31) **往生論偈には…辺際無し**　無量寿経優波提舎願生偈に出る詩句。

(32) **仏智不思議智**　無量寿経巻下に説かれる五智(仏智・不思議智・不可称智・大乗広智・無等無倫最上勝智)をさす。

(33) **法華経に…荘厳す**　如来寿量品の説。

(34) **寿経に仏土の荘厳の相**　無量寿経巻上に「その仏の国土は自然の七宝金銀瑠璃珊瑚琥珀硨

硨瑪瑙をもって合成して地とせり。恢廓曠蕩として限極すべからず」とある。

(35) **仏教哲学には…種々の説ある**　阿毘達磨大毘婆沙論巻一に「雑染清浄繋縛解脱流転還滅の法に於いて名身句身文身を以て次第に結集し安布し分別するが故に阿毘達磨と名づく」とある。

(36) **真如縁起**　法蔵の華厳五教章の義理分斉では真如をいう円成実性を不変と随縁の二義で説くが、真如が随縁して染・浄の諸法となることが随縁の義である。

(37) **頌曰…とは成ぬべし**　この頌は、山崎弁栄遺稿「諸教の精要＝諸教の大観」に基づいている。この遺稿は『ミオヤの光』玄義の巻にある。

(38) **頌に云わく…帰趣せしむ**　第二章の注(23)参照。

(39) **性起の説は…給いつるなり**　曇鸞の無量寿経論註巻上では安楽国が正道の大慈悲、出世の善根より生じたものであることに関して、華厳経宝王如来性起品を以て註解する。

(40) **如来は…摂化の終りには**　「諸教の精要＝諸教の大観」中の一節。第二章の注(37)参照。

(41) **法楽**　曇鸞の無量寿経論註巻下では五識所生の外楽、初禅・二禅・三禅の意識所生の内楽、仏の功徳を愛するところから生まれる智慧所生の法楽楽という三種の楽を説く。

(42) **報身仏に…と有り**　報身に自受用・他受用の二身を説くのは大乗本生心地観経巻二、仏地経論巻一、成唯識論巻十など。

第三章　光明

(1) **天真**　人為が加わらない本来の性。道綽の安楽集第二大門には「法身の菩提というは所謂真如実相第一義空なり。自性清浄にして体に穢染なし。理天真より出でて修成を仮らざるを名づけて法身となす」とある。

(2) **信論に相大**　大乗起信論の立義分では大乗の大を三大、つまり一切法の真如を体大、体大真如の徳性を相大、如来の功用を用大と説明する。

(3) **経に…功徳**　阿弥陀経の六方(十方)段で諸仏が称讃する阿弥陀仏の功徳をいう。

(4) **観経に…衆生を摂す**　観無量寿経第九真身観に「仏心とは大慈悲これなり。無縁の慈を以て諸の衆生を摂したまう」という。

(5) **見は…を云う**　有身見・辺執見・邪見・見取見・戒禁取見の五見、貪・瞋・痴・慢・疑などは見道位において断滅される法をいう。忿以下は小煩悩地法十種あるいは随煩悩二十種の中から取り上げられている。

(6) **八邪六弊**　八邪は八正道に翻対する八邪法。六弊(六蔽)は慳貪・破戒・瞋恚・懈怠・散乱・愚痴の悪心。

(7) **三障**　正道を妨げる業障煩悩障報(異熟)障のこと。倶舎論業品、瑜伽師地論声聞地などに出る。

(8) **如来この経を…示したる**　無量寿経巻上に「その時世尊諸根悦予し姿色清浄にして光顔巍巍たり」とある。

(9) **如来は法界身**　観無量寿経第八像想観に「諸仏如来はこれ法界身なり。一切衆生の心想中に入りたまう」とある。善導の往生礼讃日中時礼では「弥陀身心遍法界、影現衆生心想中」とある。

(10) **昔し…啓示なり** 東林十八高賢伝の慧遠法師伝、続高僧伝巻十七習禅篇の智顗伝、新修往生伝中巻佚文唐高祖善導伝など。法然については拾遺黒谷上人語灯録所収の三昧発得記や夢感聖相記に出る。

(11) **財施** 大智度論巻十四の尸羅波羅蜜、瑜伽師地論巻三十九の菩薩地施品などに説かれる。

(12) **愛語** 無量寿経巻上では法蔵比丘の願行を説く中に「和顔愛語」とある。また愛語は四摂事(布施・愛語・利行・同事)の衆生済度の徳の中にも出る。

(13) **三聚浄戒** 在家出家の七衆に説かれる大乗菩薩戒。瑜伽師地論菩薩地戒品などの諸経論に説かれる。

(14) **三心** 無量寿経巻上で阿弥陀仏の本願中第十八願に往生浄土の要件として説かれる三心。法然は観無量寿経釈や要義問答においてこの三心を観経の至誠心・深心・回向発願心と会通する。

(15) **経に仏種縁より起る** 法華経方便品より。

(16) **唯仏与仏** 法華経方便品に「仏の成就したまえる所は第一希有難解の法なり。唯仏と仏とのみ能く諸法の実相を究尽したまえり」とある。

(17) **経にもし…生ずることを得** 無量寿経巻上が十二光に続いて第三十三願(触光柔軟の願)の成就を讃嘆することの功徳を説く文。

(18) **五種聖行**　善導の観経疏散善義が深心釈就行立信において説く往生浄土の五種の正行のこと。法然はこれを「阿弥陀仏におきて親しき行」とし、選択集第二章では正行と雑行を親疎・近遠・無間有間・回向不回向・純雑の五番相対を以て解説する。

(19) **修養の用心**　聖道門の菩薩道の心得として説かれていた四修を浄土門の往生行に随義転用したもので、善導の往生礼讃や窺基の西方要決では作業(さごう)とよぶ。

(20) **五根五力**　染浄・迷悟を生み出す根(因)に二十二根を挙げる中、心浄化の根として信・精進・念・定・慧を五根、それがさらに力強くなったものを五力という。阿毘達磨大毘婆沙論根蘊、俱舎論根品などに出る。

(21) **資糧位**　成唯識論巻九では修道の五位として資糧・加行・通達・修習・究竟をあげる。

(22) **七覚支**　覚りを得るための七種の支分。瑜伽師地論巻二十九声聞地では択法・精進・喜の三は観品の所摂、軽安・定・捨の三は止品の所摂、念は止・観倶品の所摂という。

(23) **四弘誓願**　利他の願である衆生無辺誓願度で始まり自利の願である煩悩無辺誓願断、法門無尽誓願知(学)、無上菩提誓願証が続く菩薩に共通する総願。

(24) **四無量**　衆生を利する慈・悲・喜・捨の無量の心をいう。

第四章　安　心

(1) **安心と起行**　善導の往生礼讃に安心として三心、起行として五念門、作業として四修が説かれている。

（2）**所求**　良忠の選択伝弘決疑鈔巻二に「正行を修する者は其の去行、所求と所帰とに順ず。故に一一の徳を成ず。謂く西方の行人極楽を以て所求となし弥陀を以て所帰となして弥陀の事を行ずれば所帰及び所求に相順ずるが故に親近等の徳を成ず」とある。

（3）**法蔵菩薩の身を…建てなされた**　良忠の選択伝弘決疑鈔序では浄土の一門念仏の一行を以て倒惑の衆生を済度する所以を「法蔵比丘一子地に於いて五劫に思いを尽くし十念に因を萌すが故ならん」という。一子地とは涅槃経の梵行品で慈悲喜を修しおわった菩薩が一切衆生を父母が子の安穏を願うが如き極愛一子地に住することを指す。智演も浄土十勝箋節論巻七で取り上げる。

（4）**父子相迎**　室町時代に仮名文を用いた教化伝道の書を著した向阿証賢の三部仮名鈔（帰命本願鈔・西要鈔・父子相迎）の一つ。湛澄の註釈書（諺註）は「父子相迎」は善導の般舟讃に出典があること、「弥陀如来と我等と仏性同して一子のごとく憐み給うゆえ、本尊を父といい衆生を子となづく。相迎とはたがいにたづねあう事なり。臨終に来迎あるは父子相迎なり」と述べている。

（5）**般舟経**　般舟三昧経巻中羼羅耶仏品では般舟三昧が菩薩の眼・母・所帰仰・所出生、諸仏の蔵・地と説かれている。関通の夢乃知識（雲介子関通全集巻三）は「この念仏は仏地と申して釈迦如来及び三世の仏のあそばせ給う御土地なり…このおこないのちからによりてこそ仏正覚をとり給える」として般舟経、観仏経巻九、そして十住毘婆沙論入初地品の「般舟三昧を父とし大悲無生を母とす。一切の諸如来は是の二法より生ず」をあげる。

（6）**経にもし…正覚を取らじ**　無量寿経巻上に説かれる阿弥陀仏の第十八念仏往生の願。
（7）**善導大師は…必ず不可なり**　観経疏散善義の至誠心釈。
（8）**信は澄浄または忍許**　倶舎論根品、大乗阿毘達磨集論、成唯識論巻六などが善の心所としての信を規定する際に用いる語。
（9）**仏法の…能入**　大智度論巻一では経の冒頭に出る「如是」の語を「仏法の大海は信をもって能入となし智をもって能度となす」と解説する。法然の選択集第八章では「涅槃の城には信を以て能入と為す」という。華厳経賢首菩薩品には「信を道の元、功徳の母と為す。一切の諸善法を増長して一切の諸疑惑を除滅し無上道を示現開発す」とある。
（10）**聖善導二種の信**　観経疏散善義の深心釈をさす。法然は往生大要抄で善導が二種深信を説く所以を「始めに我が身の程を信じ後には仏の願を信ずるなり。ただし後の信心を決定せしめんがために始めの信心をば挙ぐるなり」という。
（11）**我は毒蛇**　経典では地水火風の四大からなる身体が毒蛇が入る篋、六根や煩悩が毒蛇に譬えられている。
（12）**出して見よ**　二入四行論、祖堂集、景徳伝灯録巻三。
（13）**機を覚知する**　智顗の法華玄義巻六上では「機」に善を生ずる微、聖の慈悲にかかわる関、抜苦の悲と与楽の慈によろしき宜の三義があるという。
（14）**観世音の宝冠**　善導の往生礼讃中夜に引用される龍樹の十二礼に「南無至心帰命礼西方阿弥陀仏、観音頂載冠中住」とある。

(15) **仰信**　関通の一枚起請文梗概聞書中に浄土門の教えを「信行するに就いて二の機類あり。一には解信、二には仰信なり」とある。

(16) **優婆掬多尊者**　阿育王経巻十、摩訶止観巻四下。

(17) **聖善導の観経…順ずるが故に**　五種正行のなかで称名正行を正定業とする根拠を語る文。

(18) **聖聖光**　聖光房弁長は浄土宗二祖。法然より選択集を授けられ徹選択集などを著す。聖光より浄土宗義と行相をまとめた末代念仏授手印を授けられたのが三祖良忠。

(19) **聖法然の…余事を知らず**　黒谷上人語灯録巻十五の諸人伝説の詞所収。次の法爾の道理の法語も同じ。

(20) **また煩悩の薄く…為すべし**　黒谷上人語灯録巻十三所収の大胡太郎実秀へつかはす御返事に出る。類似のものは往生大要鈔、御消息にもある。

(21) **懐感**　法然があげる浄土五祖(曇鸞・道綽・善導・懐感・少康)の一人で釈浄土群疑論七巻の著作がある。宋高僧伝巻六義解篇、往生西方浄土瑞応刪伝に伝記がでる。

(22) **愛**　阿毘達磨大毘婆娑論巻二十九では「愛に二種あり。一に染汚、謂く貪なり。二に不染汚、謂く信なり」という。倶舎論根品にもでる。道綽の安楽集第七大門では浄穢取相の縛脱に関して「凡そ相に二種あり。一には五塵の欲境に於いて妄愛貪染し境に随って執著す。此れ等の是の相を之を名づけて縛となす。二に仏の功徳を愛して浄土に生まれんと願う。是れ相と言うと雖も名づけて解脱となす」とある。

(23) **我はただ…あふひ草**　法然上人行状絵図巻三十、新後拾遺和歌集巻十八に出る法然の「われは唯ほとけにいつかあふひ草　心のつまにかけぬ日ぞなき」の歌。湛澄の空花和歌集巻上は後半を四修の中の無間修の心とみる。

(24) **楞厳経**　大仏頂如来密因修証了義諸菩薩万行首楞厳経巻五の勢至円通章。法然上人行状絵図巻八にこの頌の引用がある。法然の三昧発得記に勢至円通章への言及がある。

(25) **恋慕**　山崎弁栄は知恩院夏安居の講本『宗祖の皮髄』で法華経巻五如来寿量品の「恋慕を懐いて渇仰の心を生ず」に言及している。

(26) **孔子が…易えよ**　論語の学而篇。「易」には換・変・軽などの三義があり古来より三説がある。第四章二八三頁一行目には「賢を好むこと、色に易えよ」とある。

(27) **無常の妙声**　如来音声の一つ。華厳経如来出現品などに出る。

(28) **かの傅大士が…これなり**　東土の維摩、弥勒の化身と言われた傅大士のこと。傅大士伝、善慧大士語録第三。源信の自行念仏問答に引用がある。

(29) **龍神の身**　法然上人行状絵図巻三十に出る法然の師皇円に関する伝承。

(30) **現身のまま見仏**　善導の観念法門に説く五種増上縁中の見仏三昧増上縁では、弥陀の三力(威神力・三昧力・本功徳力)と衆生の三心の外縁内縁和合して心眼開いて見仏を得るという。三力は般舟三昧経行品に出る。

(31) **経に…捨給わず**　観無量寿経第九真身観の文。

(32) **経に…大慈悲これなり**　観無量寿経第九真身観。

(33) **プラトーが理想の愛をのべて**　プラトン『パイドロス』。『ミオヤの光』摂取の巻ではプラトンに続いてダンテと孔子に言及している。

(34) **聖龍樹尊者は…頂礼す**　善導の往生礼讃中夜所収の十二礼の文。

(35) **聖善導は…憶念し給え**　観念法門の「観経に依りて観仏三昧法を明かす」の中に出る。

(36) **なお進んで…惜きことあらん**　法然上人行状絵図巻三十に「かりそめの色のゆかりの恋にだに、あふには身をもをしみやはする」とある。湛澄の空花和歌集巻上は「仏法に逢ては身命を捨つといへることを」と註解する。

(37) **法華経の…惜まず**　法華経如来寿量品に出る。この文に続いて「その心恋慕するによりて、すなわち出でて為に法を説く」という。第六章四一三頁二行目にも引用がある。

(38) **明照**　法然七百回遠忌に明治天皇より加諡された大師号。

(39) **欲望**　仏教では欲を善心・悪心・無記心のいずれにも相伴う心作用とみる。十大地法や五別境の一つ。華厳経初発心菩薩功徳品はそうした欲の諸相をあげる。菩提心は善欲、清浄欲ともいわれる。仏の十八不共法には欲無減という徳があげられ、大智度論巻二十六はそれを精進無減の徳と関連づける。大乗阿毘達磨集論巻一や成唯識論巻六などは信の三行相の一つとして欲(楽欲・希望)をあげる。

(40) **一に願作仏心、二に願度衆生心**　曇鸞の無量寿経論註巻下に出る。安楽集巻上第二大門、浄土十疑論第十疑などに引用がある。

(41) **法喜禅悦の妙味**　妙法蓮華経の五百弟子授記品、華厳経の浄行品や入法界品などに出る。無量寿経優婆提舎願生偈には「仏法味を愛楽すると禅三昧を食とす」とある。増壱阿含経巻四十一には五種の出世間食として禅食・願食・念食・解脱食・喜食をあげている。

(42) **浄仏国土**　十住毘婆沙論巻三の釈願品に菩薩の十願をあげる第七に浄仏土の願がある。大智度論巻九十二には釈浄仏国土品がある。弁阿の徹選択本願念仏集巻下に「菩薩の浄仏国土の行を以て甚深の念仏三昧と名づけるなり」とある。

(43) **経に不請の友…度せよ**　無量寿経巻上に「諸の庶類の為に不請の友となり群生を荷負してこれを重担となす」とある。

第五章　念仏三昧

(1) **あみだ仏と…涼しき**　法然上人行状絵図第三十。

(2) **大念は大仏**　選択集第三章に引用される大集経巻四十三、念仏三昧品に「至心に仏を念ぜんに乃至仏を見んこと小念には小を見、大念には大を見ん」とある。懐感の釈浄土群疑論巻七はこの「念」を「声」と理解する。

(3) **聖善導は…西方に入る**　往生礼讃日中の偈。

(4) **月や我…有りける**　藤原季経作。『御室五十首』。二、四、五句を定本では「我や月かと」「心にすめる秋の夜の月」としている。

(5) **経に…信じ難し**　無量寿経巻下。善導の往生礼讃初夜の偈に引用。

(6) **経に…降伏し難し**　無量寿経巻下、五悪中の四悪の文。第一章の注(44)参照。

(7) **意馬心猿**　曇鸞の略論安楽浄土義、道綽の安楽集第二大門。

(8) **王羲之**　東晋の書家。晋書巻八十、王羲之伝。
(9) **呉道玄**　唐代の画家。宣和画譜巻二。
(10) **観経の…教え給え**　欣浄縁の文。
(11) **導師は…能わず**　観無量寿経疏定善義、華座観の釈。
(12) **あみだぶと…見るぞうれしき**　法然上人行状絵図巻三十、夫木和歌抄巻三十四。湛澄の空花和歌集巻下には「称名勧信の歌なり。みづから口称三昧を得給へるがゆへに心中の悦を詠じて、且つは人をもすゝめ給へり。此の歌は善導大師の観念法門に、若得口称三昧者心眼即開、見彼浄土一切荘厳とある釈文に依りてよみ給へり」とある。
(13) **群疑論に…と名づく**　釈浄土群疑論巻七に「念仏三昧を得る者、何を以てか此の三昧を得ることを知ることを得る」という問いに対して、観経第九観の光明遍照の文に続く「但まさに憶想して心眼をして見せしむべし。この事を見る者は即ち十方一切の諸仏を見たてまつる」を引用して答えている。
(14) **大死一番**　碧巌録巻五第四十一則、趙州大死底の人に「大死一番し、却って活して始めて得し」とある。
(15) **あみだ仏に…類ならまし**　法然上人行状絵図巻三十。湛澄の空花和歌集巻上には「この歌みづから深心の相を紅葉に比してよみ給へり」という。
(16) **諸根悦予…如し**　無量寿経巻上。第三章の注(8)参照。
(17) **弥陀仏国…難思議**　善導の往生礼讃日中の偈。

(18) **清浄光が…六根清浄となる**　法然の逆修説法第三七日では称名念仏によって阿弥陀仏の清浄光・歓喜光・智慧光に触れたならば貪・瞋・癡の三垢が滅すという。

(19) **天楽**　浄土の音楽については無量寿経巻上に「清暢哀亮にして微妙和雅なり。十方世界の音声中に最も第一とす」とある。

(20) **八功徳池**　極楽の池は澄浄・清冷・甘美・軽軟・潤沢・安和・除飢渇過患の八種の効能を具えた水を湛えている。浄土三部経のうち玄奘訳阿弥陀経は八種の全てをあげる。

(21) **唯識には…喩あり**　一処四見、一境四心とも言う。無性の摂大乗論釈巻四。

(22) **善導大師…懺悔せしめよ**　往生西方浄土瑞応刪伝所収の道綽伝。黒谷上人語灯録巻九の類聚浄土五祖伝にも収録されている。

(23) **暗夜に身より**　法然上人行状絵図第八。

第六章　光明生活

(1) **経に…子なり**　梵網経の文。仏戒は光明金剛宝戒、仏性戒ともいう。

(2) **観経には…からである**　観無量寿経の流通分に「若し念仏せん者はまさに知るべし。此の人は人中の芬陀利華なり。観世音菩薩大勢至菩薩その勝友となる。まさに道場に坐すべきをもって諸仏の家に生ずべし」という。法然の選択本願念仏集第十一章では善導の観無量寿経疏散善義の当該箇所を引用し、念仏の功徳が余善諸行に超えたることを明かす。

(3) **聖善導は…為して居る**　観無量寿経疏定善義第九観の釈に出る親縁・近縁・増上縁のこと。

第一章の注(47)参照。

(4) **威神力** 無量寿経巻下に「威神力を以て衆悪を摧滅して悉く善に就かしむ」とある。

(5) **五悪五痛** 無量寿経巻下で五悪を犯した者が現当二世に受ける報いとして五痛五焼が説かれている。

(6) **経に…冥きに入る** 無量寿経巻下。第六章三四五頁五—六行目「善人は…明るきに入る」も同じ。

(7) **経に…善心生ず** 無量寿経巻上に「それ衆生ありて斯の光に遭う者は三垢消滅し身意柔軟なり。歓喜踊躍して善心生ず」とあり、第三十三触光柔軟願の成就文と言われている。

(8) **秋来ぬと…驚かれぬる** 藤原敏行作。『古今和歌集』秋歌上。四句を定本では「吹き来る風に」としている。

(9) **遺教** 仏垂般涅槃略説教誡経、天親の遺教経論。

(10) **観経に…入り給う** 観無量寿経第八像想観の文。曇鸞の無量寿経論註巻上に「法界は是れ衆生の心法なり」とある。善導の観経疏定善義では「法界と言うはこれ所化の境、即ち衆生界なり。身と言うはこれ能化の身、即ち諸仏の身なり」という。

(11) **聖曇鸞は…と釈された** 曇鸞の無量寿経論註巻上に出る「相好光一尋色像超群生」の註解。

(12) **経に…生ずと云う** 無量寿経巻上。第三章の注(17)参照。

(13) **経に…蓮花と誉たまう** 第六章の注(2)参照。

(14) **念の字** 弁長の念仏名義集巻中。

(15) **南無**　聖冏の伝通記糅鈔巻十五に南無の翻名として救護、度我、還源をあげ「また帰命と釈す」とある。関通の帰命本願鈔諺註加俚語は帰命に助給・救我・度我・投向・反還・仰頼・驚怖・納入の八義をあげる。

(16) **桃の…宜しからん**　詩経の周南、桃夭。

(17) **聖善導は…衆生の為なり**　般舟讃の文。

(18) **安心**　聖冏の伝通記糅鈔巻四に「安とは安置なり。心とは心念なり。謂く念を所求所帰去行の三に置くを安心という」とある。

(19) **往生論註に…不可である**　無量寿経優婆提舎の「永く身心の悩を離れて楽を受けること常に間なし」を曇鸞は論註巻下において「但だ彼の国土の受楽無間なるを聞きて楽のための故に生まれんと願ぜば亦た当に往生を得ざるべし。是の故に自身住持の楽を求めず一切衆生の苦を抜かんと欲す」という。

(20) **菩薩に常の師はない**　方広大荘厳経巻十二転法輪品に「学に常の師無し」とある。原人論の序には「学に常の師なく、博く内外を考え以て自身を原ぬ」とある。「学無常師」は論語の子張篇に出る。

(21) **経に縦令…忍べよ**　仏垂般涅槃略説教誡経、遺教経論。

(22) **衣食住**　法然は「衣食住の三は念仏の助業なり。これすなわち自身安穏にして念仏往生を遂げんがためには何事もみな念仏の助業なり」という。諸人伝説の詞。

(23) **応法妙服**　四十八願の第三十八衣服随念の願に「仏の所讃の如くなる応法の妙服、自然に身にあらん」とある。

(24) **恥衣**　大乗経典の諸所に慚愧衣・被甲精進衣・柔和忍辱衣が説かれる。窺基の金剛般若経賛述巻上はそれを法の三衣という。

(25) **仏法の…食とす**　第四章の注(41)参照。

(26) **肉眼清徹**　以下、無量寿経巻下に出る経文の取意。

(27) **六念**　仏・法・僧・戒・施・天を繰り返し念ずる在家の実践法。

(28) **闇の夜に…恋しき**　講談の緑林五漢録などが伝える一休の歌。

(29) **空海が…人ぞなし**　山崎弁栄は『宗祖の皮髄』の中で弘法大師念仏口伝集を引用している。弘法大師の唯心浄土己身弥陀の和歌として「極楽をこころの奥にたつぬれば南無あみ陀仏の口にこそあれ」が伝わる。

(30) **覚者**　善導の観無量寿経疏玄義分に「自覚覚他覚行窮満せる之を名づけて仏と為す」とある。

和　歌

(1) **オミトフ**　「オミトウフ」は「阿弥陀仏」の唐音読み。韻書をふまえた「阿弥陀仏」の読みについては僧敏(一七七六—一八五一)の六字名号呼法弁に言及がある。

解　説——愛と霊性の仏教哲学

若松英輔

一見すると『人生の帰趣』は、いわば山崎弁栄(一八五九—一九二〇)の一巻選集のような趣を持つものだが、その内実は異なる。

本書は、一九一四年に弁栄が起こした一派、「光明主義」の聖典である。それは親鸞の『教行信証』が仏教哲学の書である前に、その道を生きる者たちにとっては教典であり、聖典であるのと同じだ。

「解題」に記されているように、編纂が行われたのは彼の没後で、編纂者は弁栄の高弟だった田中木叉である。田中は弁栄の直弟子で、その評伝『日本の光』の著者でもある。この人物がいなければ、弁栄の言葉は、残ってはいても書物のかたちで読むことはできなかった。

生前に刊行された弁栄の著作は一冊しかない。法然をめぐって語った講話の記録『宗祖の皮髄』(一音社)である。『人生の帰趣』にもその一部が収められているように、弁栄が残した言葉から田中が主題に合わせた精髄を選び抜き、一巻の書物にまとめられた。また、本書は、弁栄の原著が市井の人々に向かって送りだされる、二例目になる。これまでも弁栄の著作を読むことはできたが、宗門内の刊行物としてだった。その初めての試みがなされたのは一九六九年に刊行された『無辺光』（講談社）である。

この本には数学者の岡潔が序を寄せている。岡が随筆家として広く読まれる契機となったのは、彼が「情緒」の目覚めを語ったからだが、彼のいう「情緒」を「霊性」に置き換えるとそのまま弁栄の哲学になる。それほどに岡への影響は大きい。

このほかにも岡は弁栄とその哲学から受けた恩恵を複数の著作で語っているが、もっともよくまとまっているのが『一葉舟』（角川ソフィア文庫）で、「弁栄上人伝」という一文を書いている。この時期、岡が盛んに弁栄をめぐって発言したためにその名を知ったという人もいるだろう。筆者もその一人である。

さて、本書の「解題」および「年譜」において、伝記的事実、日本仏教、ことに浄土宗における弁栄の位置をめぐる基本的な記述はなされていると考えられるので、ここでは、弁栄の思想の特異性と先駆性、さらには可能性を同時代の思想家たちの言葉と響き合わせながら論じてみたい。

読者は『人生の帰趣』という題名に戸惑いを覚えるかもしれない。「帰趣」という言葉に私たちは日常の生活ではほとんど出会わない。辞書を引くと、物事が最終的に落ち着くところ、という主旨のことが書いてある。字義的にはその通りなのだが、弁栄の実感はそこに留まらない。「人生の帰趣否人生の目的は先に述べた如く」(六五頁)との一節があるように、「帰趣」は「目的」と置き換えることもできる。弁栄はもう一歩推し進めて「人生の最終目的」であるとも書いている(三九〇頁)。

それを実現するには、二つの道がある。一つは「宇宙の大法に随順して最終至善の極に到達」すること、それを弁栄は、「宇宙の根元に還ること」であるとも述べている(同頁)。

もう一つは「自己の心の奥底に潜伏する霊性を開発して円満なる人格を実成す」ることだと弁栄はいう(同頁)。さらに彼は「帰趣」をめぐって、「教祖釈尊は宇宙大霊の人格現として一切衆生に人生帰趣の真理を教えん為めにこの世に出現なされた」という(一三頁)。釈迦が宇宙大霊の人間的顕現としてこの世に姿を顕わしたのは、人生の「帰趣」を人々に教えるためだったというのである。

また、「仏教の宗致は本来宇宙大法の本源なる真如から迷出したる衆生をして本の真如の都に帰趣せしむるのが目的である」(二二頁)と述べ、仏教は、宇宙の根源的理法である「真如」から迷い出ている人間を再びその「都」に戻らせること、その帰り道を示しているともいう。弁栄にとって「帰趣」とは、生の源泉を確かめることであり、そこへ還っていく道程にほかならなかった。

先の一節も「霊性」という表現があったが、本書は、近代日本精神史において霊性の哲学を、高次な体系——アンリ・ベルクソンが嫌った、死せる言葉の羅列としての体系ではなく——を樹立した最初の人物の軌跡として極めて重要な意味を持つ。最初の、と書いたが、弁栄のあとに彼を凌駕する人物が現われたわけではない。その業績は今もなお、並びがたい高みを保持したまま屹立している。

先にもふれた「光明主義」は、今も活動を続ける浄土宗の一派であって、構造主義、実存主義というときのような特定の思想潮流を示す言葉ではない。それは、その人が信じ、わが身を賭して生きるべきひと筋の「道」を意味した。

英語では仏教をBuddhismといい、道教をTaoismという。弁栄の同時代人の一人岡倉天心(一八六三—一九一三)は、『茶の本』で茶道をTeaismと訳している。また、同書で天心は、茶道は「美の宗教(religion of aestheticism)」であると述べている。ここで

の -ism は、思想であるよりも、その行く先に超越的世界の存在を感じさせる宗教を示す言葉で、和訳するなら「主義」というよりも「道」とした方が現代の私たちにはよいのかもしれない。

今日には仏教というが、かつては「仏道」という言葉の方がよく用いられていた。「道」だけでなく「主義」という言葉も、単に思考されることによってではなく、生きられることによって証《あか》しされる何ものかだったのである。

弁栄の同時代人で浄土真宗の改革者清沢満之《きよざわまんし》(一八六三―一九〇三)は、自身が信じるものを「精神主義」と表現したが、この場合の「主義」も、単に「精神」に力点をおいた思想であることを意味したのではなかった。清沢はそれを「絶対無限者」という完全なる存在に「立脚地を得たる精神の発達する条路、これを名づけて精神主義と云う」(「精神主義」『清沢満之集』)と述べている。「精神主義」が「条路」、すなわち「道」であるという実感は、彼にも強くあった。

山崎弁栄と清沢満之には、おそらく直接の交わりはない。清沢満之は一九〇三年に亡くなっている。相互の影響というのも考えづらい。

しかし、同時代の、それも浄土宗、浄土真宗の違いはあってもやはり同じ浄土教を生き、共に布教者として独自の「主義」を掲げた宗門の改革者であり、優れた哲学的業績を残しているという事実を確認するだけでも、その間にあるものを見極める意味と価値があることに多くの説明は要すまい。たとえば、清沢にも「光明主義」と題する文章があり、そこで自身がいう「精神主義」はある意味では「光明主義」だといってもよいと述べている。

精神主義は万機摂取の一道の光明に従い、利己にもあらず、利他にもあらず、自由にもあらず、服従にもあらず、ただ光明の導きのまにまに、活動するの主義なり。この点にては精神主義は光明主義と云うも可なり。(『精神主義　清沢満之文集』法蔵館、一九六三年)

この一文が書かれたのは一九〇一(明治三四)年で、弁栄が光明主義を提唱するのは、およそ十二年後である。単に事実的な影響を確認するためではなく、清沢と弁栄がともに、いかにその生命を失わずに宗教を哲学へと変貌させ得るか、という過程のなかで、極めて近しいものを見ていたことを確認するだけでも二人の比較研究には重大な意味がある。

先に「絶対無限者」という清沢の言葉にふれたが、これが「神とは、絶対に無限なる実有、言いかえればおのおのが永遠・無限の本質を表現する無限に多くの属性から成っている実体」であるというスピノザの『エチカ』(畠中尚志訳)にある一節と呼応するのは明らかだ。清沢は東京帝国大学で哲学を学んでいる。その教師の一人が天心と共に活動したアーネスト・フェノロサだった。

一方、弁栄はいわゆる近代日本の高等教育とは離れたところで育った。しかし、彼もまた、「形而上の客体としての弥陀は絶対無限の霊体永恒存在の故に無量寿を名づく」(一三八頁)というようにスピノザの哲学と強く呼応する表現を残している。事実、弁栄はスピノザだけでなく、プラトンからカント、さらにはシュライアーマッハーの思想にふれているのである。本書には西洋の哲学者にふれた次のような記述がある。

> プラトーがイデーを万物の実体原因とし、デカルトが他に依らずして存在するものを実体とす即ち神であると。スピノーザは自身に依って存在し無限永久必然なる実体即ち神であると。ライプニッツは実体は活動し得る存在即ち力であると。カントは経験により来らず即ち純粋なる概念である、また実体は存在の最後の主体であると。(一四六―一四七頁)

仏教僧という伝統と近代が、弁栄のなかでは共存している。新しい地平にあるもので、よりよいものであれば、その力を借りて表現することに、弁栄はほとんど躊躇を感じていない。

本書においてだけでなく、弁栄が論じる主題はつねに「光明」、さらにいえば「光」にある。阿弥陀如来の「光」なくして、万物は存在し得ないというところが彼の不動の原点であり究極点だった。だが、人はその超越的な「光」をそのまま受け止めることができない。それを受けるのは「霊」である。

ここでの「霊」は、亡霊、幽霊というときの霊とは、まったくといってよいほど関係がない。霊は内なる超越者の座であり、同時に超越者へとつながる場所でもある。そのはたらきが「霊性」である。

「天より賦せられたる人の頭上の玉座に厳臨すべき霊性はこれを仏教にて仏性と名づく」(三五七頁)と弁栄はいう。また「吾人一切衆生には元より法身仏より受たる仏性を具有す。これを霊性とも言う」(三九一頁)とも述べている。

弁栄において「仏性」と「霊性」は同じものの二つの呼び名にほかならない。しかし彼は、自身の哲学においてあきらかに「霊性」という術語に積極的な意味と役割を担わせている。誤解を恐れずにいえば、霊性という言葉を用いることによって、ある衝撃を与えんとしているかのようでもある。

もちろん、こうした時代性や先駆性を確認するだけでなく、仏性の一語をたよりに道元の『正法眼蔵』における仏性論と弁栄の霊性論を論じることもできる。

霊性は万人に平等に与えられている、と弁栄は考える。だが、それが充分に開花しているとは限らない。「霊性は本来具有して居るけれども、開発せんければ顕われぬ」と述べたあと彼はこう続けている。

喩えば鶏卵が孵化しなくては、鶏《にわとり》と成る事は能《で》きぬ。霊性の卵子を暖めて孵化するのが即ち仏法である。如何に外部から暖めても自己に霊性が本来具有して居らぬものなれば仏に成ることは出来ぬ。帰する処、人々本来具有の仏性を開発して仏と為す大法が即ち仏法である。（六二頁）

人間における霊性は、卵の状態に似ていて、仏法が霊性を「暖め」、それを孵化させる。ここに、先に見た「宇宙大霊の人格現として」釈迦が出現したという記述を重ね合わせると、より弁栄の霊性観が明らかになるだろう。この一節を次の道元の言葉と並べてみる。二人が同じはたらきにふれ、同質の実感をもっていたことは疑い得ない。

この法は、人人の分上にゆたかにそなわれりといえども、いまだ修せざるにはあらわれず、証せざるにはうることなし。はなてば手にみてり、一多の際ならんや、かたれば口にみつ、縦横きわまりなし。(『正法眼蔵』第一巻「弁道話」)

そもそも「霊性」という言葉は、仏教では「霊性《れいしょう》」と呼ばれ、人を誤った道に導くものを指す言葉として用いられていた。『正法眼蔵』「弁道話」にもそうした記述がある。この言葉を宗教哲学の核においたのはキリスト教である。カトリックはもちろん、プロテスタントでもそれは変わらない。

近代日本のキリスト教において大きな影響力をもった植村正久に『霊性之危機』(一九〇二)と題する著作がある。だが、これが「霊性」という言葉の最初ではない。

今、筆者が確認できている、弁栄がいう意味での「霊性」を、もっとも早い時期に用いたのは内村鑑三である。彼は一八九四年に刊行した小冊子『伝道之精神』で「宗教は人の霊性を主《つかさど》るものにして人と神(宇宙)との関係を明かにするものなれば」、との一節を書いている。

この著作に限らず、内村の著述で「霊性」という言葉を探すのはさほど難しいことではない。一九〇四年に書かれた「懐疑」と題する一文でも「懐疑は霊性の懦弱《よわき》より来るものであって、智能の足らざるより来るものではない」(『内村鑑三全集』第十二巻)と記している。

だが、弁栄が内村の著作を読んでいた可能性を論じるには、あまりに論拠が薄い。直接的な影響をここで論じるのは早急であり、空想の域をでない。その一方で、弁栄の時代、この一語が、キリスト教を背景にしたものであることは論を俟たない。

さらにここで重要なのは弁栄における「霊性」が、まさに近代の黎明期にどこからともなく出現してきた、「新しい」言葉であることだ。それは少なくとも術語として仏教思想の伝統に根づいたものではない。

もう一点、霊性の一語をめぐって記憶してよいのは、それが鈴木大拙の『日本的霊性』(一九四四)が登場するはるか以前に弁栄によって、体系だった思想のなかで用いられていた事実である。

遺されている弁栄の著作は、現在の研究では、いつ書かれたものなのか時期を特定するまでには至っていない。それが光明主義の活動が始まって以降だと仮定しても三十年以上前に弁栄は、大拙に勝るとも劣らない力量で、霊性というじつに論究しがたい主題をじつに豊かに、かつ他者に開かれたものとして論じているのである。

読者はこの本で、弁栄が霊性だけでなく、「霊」という言葉によって、さまざまな熟語を用いているのに気が付くだろう。霊光、霊育、霊眼、霊化、別な著作では「霊乳」という言葉すらある。本書では「如来の慈愛の法乳」(二七一頁)と記されている。如来と人間の関係は、母子のそれに近く、如来からの霊なる乳が与えられなければ生きて行くこともできない、というのである。

先にふれた『宗祖の皮髄』にあって、本書にもある一節に、弁栄の考える――より精確にいえば彼によって生きられた――霊性のありようが、じつに明瞭にまたありありと述べられている。

彼は実に美なり愛なり。我等が霊性はこれを愛慕して益々高遠に導かる。彼は最も遠きに在て而も最も邇《ちか》くして、常に我等を向上せしむ。彼を葵《き》心《しん》し愛慕するは奥底の霊性より衝動する力なり。霊性が如来を愛するは同性相吸引する自然の勢力《ちから》なり。他人より「彼を忘るる勿れ」と命ぜられて初めて動く力に非ず。自分忘れんと欲するも能わざる霊的の衝動なり。それが如来を葵傾して慕わしさ恋しさの禁じ難

き情なり。（二七二―二七三頁）

霊性とは、人間が本能的に愛さずにはいられず、またそれとの結びつきを求めずにはいられない、聖なる衝動だといってもよい。また霊性は「最も遠きに在て而も最も邇」きものという論理的には矛盾する存在を感じるはたらきでもある。

先の一節では「愛慕」という言葉だったが、弁栄は「霊性」とともに「愛」というキリスト教の根幹にある言葉を積極的に用いる。「如来を深く信じ深く愛するなり」と書いたあと、彼はこう続けている。

真理なる如来を信ずるが故に自己の不真理を信じてこれをゆるさず。如来を愛するは即ち真理を愛するなり真理を愛する故に自己の非真理を嫌う。この信と愛とによりて如来の愛子たる衆生を愛せざることなし。これを信楽と名づく。（二二一頁）

真理なる如来を愛する、「真理を愛する」という表現は、パウロの書簡「テサロニケの人々への第二の手紙二・一〇」にある。如来は帰依するものであり、「たのむ」ものだったが、ここに弁栄は「愛する」という言葉を当てる。その様相は単に愛する、というよりも、愛さずにはいられないという、切迫感のある情動でもある。

「宗教心の奥底に輝ける不思議の光は霊なり。その血は愛なり。それが霊の生命なり。それは大なる如来と衆生の霊とに依りて互に血を通わせり」(二七二頁)とも弁栄はいう。「血」は、キリスト教において重大な意味を持つ。それは、今日でも行われているミサで、司祭がぶどう酒を飲むとき、それをキリストの「血」の象徴としてからだに摂りいれていることを確認するだけでも明らかだろう。

弁栄の教学/哲学において「重要な展開の一面は、キリスト教的であり、キリスト教そのものであり、さらにはキリスト教を超えてよりいっそうキリスト教的でさえあったのである」と宗教哲学者・河波昌(一九三〇―二〇一六)は『光の現象学』(二〇〇三年)に記している。

先の言葉には「釈迦との関係にいっさいの変化を生じさせることなく」という一節を付加してもよいかも知れない。弁栄は、キリスト教を深く学ぶことによって、よりいっそう仏教徒としての霊性を深化させていったというのである。

河波は、西谷啓治に学んだ哲学者でもあったが、同時に僧でもあった。田中木叉亡きあと、光明主義の霊性は河波によって牽引されてきた。私は、弁栄の本質をこれほど見事に言い当てた言葉をほかに知らない。

本書を手にする者は一度ならず、キリスト、あるいはキリスト教に言及されている個所に遭遇する。弁栄は、キリストを「神の子」と呼び、自身の教祖である釈迦と並列において論じることもある。

霊性は絶対無限の大霊に接触する機関である。大聖釈迦、神の子キリストその他の聖人衆の大なる金剛石の霊性に心霊界の太陽と仰ぐ所の真神即ち無量光如来の大霊光が反映したる光輝が東西に一切の人類界の霊性を照したるが即ち宗教である。（七一―七二頁）

この一節は、弁栄による「宗教」の定義としても注目してよいだろう。彼は釈迦、イエスといった聖なる人々の霊性が、「真神」、仏教でいう無量光如来からの大霊光によって照らされ、さらに人類の個々の霊性に有形無形のかたちをして響き渡るものが「宗教」だという。また、弁栄は、「宗教は、天人合一、神人の感応等を以て定義されている。即ち宗教的、大ミオヤと子との関係を親密にするにあり」とも書いている（二四一頁）。

彼にとって「宗教」は、どこまでも超越者によって生かされていることの自覚のうちにある。さきにベルクソンにふれたが、弁栄にとっての「宗教」が、つねにアンリ・ベルクソン(一八五九―一九四一)がいう「動的宗教」だったことは注目してよい。ベルクソンと弁栄は、同年の生まれで、場所こそ違え、文字通りの同時代人だった。ベルクソンはどこまでも哲学を動的に語り、それは生命の躍動を捉え得るものでなくてはならないと考えた。ベルクソンは、生命だけでなく、愛をも「躍動」(élan)において捉えようとした。ベルクソンが「生命」において論じたことは弁栄の霊性における言説と強く響き合う。

先の引用に「霊性は絶対無限の大霊に接触する機関」という一節があった。霊性は、大霊、すなわち超越者と人間をつなぐ「はたらき」、すなわち動的な何かとして存在していると弁栄はいう。

霊性とは、「霊」の性、霊のはたらきにほかならない。そもそも「性」という言葉は、単に性質を示すだけでなく、あるもののはたらきを意味する。知性、理性、感性という言葉も、知、理、感のはたらきを指す。霊性もそれらと変わらない。それを客観性というときのような、ある種の状態を指す術語としてのみ認識すると、弁栄が語ろうとする生ける霊、霊性の躍動を捉えそこねることになる。霊性の開花の状態を描き出す弁栄の言葉もまた躍動感にあふれている。

念仏して弥陀の大悲が我らの胸中に燃えつく時は有がたさと歓喜とがカンカンと燃えあがり、実に歓喜踊躍の状態と為りて燃ゆる心念の能力である。経にこの光に遇う者は三垢消滅し歓喜踊躍を得るはこれである。（三六三頁）

ここでの「経」とは『無量寿経』である。霊性の目覚めは、霊に炎を燃え立たせることであり、同時に内なる歓喜によって心身が「踊躍」するに至らしめるというのである。

人間には大いなるものからの恩寵を受け取る「霊」と呼ぶべき不可視な器がある。そのはたらきが霊性である。「恩寵」はキリスト教の言葉ではないかと感じる人もいるかもしれない。だが、弁栄にはそのような差異はあまり問題ではなかった。彼は「恩寵」の一語をしばしば用いている。「神と如来は宇宙大霊体の代表的人格現にして即ち大霊である」と述べたあとでこう続けている。

人は宇宙の一分子にて小霊である。大霊と小霊と合一する処また小霊が大霊の恩寵に依って開発霊化せられて闇と悩と罪の状態より明と安と善とに復活せらるるにあり。人が小宇宙とすれば如来は大宇宙大我である。大我より小我に対する力用を恩寵といい小我が大我の恩寵を仰ぎて同化せらるるが恩寵である。(二九頁)

「小霊」とは、個々の人間を指す。小霊が大霊と一なる関係を取り戻すこと、それを弁栄は「復活」だという。また、それはつねに大霊からの促しであり、弁栄はそのはたらきを「恩寵」と呼ぶ。

この一節を見るだけではっきりと分かるように、弁栄のなかには、今日でいうマクロコスモスとミクロコスモスの関係すらはっきりと認識されている。この二つの宇宙を司《つかさど》るものを弁栄は「大霊」とよび「光」ともいう。

光明主義は、その原意においては大霊主義でもある。弁栄における「主義」とは、それがなければ万物が存在し得ないものを奉ずることだった。彼はそれを現象学的には「光」といい、存在論的に語るときには「大霊」という。

それは共に阿弥陀如来の異名にほかならない。弁栄にとって如来は超越者であるだけでなく、絶対的な守護者でもある。その自覚が如来を「御親《ミオヤ》」「大御親《オオミオヤ》」と呼ばせている。読者はこの本を開くと最初のページで次の言葉に迎えられる。

ミオヤは私どもに日々のかて年々の衣物も天地の間にできるようにして私どもなる子どもに弁当を与え下さるのは五十年六十年間の人間と云う学校にて精神のうちに聖なる徳をやしないて私どもを**ミオヤ**のよつぎたるきよきみくにのぼることのできるようにとの目的によりてかてを与え給うのでありましょう　人間界は聖なるこころをやしなう学校でありますぞ（一八頁）

現世は、「聖なるこころ」を養う「学校」である、と弁栄はいう。人は、そこで悲喜こもごもの筆舌に尽くしがたい経験をへて、精神に「聖なる徳」を育み、阿弥陀の志を継ぐ者となって聖き世界にのぼっていけるようにならなくてはならない、それが弁栄の確信だった。それは弁栄が人々に向かって語った言葉でもあるが、同時に彼がミオヤから日々、無音の声で語られていたものでもあった。

弁栄は知性においても、比べるべき人を容易に見出すことのできないほど優れていた。彼は、教学を研究する僧であったとしても、歴史にはっきりとした足跡を残す仕事をしただろう。その可能性を考えるときつねに念頭に浮ぶのは『神学大全』を著したトマス・アクィナス（一二二五頃―七四）だ。しかし、彼は研究する者ではなく、言葉にならない何かを体現する道を歩き、歩き通した。

先に弁栄とベルクソンの関係にふれたが、『道徳と宗教の二源泉』にある次の言葉は、弁栄の姿そのままを描き出したように映る。

彼（真の神秘家）は真理がその源泉から働く力として自分のなかに流れこんでくるのを感じた。太陽がその光を放たないではいられないのと同じように、彼はその真理を弘めないではいられないだろう。だが、彼がその真理を弘めるのは、もはや単なる言葉によってではないだろう」（「神秘主義と革新」平山高次訳）

『伝記』の終わりには、次に引く弁栄の境涯を象徴する次のような一節がある。その言葉は、彼の言葉でありながら、同時に彼を生かしているものの声だといってもよい。岡潔も、弁栄を紹介する文章を同じ文章で終えている。『伝記』の記述を原典とするべきなのかもしれないが、岡の著作に記されているものの方が、読みやすいように思う。

如来はいつもましますけれども衆生は知らない。それを知らせにきたのが弁栄である。（岡潔『一葉舟』）

一九二〇年一二月四日、弁栄は新潟県の柏崎市で逝った。残された言葉は、彼は近代日本屈指の哲学者であり思想家でもあったことを示しているが、その一生は、光によって導かれ、光によって用いられた一個の布教者だったことを示している。彼が弘布することを念じた「教え」とは、先の一節にもあったように、万人のうちに、不滅の如来が存在していることだった。さらにいえば、その存在なくしては、私たちは存在することすらできないことを、彼はその生涯をもって伝えたのだった。

解題

大南龍昇

書誌

一　本書の出版

本書は全一巻、著者は山崎弁栄(安政六(一八五九)年―大正九(一九二〇)年)である。出版年代は大正一二(一九二三)年六月一八日、ミオヤのひかり社刊行。後年、遺稿集『弁栄聖者光明大系』に収められる。

初版本の書名は『弁栄聖人遺稿要集　人生の帰趣』で初めに弁栄聖人略伝があり、前編(第一章　人生の帰趣、第二章　大ミオヤ、第三章　光明)、後編(第四章　安心、第五章　念仏三昧、第六章　光明生活)の二編で構成。和歌、感謝の歌、念仏七覚支、附録の如来光明礼拝儀、如来光明礼拝儀要解から成る。

なお『弁栄聖者遺稿要集　人生の帰趣　増補版』が昭和六(一九三一)年二月二八日、増補第三版として刊行される。後述するように第六章の光明生活に一部増補が認められ、前後二編の語が削除、構成が改められている。附録は如来光明礼拝儀と同要解に代って如来の光、八相応化の頌、如来光明讃の頌、諸教の精要、諸教の宗趣、聖きみくに、の六詩頌が新たに加えられている。

『弁栄聖者光明大系　人生の帰趣(増補版)』が昭和三九年八月二〇日、増補第四版、光明会本部聖堂から刊行。和歌など附録の掲載は無い。

『弁栄聖者遺稿要集　人生の帰趣(増補版)』が昭和五〇年一一月一日、増補復刻版、ミオヤのひかり社から刊行。

なお凡例に続く「弁栄聖人略伝」の名称は、増補版では「弁栄聖者略伝」と改まっている。本書では初版本に倣いこの名称を遺した。

二　本書の成立過程

明治大正期にかけて光明主義を掲げて浄土宗の信仰運動を主導した山崎弁栄(敬称略、以下弁栄)の遺稿集である。弁栄は下総国(千葉県)に生まれ、明治一五(一八八二)年、二四歳の時に檀林東漸寺大谷大康より浄土宗の宗戒両脈を相承、僧侶となった。以後浄土宗の布教者として国内に留まらず朝鮮満洲にも渡るなど教化伝道に勤め浄土宗門人としての生涯を送った。

彼の伝道は新時代に相応しく漢文経典を訓読にし絵図を添えた『阿弥陀経図絵』などを教材に用い、またアコーディオンで仏教讃歌を唱和する布教を行った。随所で行われた夥《おびただ》しい説教は、聴聞者に筆録された記録類と自身の直筆書簡類に大別される。それらの記録の集成は、弁栄在世の大正八年創刊から弁栄遷化の大正九年一二月を経て昭和九年一二月号発行まで月刊の光明会機関誌『ミオヤの光』に掲載されたものと十二光仏の名称を書名として編集刊行された『光明大系』とがある。

また直筆書簡集成は昭和四四年五月発行の山本空外編『弁栄上人書簡集』（財団法人光明修養会）があり、弁栄の著作、口述活動の時系列整理が可能となった（藤本浄彦、平成二九年六月、於西蓮寺、別時念仏研修、講義資料「光明摂化論（一）その生成論と摂取論――善導・法然・聖光から近代浄土仏教者へ」）。また近年、山崎弁栄上人百回忌記念慈業の一環である資料蒐集の成果として新出の書簡類が機関誌『ひかり』（一般財団法人光明会）に報告されている。

弁栄の晩年に発行された月刊『ミオヤの光』は一六年間一四九冊の大半を占める一三九号の各号に特集のテーマが設けられ関連する教説が掲載されている。遺稿集（本巻末の山崎弁栄遺稿一覧参照）の多くは『ミオヤの光』所収の資料をもとに編成され『光明大系』の単行本として発刊されていった。

ところでこれらの著作には決って巻末に弁栄の略伝が添えられ「編者謹誌」と記す。この略伝の作者であり遺稿集の編集者が『日本の光(弁栄上人伝)』の著者、田中木叉《たなかもくしゃ》(明治一七(一八八四)年—昭和四九(一九七四)年)である。田中木叉は長崎県の浄土宗寺院に生まれ、東京の宗教大学(大正大学の前身)に進み、第一高等学校を経て東京帝国大学に学ぶこと二回、英文学と哲学を専攻、のちに慶應義塾大学の教壇に立って英文学を講じた。

大正七年、学友大谷仙界の必死の勧誘により弁栄の導きを受けることとなった。弁栄遷化後は大学の余暇を利用して日本全国を行脚して師の遺稿を拾集した。『ミオヤの光』(第二巻第五号、大正一〇年三月)には、

御遺稿及び御伝の編纂並びに『ミオヤの光』今後の経営

右は京都祖山(知恩院)三昧会に於ける全国光明会代表者の決議に依り東京田中木叉先生に御依頼致すことになりました。

とある(藤堂俊章編『田中木叉上人遺文集』四七五頁、昭和五二年、光明修養会)。以後、田中は弁栄遺文編纂事業の中心的な役割を果した。

弁栄滅後の光明会の後継を担い総監になったのは笹本戒浄《ささもとかいじょう》(明治七(一八七四)年—昭和一二(一九三七)年)であった。東京に生まれ出家得度して浄土宗学本校を終え、東京帝国大

学文科大学に学び心理学を専攻した。心理学の実験による唯識思想を体証、卒業論文で『成唯識論の心理説』を研究。後に宗教大学、天台宗大学等で教鞭をとった。大正三年、弁栄に初対面する機会を得て私淑、以後光明主義の布教に東奔西走した。弁栄の遷化の直後に遺稿編集の大事業編纂者として田中木叉を推薦したのは笹本であった。笹本は「『人生の帰趣』『無辺光』『御慈悲のたより』及び『不断光　附仏法物語』というような、今は弁栄上人遺稿全集として田中先生がだんだん今までに出版して下さいましたところのものが、悉《ことごと》く弁栄上人が御自分でお書き下すったものであります。私共は大変ありがたいことであります。」(『笹本戒浄上人全集』上巻三九九頁、昭和五六年、光明会聖堂教学部)とのべて人々に遺稿の熟読玩味を推奨した。

三　編集の特色

以上、遺稿集なるが故の成立に当っての事情についてのべた。前述の「本書の出版」で『人生の帰趣』の章題を示した。その中の「第二章　大ミオヤ」と「第五章　念仏三昧」の内容は先行する二著述が存在しこれを依用して両章が成立しているのである。

(一)　第二章では「弥陀教義」(本書一三六頁)以下、最後の摂取門に至る二項一三節(一八六頁)が一括組み込まれている。

山本空外は弁栄の未完の二著として「弥陀教義」「五徳論」を挙げ、「弥陀教義はもし完成すれば大正三年八月印行の『浄土教義』を補正して光明教学随一の体系書たり得たかもしれないが、未完のうちに御遷化なされて、無辺光の平等性智のところで中絶し、親筆は数種の用紙九十九枚に墨書されている。」と報告する（『弁栄上人書簡集』八九頁）。

山本が指摘する『浄土教義』の内容は、『ミオヤの光』（大正一二年八月号所載）によれば次のような構成からなる。「如来の実体と化用に関する形而上理論」として無量光と無辺光の光明観、独尊と統摂と帰趣の三義、如来性と世界性と衆生性の三性分別、自然界と心霊界、生摂論、大円鏡智と平等性智と妙観察智と成所作智の四智、神聖と正義と恩寵の三徳など光明主義教学の構想がのべられている。

ところで山本が未完の著として挙げた「弥陀教義」は後に弁栄三三回忌記念（昭和二七年一二月）に『弥陀教義』（光明会本部教学部）の名称で出版された。恒村夏山の後書によると弁栄は恒村に「浄土教義」は訂正する所があり、改めて書き直す旨を告げ、後日には原稿が完結しつつあることを伝えている。『弥陀教義』は平等性智で中絶しており、これこそが『人生の帰趣』に引用された「弥陀教義」の元本ということになろう。

弁栄教学の中核は『浄土教義』に原形が認められ、元本『弥陀教義』にその展開を見たが、弁栄の入滅により断稿せざるを得なかったのである。

（二）「第五章　念仏三昧」では五節目の「起行の用心」（三二一頁）から最後（三三三頁）までが『宗祖の皮髄』の依用である。『宗祖の皮髄』は弁栄在世中に公刊された唯一の著作。総本山知恩院の教学高等講習会で僧侶を対象に宗祖法然上人の十首の道詠を用いつつ霊的人格の形成を講説したものである。その本説は「永遠に輝く霊的人格」と「教祖の霊的人格の実質」の二編で、前編は（1）法と行、（2）衆生の至誠心、（3）如来を愛楽すること、（4）念仏三昧、（5）念仏三昧の実（功果の内容）の五節から成る。この中の念仏三昧とその実の二節が再録されたのである。

（三）　増補版の内容

「本書の出版」に先述した通り昭和六年二月に増補版が刊行された。追加の内容は「第六章　光明生活」に認められる。すなわち本書の「五根」（三九九頁）と「心霊生活の衣食住」（四〇〇頁）の間に「喚起の二機　自修と伝承」「心霊開発」「七覚支」「更生」「啓示の三種（①感覚的、②写象的啓示、③観念的真心観）」「無生忍」「開発位」「体現の位」の八節が新たに加わり、次の「心霊生活の衣食住」でも一部改変が見られる。

これらの改変は「第三章　光明」の行儀分の難思光（信仰喚起位また資糧位）と無称光（恩寵開展）と超日月光（実行）と関係し、また「第五章　念仏三昧」の修行の進展過程（行位）を具体的に示したものである。しかしこの問題は進歩向上する光明生活のありようを語るものでもある。これらの修行階位に対する綿密な解説は、弁栄の自証体験に裏付けられ、信仰者の修行に資するべく加えられたのであろう。特に七覚支と啓示の再説は懇切である。また行位の要所である無生忍と開発と体現の三位に関する所説は弁栄の三十七菩提分法論や新五眼論、また四大智慧論への基礎として重要である。

著者の思想

ここでは二人の現代の研究者による弁栄の思想研究の一部を紹介したい。

一　山崎弁栄の光明主義と椎尾弁匡の共生主義

明治維新によって大変革をせまられた日本仏教はさらに西欧文化の流入によって一層の変化を受けることになった。このような状況の中で新時代に相応する仏教を求める人々を輩出し、仏教の近代化がもたらされた。

この混迷の時代に壮年期を迎え、あるいは青年期をすごした二人の勝れた浄土宗教団の仏教者がいる。

一人は光明主義を唱えた山崎弁栄であり、一人は共生主義を唱えた椎尾《しいお》弁匡《べんきょう》（明治九（一八七六）年―昭和四六（一九七一）年）である。弁匡は近代仏教学の権威であり共生会の創立者である。二人の仏教の特色を的確に指摘した論考を紹介しよう。光明主義と共生主義とは、法然を宗祖とする浄土宗教学・教化の近代的運動の代表といってよい。両主義は極めて対称的な性格と姿勢を示している。

弁栄の念仏が「個人の念仏三昧」を中心軸にして〝光明の生活〟の実現へと方向付けされ、弁匡の念仏は「〝共同の大生命〟による共同の生活」として「業務念仏」を中心軸として〝社会的生活〟へと方向を発揮する。…弁栄の光明主義が直接関与・話題としなかった〝社会〟という近代のモチーフが弁匡にある。一方弁匡は個人の念仏体験(三昧発得)に直接的にふれない。これら弁栄「光明主義」と弁匡「共生主義」を両輪(個人と社会)とする念仏信仰へと進展充実するときに、現代の課題に必ず応答しうる法然仏教、現代日本仏教の未来があると思われる。

(前掲の藤本浄彦の論文)

二　独尊と統摂と帰趣

弁栄は宗教の定義について「宇宙に絶対無比なる唯一の独尊の存在を信認しこれに帰命信頼するを定むるにあり。これ宇宙唯一の活ける大本尊である。その独尊を信じて全力を献げて仕え奉るのを宗教心とする」(本書一一〇頁)とのべる。あるいは端的に「宗教的関係は宇宙大我と人の精神の小我との間に成り立つ」と表現することもある。このような宇宙の独尊とそれに帰命信頼する個(自己)との関係を宗教と捉えるのである。

また宗教には宗の三義なる独尊・統摂・帰趣が配される。すなわち独尊は前述の如く宇宙唯一無比なる霊体である。統摂は霊体が大法則を以て万物を秩序あらしめること、帰趣は霊体が万物を養成し終局に帰一せしめることである、と説く。

弁栄は独尊を大ミオヤと名付け、第二章の章頭の法語(一〇八頁)には、産みの親なる法身と救い育ての親なる報身と教えの親なる応身との三身一如の存在とする。弁栄の仏身論の特色である。

あるいはこの中の法身とは「宇宙の法体一切万法の一大原因にして世界と及び衆生とはそが天則によりて産出せられたる物。法身は絶対人格一切衆生の父である。一切衆生は皆その子なれば小法身である。それと共に小造化である。仏性と云う仏に成り得らる可能性を有しておるけれども仏性は自ら開発せぬ。衆生の霊性を開発し霊化し給うは報身仏の光明である。」(一四〇頁)とのべて衆生の仏性を開発霊化する報身仏の役割を明確にしている。弁栄はここで宇宙全体を包含する絶対人格の阿弥陀仏と一切衆生の仏性、すなわち自己の宗教的主体性との関係に言及する。

山崎弁栄研究の第一人者、河波昌は宗教における体系的な思考の必要性を説くが、

『人生の帰趣』に見られる弁栄の仏身論の展開にその顕著な例を認め、次のように説いている。

第一は弁栄の新しい仏身論に関してである。とりわけ近代思想をも考慮に入れながら、従来の仏身論を哲学的、思想的に拡大深化せしめ、「宇宙は永遠に活ける仏である」と、新しく科学的自然観や宇宙論をも包含した仏身論が積極的に展開されている。

(『浄土仏教の思想一四　清沢満之　山崎弁栄』脇本平也・河波昌、講談社、一九九二年、二六〇頁)

として近代という新時代への積極的な対応が見られると指摘する。

また信仰の本尊については、

独尊とは、宇宙に遍在する根源的一者自体が、単に自然科学において見られるような抽象的、没価値的なものではなく、念仏三昧を通して見られるとき、無限の価値を内包する尊厳性そのものなのである。そこには科学を超えた根源的な宗教の地平が現前している(同三四四頁)。

とのべる。次に、

独尊なる阿弥陀仏は、またそのまま理性的に統摂、帰趣としてもはたらいている。

〔中略〕独尊たる阿弥陀仏は宇宙万有の秩序の根源として、あらゆる存在を秩序たらしめつつ（統摂）、またまさにそのような秩序的なもの自体が、あらゆる存在に対して、その根源なる阿弥陀仏の世界へと還帰せしめる、向上的な、救済的なはたらきともなっているのである（帰趣）。このような論述においても、かれ〔弁栄〕の宇宙論的な、体系的な展開が見られるのである（同三四五―三四六頁）。

とのべる。また弁栄の人間観の特色は、

従来の浄土教が他力を強調する余り、人間はその他力によって救われるだけの受動的な、あるいは消極的な存在としてのみ考えられ、積極的な人間の主体性の高揚という点に欠けるきらいがあった。…〔本書には大乗仏教の〕如来蔵、仏性の立場を中心に〔おいて〕…人間の根源的自我（仏性）の積極的展開としての主体性の立場が強調されるのである（同三七二―三七三頁）。

と弁栄の新しい仏身論の理解と宗教的主体性に対する積極的な展開に注目している。

構成と概略

一 出版余録

ここに『ミオヤの光』（仏子の巻、大正一二年五月二三日）に載った「『人生の帰趣』出版案内文」がある。記述者は恐らく田中木叉であろう。新刊の体裁の説明と内容目次を除き本文を示す。

聖人一代御勧化の趣は大体この一巻に納まるよう浩瀚なる御遺文全体の中より解し易き御説法を選び、御慈悲したたる御文字を感謝の涙にむせびつつ謹み敬って編輯仕候。人生の帰趣と名けしは暫くその一章の別名を借りて全書に名けしものにて、肝要なるわかり易き御遺文は悉く此《こ》の一巻に集め申候。

願くば此の一巻によって已信の方は実地修行の指南を欣《よろこ》ばれ、未信の方は念仏心のほのぼのと萌して仏性開発の強き御縁を蒙らん事疑い無之候。

此の一巻の燈明台によって末代無智の吾等凡夫も人生生命の本源と現在と終局とを弁えて無量寿なる仏子の自覚に到達し、大慈大悲の如来を仰ぎ奉り、十二光明の摂化《せっけ》を喜び、安心起行の真髄を授って光明生活の大道を進まん。御慈悲の御手引を蒙ること偏《ひと》えに偏えに衆生済度の一念に、暑さ寒さの厭いなく艱難苦労の六十年を抛《なげう》ち下されし師父聖人の、つきぬ御恩を共に倶に至心感謝奉り候

浜千鳥あとをみてよりしたはるる
　なくねを今はきくよしもがな

（前掲『田中木叉上人遺文集』四七七―四七九頁）

以上、本書の出版の経緯と方針、目的をのべた後に、一巻を構成する六章の内容を極く簡略に示す。ここにはまず吾等末代無智の凡夫という浄土教的人間の自覚が表明されている。そして第一章の章名であり書名となった「人生の帰趣」は、人が生命を与えられて生きるその目的と達成に至る方途をいう。「生命の本源と現在と終局」は本文で詳述される独尊・統摂・帰趣であり、その帰趣を獲得した者は仏子の自覚に到達する。第二章の「大慈大悲の如来を仰ぎ奉り」とは生命の本源である独尊をいい、「大ミオヤ」を信認帰依すること。第三章の「十二光明の摂化を喜び」の十二光明は大ミオヤたる無《む》量寿仏《りょうじゅぶつ》が衆生を育て救う摂化の光明のことで弁栄は十二光によって全宇宙を包含する宗教哲学的な体系を築いた。「安心起行の真髄」とは正しく目的に向かって心を定めるのが第四章の安心である。さらに行を起こし実践するのが第五章で、ここには起行の用心として大乗仏陀釈迦の三昧が善導、法然の到達した境地として説かれる。この両者に導かれて大ミオヤの光明に抱かれ活きる生活が第六章の光明生活に説かれる内容となる。

ところで『人生の帰趣』の成立には次のようなエピソードが笹本戒浄によって語られている。

弁栄がこの題目で説法したのは、横浜市の神奈川にある青木小学校で開かれた五日間の講演会であった。毎日二百人内外の参会があり講義は中にいた県下一流の速記者によって速記され、それを稿として出版されたという。しかし原稿に一部散逸があった。幸い弁栄が講義全体の目次を詳しく認《したた》めたものがあり、それに基づいて田中木叉が弁栄の余所に著述したものを編集して本書は出版されたという（前掲『笹本戒浄上人全集』上巻三九八頁）。

二　結語

最後に本書のテーマである人生の帰趣に対する弁栄が説く「標準」、すなわち人生の基本前提なるものを改めて掲げよう。その第一は宇宙の大法に則《のっと》り帰処を定めて之《これ》に向かって帰趣することであり、第二は自己の伏能する霊性を開発して正当に向上的に生活することである。その両者は矛盾するのではなく自然に合致するものと信ずる（一九頁）という。この提言は正しく宇宙と自己の関係を明らかにする哲学と実践であるところの仏教の本質に通底している。

本書は六章から成り初版本では前後二編に分かれていた。増補版では分割されることなく一編となったが二編にしたのはそれなりの意味が込められていた。そのことは第四章の安心と起行の始めに「前には通じて仏教を本として、人生の帰趣の理を理論として演べた。これよりは実地宗教的に生命の信仰生活に入る道を明さんと欲す」(二二五頁)とあって前三章は仏教における帰趣の理論を、後三章は宗教的生命を開発する実践の道を明すと判《ことわ》ることからも知られる。

仏教は理論と実践を両輪とする教えである。そのことについて弁栄は次のように説く。

真実に活ける信仰は霊性開発した後である。仮令《たとい》宗教上の真理を学説の上に能く学びてその理を理性の範囲に於て理解し得るとも、そはただ言語文字の上に智識を得たので真実の経験とは云えぬ。……〔釈尊は〕宗教の真生命は自己の伏蔵を開きて絶対の大霊光に接せざれば獲得し難きと覚りなされて入山学道の功果として霊性開発し無明《むみょう》の眠《ねむり》より醒めて本覚の大光明を得て永遠の生命となりて仏の大果を取なされた(七二―七三頁)。

残すは各章の内容説明であるが、それは「解説」で言及されることでもあり、後は読者に本書の熟読を願うばかりである。

本書が岩波書店から出版されるに至った由縁は、宗教法人光明園園主・東洋大学名誉教授・河波定昌師と批評家・若松英輔氏のご親交の賜物である。若松氏の紹介で、山崎弁栄著作の出版を企画された岩波書店編集局の鈴木康之氏が河波師を訪ねられたのは平成二七年であった。二〇一九年の山崎弁栄上人百回忌を迎えるにあたり、本書を刊行することについて、一般財団法人・光明会理事長金田隆栄師から了承され、後押しを受けることになった。

当初、河波師が校正と解説、佛教大学教授・藤堂俊英師が注解を担当する予定であった。ところが平成二八年四月に河波師が逝去され、為に若松氏が解説、現光明園園主・元大正大学教授・大南龍昇が校正と解題を担当するなど予定を変更せざるを得なかった。但し、校正をはじめ諸般に佐々木有一氏の教導・助言を戴き、出版社との交渉、事務全般に副園主・佐藤蓮洋師が当った。また資料の提供を金田昭教師から、校正事務には志村稔、鎌尾美津江両氏の協力を受けた。山崎弁栄記念館、岡田晋氏の協力も戴いた。

遺稿集の性格上、様々な困難が生じ校正担当の方には大変な尽力を戴いた。なお、校正上の遺漏の責任は大南にある。最後になったが、出版業務を担当された鈴木康之氏、校正担当の方に心からお礼を申し上げたい。

年譜

一八五九（安政六）年

2月20日、下総国手賀村鷲野谷（現、千葉県柏市鷲野谷）の農家、父山崎嘉平、母なおの長男として生まれる。幼名啓之助《けいのすけ》。上に姉二人、下に弟二人、妹二人がいた。啓之助の祖母てうは、若いときから信心深く日々念仏を称えぬ日はなかった。父嘉平もまた、朝は未明に起床し称名に励み、毎月十五日は白衣白帯を身につけて、日没にいたるまで念仏を称えた。打つ鉦の音は村々にとどき、いつしか念仏嘉平と呼ばれた。啓之助の母なおは働き者でやさしく、静かな人柄で、夫嘉平の感化を受け、農事と家事に忙しいなかも寝る前には仏壇の前に端坐して称名することを怠らなかった。

一八六七（慶応三）年　9歳

手習い（文字の読み書き等）を始める。幼少期の啓之助は、おとなしく無口で、手習いはよくできたが師匠のいう通りにはせず、手習いの合間に仏画などを描いていたという。

一八七〇（明治三）年　12歳

11月8日、弟恒吉（九歳）が病死。弁栄は後年、この年の秋彼岸の中日、沈む夕陽に向かって礼拝したときのことを次のように記している。

「幼時十二歳、家にありし時、杉並木の繁れる前にありて、西の天はれわたり、空中に想像にはあれども、三尊の尊容厳臨したまうを想見して、何となくその霊容を憧憬して、みずから願ずらく、われ今ここに想見せし聖容を霊的実現として瞻迎《せんごう》し奉らんと欲して欽慕措《お》くあたわざりき」。

一八七三(明治六)年　15歳

この頃より、漢学師匠・長谷部氏への通学をやめ、もっぱら家業の農事を手伝うが、一方で菩提寺である医王寺より仏書を借りて読み、ひそかに出家の願望を抱くようになる。

一八七九(明治一二)年　21歳

11月20日、医王寺の本寺、小金(現、千葉県松戸市小金)の東漸寺大谷大康老師のもとで得度し弁栄と改名。入寺早々より中国華厳哲学の神髄である「事事無碍法界」や『天台四教義』「法華三大部」など難解な仏教書の講義を受ける。東漸寺は、一四八一(文明一三)年の創建。徳川将軍家の帰依を受け、江戸初期に関東十八檀林(浄土宗僧侶の教学所)の一つとされた名刹。

一八八一(明治一四)年　23歳

2月、東京に遊学して、芝増上寺の学頭寮等に止宿。伝通院大谷了胤老師の『往生論註』『唯識論述記』『倶舎論』等の講義、浅草日輪寺卍山《かずやま》実弁老師の『原人論』『起信論』等、翌年に至り、同師より駒込吉祥寺にて『華厳五教章』の講義を聴講。仏教学の研鑽と念仏三昧の修行により一心法界の境地を深める。

一八八二(明治一五)年　24歳

8月、東京より帰郷。医王寺薬師堂に籠もり二十一日間とも三十七日間ともいわれる念仏三昧の如法修行。その直後より筑波山に一人入山し二ヶ月の修行の結果、念仏三昧を発得する。次はその時の偈である。「弥陀の身心は法界に遍《あまね》く／衆生仏を念ずれば、仏も還《ま》た念じたまう／一心専念すれば能所亡じ／果満覚王、独《ひと》り了了たり」。11月、東漸寺大谷大康老師より宗戒の両脈を相承される。

一八八三(明治一六)年　25歳

11月、東漸寺末寺、飯島(現、埼玉県吉川市

飯島)の小庵宗円寺に籠もり、黄檗版一切経七千三百三十四巻の閲読を始める。

一八八四(明治一七)年　26歳

5月、東漸寺大谷大康老師遷化され、百日間の報恩別時念仏を勤める。

一八八五(明治一八)年　27歳

6月、黄檗版一切経を読了し宗円寺より東漸寺に帰る。初冬の頃、大谷大康老師の遺志を継ぎ、新寺建立のため五香(現、千葉県松戸市五香)の説教所に移る。

一八八六(明治一九)年　28歳

2月、新寺建立のため五香を中心に勧進の巡行を始める。増上寺福田行誡上人、勧進帖に寄附を要請する付言を記す。

一八八八(明治二一)年　30歳

2月から8月にかけ、東京本所鈴木富蔵宅に滞留。知恩院門主となられた福田行誡上人より、二十五条の大衣が贈られる。

一八八九(明治二二)年　31歳

五香より、東京、埼玉など近県の巡錫をはじめる。

一八九〇(明治二三)年　32歳

浄土宗本校(大正大学の前身)新築のための資金勧募の協力を茅根学順上人より要請され快諾。新寺建立および本校新築のための勧進の巡行は関東一円から信州方面にまで及ぶ。

一八九一(明治二四)年　33歳

新寺本堂落成。善光寺と命名する。

一八九二(明治二五)年　34歳

1月、東京小石川の伝通院山内に浄土宗本校落成。この年は主に千葉県や鎌倉、三河にかけて巡錫。

一八九三(明治二六)年　35歳

6月、インド仏蹟参拝を発願され、それを支援するための渡天事務所が浅草誓願寺徳寿院に置かれる。10月、北陸(金沢、石動、高岡、白石、新湊等)巡錫。

一八九四(明治二七)**年　36歳**

7月、北海道巡錫。8月、新潟巡錫。12月15日、インド仏蹟参拝のため横浜港を出航。

一八九五(明治二八)**年　37歳**

1月、元旦はシンガポールで迎え、同6日にセイロン島に安着し十日間を過ごす。同23日、カルカッタに到着。同24日、ブッダガヤ参拝。その後鹿野苑、祇園精舎等各地の仏蹟を参拝する。3月下旬、帰国。9月、姫路から鳥取を巡錫。11月下旬、三河巡錫。

一八九七(明治三〇)**年　39歳**

1月、『唐本普門品図絵』石版図写に初めて「仏陀禅那」号を用いる。7月、阿弥陀経を簡明に示した『訓読阿弥陀経図絵』第一版を印刷。以後、巡錫の先々で頒布され、その総数は二十七万部に達した。

一八九八(明治三一)**年　40歳**

駿河、遠江、尾張、美濃、伊勢と巡錫。さらに三河から関東へと巡錫。

一九〇〇(明治三三)**年　42歳**

2月より、東京、静岡、尾張、伊勢桑名と巡錫。4月、千葉行徳等巡錫後、信州巡錫。5月上旬東京に戻り、再び西下し三河巡錫。三河巡錫中、肺炎を患い、初冬まで新川町(現、愛知県碧南市)の法城寺等にて静養。同年冬、五香善光寺にて棺を用意させ、その中に端坐し、三十日に及ぶ念仏三昧の修行をする。

一九〇一(明治三四)**年　43歳**

6月下旬より、松戸、五香、横浜等、おもに在家を巡り、岡崎、西尾、新川、小牧等巡錫(小牧光明庵、荻原神宮寺、吉田徳雲寺)。8月9日より三十日間、美濃富秋村(現、岐阜県揖斐郡大野町)心楽庵にて在家二十人ばかりに『往生論註』の講義をする。10月、美濃路から西下し畿内地方を巡錫。再び東上し東

京、常陸、鎌倉(光明寺・千手院)を巡錫。

一九〇二(明治三五)年　44歳
おもに関東を巡錫。『無量寿尊光明歎徳文及要解』(一枚刷)を発行。

一九〇三(明治三六)年　45歳
おもに三河(荻原神宮寺、吉田徳雲寺、新川法城寺、岡崎大樹寺、岡崎真如寺)を巡錫。

一九〇四(明治三七)年　46歳
4月、最初の礼拝文(礼拝儀の原型)を発表。千葉県松戸町の各宗合同の青年会を指導する。11月、千葉県布鎌(現、印旛郡栄町)に「聖経会」を結成。

一九〇五(明治三八)年　47歳
1月8日、父嘉平死去。3月、西下し、新川法城寺他、西尾、佐屋など各地を巡錫。同月、愛知県西尾町(現、西尾市)にて『仏教要理問答』第二版を出版、その付録に「如来十二光和偈」「如来三身讃歌」を掲載する。6月、名古屋にて『八相応化頌』『一心十界頌』の二小冊子を発行。近畿地方(大阪長円寺・大宝寺等)巡錫。鎌倉(光明寺・千手院等)巡錫。

一九〇六(明治三九)年　48歳
関東巡錫。西下し三河(刈谷願行寺等)、美濃、尾張地方巡錫。9月、大僧都に叙せられる。

一九〇七(明治四〇)年　49歳
おもに東京、鎌倉、東海道筋を巡錫。6月、『讃誦要解』と題し、新礼拝文とその要義を説いた小冊子を発行。

一九〇八(明治四一)年　50歳
1月、名古屋にて小冊子『如来の光』を発行。3月、指導する松戸の各宗合同の青年会に、「心光教会」の名称を初めて用いる。尾張、三河巡錫。

一九〇九(明治四二)年　51歳
秋から年末にかけて美濃巡錫(岐阜本誓寺など)。

一九一〇(明治四三)年　52歳
1月、松戸心光教会にて礼拝文「心の光」を発行。5月、三身(法・報・応)、三心(信・愛・欲)、四徳(一切知・一切能・智慧・慈悲)、十二光(無量光・無辺光・無碍光・無対光・炎王光・清浄光・歓喜光・智慧光・不断光・難思光・無称光・超日月光)からなる念珠創案。信州(長野静松寺、真田古城庵)を十七年ぶりに巡錫。7月、高崎(沼田正覚寺)巡錫。8月、埼玉県各地巡錫。10月から11月にかけて、常陸、下野各地巡錫。この頃、「如来心光教会主唱者」と名乗る。

一九一一(明治四四)年　53歳
美濃(岐阜法円寺、岐阜本誓寺、岐阜折立超勝寺)巡錫。

一九一二(明治四五・大正元)年　54歳
4月3日、九州久留米善導寺に入る。筑前筑後を中心に、九州各地を初巡錫。九州滞在は翌大正2年9月末まで及ぶ。この時、中川察道・大谷仙界に初めて対面。12月12日、母なお死去。

一九一三(大正二)年　55歳
2月、筑前福間(現、福岡県福津市)大善寺にて、初めて光明主義教学の組織的講義をする。5月、『自覚の曙光』を発行。6月、筑前若松(現、福岡県北九州市若松区)善念寺にて、「宗祖の皮髄」と題し法然上人の道詠十二首についての講話を行う。9月27日、九州を離れ、下関(西谷寺)、山口県熊毛(常春寺)、広島(源光院)、呉(正覚寺)、倉敷(誓願寺)、神戸(願成寺)、大阪を巡錫し、京都に入る。12月、美濃に入り越年。

一九一四(大正三)年　56歳
『諸宗の精要』『如来光明の讃』を発行。「光明会趣意書」(一枚刷)、小冊子『大霊の光』、小冊子『浄土教義』を発行。4月末、高崎、越後（長岡法蔵寺、新潟善導寺、亀田円満寺）巡錫。次に高崎、信州松代、四日市、桑名（光徳寺）をへて、尾張巡錫。10月下旬より美濃（谷汲明王院）巡錫。揖斐郡大野小学校で講演を行う。この年、笹本戒浄に初めて対面。

一九一五（大正四）年　57歳

美濃、尾張巡錫。4月、美濃にて『光明会礼拝式』を発行。5月、伊勢桑名（光徳寺）巡錫。7月、新潟教区教学講習会の講師に招聘され、「宗祖の皮髄」と題し、柏崎浄土寺にて講演を行う。

一九一六（大正五）年　58歳

『光明会礼拝式』を改訂した『如来光明礼拝儀』を発行。2月、宗教大学学生の土屋観道帰依。5月、東京を発ち信州松代をへて越後（新潟善導寺、新発田大善寺、三条極楽寺、寺泊生福寺）を巡錫。新潟教区教学講習会（長岡）で、「人生の帰趣」と題し講演を行う。6月、京都巡錫。知恩院教学高等講習会で「宗祖の皮髄」と題し講演。12月、知恩院の要請でこの講演録を弁栄が添削し、『宗祖の皮髄』として一音社より出版される。

一九一七（大正六）年　59歳

3月、小冊子『永生の光』を発行。京都知恩院勢至堂第一回別時念仏三昧会を指導。7月より9月にかけ、朝鮮半島から中国東北部を巡錫。9月、九州（筑前若松善念寺、筑後柳川光樹寺、鹿児島不断光院、肥前千栗大法寺）巡錫。10月東上し、大阪（一心寺）、大津（念仏寺）、三河（成岩応称院、荻原神宮寺）、桑名、津など巡錫。

一九一八（大正七）年　60歳

1月、岐阜市内田銕之助宅より東京に向かう。増上寺山内の多聞室にて田中木叉に初めて対面。3月、知恩院勢至堂にて第二回別時念仏三昧会を指導。権僧正に叙せられる。6月、京都知恩院高等講習会において「浄土教義」と題し講演。7月23日、時宗当麻《たいま》派本山無量光寺に入山。10月22日、晋山式。当麻山無量光寺第六十一世法主となる。

一九一九(大正八)年　61歳

3月、知恩院勢至堂にて第三回別時念仏三昧会を指導。4月3日、光明学園(現、光明学園相模原高等学校)開校。越後巡錫。4月15日、千葉県布鎌教会堂開堂。6月18日、松戸教会開堂。6月下旬、九州(直方随専寺、久留米善導寺、久留米歓喜院、佐賀称念寺、嬉野本応寺、篠栗西林寺、佐世保九品寺、諫早慶巌寺、柳川光樹寺、福津教安寺、博多西方寺、北九州市専福寺)巡錫。8月、広島(心行寺)巡錫。この時熊野宗純と初めて対面。広島高等師範学校で講演。11日、徳永あい子(熊野好月)、大阪府三島郡豊川村笹川氏邸で初めて対面。名古屋をへて信州(諏訪正願寺、諏訪称故院)巡錫。8月18日より一週間、上諏訪唐沢山阿弥陀寺の第一回別時念仏三昧会を指導。9月、東海道を下り、摂津(豊中、神戸)巡錫。10月11日より五日間、山口県大島郡周防大島町の西蓮寺巡錫。西蓮寺住職藤本浄本に初めて対面。同月16日より20日まで、廿日市潮音寺にて別時念仏三昧会を指導(「念仏七科三十七道品」を講述)。同月25日、東京より転じ諏訪巡錫。続いて越後へ巡錫し、光明学園維持資金勧募の画会を開く。高崎、東京及びその周辺(横浜慶運寺、麻布光専寺、芝西応寺、赤坂浄土寺、浅草浄生院、深川心行寺、小石川一行院)を巡錫。キリスト教者高田集蔵来訪。11月15日、『ミオヤの光』(月刊)第一回発行。当麻無量光寺で越年。

一九二〇(大正九)年　62歳

1月、東京芝増上寺山内多聞室(弁栄晩年の一宿坊)及びその周辺(横浜慶運寺、横浜光明寺)巡錫。2月18日より五日間、静岡市清水町実相寺巡錫。伊勢四日市(金剛寺)をへて、3月1日より、知恩院勢至堂にて第四回別時念仏三昧会。続いて大阪、京都、福井(泉通寺)、兵庫(安楽寺)巡錫。4月8日、京都光明会発会。4月10日から三日間の松本市玄向寺の別時念仏三昧会。5月12日より、越後巡錫。同月末、東京、松戸巡錫。伊予松山浄福寺にて6月5日より七日間、「宗祖の皮髄」と題し講演。松山光明会結成。7月、九州巡錫。8月18日より一週間、信州上諏訪阿弥陀寺にて第二回別時念仏三昧会を指導。9月、東京、横浜巡錫。10月5日より一週間、鳥取市無量光寺にて授戒会。同月18日より五日間、知恩院勢至堂にて別時念仏三昧会。同月23日、横浜慶運寺、同月24日より当麻無量光寺で三日間、十夜法要。同月27日、信州諏訪正願寺巡錫。同日夕刻、信州諏訪を越後に向けて出発。11月16日、柏崎極楽寺にて別時念仏三昧会を指導。同月17日より病床に伏す。高熱が続き、病状一進一退のなか説法を続ける。12月4日早朝、念仏を称名しつつ遷化。

後に田中木叉の著した『日本の光(弁栄上人伝)』には、病床での説法と臨終の朝について次のように記されている。〔以下要約〕11月29日、京都より駆けつけた弁栄篤信の恒村医師の耳元には、「如来は…いつもましますけれども…衆生は知らない…それを知らせに来たのが…弁栄である」という言葉が残された。また12月3日、ある者はその耳元に三昧発得偈〔年譜一八八二年の項参照〕を聞いたという、多年の常侍であった大谷仙界の耳元には、三昧発得偈ではなく、「敬礼天人大覚尊　恒沙福智皆円満　因縁果満成正覚　住寿凝然無去来」の敬礼偈が確かに聞こえた。〔以下原文のまま〕「大正九年十二月四日。戸外は凄い風雨の中に夜はあけはなれた。午前五時過ぎ、上人はお弟子に命じて木蘭の御袈裟を蒲団の上からかけさせられた。遠近各国から集った多くの道俗に廻らぬ御舌で何事か聞き取りにくかったが、長々と御説法があった。それから御眼は虚空を端視して動かず、（左右のものに如来現前し給うかと拝察された）上足大谷師はしずしずと木魚を打ち出し道俗一同、御とこの側にも、次の間にも端坐して荘厳な霊気につつまれつつ念仏した。折しも一番列車で関東の信者衆が馳け付けた。と、上人は御かんばせ常よりも輝き、かすかなれども深い声で、ナーム（一息）アーミ（一息）ダーブ（一息）ナーム　アーミ　ダーブとくりかえし御唱えになった御息は絶え、御相好更に一段の荘厳を加えて御眼は永久に閉じられた。（時に午前六時五分）」

＊この「年譜」は、『山崎弁栄展　宗教の彼方、新たなる地平』の「山崎弁栄年譜」（岡田晋＝作成）を基として、加筆したものである。

山崎弁栄遺稿一覧

『宗祖の皮髄』（生前の著作）、『弁栄上人書簡集』以外は、田中木叉編である。

『宗祖の皮髄』（一九一六年一二月、一音社）
『人生の帰趣』（一九二三年六月、ミオヤのひかり社）
『光明の生活』（一九二三年六月、ミオヤのひかり社）
『道詠集』（一九二六年一一月、ミオヤのひかり社）
『無辺光』（一九二八年五月、ミオヤのひかり社）
『不断光　附仏法物語』（一九二八年五月、ミオヤのひかり社）
『無量光寿』（一九三〇年五月、ミオヤのひかり社）
『御慈悲のたより』上・中・下巻（一九二六年一〇月、三〇年五月、五四年九月、ミオヤのひかり社）
『無礙光』（一九五六年五月、ミオヤのひかり社）
『無対光』（一九五七年一二月、ミオヤのひかり苑）
『炎王光』（一九五九年二月、ミオヤのひかり苑）
『清浄光・歓喜光・智慧光・不断光』（一九六〇年一〇月、ミオヤのひかり苑）
『難思光・無称光・超日月光』（一九六四年一月、ミオヤのひかり苑）
『弁栄上人書簡集』（一九六九年五月、山本空外編、光明修養会）

主要参考文献

山崎弁誠『弁栄上人の片影』(一九二九年六月、坂入書店)
田中木叉『日本の光(弁栄上人伝)』(一九三六年九月、光明修養会)
山本空外『弁栄聖者の人格と宗教』(一九三六年一〇月、大東出版社)
藤堂恭俊『弁栄聖者』(一九五九年一〇月、全国光明会連合本部)
岡　潔「弁栄上人伝」(一九六八年三月、『一葉舟』、読売新聞社)
紀野一義「弁栄聖者」(二〇〇一年九月、『名僧列伝』四、講談社)
峰島旭雄「山崎弁栄と椎尾弁匡――浄土教と西洋思想」(一九八二年六月、『近代日本の思想と仏教』、東京書籍)
河波　昌「山崎弁栄――光明主義の聖者」(一九九二年一一月、『浄土仏教の思想』第一四巻、講談社)
鵜澤　潔「山崎弁栄と「光明主義」運動――その生涯史と先行研究の検討」(一九九七年一二月、『倫理学』一四号、筑波大学倫理学原論研究会)
河波　昌『如来光明礼拝儀講座』(一九九九年五月、光明修養会)
藤本浄彦「光明会の運動――〝宗祖の骨髄に帰れ〟の僧俗運動として」(二〇〇〇年五月、『現代日本と仏教』第Ⅱ巻、平凡社)
河波　昌『光の現象学』(二〇〇三年一〇月、ミオヤの光社)
河波定昌『如来さまのおつかい――弁栄上人の生涯と光明主義』(二〇〇九年一月、光明修養会)
山崎弁栄展実行委員会『山崎弁栄展　宗教の彼方、新たなる地平』(二〇一〇年一〇月、長良川画廊)

河波定昌『山崎弁栄聖者と光明主義』（二〇一一年八月、ミオヤのひかり社）
若松英輔「光の顕現　山崎弁栄の霊性」（二〇一五年三月、『霊性の哲学』、KADOKAWA）
佐々木有一『近代の念仏聖者　山崎弁栄』（二〇一五年一〇月、春秋社）
中村眞人「山崎弁栄の光明主義と伝統的仏教の現代的展開――宗教社会学的視点から」（二〇一七年九月、『東京女子大学紀要論集』六八巻一号、東京女子大学）
大竹　晋『大乗非仏説をこえて――大乗仏教は何のためにあるのか』（二〇一八年八月、国書刊行会）
平岡　聡『浄土思想入門――古代インドから現代日本まで』（二〇一八年一〇月、KADOKAWA）
佐々木有一『山崎弁栄　弥陀合一の念仏』（二〇一九年一月、春秋社）
山崎弁栄上人讃仰会　金田隆栄監修、作画　山崎弁栄、解説　金田昭教『百回忌記念墨跡仏画集』（二〇一九年四月、ひたち屋書店）
大竹　晋『「悟り体験」を読む――大乗仏教で覚醒した人々』（二〇一九年一一月、新潮社）

ヤ　行

ラ　行

タ　行

ナ　行

ハ　行

マ　行

人名索引

•『人生の帰趣』の本文と「弁栄聖人略伝」に出てくる人名から採録した.「注解」「解説」「解題」「年譜」は,対象としなかった.

ア 行

カ 行

サ 行

人生《じんせい》の帰趣《きしゅ》

2018 年 4 月 17 日　第 1 刷発行
2020 年 1 月 24 日　第 3 刷発行

著　者　山崎弁栄《やまざきべんねい》

発行者　岡 本　厚

発行所　株式会社 岩波書店
〒101-8002 東京都千代田区一ツ橋 2-5-5

案内 03-5210-4000　営業部 03-5210-4111
文庫編集部 03-5210-4051
https://www.iwanami.co.jp/

印刷・理想社　カバー・精興社　製本・中永製本

ISBN 978-4-00-381191-7　　Printed in Japan

読書子に寄す

——岩波文庫発刊に際して——

岩波茂雄

真理は万人によって求められることを自ら欲し、芸術は万人によって愛されることを自ら望む。かつては民を愚昧ならしめるために学芸が最も狭き堂宇に閉鎖されたことがあった。今や知識と美とを特権階級の独占より奪い返すことはつねに進取的なる民衆の切実なる要求である。岩波文庫はこの要求に応じそれに励まされて生まれた。それは生命ある不朽の書を少数者の書斎と研究室とより解放して街頭にくまなく立たしめ民衆に伍せしめるであろう。近時大量生産予約出版の流行を見る。その広告宣伝の狂態はしばらくおくも、後代にのこすと誇称する全集がその編集に万全の用意をなしたるか。千古の典籍の翻訳企図に敬虔の態度を欠かざりしか。さらに分売を許さず読者を繋縛して数十冊を強うるがごとき、はたしてその揚言する学芸解放のゆえんなりや。吾人は天下の名士の声に和してこれを推挙するに躊躇するものである。このときにあたって、岩波書店は自己の責務のいよいよ重大なるを思い、従来の方針の徹底を期するため、すでに十数年以前より志して来た計画を慎重審議この際断然実行することにした。吾人は範をかのレクラム文庫にとり、古今東西にわたって文芸・哲学・社会科学・自然科学等種類のいかんを問わず、いやしくも万人の必読すべき真に古典的価値ある書をきわめて簡易なる形式において逐次刊行し、あらゆる人間に須要なる生活向上の資料、生活批判の原理を提供せんと欲する。この文庫は予約出版の方法を排したるがゆえに、読者は自己の欲する時に自己の欲する書物を各個に自由に選択することができる。携帯に便にして価格の低きを最主とするがゆえに、外観を顧みざるも内容に至っては厳選最も力を尽くし、従来の岩波出版物の特色をますます発揮せしめようとする。この計画たるや世間の一時の投機的なるものと異なり、永遠の事業として吾人は微力を傾倒し、あらゆる犠牲を忍んで今後永久に継続発展せしめ、もって文庫の使命を遺憾なく果たさしめることを期する。芸術を愛し知識を求むる士の自ら進んでこの挙に参加し、希望と忠言とを寄せられることは吾人の熱望するところである。その性質上経済的には最も困難多きこの事業にあえて当たらんとする吾人の志を諒として、その達成のため世の読書子とのうるわしき共同を期待する。

昭和二年七月

《東洋思想》〔青〕

易経 全二冊 — 高田真治・後藤基巳 訳
論語 — 金谷治 訳注
孔子家語 — 藤原正 校訳
孟子 全二冊 — 小林勝人 訳注
老子 — 蜂屋邦夫 訳注
荘子 全四冊 — 金谷治 訳注
新訂 孫子 — 金谷治 訳注
荀子 全二冊 — 金谷治 訳注
韓非子 全四冊 — 金谷治 訳注
史記列伝 全五冊 — 司馬遷／小川環樹・今鷹真・福島吉彦 訳
春秋左氏伝 全三冊 — 小倉芳彦 訳
塩鉄論 — 曾我部静雄 訳註
千字文 — 小川環樹・木田章義 注解
大学・中庸 — 金谷治 訳注
孫文革命文集 — 深町英夫 編訳
実践論・矛盾論 — 毛沢東／松村一人・竹内実 訳

ガンディー 獄中からの手紙 — 森本達雄 訳
ウパデーシャ・サーハスリー —真実の自己の探求 — シャンカラ／前田専学 訳
インド思想史 — J・ゴンダ／鎧淳 訳

《仏教》〔青〕

ブッダのことば —スッタニパータ — 中村元 訳
ブッダの真理のことば 感興のことば — 中村元 訳
般若心経・金剛般若経 — 中村元・紀野一義 訳註
法華経 全三冊 — 坂本幸男・岩本裕 訳注
日蓮文集 — 兜木正亨 校注
浄土三部経 全二冊 — 中村元・早島鏡正・紀野一義 訳註
大乗起信論 — 宇井伯寿・高崎直道 訳注
天台小止観 —坐禅の作法 — 天台大師／関口真大 訳注
臨済録 — 入矢義高 訳注
碧巌録 全三冊 — 入矢義高・溝口雄三・末木文美士・伊藤文生 訳注
無門関 — 西村恵信 訳注
盤珪禅師語録 —付 行業記— — 鈴木大拙 編校
法華義疏 全二冊 — 聖徳太子／花山信勝 校訳

往生要集 全二冊 — 源信／石田瑞麿 訳注
教行信証 — 親鸞／金子大栄 校訂
歎異抄 — 金子大栄 校注
親鸞和讃集 — 名畑應順 校注
正法眼蔵 全四冊 — 道元／水野弥穂子 校注
正法眼蔵随聞記 — 懐奘 編／和辻哲郎 校訂
道元禅師清規 — 大久保道舟 訳注
南無阿弥陀仏 —付 心偈 — 柳宗悦
蓮如文集 — 蓮如／笠原一男 校注
蓮如上人御一代聞書 — 稲葉昌丸 校訂
日本的霊性 — 鈴木大拙／篠田英雄 校訂
新編 東洋的な見方 — 鈴木大拙／上田閑照 編
禅堂生活 — 鈴木大拙／横川顕正 訳
大乗仏教概論 — 鈴木大拙／佐々木閑 訳
浄土系思想論 — 鈴木大拙
ブッダ最後の旅 —大パリニッバーナ経 — 中村元 訳
明恵上人集 — 久保田淳・山口明穂 校注

仏弟子の告白 —テーラガーター— 中村元訳
尼僧の告白 —テーリーガーター— 中村元訳
ブッダ神々との対話 —サンユッタ・ニカーヤI— 中村元訳
ブッダ悪魔との対話 —サンユッタ・ニカーヤII— 中村元訳
驢鞍橋 鈴木正三 鈴木大拙校訂
ブッダが説いたこと ワールポラ・ラーフラ 今枝由郎訳
ブータンの瘋狂聖 ドゥクパ・クンレー伝 ゲンドゥン・リンチェン編 今枝由郎訳

《音楽・美術》〔青〕

新編ベートーヴェンの手紙 全二冊 ベートーヴェン 小松雄一郎編訳
ベートーヴェンの生涯 ロマン・ロラン 片山敏彦訳
音楽と音楽家 シューマン 吉田秀和訳
モーツァルトの手紙 —その生涯のロマン— 全二冊 柴田治三郎編訳
レオナルド・ダ・ヴィンチの手記 全二冊 杉浦明平訳
ゴッホの手紙 全三冊 硲伊之助訳
ビゴー日本素描集 清水勲編
ワーグマン日本素描集 清水勲編
河鍋暁斎戯画集 山口静一 及川茂編
葛飾北斎伝 飯島虚心 鈴木重三校注
近代日本漫画百選 清水勲編
うるしの話 松田権六
ドーミエ諷刺画の世界 喜安朗編
河鍋暁斎 ジョサイア・コンドル 山口静一訳
伽藍が白かったとき ル・コルビュジエ 生田勉 樋口清訳
デューラー 自伝と書簡 前川誠郎訳
蛇儀礼 ヴァールブルク 三島憲一訳
迷宮としての世界 —マニエリスム美術— 全二冊 グスタフ・ルネ・ホッケ 種村季弘 矢川澄子訳
日本洋画の曙光 平福百穂
江戸東京実見画録 長谷川渓石画 進士慶幹 花咲一男注解
映画とは何か 全二冊 アンドレ・バザン 野崎歓 大原宣久 谷本道昭訳
漫画 坊っちゃん 近藤浩一路
漫画 吾輩は猫である 近藤浩一路
ロバート・キャパ写真集 ICPロバート・キャパ・アーカイブ編
北斎富嶽三十六景 日野原健司編
日本漫画史 —鳥獣戯画から岡本一平まで— 細木原青起
胡麻と百合 ラスキン 石田憲次 照山正順訳

《東洋文学》〔赤〕

- 王維詩集 — 小川環樹・都留春雄・入谷仙介 選訳
- 杜甫詩選 — 黒川洋一編
- 李白詩選 — 松浦友久編訳
- 蘇東坡詩選 — 小川環樹・山本和義 選訳
- 陶淵明全集 全二冊 — 松枝茂夫・和田武司 訳注
- 唐詩選 全三冊 — 前野直彬注解
- 完訳 三国志 全八冊 — 小川環樹・金田純一郎 訳
- 完訳 水滸伝 全十冊 — 吉川幸次郎・清水茂 訳
- 西遊記 全十冊 — 中野美代子訳
- 菜根譚 — 洪自誠／今井宇三郎訳注
- 浮生六記 —浮生夢のごとし — 沈復／松枝茂夫訳
- 阿Q正伝・狂人日記 他十二篇（吶喊） — 魯迅／竹内好訳
- 家 全二冊 — 巴金／飯塚朗訳
- 寒い夜 — 巴金／立間祥介訳
- 駱駝祥子 —らくだのシアンツ — 老舎／立間祥介訳
- 新編 中国名詩選 全三冊 — 川合康三編訳
- 遊仙窟 — 張文成／今村与志雄訳
- 聊斎志異 全二冊 — 蒲松齢／立間祥介編訳
- 李商隠詩選 — 川合康三選訳
- 白楽天詩選 全二冊 — 川合康三訳注
- 文選 全六冊（既刊五冊） — 川合康三・富永一登・釜谷武志・和田英信・浅見洋二・緑川英樹 訳注
- タゴール詩集 （ギーターンジャリ） — タゴール／渡辺照宏訳
- マハーバーラタ ナラ王物語 —ダマヤンティー姫の数奇な生涯 — 鎧淳訳
- バガヴァッド・ギーター — 上村勝彦訳
- 朝鮮民謡選 — 金素雲訳編
- 尹東柱詩集 空と風と星と詩 — 金時鐘編訳
- アイヌ神謡集 — 知里幸恵編訳
- アイヌ民譚集 付 えぞおばけ列伝 — 知里真志保編訳

《ギリシア・ラテン文学》〔赤〕

- ホメロス イリアス 全二冊 — 松平千秋訳
- ホメロス オデュッセイア 全二冊 — 松平千秋訳
- イソップ寓話集 — 中務哲郎訳
- アンティゴネー — ソポクレース／中務哲郎訳
- ソポクレス オイディプス王 — 藤沢令夫訳
- ヒッポリュトス —パイドラーの恋 — エウリーピデース／松平千秋訳
- バッカイ —バッコスに憑かれた女たち — エウリーピデース／逸身喜一郎訳
- ヘシオドス 神統記 — 廣川洋一訳
- アリストパネース 蜂 — 高津春繁訳
- 女の議会 — アリストパネース／村川堅太郎訳
- アポロドーロス ギリシア神話 — 高津春繁訳
- 黄金の驢馬 — アープレーイユス／呉茂一・国原吉之助訳
- アベラールとエロイーズ 愛の往復書簡 — 沓掛良彦・横山安由美訳
- オウィディウス 変身物語 全二冊 — 中村善也訳
- ギリシア奇談集 — アイリアノス／松平千秋・中務哲郎訳
- ギリシア・ローマ神話 付 インド・北欧神話 — ブルフィンチ／野上弥生子訳
- ギリシア・ローマ名言集 — 柳沼重剛編
- ローマ諷刺詩集 — ペルシウス・ユウェナーリス／国原吉之助訳
- 内乱 —パルサリア 全二冊 — ルーカーヌス／大西英文訳

《南北ヨーロッパ他文学》〔赤〕

ダンテ 新生 山川丙三郎訳
抜目のない未亡人 ゴルドーニ 平川祐弘訳
珈琲店・恋人たち ゴルドーニ 平川祐弘訳
夢のなかの夢 タブッキ 和田忠彦訳
カヴァレリーア・ルスティカーナ 他十一篇 G・ヴェルガ 河島英昭訳
ルネッサンス巷談集 フランコ・サケッティ 杉浦明平訳
むずかしい愛 カルヴィーノ 和田忠彦訳
カルヴィーノ アメリカ講義 ―新たな千年紀のための六つのメモ 米川良夫 和田忠彦訳
まっぷたつの子爵 カルヴィーノ 河島英昭訳
魔法の庭・空を見上げる部族 他十四篇 カルヴィーノ 和田忠彦訳
愛神の戯れ ―牧歌劇『アミンタ』 トルクァート・タッソ 鷲平京子訳
タッソ エルサレム解放 A.ジュリアーニ編 鷲平京子訳
わが秘密 ペトラルカ 近藤恒一訳
ペトラルカ 無知について 近藤恒一訳
美しい夏 パヴェーゼ 河島英昭訳
流刑 パヴェーゼ 河島英昭訳

祭の夜 パヴェーゼ 河島英昭訳
月と篝火 パヴェーゼ 河島英昭訳
ウンベルト・エーコ 小説の森散策 和田忠彦訳
バウドリーノ 全二冊 ウンベルト・エーコ 堤康徳訳
タタール人の砂漠 ブッツァーティ 脇功訳
七人の使者・神を見た犬 他十三篇 ブッツァーティ 脇功訳
ラサリーリョ・デ・トルメスの生涯 会田由訳
ドン・キホーテ 前篇 全三冊 セルバンテス 牛島信明訳
ドン・キホーテ 後篇 全三冊 セルバンテス 牛島信明訳
セルバンテス短篇集 牛島信明編訳
恐ろしき媒 ホセ・エチェガライ 永田寛定訳
作り上げた利害 ベナベンテ 永田寛定訳
エスピノーサ スペイン民話集 三原幸久編訳
エル・シードの歌 長南実訳
娘たちの空返事 他一篇 モラティン 佐竹謙一訳
プラテーロとわたし J.R.ヒメーネス 長南実訳
オルメードの騎士 ロペ・デ・ベガ 長南実訳

父の死に寄せる詩 ホルヘ・マンリーケ 佐竹謙一訳
サラマンカの学生 他六篇 エスプロンセーダ 佐竹謙一訳
セビーリャの色事師と石の招客 他一篇 ティルソ・デ・モリーナ 佐竹謙一訳
ティラン・ロ・ブラン 全四冊 J・マルトゥレイ M・J・ダ・ガルバ 田澤耕訳
完訳 アンデルセン童話集 全七冊 大畑末吉訳
即興詩人 全二冊 アンデルセン 大畑末吉訳
絵のない絵本 アンデルセン 大畑末吉訳
ヴィクトリア クヌート・ハムスン 冨原眞弓訳
フィンランド叙事詩 カレワラ 全二冊 リョンロット編 小泉保訳
イプセン 人形の家 原千代海訳
イプセン ヘッダ・ガーブレル 原千代海訳
令嬢ユリエ ストリントベルク 茅野蕭々訳
ポルトガリヤの皇帝さん ラーゲルレーヴ イシガオサム訳
アミエルの日記 全四冊 河野与一訳
クオ・ワディス 全三冊 シェンキェーヴィチ 木村彰一訳
おばあさん ニェムツォヴァー 栗栖継訳
山椒魚戦争 カレル・チャペック 栗栖継訳

岩波文庫の最新刊

大岡信・谷川俊太郎編
声でたのしむ 美しい日本の詩

詩は本来、朗唱されるもの——。万葉集から現代詩まで、日本語がもつ深い調べと美しいリズムをそなえた珠玉の作品を精選し、鑑賞の手引きとなる注記を付す。（2色刷）〔別冊二五〕 本体一一〇〇円

多田蔵人編
荷風追想

時代への抵抗と批判に生きた文豪、永井荷風。荷風と遭遇した同時代人の回想五十九篇を精選、巨人の風貌を探る。荷風文学への最良の道案内。〔緑二〇一-三〕 本体一〇〇〇円

柳井 滋・室伏信助・大朝雄二・鈴木日出男・藤井貞和・今西祐一郎校注
源氏物語（七）
匂兵部卿―総角

出生の秘密をかかえる薫と、多情な匂宮。二人の貴公子と、落魄の親王八宮家の美しい姉妹との恋が、宇治を舞台に展開する。「宇治十帖」の始まり。（全九冊）〔黄一五-一六〕 本体一三八〇円

ヒューム著／犬塚元訳
自然宗教をめぐる対話

神の存在や本性をめぐって、異なる立場の三人が丁々発止の議論をくり広げる対話篇。デイヴィッド・ヒュームの思想理解に欠かせない重要著作。一七七九年刊行。〔青六一九-七〕 本体七八〇円

今月の重版再開

中 勘助作
鳥の物語
〔緑五一-二〕 本体八五〇円

西田幾多郎著
思索と体験
〔青一二四-一〕 本体七八〇円

ジャック・ロンドン著／行方昭夫訳
どん底の人びと
—ロンドン1902—
〔赤三一五-二〕 本体九二〇円

加藤郁乎編
芥川竜之介俳句集
〔緑七〇-一三〕 本体七四〇円

2020.1